LA NOVELA GÓTICA EN ESPAÑA
(1788-1833)

Edición revisada y corregida

Miriam LÓPEZ SANTOS

LA NOVELA GÓTICA EN ESPAÑA
(1788-1833)

Edición revisada y corregida

López Santos, Miriam

La novela gótica en España (1788-1833) / Miriam López Santos. – [León] : Servicio de Publicaciones, Universidad de León, [2024].
 336 p. ; 24 cm
 Bibliogr.: p. 315-336
 ISBN 978-84-19682-54-3
 1. Novela española-Siglo 18º-Historia y crítica. 2. Novela española-Siglo 19º-Historia y crítica. 3. Novela fantástica-Siglo 18º-Historia y crítica. 4. Novela fantástica-Siglo 19º-Historia y crítica. I. Universidad de León. Servicio de Publicaciones. II. Título.

821.134.2-312.9.09"17/18"

De acuerdo con el protocolo aprobado por el Consejo de Publicaciones de la Universidad de León, esta obra ha sido sometida al correspondiente informe por pares ciegos con resultado favorable.

Diseño y maquetación digitales de interior y portada:
Juan Luis Hernansanz Rubio (Servicio de Publicaciones de la Universidad de León)

Imagen de cubierta de Stefan Keller, libre de derechos (elaborada a partir de fotografía del monumento histórico *The destiny*, de Hugo Lederer. Cementerio de Ohlsdorfer. Hamburgo, Alemania).

ISBN: 978-84-19682-54-3
Depósito legal: DL LE-240-2024

Imprime: *CELARAYN comunicación*
Impreso en España - *Printed in Spain*
Junio, 2024

A Luis Alberto de Cuenca,
por continuar iluminando un camino lleno de sombras.

A Sandra García Gutiérrez y Javier Muñoz de Morales Galiana,
que leyeron estas historias y han dado voz a otras tantas.

Índice

I.

Introducción

Corría el año 1764 y, en una campiña próxima a Londres, zona de Strawberry Hill, en un modernizado castillo, pretendidamente medieval que había salido de la imaginación desbordada del hijo del Primer Ministro del gobierno inglés, veía la luz la pionera de una larga serie de obras que pasarían a la historia de la literatura bajo el apelativo común de *novela gótica*. Horace Walpole, IV conde de Orford, había conseguido, no solo crear un nuevo género sino que, previamente, había configurado un marco, más o menos reconocible por los vínculos que pretendía mantener con la realidad, y que contaba con la mayor parte de los elementos, circunstancias y escenarios por los que transitarán y en el que se mostrarán ante el mundo, en los años posteriores, una serie de atormentados y temerosos personajes que vendrán a caracterizar toda una época; precisamente en un momento de la historia en el que la literatura comienza a abrirse camino entre el gran público para hacerse consumo masivo de unas clases sociales "ociosas".

Justo es entonces reconocer un origen y unas circunstancias; por ello no cabe otra afirmación que la de seguir sosteniendo que la citada novela gótica surge a la sombra de una Inglaterra cegada por el brillo del denominado Siglo de las Luces; pero en esa misma ceguera, producida por un excesivo culto a la razón, se encontraba el germen de una aparente o real sinrazón; en el rechazo a lo sobrenatural surge, precisamente, la necesidad, siempre anhelada por el hombre, de curiosear en lo oculto, lo oscuro, lo vedado, pero también en lo extraordinario, lo sorprendente o lo prodigioso. Así, esta nueva forma de enfrentar la literatura se constituye en un movimiento transgresor que intenta transitar por los laberintos más inhóspitos e inexplorados de la conciencia humana lo que le lleva a ganar, de manera instantánea, una legión de seguidores, un público nuevo y agotado por largos años de lecciones edificantes, ensayos políticos y literatura realista en exceso. El éxito abrumador y sin precedentes de esta ficción fue paralelo, sin embargo y como cabía esperar, a la oposición de la crítica, a la que siguieron, en atropellada legión, la censura, el menosprecio y la negación, confirmados por teóricos y preceptistas ilustrados; encastillados en sus ideas canónicas y en la férrea e intransigente defensa de la razón, menospreciaron, desde sus inicios, este quehacer intelectual al que acusaron, especialmente, de falta de valor literario y de una excesiva dependencia de la fórmula. La ficción gótica, desde su edad más temprana, se vio asociada a la literatura de evasión, como las dos caras de una misma moneda; mas la crítica no acertó a ver, ni a intuir siquiera, que detrás de aquellos castillos encantados, de unos fantasmas que asomaban por doquier, de unos personajes, sin duda, tópicos y de una arquitectura recargada, existía un mundo complejo, en consonancia con una nueva realidad; la sociedad había dejado de percibirse, desde el quehacer literario, como un ente perfecto por lo que, necesariamente, debía ocuparse también de lo que hasta el momento había sido considerado como tabú, prohibido o simplemente inaceptable. Más allá de aquella literatura de escenario y atmósfera, la ficción gótica mantenía oculta, tras la estructura formulaica, gran parte de su complejidad, de su absoluta razón de ser y de su validez en el mundo de las letras.

Como género de masas que fue, y avalado por un éxito enorme en el número de lectores se diseminó en otras latitudes, y fue adquiriendo características propias, alejadas de los preceptos básicos de la fórmula y vinculadas a las nuevas circunstancias de los países que lo habían acogido. Aunque producto inglés, su reputación traspasó fronteras, más a modo de importación que de verdadera vivencia, al menos en un primer estadio, pero llevando, a pesar de todo, a su grupa, el descrédito y la infamia. De las Islas, este fenómeno contagioso saltará, primero a Francia, su valedora en el continente, y luego a gran parte de la Europa Occidental, hasta gozar de un reconocimiento innegable, al menos por el número de los que se sumergían en aquellos escenarios del horror. Convertido en fenómeno "universal", la exigencia de la fórmula no resultaba tan estricta. Por encima de una base teórica compartida por el común de las novelas y que posibilitaba la identificación, este subgénero se adaptó a aquellas otras literaturas nacionales que lo abrazaron con entusiasmo y acabaron por adoptarlo y, aunque con recelos, hacerlo propio.

Las críticas, el peso del canon y, justo es admitirlo, la limitada calidad de algunas de las producciones, ensombrecieron sus logros, su trascendencia, incluso aquel carácter "universal", y lo que es más importante, su legado a la historia de la literatura. La novela gótica quedará confinada en el baúl donde reposan los trastos inútiles, los autores mediocres, aquella mal llamada 'subliteratura', entendida, en el marco de la teoría de los polisistemas, como literatura de los márgenes (Even-Zohar, 2017). Una literatura que arrastrará, por demasiado tiempo, el estigma de su falta de prestigio, lo que contribuirá, en necesario movimiento pendular, a condicionar su mismo desarrollo. Sin embargo, el implacable juicio del tiempo y una reciente corriente en auge han venido a demostrar lo equivocado de aquellas primeras aseveraciones mantenidas durante siglos, porque la novela gótica es algo más, como afirmara André Breton, que un sueño sadomasoquista concebido por las mentes irracionales[1]. El presente libro, adscrito al período denominado clásico o "original gothic" (Punter 2000), comienza su reflexión en este punto y vinculado siempre a esta nueva corriente de estudio que pretende recuperar la ficción gótica desde criterios más imparciales.

Una situación injusta a todas luces que me ha convencido de una revisión de las fuentes, de una vuelta a las raíces, de una necesaria exploración y una nueva mirada hacia aquellos relatos góticos que se convirtieron en clásicos, y a toda una legión de imitadores que, con mejor o peor fortuna, surgieron en nuestra literatura. Un período que, si bien en la literatura de otras nacionalidades ha sido reconocido y recuperado en gran medida, el que comprende nuestra producción nacional continúa varado sin remedio, oscurecido y mitificado por tópicos, la mayor parte de los mismos infundados[2].

Esta investigación entonces ofrece una reflexión sobre las particularidades de la novela gótica española, su dependencia de la europea y su verdadera trascendencia entre el público, con un doble objetivo: recuperar una producción novelística olvidada y mal comprendida, y vincularla al fenómeno universal de la ficción gótica, con sus deudas y con sus elementos diferenciadores y propios, aportándole, en definitiva, la razón de su existencia. Y ello desde factores teóricos y literarios, pero sin renunciar tampoco al estudio de factores culturales, sociológicos o políticos, determinantes que marcan la época en la que surgió el movimiento y que posibilitan la adscripción del trabajo al campo de los estudios culturales en su vertiente literaria. Al propio tiempo, esta edición se plantea como una actualización de fuentes y una revisión del catálogo de novelas góticas españolas que posibilitará el acceso a investigadores futuros que quieran acercarse a este período de las letras españolas.

Teniendo siempre presente este doble objetivo, y con los estudios sobre la novela gótica inglesa como base de comparación, la investigación se estructurará en dos partes complementarias. La primera versará sobre las especiales circunstancias que envolvieron el desarrollo de la novela gótica en nuestro país y facilitaron o dificultaron su difusión. La sistematización y el estudio de textos pertenecientes a un género no bastan por sí solos para entender cómo se introdujo primero en nuestro país y cómo se asentó posterior-

---

1   Importantes críticos de todas las latitudes, allá por mediados del siglo pasado, comenzaron la ardua tarea de desempolvar libros viejos, arrinconados en bibliotecas, leídos por casi nadie y olvidados por casi todos, convencidos de que la historia de la literatura occidental necesitaba de una pieza más en el rompecabezas que ayudara a entender muchos movimientos literarios, que buscara detrás del canon aquella otra literatura de raíz popular, inseparable de la culta, y siempre en constante dependencia. A los históricos y precursores Lévy, Varma, Killen, Summers o Tarr, los han seguido en las últimas décadas Botting, Punter, Sage, Kilgour, Clery, Davenport-Hines, Davis, Ellis o Frank, entre muchos otros investigadores de prestigio que han dirigido su atención creadora a una época que necesitaba de un estudio pormenorizado, sin mediatizar, libre de prejuicios actuales y pasados y, sobre todo, con una seria base metodológica y un objetivo preciso y claro.

2   Esta necesaria revisión ha comenzado a plantearse, a modo de pinceladas, en los últimos años, entre una pequeña parcela de la crítica (Luis Alberto de Cuenca, Guillermo Carnero, Mª José Alonso Seoane o David Roas).

mente el mismo hasta consolidarse en siglos posteriores, pues, de la misma manera que sucede con cualquier fenómeno cultural, y de igual modo que ocurriera en Inglaterra, se trata de un proceso muy complejo que obedece a varios factores. Esbozo a grandes trazos un cuadro sociológico e histórico de la España de aquel período oscuro que comprende los años que van desde 1788 a 1833, marco de estudio de este trabajo. Estas fechas, que trascienden la vigencia del género en los restantes países europeos (1764-1820) se encuentran en estrecha relación con el mantenimiento del régimen absolutista durante los reinados de Carlos IV y Fernando VII. Las particularidades que presente el género dentro de nuestras fronteras obedecerán a la época en la que se enmarca y de la que no puede escindirse. Por ello, en el intento de rastrear el inicio de esta novela en nuestro país, no se debe perder de vista, para comprender mejor la dificultad de la búsqueda, que el período que estudio es especialmente complicado desde los tres puntos de vista que manejo: político, sociológico y literario. Me centro en este apartado en el análisis de aspectos tales como: los modos de vida, el ascenso de la nueva clase social, la preparación real del público, las reacciones de los lectores, las trabas inquisitoriales y gubernativas, la aceptación de lo extranjero como paradigma, el estado incipiente de la novela, la respuesta desde la crítica a esta nueva corriente literaria o el peso de la moral, impulsada por los preceptistas, entre otros aspectos. Un cómputo este de factores que, vinculados los unos a los otros, descubren realidades antaño ignoradas, postergadas u oscurecidas. La revisión de muchos de estos aspectos y la aportación de nuevos datos revelan entonces conclusiones que facilitarán la comprensión del fenómeno en toda su complejidad, su riqueza y su repercusión real, más allá de una sola obra, aislada y de éxito "incomprensible", como fue la conocida *Galería Fúnebre* de Agustín Pérez Zaragoza. Frente al apartado primero, y una vez explicadas y comprendidas las circunstancias que rodearon su adaptación en nuestro país, el resto del trabajo pretende ser un acercamiento novedoso y exhaustivo a la ficción gótica que se desarrolló y cultivó durante el período previamente enmarcado por los años de 1788 a 1833 en España[3]. Un estudio narratológico que busca, en primer lugar, la fijación de un corpus y, en segundo, el análisis de sus particularidades. Este apartado en el que analizo las diferentes novelas se abre con un capítulo introductorio, teórico, que justifica la defensa de la novela gótica en nuestro país. Parto de la base de los géneros como entidades que evolucionan y se adaptan a las circunstancias del país que los recibe, asume y fomenta. Explicado el proceso, se comprenderá mejor la evolución que he señalado y se justificarán por sí mismas las novelas que he clasificado en cada uno de los momentos evolutivos. Tres momentos, en concreto, marcan el proceso de trasferencia genérica que sufre la novela gótica en nuestro país. El mundo gótico se

---

3   En esta segunda parte tengo presente la ingente bibliografía que sobre el universo gótico existe y que menciono en la parte final. El estudio narratológico parte de la aceptación de la estructura formulaica de este género que se fija a través de componentes fundamentales como el argumento, la galería de personajes, las especiales características del narrador y las coordenadas espacio-temporales que resultan determinantes; unos componentes que son propios a toda narración estética y que, en el caso de la novela gótica, adquieren significados particulares; por encima de ellos, la experimentación con el terror se alza como elemento primordial que justifica la existencia del género, y en función a este estudiaré y explicaré los restantes. Unas bases teóricas fundamentales para poder hablar de una "producción nacional".

materializa a través de las primeras influencias en la producción ficcional de las últimas décadas del siglo XVIII, a modo de atmósfera y escenario estético. Tras estos inicios, más que reveladores, se produce una oleada de traducciones, incluidas en una segunda fase evolutiva como la adaptación de la novela gótica extranjera (inglesa y francesa, sobre todo). En este capítulo dedico un subapartado al estudio de la *Galería Fúnebre* de Agustín Pérez Zaragoza, desde una perspectiva diferente y a la luz de la obra original de su autor francés Cuisin. La consolidación del proceso de trasferencia se cierra con la producción "propiamente nacional", conjunto de novelas que deben considerarse, por derecho, góticas, frente a clasificaciones anteriores; de un lado, las que siguen las directrices del racionalismo y buscan el miedo, escondido tras los pliegues de la veracidad histórica, y, de otro, las que ahondan en lo irracional del ser humano y del mundo, que abandonan el componente sobrenatural, que se recrean en el placer del horror, que dan rienda suelta a la monstruosidad y que juegan con la angustia y el sufrimiento a través de una lección moral bastante debilitada[4].

En resumen, este estudio ha pretendido dejar constancia de que existió una novela gótica unida a una conciencia de género en nuestro país, en las últimas décadas del Antiguo Régimen; importada, es cierto, pero asumida como propia. En la literatura española se traspasa el modelo inicial, pero se recompone posteriormente, siguiendo unos parámetros vinculados al contexto extraliterario. La aportación de la ficción gótica a la historia de nuestras letras, por tanto, no se reduce únicamente a los escenarios o al carácter de algunos personajes en unas cuantas traducciones menores que pasaron de puntillas por el mercado editorial, que apenas alcanzaron a ser leídas por unos cuantos atrevidos y que tan solo influyeron tímidamente en la novela romántica posterior. Su trascendencia fue mayor y sus repercusiones también.

Este estudio trata de arrojar luz y recuperar un período y un género olvidado y mal interpretado, fundamental para comprender una línea de herederos que, aunque se materializaron especialmente en las primeras manifestaciones románticas y tuvieron continuidad en el mundo naturalista de finales del siglo XIX, puede rastrearse hasta bien entrada la actualidad.

---

4   Una exposición más detallada de estos dos impulsos que dividen la novela gótica inglesa puede verse en López Santos (2020).

II.

Circunstancias y motivos

Las dificultades que asaltan a todo estudioso de cualquiera de las diferentes parcelas que constituyen el edificio de la historia de la literatura española se multiplican escandalosamente en el caso de la novelística que comprende los años finales del XVIII y los comienzos del siglo siguiente. "Plantearse el problema de la cultura en un país como España y en un período como finales del siglo XVIII y principios del siglo XIX es algo así como una invitación al llanto [...] y en realidad habría que hablar de anticultura más que de corrientes culturales" (Ferreras 1973: 18).

La tarea se advierte harto complicada; más aún lo sería si nos movemos en un terreno tan resbaladizo y confuso como puede ser el de buscar los motivos que justifiquen o contradigan afirmaciones como las anteriormente señaladas. A la luz de las mismas, se pueden comprobar perfectamente los obstáculos que debe superar el investigador por las divergencias que existen a la hora de justificar una aparente "inexistencia de la novela gótica española", afirmación que se viene manteniendo prácticamente desde el ocaso del género, allá por la segunda década del siglo XIX. Sin embargo, ni tan siquiera la respuesta concreta a esta primera y fundamental pregunta sobre su existencia e importancia se ha producido hasta el momento presente, de una forma nítida, sin atisbo de duda y abarcando todas las facetas de este quehacer literario. Ante este panorama inicial, creo exigible, a la hora de enfrentar este tema, una revisión del mismo que, al abarcar y aunar sus diferentes aspectos, aporte una reflexión esclarecedora sobre el particular.

La sistematización y el estudio de textos pertenecientes a un género no basta por si sola para entender cómo se introdujo primero en nuestro país y cómo se asentó posteriormente hasta consolidarse en siglos posteriores; pues, de la misma manera que sucede con cualquier fenómeno cultural, y de igual modo que ocurriera en Inglaterra, se trata de un proceso muy complejo que obedece a varios factores. En primer lugar, la adaptación de un género, así como su nacimiento, se encuentran motivados por un cúmulo de circunstancias que determinan su configuración, que la especifican y la hacen única. ¿Y cuáles fueron las que habrían de influir en el caso concreto de la novela gótica española?

Un acercamiento a la realidad histórica y sociológica de la España de aquel momento demuestra lo que se puede y no esperar de este período "iluminado". La mirada se dirige especialmente al espacio de tiempo comprendido entre los años 1788 y 1833[5], y ello a pesar de que la segunda fecha trasciende, como ya he dicho, con mucho (unos trece años), la vigencia del género gótico en el resto de los países del entorno (1764-1820); fecha que coincide con los reinados de Carlos IV y Fernando VII. Solo de ese modo se podrán buscar las razones y establecer las causas de esta casi cerrazón de los críticos, que les ha llevado a defender la tesis de la inexistencia de una verdadera novela gótica en nuestra literatura.

1. CIRCUNSTANCIAS Y MOTIVOS HISTÓRICOS

1.1. LA ILUSTRACIÓN INSUFICIENTE Y LA PERVIVENCIA DE LAS SUPERSTICIONES

Resulta cuanto menos discutible asegurar que en España existió un pensamiento ilustrado a la manera de Francia o Inglaterra[6]. "Nos faltó el gran siglo educador", se lamentaba constantemente Ortega y Gasset. En efecto, si he de atenerme a las atinadas opiniones de algunos estudiosos de la época no se puede seguir hablando ya de un acuerdo unánime entre críticos y así, según la tesis de Eduardo Subirats, entre otros, es fácil sostener que, si bien en España se cultivó un movimiento ilustrado, este bien pudo ser, en sus propias palabras, "insuficiente"[7]. Esta es la premisa que justifica grosso modo las

---

5   En el intento de rastrear el inicio de esta novela en nuestro país, no se debe perder de vista, para comprender mejor la dificultad y lo complicado de la búsqueda, que el período que pretendemos estudiar es especialmente complejo desde los tres puntos de vista que manejamos "de finales del siglo XVIII a 1834, la vida intelectual, por llamarla así, en España, no es ni muy floreciente ni muy intelectual; la ideología en el poder, la vuelta atrás, el intento de congelación política y social no favorece y hasta impide toda corriente cultural, artística y literaria. Los intelectuales, casi todos comprometidos, no logran independizarse de un régimen que los condena a prisión, al exilio a la muerte. La vida intelectual se vuelve así vida política y explota, violenta y abundante en la Cádiz de las Cortes o en el Trienio Liberal" (Ferreras 1973: 65).

6   En este punto, señala Fernando R. de la Flor (1999: 114), "es donde podemos acoger como caracterización de la época un oxímoron violento que no ha tenido demasiada fortuna crítica: la «Ilustración mágica»" (Véase de L. F. Vivanco, *Moratín y la Ilustración mágica*, Taurus, 1972).

7   Ensayos como *La Ilustración española* de F. Sánchez- Blanco o *La Ilustración insuficiente*, de E. Subirats desarrollan, con notable acierto, esta idea. De hecho, Subirats considera que el error sería que en el siglo XVIII español se ha sobrevalorado toda la complexión racionalizadora creada por cierta parte de la élite intelectual de la época.

divergencias con el país emisor de la corriente gótica y el resto de países receptores de la misma. Los estudios de la literatura española del período de entresiglos suponían, en su mayoría, y sin fundamento convincente, hasta hace algunos años, que España poseía una situación histórica y un espíritu de reforma similar al europeo; es decir, que la Ilustración española habría alcanzado logros parejos a los conseguidos por sus países vecinos. La realidad, sin embargo, fue bien diferente; más allá de hondas transformaciones sociales y morales, algunos debates ideológicos y tímidos intentos reformistas[8], la debilidad de nuestro movimiento ilustrado se manifiesta en el escaso éxito que siguió a su intento de contener y arrinconar los fenómenos ocultistas o supersticiosos que aún prevalecían en ciertas capas sociales; por ello, y en cierta medida, más que avanzar hacia la Luz, asistimos a un retroceso hacia las sombras más funestas del Antiguo Régimen. Nuestro siglo Ilustrado se hallaba aún envuelto en grandes dosis de misterio y costumbres ancestrales que dificultaban, muy a pesar de estas mentes ilustradas, el control y la organización tecno- política del mundo; habría sido "junto a la época de la razón, el siglo del mesmerismo, de los rosacruces, masones y sectas secretas, junto con todos sus ritos iniciáticos y oscuros" (Álvarez Barrientos 1994: 100).

Este ambiente oscurantista que dominaba y caracterizaba nuestro país frente al resto de las naciones europeas, se fundamentó con seguridad en toda la compleja "infraestructura mágica"[9] que, apoyada por el paso de los siglos, englobaba desde la brujería a los ritos satánicos, pasando por la abundancia de la creencia en todo tipo de milagros, pero también en el profundo peso que desde hacía décadas venía ejerciendo en nuestra sociedad el Santo Oficio, que explotaba con su brutalidad la ignorancia y la superstición de las masas y que comenzaba de hecho a resurgir de nuevo, unido a lo que este ente implicaba.

Aquella vieja concepción del mundo se fortalecía, frente a lo esperable[10], conforme avanzaba el siglo; la preocupación por las brujas y toda la parafernalia de elementos supersticiosos, así como la creencia extendida en la intervención de los espíritus sobre-

---

8   La fragilidad de nuestra Ilustración, no obstante, se habría apreciado a todos los niveles de la vida, por lo que la búsqueda de las causas posibles viene a depender de la tesis de la que se parta o a la que se quiera llegar. Son varios los críticos actuales que sostienen esta teoría. Pedraza (1981: 24), en concreto, considera, en esta línea que "A España le faltó un siglo de las luces poderoso como el que tuvieron Francia e Inglaterra porque en las centurias precedentes se había atacado en su raíz el desarrollo posible de la burguesía española y se habían impedido la modernización de la ciencia, la tecnología y las ideas".

9   Pilar Alonso Palomar (1999: 133) constata esta tendencia cuando afirma: "la cultura de la magia, no muy lejana a la de la ciencia en los siglos de oro, había contribuido de forma asombrosa a enriquecer un pensamiento racionalista del que arrancarían buen número de las ciencias modernas".

10   Determinados críticos (Pilar Alonso Palomar, Caro Baroja) ya que sostienen que la decadencia de la magia y de la práctica de la magia, era una realidad en el siglo XVIII, la sociedad borbónica sentía menos interés por las brujas o las hechiceras. Plantea esta situación Caro Baroja (1967: 311): "Los tribunales como el de la Inquisición, que de 1715 a 1730 funcionan de un modo parecido a como podían funcionar en 1680, empiezan a desinteresarse de ciertos problemas e interesarse por otros. Así van bajando de modo significativo los procesos contra judaizantes, hechiceros y brujas. Aumentan las causas contra personas de conducta irregular, sean clérigos o seglares; aparecen encausados también los masones y algunos letrados acusados de filosofismo".

naturales en la vida cotidiana del siglo XVIII[11], lejos de ser entendida como un fenómeno aislado, era común y propia a la época de referencia y se sustentaba en una serie de publicaciones que, al margen de lo estipulado y recomendable, ahondaban en aspectos tales como la magia, lo sobrenatural, las artes adivinatorias, la alquimia[12] que habían recogido a su vez del bagaje popular. La consecuencia no era otra sino que quedaban al descubierto unas fronteras de impreciso contorno entre irracionalidad y pragmática de la razón ilustrada y unos intelectuales desencantados y en proceso rápido de laicización y secularización de sus saberes, que se veían precisados a convivir en medio de una sociedad todavía en buena medida gobernada por el espíritu supersticioso[13]. Desde las altas esferas del iluminismo, ante la envergadura que tomaba la situación, se comenzó una cruzada antisupersticiosa[14] que desterrara de una vez y para siempre todos aquellos males que ralentizaban e impedían el avance de nuestro país y su consiguiente inserción en el proceso de modernización, compleja tarea que habría corrido a cargo de los máximos representantes del movimiento, quienes, a través de sus escritos habrían tratado de abrir puertas al mundo moderno a la par que conciencias a las nuevas ideas. Al fin y al cabo existía entre ellos la creencia de que con la instrucción se podría ilustrar al pueblo y arrinconar los errores supersticiosos que le asediaban.

En esta línea de cruzada de combate contra las supersticiones es en la que se alista, entre otros muchos[15], el padre Feijoo, desde su talante científico y desde las invectivas más duras.

---

11 La arraigada fe en la magia se vio reforzada, según Helman (1970: 149), por figuras como Cagliostro y Mester. También Bayle admite en su diccionario que los filósofos más incrédulos y sutiles no pueden desatender los fenómenos relacionados con la brujería.

12 Iris Zavala (1984) en su artículo "La cara oscura del setecientos" cita diferentes obras que fomentaron e incentivaron estas creencias: *Tabla sistemática de la creación del mundo* (1745), *Historia o magia natural o ciencia de filosofía oculta* (1723), *Tiempo sagrado de la conciencia. Ciencia divina del humano regocijo* (1751), *Estado sagrado, cronológico, genealógico y universal del mundo desde su creación hasta los presentes siglos* (1765- 1789).

13 De sobra conocidas son las opiniones de nuestros ilustrados a propósito de la asimilación de dicho movimiento a nuestra cultura. Cuando Feijoo y *El Censor* lamentan "la incultura" de los campos españoles recurren a una imagen cuyo sentido reiteran al calificar de salvajes a sus compatriotas y condenar los lentos progresos de la Ilustración en suelo peninsular. Cadalso, a su vez, abunda en la misma línea al proponer remedios para igualar a su débil país con las naciones europeas más avanzadas y reconocer que les llevan siglo y medio de adelanto.

14 Llorens (2006: 629) recoge la amargura de José María Blanco White ante este arrinconamiento pretendido a las supersticiones: "Mi intento es solo protestar contra la sentencia de destierro que se ha fulminado sobre ellas, especialmente en España".

15 Las opiniones de Feijoo con respecto a brujerías y fantasmas eran compartidas por todos los racionalistas ilustrados de la segunda mitad del siglo: Clavijo, Cadalso, los Iriarte, Jovellanos, Moratín y otros muchos. Iban todavía más allá en la no creencia en brujas, cuyas supuestas actividades las eran englobadas con las de las demás criaturas fantásticas, considerándolas todas engendradas por la superstición y muchas de ellas reliquias paganas transmitidas a la literatura. Cita David Roas (2006: 30) otra interesante muestra de la censura del elemento sobrenatural a través del cultivo del mismo en el volumen *Cuentos de duendes aparecidos, compuestos con el objeto expreso de desterrar las preocupaciones vulgares de apariciones, traducidos del inglés* por José de Urcullu en 1825. "Su intención como bien apunta el título de la misma no es otra sino desterrar la conciencia supersticiosa en los fantasmas, los duendes y aparecidos, que, según el autor, proviene de la ignorancia, el temor y el interés. Urcullu, además ofrece una visión de la naciente literatura fantástica como género menor, fácil de componer, que los escritores escriben por dinero y el público popular lee con fruición".

Sus esfuerzos, en su obra *Reprobación de las supersticiones y hechicerías*, por eliminar del subconsciente colectivo ese mundo oscurantista y onírico, de magia y de barbarie, "empujándolo definitivamente hacia la marginación y la periferia del nuevo régimen de conocimiento abiertamente experimentalista y humeniano" (R. de la Flor 1999: 115), fueron una de las primeras medidas que se aplicaron en favor del progreso y de la reforma social[16]. También su ensayo "Duendes y espíritus familiares", incluido dentro del *Teatro Crítico Universal*[17], niega categóricamente la existencia de tales espíritus incorpóreos, como son los duendes, y atribuye sus actividades supuestas a humanos bromistas; de igual manera, se burla de historias de íncubos y vampiros como invenciones de mentes engañadoras o engañadas. Que existen brujas, confiesa, lo sabemos por las Sagradas Escrituras y las autoridades de la Iglesia, pero ni mucho menos tantas como los ignorantes creen y las confesiones de estas, en muchos casos, no pasaban de considerarse meras fantasías del miedo o de mentes enloquecidas por la tortura, respondiendo únicamente al arraigo que dicha creencia mantenía en el espíritu popular.

Sin embargo y a pesar de sus meritorios esfuerzos, "Fray Benito creyó que se podía erradicar la superstición desde una celda conventual, con el pretexto de desterrar los errores del vulgo" (Cuenca 1981: 99), y desde unos tratados, que más que a la esencia de la filosofía cientificista y a un auténtico esquema empírico, respondían a la estructura de fábula, de relato ficcional y novelesco. Esta sería su grave equivocación, pues en el deseo de combatirla, acabó definitivamente por confirmarla, cayendo entonces, al menos por los resultados y aunque solo fuera de manera inconsciente, en el mismo error que criticaba: "En materia de hechicerías, tanto como en la que más, circulan y se propagan las fábulas del Vulgo a los Escritores, y de los escritores al Vulgo" (Feijoo 1779: 119)[18].

Así pues, en lugar de escribir ensayos que, amparados por la ciencia y en nombre de la razón, justificaran todas y cada una de aquellas creencias imposibles, escribe relatos cercanos al incipiente género gótico, presentando como en una linterna mágica, toda la

---

16 Caro Baroja (1967: 338 y ss.) analiza los discursos de Feijoo que hablan de las supersticiones mágicas y distingue dos tipos: los de las creencias generalizadas que no tenían mucho alcance entre sus contemporáneos, en los que quiere combatir la superstición de su pueblo y los de las creencias que prestan poca atención a las costumbres supersticiosas difundidas por España.

17 Luis Alberto de Cuenca (1989: 39) apunta una serie de títulos de Feijoo que contribuirían al refuerzo de esta tendencia supersticiosa "Astrología judiciaria y almanaques", "Duendes y espíritus familiares", "Vara adivinatoria y Zahoríes", "Milagros supuestos", "Piedra filosofal", "Cuevas de Salamanca y Toledo y mágica de España" (*Teatro crítico*) y "Entierros prematuros", "De la transportación mágica del obispo de Jaén" y "El judío errante" (*Cartas eruditas*).

18 Pilar Alonso Palomar (1999: 133) sintetiza la revisión crítica al pensamiento mágico o de carácter oculto y la postura que Feijoo toma acerca del mundo de la superstición y de la magia en el texto que sigue: "Es cierto que no hay sistema alguno filosófico a quien sus sectarios no tengan por una botica universal, donde hay remedio para curar todas las dudas; y así, cualquiera consulta que se les haga, se encuentra en ellos pronto la receta. Unos, a lo galénico, aplican cualidades elementales; otros, que son curadores por ensalmo, las ocultan; otros recetan por escrúpulos los átomos; otro, a buen ojo y sin determinar la dosis, porque no tiene peso, la materia sutil. Pero me temo mucho que todos nos dan *quid pro quo*, esto es, la opinión en vez de verdad, y todas las curas que hacen de las ignorancias de los hombres puramente paliativas" (Feijoo: 167: 30).

fantasmagoría de apariciones y vampiros, de brujas y de duendes[19]; es decir, en su pretensión de eliminar todo rastro de aquellas viejas supercherías de lo más profundo del acerbo cultural, no logró sino avivar aún más la llama de lo sobrenatural y de lo fantástico que comenzaba a proliferar y que ya no se detendría a pesar de sus continuos esfuerzos por impedirlo[20]. Conjuran aquello que temen y desean combatir, con la fascinación que sienten, pues en el fondo de su obra latía una irresistible atracción hacia esta materia que se paliaba únicamente por medio de una censura encubierta y que ponía en evidencia su pretendido afán ilustrado. Son una muestra más de la distancia que existía entre los esfuerzos por crear una España renovada y la realidad de los sectores de la sociedad que disfrutaban (o bien se aprovechaban) de la superstición y de la magia. La cultura media aún seguía fascinada por la hechicería (Zavala 1984: 21) y nada se podía hacer, al menos en apariencia, para remediarlo.

Aunque las mentes iluministas se esforzaron en sepultar todos aquellos restos del viejo orden, el problema residía en que no eran únicamente las masas ignorantes las que seguían fascinadas por los fenómenos sobrenaturales; incluso los racionalistas, que estaban convencidos de la excelencia de las ciencias físicas y de las nuevas leyes que habrían de extender el dominio de la razón, "mantenían aún una cierta curiosidad por el otro lado de la barrera y sentían una inclinación por lo oculto, lo misterioso, lo eterno y obsesionadamente desconocido" (Helman 1970: 161). Podían mostrar todo el desprecio que fuera por el vulgo crédulo que admitía todavía la existencia de fantásticas criaturas sobrenaturales, en fábulas y viejas leyendas populares: podían sentirse superiores a aquella multitud poco instruida y apegada al pasado, pero el compromiso con la tradición seguía siendo aún demasiado pesado como para romperlo completa y definitivamente.

En el pensamiento de Feijoo, como en el de tantos otros ilustrados, es posible que exista entonces un desequilibrio, como señala Alonso Palomar (1999: 130), "entre lo que su práctica mente dieciochesca quería desarraigar y el contenido que sus escritos ofrecen, ya que su teoría sobre la magia tiene un fuerte arraigo teológico y una importante base histórica". He aquí la gran paradoja de Feijoo, al igual que la de gran parte de los intelectuales de la Ilustración española, que no hace sino remitir a otra paradoja más, auténtico estigma de nuestra historia de las ideas: el debate entre el afán de progreso y el torrente de la tradición que devastaba el pensamiento. España pertenecía a ese reducido grupo de países en los que los profundos y arraigados valores históricos, culturales y re-

---

19 David Roas (2006: 32) señala igualmente que "En la base de la elección de cuentos de aparecidos, narraciones maravillosas o relatos milagreros y no de unos tratados específicos o verdaderos ensayos contra la superstición se encuentra indudablemente la búsqueda de la aprobación del público lector y el deseo de éxito de sus obras. Muchos habrían sido, sin duda, los que, lejos de la pretendida intención instructiva y quizás desde una perspectiva del todo descreída, se hubieran acercado a dichas obras por el mero placer estético, buscando una fuente de evasión y divertimento".

20 Edith Helman (1970: 162) constata esta situación: "El Padre Feijoo contribuyó quizá más que ningún otro a mantener vivas a estas criaturas, a recrearlas vivamente, para atacarlas después con todo vigor [...] amontonó montañas de datos que a la vez probaban y negaban su existencia, porque encontraba este material, ya procediese de la tradición o de fuentes escritas, extremadamente divertido".

ligiosos habían obstaculizado la difusión de las ideas racionalistas, a partir de una visión "anti-iluminista, anti-intelectualista y anti-laicista", como sostuviera Allegra (1980: 13). Nuestro país se caracterizaba por ser defensor a ultranza de la tradición cuyo máximo estandarte era la certeza del poder de la fe, la exaltación de las virtudes nacionales y el discurso moralista; por ello, se busca introducir solamente aquellas novedades que no estén reñidas con la moral y las creencias tradicionales. La opresión intelectual ejercida por el absolutismo monárquico, así como por la Inquisición, contrastaba igualmente con el protestantismo y el libre examen imperante en los países europeos que habían otorgado un nuevo espíritu y vigor a estos pueblos. El movimiento ilustrado, de procedencia francesa, se interpretó inmediatamente como extranjero, lo que aparejó su rechazo inmediato en pro del verdadero sentimiento nacional que no era sino aquel que ensalzaba el tradicionalismo español. Así lo expresa Giovanni Allegra (1980: 44):

> Todo se compendiaba en la palabra tradición, vaga y precisa a la vez, visión del mundo antes que idea específicamente filosófica, suma de valores, costumbres, normas, particularidades, glorias, derrotas y sacrificios que la nueva inteligencia, que escarnecía como supersticiones y combatía como un lastre que había impedido a España ser un país europeo.

España se enorgullecía tanto del aislamiento que implicaba el respeto a las tradiciones como de su persistente recelo ante todo aquello que se considerara extranjero. Las mentes intelectuales entienden de imperiosa necesidad revisar los antiguos misterios para adaptar a la aurora de la Edad Contemporánea un país en el que lo anómalo y lo monstruoso aún deambulaba a sus anchas por la historia cultural, pero sin renunciar a lo propio, a lo legítimo, a lo auténtico, en definitiva, a aquello que le individualizara, frente a modas y movimientos extranjeros y le reafirmara en su verdadera identidad.

La consecuencia inmediata en el plano histórico, pero lo que es más interesante aún en el literario, fue la creación de una dialéctica Ilustración/tradición que complicaba el paso necesario hacia el conflicto ilustrado por antonomasia y origen de nuestra novela gótica: el contraste luz/oscuridad; pues se precisa de una caída de la tensión mítica y religiosa para su resurgimiento con otros tintes acordes al siglo y al nuevo régimen. España no estaba aún preparada para dar este paso, al conservar todavía latente, por el peso de la tradición, aquel fuerte sustrato de leyendas y supersticiones, de brujerías y de magia. Así, mientras el resto de países, agotados del peso asfixiante de la Ilustración, se complacían en la dulzura de las sombras, el pueblo español seguía en las tinieblas y sus intelectuales, aún no saciada su sed de luz, distaban mucho de sentirse hartos y añorar la pasada oscuridad. La falta de un movimiento ilustrado con unas bases fundadas habría de repercutir por tanto no solo en los esquemas políticos y sociales sino en el desarrollo de la literatura canónica así como en el cultivo de aquella otra narrativa que continuamente tachada de evasiva, subversiva y azuzadora de conciencias venía siendo arrinconada, ya desde su Inglaterra natal, en el cajón de la subliteratura. ¿Qué implicaciones podría tener, sin embargo, en nuestra novela una visión racionalista que se encuentra lejos de lograr los frutos deseados?, o planteado de otro modo, ¿Cómo justificar la existencia de una novela gótica que no se nutre del necesario conflicto racionalismo/irracionalidad?, entonces, ¿Dónde buscar la raíz del cultivo de la ficción gótica en nuestro país?

Parte de los estudiosos de la novela gótica[21] han visto en la dificultad de desarrollo del componente irracional el escaso predominio de la novela en nuestro país; entre ellos Rafael Llopis:

> Desde un punto de vista puramente estético, tampoco podía producirse en España una reacción contra el arte neoclásico, porque en España tampoco había habido apenas arte neoclásico, ya que este es la contrapartida, en el plano estético, de la filosofía de la Ilustración […] En estas condiciones no se puede imaginar la aparición de una literatura romántica en España, donde lo fantástico aún no era fantástico, sino sagrado. Las creencias precristianas habían sido erradicadas o asimiladas por la religión, y en la España enlutada y fervorosa, la carencia de escepticismo […], las pasiones eran cosa muy seria, incitación al pecado y fuente de todo mal. En España no habían sido atemperadas y desahogadas por un siglo de Ilustración y licencia. ¡Imposible también jugar con ellas! (Llopis 1972: 79).

La "hipótesis del limitado cultivo" de la novela gótica en nuestro país no se justifica, entonces simplemente porque en el mismo existieran menos "Luces" que en el resto de Europa, sino porque estas luces evidenciaban, por un lado, una serie de carencias que tenían que ver con la idiosincrasia misma del país y, por otro, respondían a ciertas particularidades asociadas, del mismo modo, a la propia naturaleza de nuestra sociedad.

Evidentemente, ante la imposibilidad de introducir el elemento irracional, el punto de partida en el momento de la búsqueda de una novela gótica española debe ser diferente, contrario si se quiere, al que motivó el nacimiento en su país de origen. Si la novela gótica surgió en Inglaterra a la sombra del brillo ilustrado en su vertiente más oscura, el punto de apoyo de nuestra literatura para asumir este movimiento, en la adaptación genérica, tendrá que ver con una corriente de oscurantismo, tradicional y nacional, que sacrifica el componente irracional en favor de la experimentación con un terror cercano y plausible, inserto en lo más profundo del alma hispana. Por otro lado, no se debe olvidar tampoco que la parte de la novela gótica que representa Ann Radcliffe decanta, de igual modo, la balanza en favor de la razón, sacrificando todo componente irracional, pero sin dejar de pertenecer al movimiento y respetando sus principios constitutivos fundamentales. No se ha de buscar, por tanto, este componente irracional de lo sobrenatural en los escritos de nuestros autores, pero ello no implica que se sucumba a la tarea de encontrar una novela gótica que, desde nuevas particularidades y puntos de vista, experimente con el placer del terror.

---

21 Algunos críticos como Allegra, Román Gutiérrez, Roas o Cuenca estudian esta falta de irracionalismo en nuestra Ilustración.

1.2. Las verdaderas trabas de la censura al cultivo de la novela gótica

El mantenimiento de aquellas viejas supercherías se vio reforzado gracias al cultivo de la nueva literatura de vertiente irracional que llegaba desde Inglaterra. La situación adquirió tal envergadura, ante los escasos o nulos resultados que obtuvieron las recomendaciones de los iluministas, por una parte, y los recientes "peligros" que acechaban a nuestro país, por otra, que el gobierno se vio forzado a actuar de manera implacable a través de la censura[22], única institución capaz de contener la creciente tendencia supersticiosa y de aplacar los nuevos impulsos liberales y heterodoxos importados, en la defensa de los verdaderos valores nacionales la cual, a pesar de que había vivido un proceso de relativa recesión durante el reinado de Carlos III, se fortaleció, en cierta medida, como reacción frente a esta llegada masiva de libros extranjeros. En efecto, la censura gubernamental se interpretó como representante suprema del nacionalismo tradicional contra el racionalismo imperante que llegaba desde Francia cargado de ideologías revolucionarias que hacían temblar los cimientos del Antiguo Régimen y que eran vistas desde nuestro país con especial preocupación. Temiendo por el devenir de un reino anclado poco menos que en los tiempos de las conquistas americanas, cerraron fronteras para evitar la implosión o el desarrollo de cualquier movimiento amenazante. Evidentemente, la cultura sería el ámbito de la vida que más habría de sufrir esta falta absoluta de apertura al exterior, y dentro de la misma, más aún si cabe, nuestra novela, máximo estandarte de la herejía y del excentricismo.

He aquí, por tanto, otra de las dificultades, la primera y más pesada quizás[23], con la que habría de toparse la novela gótica en nuestro país que, al igual que en su Inglaterra originaria, pero en mayor medida que en esta, hubo de lidiar contra unas instituciones retrógradas que temían por cualquier pliego sospechoso que pudiera circular libremente por el territorio nacional. A diferencia del país anglosajón la censura hispana iba más lejos de considerarse una mera cuestión social; no correspondía a la crítica especializada, ni mucho menos al público, la aceptación o el rechazo definitivo de una obra; la novela antes de someterse al juicio común debía pasar por un férreo análisis, minucioso y detallado; esta advertiría de sus peligros y sacrilegios e informaría de cualquier prejuicio a la cultura, a las costumbres y a la religión católica, negándole, si así fuera, su aprobación pública e institucional.

---

22 Dos son las obras que, con gran rigor y eficiencia, han estudiado principalmente la censura en este período: de A. González Palencia, *Estudio histórico de la censura Gubernativa en España (1800-1833)* de 1935 y, de Marcelin Defourneaux, *Inquisición y censura de libros en la España del siglo XVIII*, de 1973, sin olvidar tampoco, *Historia crítica de la Inquisición en España* de Llorente (1822) o, a pesar de sus reiteradas críticas, *El Censor* de Menéndez Pelayo.

23 Gran parte de la crítica, entre la que podemos encontrar a Iris Zavala, Guillermo Carnero, Juan Ignacio Ferreras, José F. Montesinos o Luis Alberto de Cuenca, que han pretendido encontrar causas a la escasez del cultivo de la literatura gótica en nuestro país, han visto en la censura su principal impedimento.

El origen de esta disparidad de criterios debe buscarse en el hecho de que en nuestro país la censura se interpretaba, en la teoría, como un asunto de Estado y por tanto subordinado a este en primer término. No obstante, el verdadero poder se encontraba aún en la Iglesia que, aunque ejercía en segunda instancia, a través de los tribunales inquisitoriales dependientes de la censura gubernamental, sus sentencias se entendían como definitorias, pues la mayoría de los censores eran eclesiásticos[24], lo que nos lleva a considerar, que más allá de motivos sociales, el papel que jugó la censura en España fue esencialmente político y, ante todo, religioso. Lejos, y en cierto modo apagada, quedaba ya la labor ejercida durante los siglos XV, XVI e, incluso, XVII por el Santo Oficio que se había centrado en la condena pública, a través de aterradoras torturas[25], de movimientos o particulares que pudieran constituir una amenaza para la religión y la estabilidad del Estado. La Iglesia regresó, bien entrado el siglo XVIII, de la mano de Carlos IV, y afianzó su predominio en mayor medida durante el reinado de Fernando VII al retomar su antiguo puesto en la sociedad y resurgir, con celo renovado, la histórica Inquisición, antaño dormida. Le tocaba ahora la tarea de organizar la sociedad para lo que habría de convertirse en la principal enemiga de toda corriente intelectual.

Sin embargo, las competencias de esta institución, más allá de juicios populares, habrían quedado relegadas únicamente a la condena y prohibición de libros peligrosos que pudieran atentar contra los principios de la Iglesia[26] y contra los intereses del Estado, dado que "en la atmósfera academicista creada por los primeros Borbones estaba implícita sobre todo la preocupación extraliteraria por el bien público" (Pedraza 1981: 13). Los edictos de la Santa Inquisición alertaban sobre todo contra los peligros de las herejías, de tal manera que, si un libro caía en manos del Tribunal y se prohibía su impresión o difusión, la censura gubernativa no podría pronunciarse[27], solo cuidar por el cumplimiento de las normas fijadas por dicho Tribunal. Así el Juez de Imprentas, máximo responsable en la censura del gobierno tras el Decreto de 1805, antes de remitir las obras al juicio de los Censores, debía enviarlas al Vicario eclesiástico que encargaba su revisión a personas de confianza y, tras adjuntar los comentarios pertinentes, se devolvían al Juez para que lo

---

24 Manifiesta esta situación Defourneaux (1973: 28): "La inquisición se reservará la censura a posteriori de los libros, en tanto que la censura previa y la concesión de licencias de impresión caen, a partir de la época de Felipe II, dentro de las atribuciones del Consejo de Castilla, asesorado por sus propios censores y desde mediados del siglo XVIII, pasan a ser de la incumbencia del juez de imprentas".

25 Apunta Domínguez Ortiz (1976: 233) esta situación: "La Inquisición había renunciado a la tortura y las autoridades civiles no la aplicaban ya mucho antes de que, en 1811, quedara legalmente abolida por las Cortes de Cádiz".

26 Señala, de igual modo, Domínguez Ortiz que (1976: 366-367): "El conde de Aranda realizó un intento de suprimir la Inquisición como parte de su propuesta reformadora. Desde 1768 a 1790 se pueden observar ciertas atenuaciones en la manera en la que el Santo Oficio ejerce su función, aunque lejos de las intenciones de los reformadores y de los preceptos promulgados en 1768. El asunto de la Ilustración, por tanto, solo quedó resuelto a medias: la monarquía reformadora se limitó a limar las garras del león, sin perjuicio de utilizarle cuando, poco después, necesitara sus servicios para reprimir la propaganda revolucionaria".

27 Raymond Carr (1969: 88) defiende esta idea cuando señala: "Asistida por la tambaleante Inquisición, la Iglesia, símbolo del divorcio entre España y la Europa culta, era el obstáculo que invariablemente cerraba los caminos a todo progreso intelectual".

pusiera definitivamente en manos de los Censores (González Palencia 1934: XIV). Este procedimiento inquisitorial, en materia de libros, empleado a mediados del siglo XVIII, se apoya en los principios proclamados en el siglo XVI por el Concilio de Trento, y cuya aplicación fue precisada, y a veces agravada, por el Santo Oficio español, que organizó además la búsqueda de libros condenados o sospechosos en el interior de su territorio, en las fronteras de España, e incluso más allá de las mismas, un procedimiento este que no experimentará más que modificaciones de detalle durante la segunda mitad del siglo XVIII.

El clima tan opresivo es el resultado de las relaciones cada vez más estrechas que mantienen la Iglesia y el Estado a medida que nos aproximamos al nuevo siglo, así como de las difíciles relaciones con Francia, desde antes de la Revolución Francesa, pero que se recrudecieron especialmente tras la misma. De ahí que la censura de libros y los autos de fe vuelvan a instaurarse en los últimos años del reinado de Carlos III. Inquisición y monarquía colaboran en estrecha vigilancia de la entrada de libros y folletos y en aislar a España de las corrientes revolucionarias[28].

Para comprender, sin embargo, los verdaderos obstáculos que hubieron de salvar las novelas góticas inglesas que pretendían introducirse en nuestro país a través de Francia, es preciso atender a la compleja situación que envolvía a la censura gubernativa e inquisitorial de este período de entresiglos y que habría de condicionar de manera decisiva la difusión de estas narraciones. En primera instancia es preciso señalar que la censura española de la época de referencia continuaba fiel a decretos del pasado, no por lejanos en el tiempo olvidados y suprimidos; *la ley de 27 de julio de 1754* se mantuvo grosso modo, tal y como nos recuerda González Palencia (1934: XIV), hasta la caída del régimen de Fernando VII. Esta ley establecía que cualquier libro, fuera cual fuera su extensión, tamaño o contenido, precisaba de la licencia del Consejo o del Juez privativo y Superintendente general de Imprentas "so pena de 200 ducados y seis años de destierro" (art. I). Dicha ley insta asimismo a que la introducción de cualquier libro "de autores españoles impresos fuera de España se castigaba con la pena de muerte (art. 13º) y "se regulaba minuciosamente la intervención gubernativa en los casos de libros importados" (art. 14-16).

No obstante, a pesar de que se mantiene el respeto por este precepto general, deben considerarse varios momentos en el período que transcurre aproximadamente entre 1788 y 1833, época, como digo, de recepción y cultivo de la ficción gótica en nuestro país, pues existieron, por breves que estos pudieran parecer, ciertos intentos de contacto con el exterior en los que las nuevas tendencias literarias encontrarían, en principio, un camino por el que penetrar dentro de nuestras fronteras. El período acotado, comprende dos mandatos, fronteras entre el Antiguo y el Nuevo Régimen, los correspondientes a los reinados de Carlos IV y Fernando VII (sin olvidar los "prósperos" años de ocupación

---

28   Entre 1796 y 97, por ejemplo, la Inquisición incauta docenas de libros prohibidos adquiridos por la compañía de libreros que en Valencia tenía Pedro Juan Mallén. (Zabala 1969: 248).

francesa bajo las órdenes de José Bonaparte) y oscila entre las continuas tentativas reformistas y el profundo arraigo del acerbo tradicional, entre el mantenimiento del férreo hermetismo y las débiles pero interesantes muestras de un cierto aperturismo al exterior, y, en definitiva, entre la condena a todo papel impreso y los tímidos intentos de libertad que alientan a los gobiernos liberales y que se traducen en un aumento de la intervención del Estado en lo concerniente a la educación. Resulta imposible entonces comprender en su totalidad las trabas a las que se vio sometida la novela gótica si no se hace balance, aunque sea brevemente, de esta situación política que imperaba en aquellos años, comenzando por Carlos IV hasta llegar a Fernando VII.

A lo largo del reinado de Carlos IV el objetivo general, conviene no olvidarlo, de los intelectuales y políticos ilustrados pretendía ser, teniendo siempre presente la fidelidad a los dogmas de la fe, el de acortar la ya amplia distancia que separaba a España de los estados más desarrollados de Europa. En concreto, el lapso temporal que va desde 1785 a 1805 se caracteriza por la apertura al exterior, y en concreto a Francia, suprimiéndose prácticamente todo control sobre prensa y libro, lo que facilitaría la entrada de gran parte de las obras de origen francés y de ideología liberal que años atrás habían sufrido una censura implacable. Se conocen, de repente, muchas de las novelas europeas más célebres y emocionantes y se deshacen parte de las trabas tradicionales que dificultaban su desarrollo en nuestro país. De hecho, indica Defourneaux (1973: 132) que, en las postrimerías del siglo XVIII, una Orden Real (enero de 1798) se lamenta de "la facilidad con que algunos libreros de Madrid y del Reino, por un deseo desordenado de lucro, venden todo género de libros prohibidos", debido, sobre todo, al clima de cierta libertad, pero también a la lentitud del proceso inquisitorial y a la ineptitud de los inquisidores.

Sentencias como la anterior fueron las que contribuyeron a que aquel feliz estado de cosas apenas durara unos años, los años que tardaron en llegar los "terribles" ecos de la Revolución Francesa. Se retomó la antigua ley de 1754 que complicaba la libre difusión de los libros y el gobierno se vio obligado a reformular e instaurar una nueva ley que ampliara la anterior y que evitara vacíos legales: la *Ley de imprentas del 11 de abril 1805*[29] (González Palencia 1934: XVI), según la cual todo material impreso llegado desde Francia, por interpretarse de facto altamente pernicioso[30], pasaría, de manera obligada, por el tamiz de la censura y "necesitaría tanto la licencia del Juez de Imprentas, como el dictamen favorable de un censor; esta es la situación de hecho con la que había de enfrentarse el mundo de los autores, sin olvidar el de los libreros o editores" (Ferreras 1973: 20). No obstante, debemos remontarnos a mediados de siglo para descubrir la

---

29 El Decreto de II de abril y Cédula de 3 de mayo de 1805 establecía que "El abuso que se ha hecho y se hace en varios países extranjeros de la libertad de imprenta, con grave perjuicio de la Religión, buenas costumbres, tranquilidad pública y derechos legítimos de los Príncipes, exige providencias eficaces para impedir que se introduzcan y extiendan en España los impresos que tantos males ocasionan".

30 Defourneaux (1973: 130) relata esta situación de hondo hermetismo que sufrió nuestro país en aquellos años: "Cuando en 1793 se rompen las relaciones entre Francia y España, la Inquisición da orden de inspeccionar todas las librerías y casas francesas para buscar libros sospechosos y grabados obscenos"

verdadera causa; desde que, de la mano de Voltaire, la lengua franca se convirtiera en vehículo del pensamiento ilustrado[31], el libro sospechoso, condenado y censurado era, sin lugar a dudas, el libro francés y aunque, bien es cierto, que tras la Revolución se intensifica la vigilancia y se amplían las condenas, hasta situarse en unas cotas elevadísimas, en los últimos años del reinado de Carlos IV y, por extensión, en las postrimerías del Antiguo Régimen (1806 y 1807). Como es sabido, a partir de la tercera o cuarta década del siglo XVIII, el libro francés, portador de aires infectados del Norte, como dijera irónicamente el padre Feijoo, era considerado por nuestros gobernantes, y especialmente por la Iglesia, como un instrumento diabólico de propagación del ateísmo y de las ideas revolucionarias, contra las que toda defensa y represión eran legítimas.

Así pues, aquel gobierno que había nacido, desde los impulsos del Nuevo Régimen, con la pretensión de asumir ideas nuevas, de alentar espíritus reformistas y de conceder definitivamente alas a la cultura, se recrudeció después de 1786, rememorando tiempos del Antiguo Régimen, a través del "cordón sanitario" promulgado a raíz de esta Revolución y amparado bajo aquella ley que requisaba cualquier obra sospechosa. En cada puesto fronterizo y en cada puerto, el comisario de la Inquisición y el revisor nombrado por el gobierno procederían, en común, al examen de libros para separar las obras condenadas o peligrosas de aquellas cuya circulación se podía autorizar[32], por no suponer un ataque directo a los principios básicos de la tradición o a los preceptos de la fe católica.

La situación cambió radicalmente durante los años de la invasión napoleónica. Bajo el mandato de José Bonaparte, como bien es sabido, las instituciones más represivas, entre las que se encontraba obviamente la tan temida Inquisición, acabaron por ser abolidas de manera gradual. Se estableció, del mismo modo, el Decreto de 1810[33] que, por primera vez en España, instauraba la libertad de imprenta, suprimiéndose así la censura política previa y constituyéndose un nuevo sistema censor que se fundamentaba en que cada provincia contara con una Junta de censura, por encima de la cual operaba otra general para todo el Reino. Sin embargo, no fue, en contra de lo que pueda pensarse, una época especialmente próspera para el cultivo de la novela que quedó relegada a un segundo plano en favor de la prensa y los panfletos políticos, que se dividían entre contrarios o afines al Nuevo Régimen[34]. Esta invasión napoleónica hizo creer a algunos, liberales en

---

31 En 1780, nace una publicación de gran transcendencia para el estudio de las obras publicadas en Europa, aunque sobre todo en el país galo, que incluía las últimas novedades y que constituía, por lo mismo, un auténtico catálogo crítico de la producción francesa; llevaba por título: *Correo literario de la Europa en que se da noticia de los libros nuevos, de las invenciones y adelantamientos hechos en Francia y en otros reinos extranjeros.*

32 Ley XIV: Reglas que deben observarse en las aduanas y nombramiento de revisores de libros para evitar la introducción de los prohibidos (González Palencia 1934: XIX).

33 Alonso Seoane en su artículo "Primera legislación liberal de imprenta", en *Historia del periodismo. Siglo XIX,* (1997: 36-40) estudia en profundidad estos aspectos relacionados con la libertad de imprenta durante la invasión napoleónica.

34 Así lo señala Juan Ignacio Ferreras (1973: 22): "El número de publicaciones resulta especialmente reducido constituyendo la mayor parte de lo publicado meros panfletos políticos o literatura a favor del Régimen y en alabanza al mismo".

su gran mayoría, que aún se estaba a tiempo de terminar con el absolutismo e implantar una monarquía sobre bases nuevas. El tiempo les haría ver que todavía quedaban años de fuerte represión cultural.

El regreso de Fernando VII en 1814 fue el acontecimiento que puso fin a tales esperanzas, representando su reinado una vuelta, en todos los ámbitos, a las fórmulas del Antiguo Régimen. Aunque es cierto que ese retorno no consiguió resucitar, en la medida en que se esperaba, las viejas ideas, sí retrasó el surgimiento de las nuevas, aquello que muchos llamaban "los tiempos modernos". A partir de 1813 y hasta 1833 la relevancia de los acontecimientos políticos afectó en tan alto grado a la vida pública española que fue inevitable que afectara también a la literatura. Con el regreso al poder de Fernando VII se restablecieron las viejas instituciones. Era preciso rescatar los preceptos del antiguo régimen absolutista y devolver a España el esplendor nacional perdido. No obstante, no puede hablarse propiamente de un período unificado, por lo que a materia de libros se refiere; en el reinado de Fernando VII, los historiadores han podido entrever dos épocas, la primera, que va de 1814 a 1820 y que se caracteriza por una estricta aplicación de los principios absolutistas y la segunda, que inaugura el Trienio Liberal (1820-1823), que abarcaría desde el mencionado 1820 a 1833, de cierta apertura al exterior y que supone un verdadero estallido en lo que a publicación y traducción de novelas se refiere.

Así, las primeras décadas del siglo XIX seguirán las directrices del decreto publicado el 11 de abril de 1805, aunque rectificándolo en parte con uno nuevo que data del 10 de junio de 1813, por el que se reorganiza todo el sistema de control sobre los libros existente hasta ese año. El 11 de noviembre de 1814, de la mano de Fernando VII, se restableció la férrea legislación que se había fijado en 1805, "primero contra los periódicos (Real Orden de 30 de enero de 1820) y luego sobre la introducción de los libros extranjeros (II de abril de 1824 y otras complementarias" (González Palencia 1934: XXIV)[35]. Ante todo, se nombra un Juez Supremo de Imprentas con jurisdicción propia que, al mando de un grupo no determinado de censores, se encargará de velar por la salud intelectual del Reino. Este nuevo Decreto daría un giro definitivo, en materia de censura. Se consideraron especialmente aquellos libros que atentaran contra la Religión[36] y el buen juicio; de esta manera, el censor podría prohibir aquellas obras que no fueran útiles al público o pudieran perjudicarle (art. 12) y se optó por facilitar el curso de las obras útiles e impedir la publicación de las perjudiciales.

---

35 Fernando VII se siente en la obligación que asumieron sus antepasados de velar por el cuidado de la religión y luchar contra cualquier amenaza externa sobre la misma: "a fin de contener y evitar se ofenda en lo más mínimo la pureza de nuestra religión católica, las sanas doctrinas y las costumbres públicas sin impedir el de las obras que puedan contribuir al fomento de las ciencias, industrias y artes".

36 De hecho, el Decreto alertaba a los censores que no supieran velar en sus críticas por el respeto a la religión, imponiendo duras sanciones: "El Censor que aprobara alguna obra que contenga cosas contrarias a nuestra fe, buenas costumbres, leyes del Reino o a más regalías, o algún libelo infamatorio, sátiras personales, calumnias o imposturas contra algún cuerpo o individuo, además de perder su empleo, sufrirá la pena impuesta por las leyes contra los factores de estos delitos" (art. 15).

Estos primeros años del gobierno no favorecían entonces ninguna clase de empresa intelectual: se desconfía de los libreros y de los escritores y, en general, de toda la clase erudita, por lo que los permisos para publicar venían siendo escasos, casi nulos, se podría decir. Fue este un período histórico especialmente triste en el que las obras languidecen, no ya solo en los escritos de los propios escritores nacionales, sino también del otro lado de la frontera porque todo lo que significara publicación caía bajo "la jurisdicción de una censura y bajo la sospecha general de desviacionismo político, de inmoralidad novelesca, de ateísmo o en el mejor de los casos de heterodoxia" (Ferreras 1973: 66).

Pasada esta época de intransigencia, la segunda década del siglo se abre con el restablecimiento de las relaciones con el país galo, como consecuencia de una especie de tregua entre ambos países que iniciaba un ciclo de paz relativa y ofrecía un respiro en medio del férreo sistema absolutista. El panorama cambia, en cierta medida, con la Ley de la libertad política de la imprenta del 22 de octubre de 1820 que establecía que "todo español tiene derecho a imprimir y publicar sus pensamientos sin necesidad de previa censura". Aunque, sin olvidar que la libertad de imprenta continuaba siendo relativa pues los libros que atacaban a la Iglesia o los antaño prohibidos por la Inquisición seguían sin poder imprimirse ni introducirse en el Reino, "bajo pena de muerte, salvo si se demostrase que no hubo intención de propagar herejías, caso en el cual se conmutaba en seis años de presidio y 200 ducados de multa" (arts. 4° y 5°) (González Palencia 1934: xiv). El centro de atención continúa siendo el respeto a la fe católica y quedará expreso por el propio Fernando VII diez años después, en concreto en el Decreto de 12 de julio de 1830 (art. 7°): "Se prohíbe la impresión de todo libro o papel grande o pequeño que sea contra nuestra santa y única Religión Católica, o que abuse de los sagrados textos para materias profanas, en cualquier idioma que esté escrito, y lo mismo todos los que sean contra las buenas costumbres"[37].

Lo realmente cierto es que se puede apreciar un período de relativa apertura al exterior que se corrobora en la cantidad de libros publicados e importados porque la restitución de las relaciones trae consigo indudablemente una verdadera invasión de obras francesas. Esta situación supuso una liberación del mercado editorial y la publicación de un buen número de novelas góticas. No hay más que repasar la bibliografía de traducciones que aporta Montesinos en su *Introducción a una historia de la novela en España en el siglo XIX* para confirmar esta apertura al exterior que posibilitó la entrada de nuevo material, aunque esta fuera tardía. *El Monje* de Lewis (*El fraile*, en la primera traducción), en 1821; *La Historia siciliana* de Ann Radcliffe en 1819 o *El italiano* y *Los misterios de Udolfo* en 1832; (Montesinos 1966: 17-20), son algunos de los ejemplos que podemos apuntar. Brown (1953:22) enumera, aunque en menor medida, las traducciones de

---

37   De manera general se prohibían los libros y escritos que fueran calificados de la siguiente manera: subversivos los que conspirasen contra la religión del Estado, la Constitución o la Monarquía constitucional; sediciosos en los que hubiera máximas o doctrinas dirigidas a excitar la rebelión o la perturbación de la tranquilidad pública; obscenos o contrarios a las buenas costumbres, los que ofendían a la moral o la decencia pública; injuriosos, aquellos que ultrajaban a las personas de los monarcas o jefes supremos de otras naciones.

novelas de autores europeos, entre los que menciona varias obras de escritores góticos, que consiguieron su espacio editorial a lo largo de este período: "Se traducen varias de Richardson, de Mrs. Radcliffe, de Ducray, Gessner, Madame Genlis; se conocen Ossian, Werther, Atalaya y los versos lúgubres de Young" y va más lejos aún pues considera que en esta etapa "de no impedirlo los pasados trastornos de la guerra de la Independencia y las anteriores restricciones impuestas por Fernando VII, hubiera sido posible que esta primera aurora de la novela [...] se convirtiera en principio y origen de la novela moderna española. Sin embargo, a partir de 1824, durante la "década ominosa" y dada la orientación política y cultural del régimen fernandino[38] no extraña que aquella "invasión extranjera" se convirtiera en un verdadero problema, de tal manera que muchos de los libros publicados entre 1820 y 1823 fueron recogidos y confiscados, puesto que habían sido prohibidos antes del Trienio Liberal. Se volvió a vigilar el comercio de libros y se estableció una severa censura que afectó asimismo a la publicación de revistas y diarios que no estaban controlados por el gobierno y que, por tanto, quedaron suspendidos. El miedo a la introducción de ideas liberales y progresistas desde Francia condicionó la producción novelística de esos años, repercutiendo en movimientos posteriores[39].

La llegada al trono de Isabel II, en 1833, tras Fernando VII, que precisó del apoyo de los liberales para afianzarse en el poder, abrió el camino a la libertad de prensa[40], al regreso de los liberales asentados en Francia y al cambio de visión del arte que llegaba del país vecino, con el que llegó del mismo modo el nuevo movimiento que triunfaba en Europa ya desde hacía décadas, el Romanticismo. Pero esa ya es otra historia, pues de manera general y a pesar de ciertos impulsos reformistas, la consecuencia, desde el punto de vista cultural, no fue otra sino la de que la España de principios del XIX no reunía las premisas que debían propiciar los cambios y mejoras que se reflejaron en el triunfo de la nueva literatura.

El resultado sería una censura de Estado que, aunque vinculada al orden de la nación, era sobre todo moral y no una moral ética como pudiera serlo en nuestros países vecinos sino una moral de profunda y arraigada raíz religiosa. Dentro de este horizonte de moralidad dos habrían sido sus principales encargos: guardar por la defensa de aquella añeja tradición que nos individualizaba frente a todos los ataques que llegaran desde el extranjero y velar por el respeto a la fe cristiana. La censura desempeñó un papel activo

---

38 Así lo constata Feraz (1997: 606): "Los avatares políticos, los conflictos ideológicos y las preocupaciones morales pesaron en gran medida en la recepción de la novela extranjera. Durante el gobierno absoluto de Fernando VII, el tupido cedazo de la censura trató de evitar que se filtrase en España el «veneno de las producciones novelescas extranjeras»".

39 Bien es cierto que, a medida que se veía el fin de su reinado estas medidas se fueron mitigando y comenzó a manifestarse una auténtica fiebre de la traducción: "O por emplear otra metáfora, el "furor traductoresco", expresión utilizada, ya en 1831, por José María Carnerero en sus *Cartas Españolas* (Carnerero 1831: 186)." (Aymes 2002, 36).

40 La liberación de las leyes de imprenta comenzó el 4 de enero de 1834 con el Decreto de Javier Burgos, aunque se estableció una censura previa para ciertos temas y se creó la Inspección General de Imprentas y Librerías del Reino. Las diversas constituciones del período isabelino irían entonces paulatinamente eliminando la censura previa, al menos de forma aparente.

pero, al mismo tiempo, obstaculizó y fijó sus propias normas literarias, a partir de su moral rigorista, limitando su repertorio. Sin embargo, por encima de cualquier publicación de índole intelectual y quizá porque no la interpretaba en estos términos, su hostilidad se centró en un género específico: la novela[41].

En realidad, la Iglesia nunca había mirado con buenos ojos la novela. La creían disolvente ya por el atrevimiento de los temas ya por la ideología. Su enorme popularidad, la fruición con que el público se entregaba a su lectura, "la hacían especialmente temible a los ojos de las autoridades civiles y eclesiásticas. Junto con los perjuicios de orden moral, veían el enorme riesgo de que a través de sus páginas se infiltraran en España ideas corrosivas, muy poco gratas al sistema absolutista" (Pedraza, 1981: 176). Por ello quizá se mantuvieron siempre vigilantes, pero ante la imposibilidad de aplacarlas, por el enorme éxito que estas comenzaban a disfrutar, instaron al gobierno a promulgar el conocido *Edicto de 1799*[42], que habría de influir decisivamente en el mundo editorial y cultural español, al prohibir de manera tajante toda impresión y venta de novelas, "porque lejos de contribuir a la educación e instrucción de la nación, solo sirven para hacerla superficial y estragar el gusto de la juventud... sin ganar nada las costumbres"[43]; por ello, "No admitan en adelante instancia en que se solicite licencia para imprimir obras de novelas, y para el cumplimiento de esta providencia se pase aviso correspondiente al Señor Juez de las Imprentas" (Álvarez Barrientos 1991: 217)[44].

---

41 Ángel González Palencia (1936: CXL) considera que el juicio general de la censura a la novela puede verse resumido en la que mereció la titulada *Los amigos o las guerras civiles*, novela histórica de Rafael Humera y Salamanca: "Esta clase de obras o composiciones contienen, por lo común, ciertas materias, cuya lectura suele ser perjudicial, especialmente a la juventud, que ve pintadas las pasiones lúbricas o rencorosas en su mayor exaltación y sus criminales excesos como aprobados o autorizados en los sujetos de la novela o del poema con aquellos sucesos pintorescos, en los que, bajo las cenizas de un amor imaginario, están encendidas las verdaderas llamas que se fomentan con los lascivos retratos que excitan el interés del lector incauto" (Núm. 599).

42 El 4 de junio de 1803 el periódico *El Regañón General* se refiere concretamente a esta idea que circulaba por todos los ámbitos ilustrados concerniente a la consideración de la novela: "Un acierto, el más grande, ha sido la prohibición que ha hecho el gobierno de publicar novelas. Las que teníamos y las infinitas que se han mal traducido del extranjero nos sobran para corromper el mal gusto literario con que unas obras en que, a espaldas de una moralidad irreprochable, se nos radica la afición a la frivolidad y las acciones romancescas y ridículas. Verdad es que no todas las novelas se deben comprender por la censura, pero son tan pocas las que no la merezcan, al menos en parte, que me hacen afirmar cada vez más en mi opinión. Generalmente todos los autores son más felices para pintar los vicios en esta clase de obras que en explanar los ánimos de la virtud, de lo que resulta que se ocupa más la atención del lector y retiene más en la memoria las especies de los primeros, que el resultado que produce esta última, por más grande y dichosa que pueda ser (14-15)".

43 Así lo manifiesta Rafael Llopis (1972: 84): "Las novelas ponían en peligro las virtudes de la raza, atentaban contra las costumbres típicamente españolas, amenazaban con despertar a la hembra hispánica de su secular estolidez".

44 Los editores de *El Regañón General*, en el primer número que aparece en 1803, tal y como expone María José Alonso Seoane (1997: 63) recogen el "Juicio que hace el Fiscal sobre el estado presente de la literatura española" y, en concreto, dicen sobre la novela: "Un acierto el más grande ha sido la prohibición que ha hecho el Gobierno de publicar novelas. Las que teníamos, y las infinitas que se han mal traducido del extranjero, nos sobran para corromper el mal gusto literario con unas obras en que a espaldas de la moralidad tal vez impracticable, se nos radica a la frivolidad, y a las acciones romancescas y ridículas".

Tal edicto no hubo de mantenerse demasiado tiempo, pues la presión de editores, autores y un público que con mayor frecuencia e insistencia la reclamaba lo impidieron. Supone en sí un pequeño paréntesis a una época de abundante recepción de novela extranjera, un estorbo pasajero, ya que era harto complicado mantenerse al margen de los gustos y de la demanda de los lectores, del mismo modo que conservar los intereses económicos y editoriales que giraban en torno a las imprentas. Sin embargo, sí hubo de repercutir, y de manera desmedida, en la consiguiente consideración e interpretación del género novelesco. A partir de este momento, y siguiendo las directrices de la Iglesia, toda defensa posible de la novela debía hacerse desde un plano moral e instructivo y no desde uno genérico o literario, como pudiera ocurrir en Inglaterra o en Francia. Así las cosas, al deseo de preservar las creencias, la moral y las regalías, se añadió paulatinamente la preocupación por lo útil, lo pedagógico y lo edificante, condenando y prohibiendo con ello las obras que eran inservibles o contrarias a los dogmas de la fe católica. Así lo recoge el Artículo 12 del Decreto, según constata González Palencia (1935: XX)[45]. La extensión de los poderes de los censores era absoluta y no solo debían velar por los aspectos contrarios a la religión, sino por la utilidad y el provecho de las obras impresas.

En definitiva, se censuraba todo aquello que no fuese un tratado moral, confirmando que no estaban preparados para la novela, para la configuración de esta y para el nuevo público que se abría a su consumo. Lo que induce a cuestionarse, siguiendo al propio Montesinos (1972: 30): "qué sentido tenía encomendar la censura de libros a gentes[46] que habían de juzgarlos por lo que no eran, que propendían a buscar en las novelas, tratados de teología moral, y se sentían defraudados cuando no los hallaban".

¿Cómo admitir en este ambiente de excesiva rigidez un género importado que experimentaba con las pasiones humanas más febriles y se movía en los límites de lo prohibido, de "lo paraliterario"?, ¿Dónde encontrar hueco a una novela que, lejos de contribuir a la instrucción de la juventud, nacía con la pretensión de desestabilizar y perturbar conciencias?, y si, como se demostrará, existieron, ¿qué medidas hubieron de tomar autores y traductores para sortear todo el repertorio de trabas e impedimentos que se le planteaban?

Quien más se ha dedicado a estudiar la influencia de la censura y la Inquisición en los procesos creativos del siglo XVIII ha sido Iris Zavala que ha puesto de relieve la represión que ejerció sobre toda la literatura de imaginación, manifestada en la emer-

---

45 González Palencia (1935: XX) añade: "No se contentarán los censores con que la obra no contenga cosa contraria a la Religión, buenas costumbres, leyes del Reino y a más regalías, sino que además examinarán con reflexión si la obra será útil al público o si puede perjudicar por sus errores en materias científicas o por vicios de estilo y lente".

46 Marcelin Defourneaux (1973: 59) define las características del censor medio: "Los inquisidores suelen ser, por lo general, personas de mediocre cultura, que no hablan ni leen ninguna lengua extranjera, teniendo presente que la mayoría de los libros que llegaban a estos tribunales estaban escritos en francés y algunos en inglés o en alemán. Eliminan palabras, pero son incapaces de aportar una visión de conjunto de la obra. Sin embargo, sí se encuentran ciertos censores cultivados y grandes conocedores de las lenguas extranjeras y de las tendencias literarias más allá de nuestras fronteras".

gente novela importada desde Francia: "La intransigencia inquisitorial es poco propicia a la creación, pero lo que distingue al calificador del siglo XVIII es que se preocupa más por la literatura de ficción que sus antecesores. Toma conciencia de que, a través de la fantasía y la fábula, se podía convencer y subvertir a los indoctos" (Zavala 1983: 516). Esta represión justificaría asimismo la tardía llegada del género fantástico a nuestro país, según David Roas (1997: 80). De tal manera que "Si bien no fue la censura inquisitorial la única razón de ello, sí se reveló esta lo suficientemente importante y severa en sus persecuciones de impresores, editores, libreros, autores y lectores como para que fuera una temeridad rayando con la locura el pensar en escribir entonces una novela de fantasmas, espectros, brujas o demás representantes del mundo infernal" (Vázquez 1999: 135)[47].

No les falta razón; las novelas góticas, en medio de este ambiente asfixiante, tendrían todas las de perder; no solo porque se insertaran en una tradición de raíz extranjera, sino porque la novela en sí misma era interpretada como el centro de todos los males por su carácter laicista, su paganismo y su experimentación con las pasiones humanas más bajas y febriles que no conducían sino a contaminar la mente de los lectores más jóvenes. Es decir, representaban todo lo que se entendía por antiespañol, llegaban desde el extranjero patrocinando fenómenos "peligrosos" y recogían modelos de conducta deplorables, inaceptados por las mentes ilustradas, sin olvidar tampoco el amplio poder de seducción, el placer estético del miedo, que les confería un éxito inmediato, difícil de aplacar, por otro lado[48].

La ficción gótica comienza a ser entendida entonces como un peligroso instrumento de penetración de ideas subversivas contrarias a la norma y como tal es examinada por los censores, que insisten constantemente en la necesidad de que esta sea perseguida y, por lo mismo, censurada y prohibida. Tres serían los motivos de condenación, según la lista de reglas recuperada por Defourneaux (1973: 140)[49], que se repiten constantemente, y a menudo juntos, en los considerados edictos de prohibición que se establecen contra las propias novelas; la obscenidad (no solo de imágenes sino también de ideas), la exaltación de las pasiones y la apología de la naturaleza como inspiradora de la conducta humana, motivos estos derivados de la proscripción de las obras "lascivas, amorosas y contrarias a las buenas costumbres" prescrita por la regla VII del mencionado Índice.

---

47 Antonio Risco (1982: 127) considera, del mismo modo, que la difícil penetración de esta literatura tiene que ver con la tradicional represión a la que fue sometida la fantasía, considerada peligrosa por su difícil control.

48 Así lo manifiesta el propio Juan Ignacio Ferreras (1973: 23): "los censores amalgamaban, consciente o inconscientemente, es lo mismo, novela con disipación, novela con imaginación, novela con inmoralidad [...] y si los jóvenes no pueden pasarse sin las novelas, las novelas han de ser educativas".

49 16 reglas figuran en los Índices españoles y se las suele encuadrar en cinco grupos según sus afinidades.
    De los cinco grupos serían interesantes dos, por lo que a nuestro campo de estudio se refiere:
    - las obras de nigromancia, astrología o que fomentan la superstición.
    - las obras que "tratan, cuentan y enseñan cosas de propósitos lascivos, de amores y otras cualesquiera, como dañosas a las buenas costumbres de la Iglesia Cristiana, aunque no se mezclen en ellas herejías y errores, mandando que los que las tuvieren sean castigados por los inquisidores severamente".

Un repaso a las diferentes sentencias censoras que cayeron sobre las novelas de tendencia gótica constata la incesante búsqueda de material turbulento que no viene sino a demostrar la tendencia de esta institución a formular juicios apoyándose en criterios ideológicos, los más de los mismos teológico-católicos. Así, mientras a la estética apenas se vinculan juicios y los que pueden encontrarse hacen referencia únicamente al "estilo bufo y vulgar" y al "ataque directo a la lengua castellana", al tratarse de un material importado y, por lo mismo, traducido, a la ideología, que interfiere con lo ético, se supeditan conclusiones más lapidarias; algunas como las siguientes: "obras perversas, infames, delirios de volcánicas fantasías", "reunión monstruosa de asesinatos, crueles tormentas, lances horrorosos capaces de trastornar la imaginación más fuerte", que remiten a la preocupación por el dibujo de emociones intensas: "pinturas vivas de pasiones, sin ser tomados medios para contener estas", "hace mucha impresión en los jóvenes", "pasiones pintadas con demasiados colores"; la instrucción de la juventud se alza asimismo como una de las inquietudes fundamentales: "con el pretexto de enseñar virtudes se enseñan vicios", "escenas demasiado escandalosas, propias para seducir a la juventud". Del mismo modo, la preocupación por la religión es constante en todas ellas y ya no solo el ataque directo a la misma sino la falta de religiosidad evidente puede llegar a ser motivo de prohibición de la narración. Este fue el caso de *Cornelia Bororquia* (1801), novela catalogada como anticlerical, pero con importantes intromisiones del género gótico, por sus profundas críticas al estamento eclesiástico a través del dibujo de escenas de profunda crueldad y personajes completamente diabólicos, sin dejar a un lado toda la arquitectura de lo lúgubre y lo macabro, como demostraré en el siguiente apartado. Un conjunto de factores imposibles que se convirtieron en determinantes y que acarrearon su prohibición en reiteradas ocasiones[50].

La única preocupación de los censores entonces consiste en salvaguardar a la juventud de los estragos que en ella puede causar la imaginación y la fantasía. La crítica que sobre la obra *Los amigos enemigos o las guerras civiles de Rafael Húmara* del narrador gótico el Seudovizconde D'Artincourt, constata esta tendencia:

> Digo, pues, que esta clase de obras y composiciones contienen, por lo común, ciertas materias cuya lectura suele ser perjudicial, especialmente a la juventud, que ve pintadas las pasiones lúbricas o rencorosas en su mayor exaltación y sus criminales excesos como aprobados o autorizados en los sujetos de la novela o del poema con aquellos sujetos pintorescos, en los que, bajo las cenizas de un amor imaginario, están encendidas las verdaderas llamas que fomentan con los lascivos retratos que excitan el interés del lector incauto. (Brown 1953: 26)

---

50 Como muchas obras extranjeras, a pesar de haber superado en un principio las trabas inquisitoriales, volvió a convertirse en clandestina durante el restablecimiento de Fernando VII, entrando así a formar parte del *Apéndice al* Índice inquisitorial, según lo recoge Gérard Dufour (2005: 21): "Porque sus adiciones y correcciones son un gran tejido de calumnias y proposiciones ofensivas en sumo grado al Santo Oficio, impías, escandalosas, sediciosas, erróneas, blasfemas, injuriosas al estado eclesiástico secular y regular, contrarias a la buena fama de los soberanos católicos, en especial en los señores Don Fernando el Católico, Carlos V y Felipe II y promover en varias partes el tolerantismo".

Del mismo modo, González Palencia (1935: 289. T.II) recoge la siguiente censura sobre la traducción de una novela francesa[51], que bien podría hacerse extensible, a nuestro parecer, a toda la literatura que llegaba desde Francia, entre cuyas obras se encontraban, por supuesto, un buen número de novelas góticas:

> Lejos de contribuir a la educación y a la instrucción de la nación, solo sirven para hacerla superficial y estragar el gusto de la juventud, aficionándola a aventuras amorosas y lances caballerescos, sin ganar nada las costumbres, y, por consiguiente, no se debe permitir la impresión ni publicación de semejantes obras inútiles.
>
> La cual, como otras muchas que vienen de aquel país, no es más que una serie de escenas escandalosas, las más propias para seducir a la juventud.

Semejantes sentencias delatan la profunda animadversión que los censores sentían hacia la novela gótica y las historias fantásticas; sin embargo, el innegable éxito, por otra parte, del que estas disfrutaban, les obligaba a mirar, en determinadas ocasiones, hacia otro lado y censurar positivamente ciertas obras que no solo no respondían a los criterios y reglas fijadas previamente, sino que tendían a infiltrar, en ocasiones, doctrinas en cierto modo reprochables. Esto es precisamente lo que sucede en el caso de una de las novelas que disfrutaban en Francia de más crédito y que sufrió en nuestro país un proceso de adaptación importante. Me refiero concretamente a la novela de la inglesa Mme. Regina M. Roche, titulada en francés *Les enfants de l'Abbaye* y traducida al castellano con el título de *Los hijos de Fitzalan*, por Fernando Nicolás de Rebolleda. El primer censor, Julián Antonio Rodríguez se inhibe de juzgar su valor doctrinal, "siempre y cuando que la lectura de esta clase de composiciones no se considere como perjudicial y dañosa e indiferente, a lo menos a lo moral, según piensan algunos sabios y literatos de primer orden"; pero la traducción la halla defectuosísima y da una lista detallada de los galicismos y pasajes mal entendidos. Censura del mismo modo las incorrecciones del lenguaje que habían de corregirse antes de la impresión. No obstante, y a pesar de su dudosa moralidad y falta de calidad literaria, pasa el filtro de la censura porque, aún proviniendo de una traducción del francés, se considera "el crédito y la aceptación de la obra en Francia".

Al mismo tiempo, y ante este estado de cosas, temiendo sus cultivadores que la novela gótica fuera arrinconada definitivamente en el cajón de lo prohibido, de lo infecto, se hizo imprescindible modificar muchas de las obras antes de que fueran dadas a la imprenta, para no contravenir las normas de la Inquisición; si pretendían sobrevivir a este ambiente de profundo hermetismo y a esta censura de raíz tradicionalista y correctora, debían eliminar todo aquello que se presentara como ajeno a la moralidad y a la razón y aceptar la doctrina de la Iglesia; en definitiva, habrían de dejar en el camino

---

51 Domergue (1985: 497) considera que esta era una tendencia común entre los censores pues desde el principio observaron con recelo la expansión de aquel género novelesco que despreciaban y que les resultaba imposible, si ya no de eliminar, al menos sí de reducir o limitar su influencia. "De algunos años a esta parte se va resucitando en España por desgracia, el gusto de las novelas y romances; en poco más de tres años se han traducido varias del inglés y del francés; el éxito que han tenido, esto es la utilidad pecuniaria que han resultado a los traductores, ha ido empañando a unos y a otros en semejantes trabajos" se lamentaba celoso Salvador Jiménez.

alguna de sus señas de identidad como su carácter subversivo y su continua tendencia a la provocación y el escándalo, en favor del objetivo último, que no era otro sino el de enseñar a refrenar y domesticar las pasiones, no contribuir a avivarlas.

Este habría sido uno de los motivos que llevaron, por un lado, a la condena definitiva de algunas novelas góticas, en las que fue del todo imposible eliminar el tan elevado componente subversivo[52] como sería el caso concreto de *El Monje* (que solo pudo ser impreso en París en 1821[53], no conociéndose otra edición hasta 1870) o *Melmoth el errabundo*, pues, o bien se hace evidente la ausencia de Dios en el proceder de muchos de sus personajes (piedad, prudencia o moderación) o bien se atacan con crueldad los designios de la Iglesia y los dogmas de la fe católica[54]. La gran mayoría de las mismas se emplazan, de acuerdo a la tradición inglesa, en países católicos, como pretexto para someter a crítica instituciones que creían primitivas y obsoletas, como podía ser la Inquisición. Del mismo modo, y a pesar de toda la arquitectura de lo sublime y del terror, otras novelas góticas consiguieron pasar el selectivo filtro de la censura inquisitorial. Aunque bien es cierto que fue únicamente en segunda instancia. Ann Radcliffe o Clara Reeve por ejemplo quienes patrocinaban historias que defendían a ultranza los principios de moralidad, utilitarismo, religiosidad o buen proceder, unidos estos a la condena de toda superstición en la vida ordinaria; sin embargo, la crítica censora no supo ir más allá y ver en este lado del gótico un profundo respeto a los preceptos de la Ilustración y a los fundamentos de la Iglesia. Su actitud resultó negativa a pesar del peso religioso, la justificación de los elementos sobrenaturales y la intencionada lección moral, lo que nos induce a pensar que su aceptación tiene acaso mucho que ver con el enorme éxito que habría avalado la obra de estas damas en el país vecino.

Así pues, a la novela gótica subversiva, de raíz transgresora o edificante, —nacional o importada— para encontrar un sitio en el mercado editorial, no le quedaron sino dos opciones: subsistir e imponerse, escondiendo el terror tras el velo de un final feliz, edificante y aleccionador —de hecho, muchas de las traducciones consiguieron escapar a los golpes de la censura bajo el disfraz español, como adaptaciones *ad usum hispanorum*—, o atreverse a "malvivir" a la sombra de los edictos censores, opción que habría abierto un nuevo camino a su consumo al margen de la ley.

---

52 Se entiende, si se recuerda el estigma de libro blasfemo que traía consigo desde su Inglaterra natal. Se censura su talante inmoral y la forma irrespetuosa con que era tratada la Biblia.

53 Se eliminan muchos de los episodios eróticos y tortuosos, suprimidos indiscriminadamente, al tiempo que se intenta suavizar el alto componente anticlerical, la profunda carga subversiva que contenía y que contribuirá a fomentar el nacimiento de la novela anticlerical (Clararrosa, Salvá o Gutiérrez). Sin embargo, esto provocó que la novela no volviera a ser publicada hasta muchos años después cuando las medidas censoras no eran tan asfixiantes.

54 Sin embargo, no puedo sino cuestionarme cómo estas novelas extranjeras sufrieron el azote de la censura en una España acostumbrada a las novelas de caballerías, de alto contenido erótico y de pretendida provocación. Quizás este desajuste pueda encontrar una explicación en el mantenimiento y el respeto hacia unas instituciones tradicionales, así como su aceptación como literatura nacional, a pesar de ser un género importado.

Evidentemente, la censura, como es natural, provoca siempre una respuesta que llega indudablemente desde la clandestinidad[55]; y, sin poder evitarlo, porque, con o sin censura, ya fuera esta profundamente intransigente, los textos acabaron por penetrar en nuestro país, circular con cierta regularidad, reeditarse y leerse; es decir, aunque fuera cierto que los inquisidores intimidaran a los artistas, escritores y lectores, la prohibición de libros no condujo sino a fomentar su lectura, gracias sobre todo[56] al comercio clandestino y a las discusiones intelectuales que se desarrollaban en las diferentes tertulias[57] que comenzaban a formarse y a gozar de éxito ya en aquellos años[58]. Una proporción indicativa de la dificultad de implantación de las leyes y la relativa facilidad de ciertas esferas de la población para introducir los libros prohibidos puede apreciarse si se hace un repaso a las diferentes bibliotecas privadas, como apunta Luis Miguel Enciso Recio (2002: 183), pues descubriremos que contenían abundantes fondos de libros prohibidos por la Inquisición[59]. A pesar de todos los pesares, entonces, la impresión y el comercio de libros se desarrollaron a espaldas del Régimen en estos años de fuerte represión intelectual[60], para regocijo de aquellos que ansiaban acceder al placer prohibido; porque de la oscuridad, no lo olvidemos, siempre se renace con mayor fuerza y con mayores bríos.

"Si los libros prohibidos por la Iglesia se leían bastante, según parece, con más motivo hay que suponer la difusión de los que más peligrosos parecían" (Montesinos 1980: 19), porque "Las obras en que se maldice el orden establecido son aplaudidas, entre el escándalo y la complacencia [...] lo prohibido y lo perseguido se consume con avidez y se paga a buen precio" (Pedraza 1981: 35). Ya solía repetir Lista, en aquellos años, que "los hombres son inconscientes y la moda reina en el mundo".

---

55   Iris M. Zavala (1988:270) identifica esta tendencia en "La circulación de textos clandestinos, imprentas clandestinas, pies de imprenta falsos, publicación en el extranjero, red de libreros y vendedores ambulantes especializados en lo prohibido. En suma: toda una contra-ofensiva de la disidencia y sus redes de difusión y producción, que con la modernidad y el desarrollo económico, se van afianzando".

56   Otro de los fracasos de la censura, según la especialista María José Alonso Seoane (1995), habría sido la prensa. Considera que, a través de la misma, se habrían filtrado fragmentos de obras prohibidas, referencias a estas, así como al enorme éxito que habrían cosechado en nuestros países vecinos.
Constata además (1997: 26) cómo, en *El correo literario de la Europa*, Escartín proyectó dar razón en España de las novedades literarias que se publicaban en los periódicos del país con una diferencia temporal de apenas seis meses.

57   Señala la importancia de estas tertulias Joaquín Álvarez Barrientos (2004) a propósito de *El café* de Alejandro Moya: "Las tertulias, salones y cafés, en principio ámbitos de la cultura urbana, son objeto de análisis por sí mismos y por lo que implicaron en la construcción del sistema literario, en tanto que generadores de literatura y de nuevos hábitos de relación".

58   Sabemos que, en la tertulia de Olavide, uno de los temas de discusión habría sido esta corriente de novela gótica y, en concreto, alguna de sus obras más significativas, como demostraré en el siguiente apartado dedicado a la aceptación de esta novela por parte del público lector.

59   A modo de ejemplo, la biblioteca de Campomanes poseía unos 4995 volúmenes de los cuales alrededor de unos 100 estaban prohibidos por la Inquisición, pues los ilustrados solían tener licencia para acceder a los libros prohibidos, como podía ser el caso de Menéndez Valdés u Olavide.

60   Juan Ignacio Ferreras (1973: 76-78) contrasta dos relaciones de librerías madrileñas. En la primera de 1806 solo aparecen dos establecimientos y en la segunda de 1830 se registran cerca de 40; el contraste entre ambas revela la existencia de una primitiva red de distribución que tendría su justo correlato en las provincias.

Entonces, ¿hasta que punto, podríamos cuestionarnos a estas alturas, pudieron lograr la Inquisición y la censura gubernativa con su sistema de vigilancia y su red de tribunales e inspectores impedir la difusión de esta corriente literaria plagada de ideas revolucionarias, de imágenes subversivas, y lo que es más importante, de una ideología contraria a la fe católica? ¿Pudieron superar al auténtico fenómeno de masas que ya se había generado en torno a esta tendencia en el grueso del continente europeo? ¿En qué medida estos libros que no traspasaron las fronteras inquisitoriales consiguieron vencer la dificultad de las fronteras geográficas?, o dicho de otra manera, ¿aquel, en apariencia, implacable "filtro" constituido por los organismos oficiales era realmente efectivo?

Para valorar justamente la actividad y la eficacia de la censura inquisitorial, haría falta conocer el volumen de las importaciones de este tipo de novelas. Sin embargo, desgraciadamente, los documentos conservados solo dan indicaciones muy incompletas sobre el particular y, aunque, en teoría, todos los libros y escritos que cruzaban nuestras fronteras deberían haber sido registrados, no parece que el procedimiento se haya llevado a cabo de manera rigurosa, igual que la obligación de los libreros de presentar una vez al año la lista completa de los libros que tenían en sus establecimientos[61]. Marcelin Defourneax (1973: 111) considera que uno de los aspectos que pueden ayudar a clarificar la penetración de libros es el hecho de que "no todas las entradas estaban, evidentemente, vigiladas. Algunas de las mismas eran verdaderos pasos de contrabando de libros sin control alguno, como podía ser el caso de Irún en el norte y de Cádiz en el sur". Lo que demuestra que, en el fondo, la difusión o la no difusión de libros dependía, más que de la estrecha vigilancia de sus comisarios, del mero azar y que gran número de obras condenadas o susceptibles de serlo por razón de su contenido penetraron en la península sin ser siquiera interceptadas ni detenidas. En definitiva, la censura era rígida, pero además de rígida era arbitraria y "necia"; no era omnipresente y, en su intransigencia y anquilosamiento, se le escaparon infinidad de publicaciones que salvaron todas aquellas primeras trabas y que posibilitaron que los nuevos aires narrativos encontraran su sitio entre autores y público.

En suma, es cierto que España habría sido el país europeo en el que estas narraciones góticas habrían de encontrar un mayor número de impedimentos y problemas derivados de la intransigente censura de una política de carácter absolutista, apoyada en estructuras del Antiguo Régimen y en el aún poderoso mandato de la Iglesia; también es cierto que estos impedimentos y trabas permiten hasta cierto punto justificar la "insuficiente difusión" de la novelística gótica y, por consiguiente, la escasa producción nacional. Sin embargo, no es menos cierto que, si consideramos estos obstáculos, merecen destacarse, en grado máximo y por lo arriesgado de la empresa, aquellas novelas, y no pocas, como se verá, que consiguieron sobreponerse a dichos obstáculos y adecuarse

---

61   De hecho, y tal como demuestra Defourneaux (1973: 135): "Los archivos de la Inquisición no conservan para el período anterior a 1807 ningún rastro de listas o inventarios; tan solo encontramos un documento inquisidor de Sevilla".

a los preceptos literarios impuestos, pero respetando, al mismo tiempo, sus principios genéricos y asumiendo parte de la nueva estética, o aquellas otras que accedieron a nuestro mercado de manera clandestina y que, desafiando al Régimen, se tradujeron, aunque adaptándose a nuestras costumbres y nuestra literatura. Por este motivo, tal y como sostiene Álvarez Barrientos (1991: 220), "La censura matizó la forma de producirse la novela, pero no sirvió de mucho, como era de esperar".

La incesante persistencia, la continua búsqueda de salidas, no hace sino remitir al que comenzaba a considerarse el eslabón principal de la cadena: el lector, porque, ¿realmente pudo esta corriente que arrasaba en Europa permanecer al margen del público hispano?, ¿no existieron lectores ávidos de nuevas lecturas que, gracias a los tímidos ecos que llegaban desde el extranjero, demandaran esta literatura de imaginación? Y si no fue así, ¿Cómo justificar entonces aquella insistencia? Las verdaderas razones deben buscarse en las circunstancias sociológicas, desde el lector al editor, pasando por la crítica. De hecho, es bien sabido que el éxito o fracaso de un movimiento o autor concreto dependen en buena medida de lo que en dicho momento histórico público y crítica valoren como innovador, censurable, atrayente, provocativo, paraliterario o canónico.

2. Circunstancias y motivos sociológicos

2.1. La importación del género: las traducciones

Las consecuencias de la censura a nivel de la recepción fueron básicamente que las novelas góticas llegaron a nuestro país de forma tardía y en pequeñas dosis. Así lo manifiesta el grueso de la crítica que se ha acercado a este movimiento en el seno de la literatura española: "Lo primero y evidente que puede afirmarse acerca de la recepción de la novela gótica inglesa en España es que esta llegó tarde y mal. Si comparamos las fechas de publicación en su lengua original con las de las traducciones españolas podemos comprobar ese desfase que toma un cariz verdaderamente desalentador con algunas muestras del género." (Roas 2006: 81), o Montesinos que considera (1980: 73) que "Su difusión fue relativamente escasa si se la compara con la que lograron otras cosas de menor interés".

Antes de pasar revista a la serie de traducciones que conservamos o que hemos podido corroborar, hemos de tener en consideración que los diferentes momentos históricos, de mayor o menor aperturismo al exterior, vistos previamente, así como las sucesivas legislaciones que se establecieron en relación a los libros, y específicamente en materia de traducción[62], habrán de influir en el volumen más o menos elevado de las

---

62   El Decreto de II de abril y Cédula de 3 de mayo de 1805, ampliación, como expuse, de la Ley de 27 de Julio de 1754 se mostraban, por su "cruzada" contra los textos nacidos de la Revolución Francesa, reacios a permitir la entrada de las traducciones, a las que perseguían especialmente. En el Artículo 16 señala que "Si se presentase a censura la traducción de alguna obra prohibida en su original por el Tribunal de la Inquisición o por el Gobierno [...] el Censor

propias traducciones. De igual manera, tampoco debe perderse de vista que estas no llegaron de manera directa, como adaptaciones de la versión inglesa. Es sabido que apenas unos cuantos emigrados partieron hacia Inglaterra[63], por lo que la mayoría de las novelas góticas eran traducciones de traducciones, sobre todo del francés, lengua en la que estas se conocieron en fecha muy temprana[64] y país al que habría emigrado la gran parte de los exiliados políticos del reinado de Fernando VII. Francia[65] habría ejercido de intermediario y de filtro selectivo y las fechas de referencia deben ser, por tanto, más allá del original, las que se corresponden con la versión traducida al francés. Razón no le faltó, por ello, a Feijoo cuando escribe, a mediados del setecientos, "concepto inglés en pluma francesa", para definir su época. (Zavala 1987: 40).

El análisis de las traducciones de novelas góticas en España debe remitir, en primer lugar y de modo evidente a Radcliffe. Las novelas de Ann Radcliffe, la gran dama del gótico y la autora con más éxito en nuestro país, —"el gran éxito o el único éxito entre nosotros", según Ferreras (1973: 247) — comenzaron a editarse en España, y de la mano del editor Cabrerizo, en 1818, con un desfase de unos veinte años con respecto a su publicación original y basándose en las ediciones francesas[66]. Se tradujeron cuatro (*Gaston de Blondeville*, 1803 (1826) no se tradujo al español probablemente por distanciarse de la línea conservadora que caracterizaba a esta y ahondar en el componente sobrenatural) de las seis novelas que escribió, "Lo que indica que el lector español pudo tener un conocimiento bastante completo de la producción de Ann Radcliffe" (Roas 2006: 83). Algunas de estas traducciones fueron reeditadas en varias ocasiones: de *Julia o los subterráneos del castillo de Mazzini* (A *Sicilian Romance*, 1790), se conocen seis impresiones; desde las primeras valencianas (1818, 1819 y 1822), pasando por la edición francesa (1829), así como la que encontramos como parte integrante del volumen colectivo *Mañanas de primavera* (1837)[67] y hasta 1840, fecha en que, de nuevo, Cabrerizo la publica incluida

---

deberá delatarla al Tribunal correspondiente".

El peligro de estas traducciones queda demostrado igualmente en el afán por hacerlas desaparecer del mercado, incluso sus manuscritos o copias: "Las obras que fueran reprobadas por contener doctrinas peligrosas no se devolverán a sus autores, sino que se archivarán, y si la materia lo exigiere, se les precisará entregar todas las copias y hasta los borradores del manuscrito; y sobre sus autores me consultará el Juez de Imprentas lo que estime conveniente".

63 Serafín Estébanez Calderón también en *Cartas Españolas* (VI; 86-91) apunta la mediación del francés, ya que "Lo poco que conocemos de los escritores ingleses casi todo nos ha venido por mano del francés".

64 Estas narraciones se tradujeron en fecha muy temprana al francés por lo que pudieron ser conocidas por algunos lectores españoles. Esto hace suponer que pudieron circular en nuestro país y ser leídas por ciertos sectores del público. Parece bastante lógico que se debieron conocer en versión original pero el rastreo de datos resulta del todo imposible, ciertas referencias o alusiones en la prensa como veremos a continuación, nos sitúan sobre la pista.

65 "Dado el papel de puente que ejercía Francia desde el siglo XVII entre la cultura española y la europea, fue moneda corriente que las novelas escritas originalmente en otras lenguas, además de conocidas gracias a las versiones francesas, fueran también traducidas al castellano a partir de estas últimas" (Ferraz 1997: 606).

66 Los títulos demuestran que las obras se conocieron y se tradujeron del francés. Las traducciones francesas datan de los últimos años del siglo XVIII y salen al mercado como *Julia, ou les Souterrains du château de Mazzini* o *L'Italien, ou Le Confessionnal des Pénitents Noirs*.

67 En la Colección *Mañanas de primavera. Colección de las novelas de los más célebres autores extranjeros que nunca han sido traducidas al castellano* (Madrid. Imprenta D. T. Jordán) 1837, encontramos en tercer lugar una novela titulada *Una*

en su "Colección de novelas". *El confesionario o los penitentes negros* (*The Italian*, 1797) conoce, sin embargo, hasta nueve ediciones entre 1821 y 1861 (1832, 1835, 1836, 1838, 1843, 1855, 1856). A esta hay que añadir las traducciones de *Adelina o la abadía en la selva* (*Romance of the Forest*, 1791) publicadas en 1830 y 1833 (con el título, esta última, de *La selva o la abadía de Santa Clara*), junto con las dos ediciones de *Los misterios de Udolfo* (*The Mysteries od Udolfo*, 1794), que pese a tratarse de su novela cumbre aparece en fecha más tardía que las anteriores y en un menor número de reediciones; en concreto tan solo en tres ocasiones, en 1832 y 1854, sin olvidar la de 1848 que aparece incluida en una versión más breve y en forma de cuento dentro de la novela de *El Castillo de Kolmeras* de Mma. de Genlis.

Igualmente se conocieron en nuestra lengua cuatro novelas apócrifas que ayudan a comprender el alcance del éxito de la autora inglesa en nuestro país: *La abadía de Grasvila* (1827), *Las visiones del castillo de los Pirineos* (1828 y 1839), *El sepulcro* (1830), y *El castillo de Nebelstein*[68] (1843). La confusión llevó a los editores a especificar en sus libros la auténtica producción novelística de la misma[69]. En realidad, por lo que respecta a las dos primeras — en el caso de las otras dos no he encontrado datos concluyentes que me permitan afirmar lo mismo— pertenecen a dos autores góticos, menos conocidos, menos leídos en su país de origen y en Francia y, por lo tanto, menos atractivos a los lectores españoles. Hablo, en concreto, de George Moore con su relato *Grasville Abbey* de 1797 y de Catherine Cuthbertson y su novela *The Romance of the Pyrenees*, algo posterior (1803)[70]. El respeto a la fórmula gótica, por un lado, así como el reconocimiento de Ann Radcliffe, por otro, habrían llevado a los editores o traductores, posiblemente franceses[71], en primera instancia, a asociar dichas novelas a esta autora, buscando mayor aceptación, así como mayores ingresos.

La difusión de la novela gótica en España no se reduce, sin embargo, por exclusiva a las obras de Ann Radcliffe. Otras damas góticas, las más populares, por otro lado, tanto en su Inglaterra natal como en Francia, se conocieron en nuestro país a través de varias reediciones, en algunos casos. De un lado, se debe señalar, que, tanto en su período de mayor vigencia, como en la actualidad, el gótico se asociaba y se asocia, al menos por lo

---

aventura en Sicilia (291-316), sin indicación del autor, tan solo con un subtítulo "Sacada del Metropolitan Magazine". Evidentemente se trata de *A Sicilian Romance* de Ann Radcliffe, resumida en 30 páginas, pero con todos los tópicos góticos que encontramos en el original inglés.

68 Montesinos (1973: 73) señala a propósito de esta novela que se trata de un "Cuento traducido por T. Guerrero, publicado en Madrid, también apócrifo y supongo de penetración indígena; no lo hallo en repertorios franceses".

69 José F. Montesinos (1820: 73) reseña cómo en la portada de *El Italiano* (1838) se advierte que "Ann Radcliffe es autora de *Los misterios de Udolfo* y *Julia y los subterráneos del castillo de Mazzini. Adonis* no es suyo".

70 Montesinos (1973: 73) atribuye erróneamente esta novela a George Moore "ya que había sido traducida al francés en 1810 por B. Ducos". No solo el traductor, es posible que el hecho de que otro de los apócrifos de Radcliffe perteneciera en realidad a este novelista gótico le llevara a defender tal afirmación.

71 Ratifica nuestra teoría el hecho de que el original francés, publicado, de igual manera como traducción de una obra de Ann Radcliffe en el catálogo de la British Library: "Les visión du Château des Pyrénées", se traduce del original inglés, fechado exactamente en Londres en 1803, año en el que se edita la novela de Catherine Cuthbertson.

que a éxito y calidad literaria se refiere, a estos autores que podíamos considerar como cumbres. Los restantes, muy numerosos, no dejaban de continuar una línea que reportaba popularidad y aseguraba suculentas ganancias, aunque sabiendo de antemano sus limitaciones. Aquellos narradores cumbres serían los que se habrían exportado a Francia (con excepción de los que cultivaban una vertiente más irracional, como veremos) y desde allí habrían traspasado fronteras, avalados por el éxito, asentándose en nuestra literatura. De otro lado, tampoco debemos olvidar que se trataba de narradoras que no disponían de una producción novelística demasiado amplia[72], reduciéndose en la mayor parte de las ocasiones a una única novela[73], como era el caso de Harriet Lee, Clara Reeve, o Sophia Lee. La escasez de novelas góticas de estas autoras responde entonces, no tanto a la falta de lectores y al éxito excepcional de Ann Radcliffe, cuanto a la propia realidad del género.

Sin embargo, lo que las diferencia a estas, y otras menores, y las hace interesantes con respecto a la célebre Ann Radcliffe es que sus novelas gozaron de relativa suerte en el desfase entre la edición original y la publicación en España. De hecho, la propia Sophia Lee[74] se dio a conocer en España tan solo diez años después de aparecer en Inglaterra, en donde se editó por vez primera en 1785 su *The Recess, or A tale of Other Times*. En español se tradujo como *El subterráneo o la Matilde* en 1795, aunque en las siguientes ediciones españolas (1817, 1818 y 1819), su título se modificó: *El subterráneo o las dos hermanas Matilde y Leonor*. Regina Maria Roche, accedió a nuestro país, igualmente, poco tiempo después de publicar su novela *Children of the Abbey* (1798) en 1808, fecha en la que aparece por primera vez en español y de manera anónima *Los niños de la abadía*. Esta autora, como Radcliffe, debió de gozar de un éxito destacable en la España del siglo XIX a tenor de las numerosas ediciones de sus obras: *Los niños de la abadía* (también titulada *Oscar y Amanda o los descendientes de la Abadía*) fue reeditada hasta en once ocasiones: 1808, 1818, 1828, 1832, 1837, 1859 (con una variación en el título considerable *¡Una mujer sin igual!*) 1868, 1872, (las tres últimas con una leve modificación en el título que tiene que ver con la tendencia moralizante que imperaba en la época de la publicación: *Oscar y Amanda. Amor y virtud triunfantes*), 1880, 1882 y 1889. Junto con esta novela se conocieron también en nuestro país otras dos obras suyas de inspiración gótica, aunque solo se editaron en una ocasión: *Clermont* en 1831 (*Clermont*, 1789) y

---

72 Al repasar el catálogo de novelas góticas inglesas que incluye Maurice Lévy (1968: 719-728) en su tesis *Le roman "gotique" anglais* o de Montague Summers (1938), se observa que en la mayoría de los casos los autores ingleses publicaron apenas dos o tres novelas góticas. Incluso muchos de ellos solo se atrevieron con una.

73 David Roas (2006: 82) sostiene que "A juzgar por el número de ediciones y reediciones de novelas góticas inglesas a lo largo del XIX, podemos concluir que el éxito de este género en España se redujo fundamentalmente a las obras de Ann Radcliffe, puesto que del resto de autores traducidos solo se publicó, en la mayoría de los casos, un único título aunque, en ocasiones llegara a ser reeditado, como sucedió con Sophia Lee, Harriet Lee, Clara Reeve y M. G. Lewis".

74 Cabe reseñar al mismo tiempo que otras novelas suyas, de vertiente sentimental, ya habían conocido ediciones con anterioridad a esta fecha, en concreto *El Veterano o pruebas del amor conyugal: historia inglesa* (1808) y *William Cavendish o los malos efectos del divorcio y el juego* (1808), por lo que supongo que la autora disfrutaba de cierto prestigio en nuestro país, gracias sobre todo a su vertiente más moralizante.

El monasterio de San Columba o el caballero de las armas rojas en 1839 (*The Monastery of St. Columb*, 1813).

Elizabeth Helme[75], una narradora gótica menor, fue traducida, de igual manera, al español relativamente pronto. Se comprende, sin embargo, esta premura si se tiene en cuenta que su primera novela *Louise or The Cottage on the Moor*, 1787, aunque anticipa elementos góticos, se puede enmarcar, en líneas generales, dentro de la corriente sentimental, aspecto este que le reportaría el éxito, manifestado en las sucesivas reediciones de la versión castellana: *Luisa o la cabaña en el valle* (1797, 1803, 1810, 1819, 1823, 1827, 1831 (2), 1842). Junto a esta se conocieron otras dos novelas en fechas algo posteriores que pueden catalogarse propiamente como góticas: *Alberto o el desierto de Strathnavern* en 1807 y 1834 (*Albert; or, the Wids of Strathnavern*, 1799), *Saint-Clair de las Islas o los desterrados a la isla de Barra: Novela histórica* (*St. Clair of the Isles*, 1803), con sucesivas ediciones (1804, 1807, 1828, 1838, 1857, 1858) y *El peregrino o Cristabela de Mowbray* (*The Pilgrims of the Cross*, 1805), avalada por dos ediciones en el mismo año de 1832.

Con un desfase temporal mayor llegaron a España *El asesinato* de Harriet Lee, en 1835 (*The Canterbury Tales*, "The German's Tales", 1797-1805) y otra de las novelas con mayor trascendencia y repercusión del género *El campeón de la virtud o El Barón Inglés*[76] en 1854, (*The Campion of Virtue, A Gothic Story*, 1777) de Clara Reeve, aunque es posible, a juzgar por la celebridad de la autora, que se conociera una versión anterior.

Aunque en una fecha algo posterior y algo más desfasada con respecto a la publicación original en lengua inglesa, encontramos *El castillo misterioso o el huérfano heredero. Novela histórica inglesa* (*The Castle of Mowbray. An English Romance*, 1788) de Mrs Harley[77], un gótico menor que escribe en la línea de Radcliffe, en la vertiente racional. Su éxito lo avalan las tres ediciones de la obra que he encontrado: dos en 1830 (Imp. De Pedro Sanz e Imp. de I Sancha) y otra, mucho más tardía, en 1850 con un leve cambio en el título *Historia del castillo misterioso o sea el huérfano heredero de Roberto de Mowbray*. En la misma línea de narración gótica con un fuerte componente moralizante y pedagógico he localizado uno de los relatos que disfrutaron de mayor éxito en su país de origen, a pesar de aparecer anónima, aunque bien es cierto que se presentó al público, en la prensa, como una novela de la exitosa Ann Radcliffe: *La caverna de la muerte* (*The Cavern of Death, a Moral Tale*, 1794) con dos ediciones, una en París en 1826 (en la famosa imprenta Smith) y otra en Madrid en 1830.

---

75 Maurice Lévy (1968: 722) cataloga a esta autora como perteneciente al movimiento gótico, en su vertiente sentimental. Sin embargo, no entiende que su primera novela pueda considerarse propiamente gótica, a diferencia de las otras dos restantes, traducidas al español, que sí incluye en su catálogo. La lectura de las mismas, igualmente, corrobora esta afirmación.

76 El subtítulo de la traducción española se debe a que la novela cambió de título en la segunda edición inglesa, que habría sido, probablemente y a través de Francia, la que se habría conocido en nuestro país: *The Old English Baron* (1778).

77 Juan Ignacio Ferreras (1973: 114) atribuye dicha obra, aunque con ciertos recelos, a Basilio Sebastián Castellanos de Losada, escritor menor de novelas sentimentales.

Es evidente que todas estas obras de la vertiente más sentimental y racionalista del gótico disfrutaban de una moralidad y preceptos religiosos que las hacían más accesibles a nuestra literatura y que, al mismo tiempo, las permitían salvar con mayor facilidad las barreras inquisitoriales. Eran, en definitiva, mucho menos "perversas y lascivas" que las novelas de Lewis o Maturin, y más verosímiles que otras como la fundadora del género *El castillo de Otranto*.

En efecto, estas últimas novelas tuvieron importantes dificultades para penetrar en nuestra literatura, a pesar del éxito que las avalaba. Pesó, sin duda, mucho más el carácter provocador y el apelativo de inmorales que se asociaba a sus autores que el deseo de ganancia económica. Del mismo modo, aquel lejano miedo que aún se percibía entre la población a todo tipo de supersticiones y que mantenía continuamente alerta a preceptistas y censores, impedía tolerar una literatura que ahondara más si cabe en todo aquel mundo irracional que estos pretendían erradicar definitivamente. *The Monk* (1796) de M. G. Lewis[78] se tradujo, rezagado, en 1821 (fechado erróneamente en 1822 en otros catálogos), como *El fraile o historia del padre Ambrosio y de la bella Antonia* (de nuevo a través del francés, *Ambroise ou le Moine*, 1797), sin nombre de autor ni de traductor en la versión castellana. No es casualidad, por tanto, que la novela se publicara en París y durante el Trienio Liberal, una época bastante próspera para la literatura[79]. La relajación de la censura —ayudada por la creciente proliferación de las narraciones anticlericales— habría abierto las puertas a esta corriente subversiva e irracionalista, que años antes no habría conseguido salvar las fronteras inquisitoriales y que, transcurrido este período de permisividad, se le volvería a negar ese derecho, en concreto hasta aproximadamente los años setenta, década igualmente progresista en que aparece una nueva edición, sin especificar el año exacto, pero que podemos suponer cercana a 1870 por coincidir con una tercera en editor (Barcelona, Juan Pons), traductor (León Compte) y título (*El fraile*).

El relativo aperturismo y el éxito de la vertiente más anticlerical del género abrieron el camino, también desde Francia, como en el caso anterior, a otra novela de aquellos denominados "góticos malditos". William Henry Ireland siguió la senda trazada por Lewis a través de una serie de novelas que ahondaban, envueltas en un áurea espectral y misteriosa, en los aspectos más oscuros y escabrosos del catolicismo hispánico e incluso llegó a superar al propio Lewis en cuanto a la profusión de atrocidades monásticas, situaciones repulsivas, aderezos de horror sobrenatural y elementos que se recreaban en el detalle sangriento. Tras la edición de París en 1822 y con idéntico título *La abadesa*

---

78   Lewis fue más conocido en nuestro país por la tragedia *El duque de Viseo,* una adaptación libre de *The Castle Spectre* (1797), en el que para escándalo de censores y preceptistas se mezcla lo macabro y lo tétrico con lo sentimental y trágico. También a través de la colección "Biblioteca Británica" en 1807, en la que del mismo modo se tradujo *Los niños de la Abadía,* de Regina Roche, encontramos en el nº 61 un extenso análisis de *El espectro del castillo* de M. G. Lewis.

79   Igualmente, en 1824 vio la luz la traducción *El vampiro,* "Novela tribuida a Byron". El apócrifo *Vampiro,* rechazado por el propio Byron en una carta a la que hace referencia Montesinos (1980:65), figura también en la edición de Decourchant y fue publicado en 1829. Realmente pertenece a su secretario Pollidori. Se trata de un relato, bastante breve, que ahonda en el lado más irracional del gótico.

(*The Abbess*, 1799), la novela se publicó en España hasta en otras cinco ocasiones, algo rezagadas con respecto a la primera y con cierta innovación en el título de la misma (*La Abadesa o las intrigas inquisitoriales*): 1836, 1837, 1838, 1848 y 1854 (*La priora de Santa María Nova*)[80], ofreciendo una idea del éxito rotundo que obtuvo esta obra.

De menos suerte que M. G. Lewis o W. H. Ireland disfrutaron el resto de narradores góticos, maestros del género en su vertiente sobrenatural; ni Walpole ni Bekford ni Maturin[81] fueron traducidos a nuestra lengua durante todo el siglo XIX. Sin embargo, un autor menor, Thomas Isaac Horsley Curties[82], en una postura híbrida entre el sentimentalismo de Radcliffe y el componente fantástico de Walpole, sí habría accedido a nuestra literatura con su novela *Ethelwina; or, The House of Fitz-Auburne* (1799), tan solo con una diferencia de siete años con respecto a la publicación en lengua inglesa y en tres ocasiones: *Etelvina o Historia de la baronesa de Castle Acre*, 1806, 1842, 1843.

Para David Roas (2006: 84), no obstante, la descompensación entre las dos vertientes del gótico resulta más que palpable e implicaría que "La visión que tuvieron los españoles del género fue bastante sesgada, puesto que las novelas más traducidas poco tenían que ver con la versión fantástica del gótico"[83]. Es cierto que el volumen de obras fantásticas fue infinitamente menor al número de novelas racionalistas, no obstante, también se accedió a la vertiente más irracional del género a través de las obras francesas. Esta situación nos conduce a pensar que gran parte de las dificultades para abrirse camino en nuestra literatura quizás tengan que ver, en el caso de Maturin y Lewis, más que con el elemento sobrenatural, y aún resultando este una barrera difícil de salvar, con el carácter subversivo, el pródigo componente erótico y la total ausencia de Dios que impide cualquier posibilidad de redención a los personajes de la obra, puesto que ciertas narraciones góticas francesas sí presentaban y se recreaban en aquel elemento.

Así es, esta situación extraña cuanto menos, si se compara con las obras góticas de procedencia francesa que se recibieron en España y que sí cultivaban aquella cara más irracional del movimiento. Por proximidad, pero también por aquella antigua tendencia a adaptar todo lo que llegaba y tenía éxito en la vecina Francia, se tradujeron y vertieron a nuestra lengua, dejando al descubierto todo aquel mundo de supersticiones y aparicio-

---

80 Montesinos (1987: 208) considera que la novela que cita Hidalgo *La abadía*, de 1836 podría tratarse de otra traducción más de la obra de Ireland con una modificación mayor del título. No he tenido acceso a la novela, por lo que no he podido comprobar este dato.

81 Es cierto, que como se viene suponiendo, sí pudieron haber sido leídos en francés. En concreto de Lewis, *Le Moine* aparece en 1797 y una segunda edición en 1811. Asimismo, *El castillo de Otranto* (*Château d'Otrante*) fue traducido ya en 1767 y posteriormente en 1774 y 1797.

82 David Roas (2006: 219) prefiere hablar, más que de una novela propiamente gótica, de una narración de "inspiración gótica". Maurice Lévy (1968: 722) y Montague Summers (1938), sin embargo, no le niegan el calificativo e incluyen al autor y a su novela en el catálogo que elaboran.

83 Juan Ignacio Ferreras (1973: 247) entiende, por otro lado, que a los hombres góticos no se les tradujo porque "En España se traduce solamente aquello que se puede comprender, compartir, leer en una palabra y la novela de terror, la auténtica se encontraba muy lejos de las conciencias lectoras y productoras españolas".

nes sobrenaturales. En realidad, es bien sabido que la novela gótica arrasó en nuestro país vecino y no solo en el número de traducciones que se llevaron a cabo en aquellos años sino también en el volumen de producción nacional que añadió a la ya existente nuevos matices que comenzaban a distanciarla ya, aunque en menor medida de lo que sucederá décadas más tarde en España, de su fórmula originaria. Se cultivaron ambas tendencias de lo gótico, irracional y racionalista y ambas se conocieron en España.

Entre las novelas más fieles a esta concepción fantástica encontramos, en primer lugar, un grupo de manifestaciones prerrománticas que oscilan entre dos momentos extremos de esta corriente estética: el respeto a las convenciones genéricas —con ciertos matices derivados del contexto histórico social del país francés—, por un lado, con las novelas de Ducray-Duminil, Regnault-Warin, Mme. Guénard, Jean-Batiste Louvet de Couvray, Pigault-Lebrun y su hermano menor Pigault-Maubaillarcq y, por otro, el declive del propio género, a través de obras que parodian[84] sus motivos más recurrentes, aunque este no fuese el objetivo con el que se difundieron dentro de nuestras fronteras. En concreto, me refiero al caso de las dos novelas que se conocen del francés P. Cuisin (*Les Ombres sanglantes. Galerie funèbre de prodiges...*, 1820 y *Les fantômes nocturnes, ou les terreurs*, 1821), que se filtraron en nuestro país a través de dos colecciones de relatos de renombre y resonado éxito en la época. Por una parte, *La poderosa Themis o Los remordimientos de los malvados*, obra traducida en colaboración entre Basilio S. Castellanos, también autor de novelas góticas, y Julián Anento con una única edición en 1830 y, por otra, *Galería Fúnebre* de Agustín Pérez Zaragoza que vio la luz tan solo un año después en 1831.

François-Guillaume Ducray-Duminil comenzó su producción novelística centrándose en el público infantil, lo que le facilitó el traspaso de fronteras y las sucesivas traducciones a nuestra lengua. Observando el éxito de las narraciones góticas en Francia, se lanzó con la publicación de varias obras de las que se conocieron sus adaptaciones en nuestro país sorprendentemente temprano: *Alejo o la casita en los bosques* (*Alexix ou la Maisonnette dans les bois*, 1790) y *La expiación de un padre y el niño del bosque* (*Victor, ou l'Enfant de la forêt*, 1796), combinación de relato gótico, de discurso sentimental "roussoriano" y de novela pastoril. La primera de ellas se editó en 1798, 1804, 1819, 1820, 1821 (2), 1822, 1830 y 1845 y la segunda hasta en tres ocasiones de las que no he podido encontrar datos más que de la segunda, en 1867, y de la tercera en fecha mucho más tardía, 1877-1897.

Pigault-Lebrun publicó una de las novelas góticas francesas más laureadas, *Les Barons Felsheim* en 1802, que llegó a nuestro país, que tengamos constancia, veinte años más tarde, en 1823, con el título *Los barones de Felsheim, historia alemana que no es sa-*

---

84 La tendencia que existió en Francia a parodiar el género gótico en los años 20, y que se vincula con aquella que en Inglaterra iniciara en 1818 Jane Austen con *La abadía de Northanger*, ha sido estudiada por Lévy (1968), Killen (1967) y, más recientemente, por Prungnaud (2004). Analizaré a continuación este fenómeno, a propósito de la novela *Galería Fúnebre*.

cada del alemán y la subversión del género y, con relativa aceptación, pues se conocen tres ediciones españolas más de esta obra a lo largo del siglo XIX: 1824, 1837, 1876-1877. Su hermano Pigault-Maubaillarcq con su relato *La familia de Vieland o los prodigios*[85] (*La Famille Wieland*, 1809) consiguió al menos cuatro ediciones: 1818, 1826, 1830, 1839. Por lo que respecta a Regnault-Warin, merece la pena mencionar sus novelas por el número de impresiones que se llevaron a cabo: *La caverna de Strozzi*, (*La Caverne de Strozzi*, 1798) 1826, 1830 y *El Cementerio de la Magdalena* (*Le Cimetière de la Madelaine*, 1800) en 1811, 1817, 1829, 1856 y 1878. En esta última existen diversas particularidades (la ambientación en los tiempos de la Revolución, el elevado componente de denuncia y crítica social) que la alejan del esquema ordinario de la novela gótica, pero la estética a la que responde sigue siendo, no obstante, la misma que en la novela anterior. A pesar de que Mme Guenard había cultivado en abundancia este género, en España fue celebrada, sobre todo, por *Elena y Roberto, o los dos padres: Novela francesa* (*Hélène et Robert, ou les Deux Pères*, 1802) en 1818 y 1840, con ciertas pinceladas góticas, pero más cercana a la corriente sentimental. *Los Capuchinos o el secreto del gabinete oscuro* (*Les Capucins, ou le Secret du Cabinet noir*, 1801), en cambio, una de las novelas góticas que más fama le prodigaron a esta autora, fue publicada en Barcelona en 1837 aunque no conocería otra edición hasta 1884.

De Jean-Baptiste Louvet de Couvray, un gótico menor francés, se conoció en España sorprendentemente temprano, en 1799, con *Memorias del caballero Lovzinski: historia de la Polonia hasta su desmembramiento* (*Les amours du Chevalier de Faublas*, 1787-1790)[86], un fragmento de la historia del Caballero de Faublas que también se editaría en nuestro país, aunque algo posterior: *Aventuras del baroncito de Faublas* (1820, 1822, 1836, 1837, 1828, 1876). En su conjunto no es propiamente una novela gótica, aunque algunos de los relatos que recoge, como este primero, sí podrían encuadrarse en esta corriente. En el citado grupo se encontraría del mismo modo Ann Jeanne Felicité d'Ormoy y su novela *El castillo negro o los trabajos de la joven Ofelia* (*Le Château Noir, ou les soufrances de la Jeune Ophelle*, 1799) editada hasta en seis ocasiones (1804, 1823, 1827, 1928, 1829 y 1842).

En segundo lugar, se pueden incluir, siguiendo a David Roas (2006: 85) las obras góticas de autores románticos, que se habrían decantado por esta tendencia del gótico sobrenatural en sus principios como narradores o que la habrían cultivado al margen

---

85   Montesinos (1981: 262) identifica, asimismo, la novela *Carvino o el hombre prodigioso* como perteneciente a Pigault-Maubaillarcq en 1830 y otra vez en 1841, considerando que puede tratarse de una continuación de *La Familia de Vieland*. Una lectura de la misma me permite descubrir uno de sus personajes y el mismo tema de la ventrilocución. Sin embargo, se trata de una narración de lances fabulosos y extraordinarios en los que está ausente toda experiencia de terror. En cuanto a si pertenece al mismo autor, no puedo asegurarlo firmemente, aunque no parece coincidir con los títulos de sus novelas originales.

86   Luis Alberto de Cuenca (1977: 21) comenta la referencia que encontró a dicha novela en la *Gaceta de Madrid* (1-I-1831) "En estas Memorias es donde se cuentan extraños acontecimientos ocurridos en el castillo de Dourlinski, donde estuvo depositada Lodoiska, hija del conde de Lapanski, y la muerte de Dourlinski". A la altura de 1831 y desde la fecha de 1799 todavía se podía adquirir en la librería de Brun de Madrid.

del Romanticismo que ya triunfaba en Francia en aquellos años. Nos referimos en concreto a Arlincourt, Paul Lacroix, Jules Jain, Frédéric Soulié, León Gozlan, Victor Hugo y George Sand. De todos ellos es Arlincourt, sin embargo, el que puede encuadrarse con mayor facilidad en el período que he acotado y el que responde más fielmente a la estructura formulaica de la novela gótica inglesa, pues su compromiso con la historia no lo vincula en exclusiva con una de las premisas de la novela scottiana, sino que los góticos la emplean como característica definitoria del género, a pesar de estar esta generalmente mediatizada o ser evocada en muchas ocasiones (Álvarez 1998: 211). En la España del siglo XIX se conocieron tres de sus obras góticas: *El solitario* (*Le solitaire*, 1821), una de sus novelas más famosas, fue traducida por vez primera en 1823 y reeditada nueve veces más durante la primera mitad del siglo, en 1830, tres en 1836, 1840, dos en 1842, 1849 y 1853. Al mismo estilo responden sus dos otras novelas también traducidas al español en aquellos años: *La extranjera o la mujer misteriosa* (*L'étrangère*, 1825), con ocho impresiones (1825, 1830, 1836 (4), 1843, 1847) y *El cervecero rey, crónica flamenca del siglo XVI* (*Le brasseur roi*, 1834), cuya versión española apareció en el mismo año de su publicación original (esa misma traducción se reeditó en 1842).

Los restantes autores románticos, a diferencia de Arlincourt y aún escribiendo sus novelas con la mirada fija en la corriente gótica y empleando muchos de sus mecanismos y tópicos, reflejan un pensamiento y unos esquemas que responden más a la filosofía del Romanticismo que a los principios del movimiento Ilustrado; por este motivo, aunque sus obras resultan interesantes para rastrear los límites reales del gusto por lo gótico en España, creo que traspasan la frontera fijada y se sitúan en una época de mezcla de géneros y movimientos que puede provocar que se caiga en profundos errores de base.

En Francia, de igual manera, tal y como adelanté previamente, existió un amplio grupo de autores, en su mayoría de finales del siglo XVIII y principios del XIX, que cultivaron la otra vertiente de lo gótico, sentimental y racionalista a la manera de las damas inglesas y continuando la línea de la exitosa Ann Radcliffe. Evidentemente, estas novelas, con el precedente real de sus homónimas inglesas, se tradujeron a nuestra lengua, conociendo, igualmente, un amplio número de reediciones. Me refiero en concreto a Baculard d'Arnaud, la condesa de Genlis, Pierre Blanchard, Louise Brayer de Saint-Léon, Florian, la Marquesa de Ortinmar, Madame de Saint-Vénant y la Condesa de Roualt de la Haye (Ramos Gómez 1988: 167-176) que, aún sin recurrir al elemento fantástico, publicaron relatos con una lógica narrativa y una ambientación propiamente gótica[87].

---

87 La novela *El sepulcro o el subterráneo* con ediciones en 1829, 1834 y 1889 podría incluirse dentro de este grupo que cultiva la tendencia racional y sentimental del gótico. La lectura del prólogo del editor nos induce a pensar que se trate de una traducción o adaptación, más allá de lo sugerido en el subtítulo (*Historia de la Duquesa de C*** escrita por ella misma en idioma italiano: traducida en francés y de este al castellano*). No he encontrado el original, que creo, si fuera así, provendría del francés, por lo que no puedo constatar ciertamente que se trate de una traducción. Bien es cierto, por otra parte, que las obras que se traducen del francés conservan el título que se dio para esta versión, como se puede comprobar en las diferentes novelas que he expuesto, por lo que se podría llegar a pensar que se trata de un original español que inicia la obra con el tópico del manuscrito perdido y le añade la novedad de la traducción. Ferreras (1973: 112) afirma tajantemente que se trata de una novela original "de la tendencia sensible o sentimental"

Así como la vertiente gótica de la novelística francesa se leyó, y mucho, en nuestro país, otras literaturas europeas que asumieron esta corriente con éxito reseñable, fueron mucho menos conocidas. Álvarez Barrientos (1996) y David Roas (2006) han señalado que merece la pena destacar un reducido número de obras alemanas pertenecientes a este género (*Schauerroman*). David Roas (2006: 87), identifica concretamente tres novelas. La primera es *La víctima de la magia o los misterios de la Revolución de P...*, de Cajatan Tschink, publicada en 1806 (en el *Memorial Literario* de los días 30 de abril y 10 de mayo de 1806 se ofrecieron dos extractos de la novela)[88]. A esta le sigue *Herman de Unna, rasgo historial de Alemania* (*Hermann von Unna, eine Geschichte aus der Zien der Vehmegerichte*, 1788), de Christiane Benedicte Naubert, publicada sin nombre de autor y traducida por Bernardo Mª de la Calzada en 1808 (posiblemente del francés, *Herman d'Unna*). Incluye también Roas en esta lista la novela de Antonio Marqués y Espejo *Memorias de Blanca Capello* (1803)[89], de la que se conocen dos versiones, ambas publicadas en 1790: una de Rauquil-Lietaud y otra del marqués de Luchet. De este grupo de producciones góticas alemanas no debemos excluir la adaptación de la novela de Heinrich Zschokke *Abelino, o El gran bandido* con ediciones en 1800 y 1802 (*Aböllino, der grosse Bandit*, 1794) que sufrió una trasferencia genérica al drama, ya en Francia, a cargo Lamartelière (*Abelino ou le Grand Bandit*, 1799), pero que incluyo por tratarse de una de las novelas góticas alemanas más influyentes y por aglutinar esta pieza todos los tópicos y motivos recurrentes.

En definitiva, a la luz de los datos expuestos se pueden establecer varias conclusiones que conducirán, sin duda, a revisar las afirmaciones iniciales. En primer lugar, las traducciones al español de la novela gótica inglesa sufrieron cierto desfase con respecto a las ediciones originales, sobre todo si se compara con lo ocurrido en Francia, pero no fueron todas ellas tardías, algunas se conocieron en fechas tempranas, incluso sorprendentemente tempranas. Es innegable, sin embargo, que el volumen de las mismas aumentó en nuestro país a medida que nos acercábamos al período isabelino, precisamente cuando el hálito vital del género estaba próximo a su fin y solo fue decreciendo según avanzaba el siglo, de manera progresiva, al tiempo que el movimiento romántico se hacía más evidente. Esta situación tuvo, como es lógico, consecuencias. Considera Montesi-

---

y la atribuye a Antonio Sarmiento. Ante la falta de datos y documentos concluyentes y a la espera de futuros estudios, dejamos la catalogación de esta novela en suspenso.

88 Álvarez Barrientos (1994: 274) considera que "El tono de los dos fragmentos es bastante gótico: interviene un «misterioso mendigo» que atrae al impresionable protagonista a unos frondosos bosques, en los que le alcanzan la noche y un huracán con espantoso estrépito y donde un perseguido por unos animales que aúllan terroríficamente, llega a un castillo: oscuridad, manos gélidas, grutas con calaveras, etc. Todos estos prodigios se explican después, en el segundo fragmento".

89 Una lectura de dicha obra, sin embargo, revela que carece de cualquier lance escabroso o de extrema violencia, de personajes diabólicos o de episodios sobrenaturales, ya sean estos justificados o no. Se trata en realidad de una novela sentimental, con grandes dosis de patetismo y multitud de referencias históricas. Narra las desgracias que le sobrevienen a Blanca Capello, desde su juventud hasta su muerte. No hemos tenido acceso a los originales en alemán por lo que no puedo afirmar más que, alejada del original, en esta novela no queda ningún rastro de los componentes que estructuran un relato gótico.

nos (1980: 73) que "Cuando más se imprime a estos narradores es cuando menos de moda está"; evidentemente en el continente europeo la novela gótica ya había expirado con *Melmoth el errabundo* en 1820; tras ella, al reinado del gótico le quedaron apenas las parodias, que únicamente contribuirían a su definitiva dilapidación, al menos como género definido y autónomo; pero el final en un país no significa el final en otro. Lo que habría sucedido en España es que el éxito de estas se habría extendido hasta bastante tiempo después de su período de vigencia en Europa porque no existían movimientos alternativos que pudieran satisfacer las exigencias del público. La tardía fecha de la penetración del Romanticismo puede explicar este mantenimiento de traducciones hasta bien entrada la década de los treinta en nuestro país. Esta extensión y tardanza en la asimilación del género, unida a otro conjunto de circunstancias expuestas, se traduce, a nivel estético, en una serie de características que la habrían de diferenciar de su fórmula originaria, en lo que se refiere a la confusión y al trasvase de elementos de géneros coincidentes en el tiempo.

Del mismo modo, y de nuevo si se realiza una comparación con otros países europeos, se concluiría que las cifras de las traducciones fueron limitadas y escasas. No obstante, y aun siendo consciente de este hecho, debemos valorar en su justa medida el importante número de las mismas, si se tienen en cuenta las trabas inquisitoriales y gubernativas que las novelas hubieron de padecer. Aunque faltaron algunos nombres y novelas claves del género y la vertiente racional predominó, en detrimento de la irracionalista, se conoció un elenco bastante importante de autores, mayores y menores, ingleses y de otras literaturas, y muchos de ellos en sucesivas reediciones, que permitieron que penetrara el gusto por la oscuridad y que los lectores lo demandaran. Ninguna corriente importada fue en materia de traducción especialmente prolífera en aquel período tan complicado para nuestras letras, pero, en medio de la oscuridad, la novela gótica no desfalleció en la tarea de abrirse paso y dejó destellos que prepararían el camino al Romanticismo, que ya llamaba con insistencia a nuestras puertas[90].

En último término, al proceso de recepción de las traducciones se le debe añadir una particularidad más, que de nuevo lo aleja de lo sucedido en el resto de Europa. La reiterada exigencia por parte de censores y preceptistas de que la literatura, y más aún la novela, debía "instruir deleitando", así como el desmedido control moral que se ejercía sobre las mismas, impuso, sobre la novela gótica inglesa, un aura moralizante que modificó sus principios estéticos y gran parte de su carácter subversivo. Esto no implica, sin embargo, que no se pueda hablar de una corriente de novela gótica pura; al contrario, nuestra literatura adoptó el género, a través de las traducciones, y en su proceso de adaptación a nuestras letras, las transformó hasta tal punto que nos encontramos con auténticas obras originales, más allá de meras traducciones o adaptaciones. Es decir, los

---

90 No duda Brown (1953:25) en sostener que la literatura romántica española, fue considerada, tanto por la crítica actual como por sus contemporáneos, el resultado de la lectura de las novelas traducidas durante ese período de escasez de novelas nacionales.

profundos cambios a los que fueron sometidas las alejan del original y las convierten en verdaderas novelas autóctonas, y como tal entiendo que deben ser consideradas, estudiadas y clasificadas.

2.2. De la aristocracia a la burguesía. En busca de un público lector

Si existió una red de traducciones de las novelas góticas inglesas que llegaron a nuestro país y que, por las sucesivas reediciones, hubieron de saborear las mieles del éxito, ¿cómo es posible que se busque en el público lector al culpable de la inexistencia del género gótico?, ¿es realmente factible que el público español se mantuviera al margen de un género que arrasaba en el resto de Europa? La crítica se apoya en sentencias como las que siguen: "No existió una clase burguesa consumidora de novelas góticas", pero, ¿en verdad no existió?, ¿no resultan estas afirmaciones demasiado tajantes y, por otro lado, carentes de una reposada argumentación?

Indagar en el sendero dejado por la novela gótica en nuestra literatura implica volver la vista a la industria editorial y lectora, dado que no hay novela sin público ni público sin editor[91]. Las trabas de la censura imponen ciertas restricciones, más que visibles, en el sector emergente pero pujante de la industria editorial, ralentizan su impulso y modulan, aunque sea solo en determinados aspectos, la variada oferta. Sin embargo, el público comenzaba a tomar su propio camino, más allá de trabas y censuras varias.

Pero, ¿qué sabemos realmente de estos lectores?, ¿de qué datos disponemos?, ¿cuáles eran y hacia qué senderos inexplorados se inclinaban sus aficiones lectoras?, ¿fue, como se ha venido sosteniendo, el fenómeno de la literatura de masas un hecho palpable o continuó relegado a satisfacer únicamente las preferencias de unos pocos privilegiados?, ¿hasta qué punto era cierta la llamada "democratización del saber"? y si así fuere, ¿pertenecería entonces este nuevo público a esas nuevas clases sociales emergentes? y, lo que es aún más importante, ¿estaban preparados para asumir los nuevos gustos que de la mano de la literatura gótica, se exportaban desde Inglaterra a través de la siempre "perversa" Francia?, ¿cuál habría sido el sector social interesado en la lectura de la novela gótica en un entorno nacional en el que se fomentaba, por el contrario, la lectura de libros religiosos y educativos? No se debe perder de vista, en ningún momento, el hecho de que resulta harto difícil perfilar las reacciones de los lectores hispánicos no ya solo ante el género gótico, sino ante cualquier manifestación literaria en un período de la historia tremendamente resbaladizo, lleno de incertidumbres y en el que la certeza se basa, más que

---

91 David Roas se manifiesta partidario de esta misma propuesta de la que surge su trabajo "La crítica y el relato fantástico en la primera mitad del siglo XIX" (1997: 79) y su tesis doctoral *La recepción de la literatura fantástica en la España del siglo XIX* (2001): "Para comprender el devenir de la literatura fantástica española en el siglo pasado se hace necesario investigar cuál fue la reacción de la crítica ante lo fantástico y la acogida que el público le deparó, aspecto este último que va intrínsecamente relacionado con el estudio del mercado editorial (producción y traducción, revistas, periódicos, censura)".

en cifras, en especulaciones de diversa índole. Parto, por ello, de la consideración de que resulta prácticamente imposible calcular el número de lectores de la novela gótica, porque ni tan siquiera disponemos de datos generales que vislumbren el consumo de novela en este período. Aunque existen datos concretos de listas de distribución quiero suponer que el número de lectores habría sido mucho mayor, si tenemos en cuenta que existían gabinetes públicos, librerías o dependencias varias que se dedicaban exclusivamente al negocio del préstamo de libros[92]; datos que confirman la existencia de una minoría, no ya solo progresista, que evidentemente leía. Rastrear en bibliotecas privadas, a través de las listas de suscriptores, pero también en las diferentes referencias de la novela gótica en la prensa, así como en los prólogos a las obras nacionales e importadas, supone no ya solo reconstruir la escala de valores y, con ellos, presumiblemente, las líneas maestras capaces de explicar las conductas de los lectores y las omisiones de obras concretas, sino también determinar la verdadera línea que seguía el gusto en aquellos tiempos.

Hay que seguir afirmando, para empezar, que la cultura en este período siguió siendo preferentemente de minorías, y, sin duda como una lógica consecuencia, los problemas que comentamos con anterioridad, provocaron un profundo retraso en todos los órdenes de la vida, que, como era de esperar, se tradujeron en una profunda crisis a nivel social que afectaría tanto a la disposición de la sociedad, cuanto al nuevo papel de la clase burguesa y evidentemente, y por extensión, a los lectores. A pesar de ello, gracias al proceso de divulgación del saber, derivado del aumento de la alfabetización, comenzó a hacerse más frecuente la lectura en nuevos estamentos de la sociedad. Esta minoría, al menos en las últimas décadas del XVIII continuaba siendo aristócrata en mayor grado. No debemos buscar, sin embargo, a los lectores de novela gótica entre aquella clase aristócrata de nuestro país a la manera de Inglaterra donde, como sabemos, la aristocracia fue germen y destinataria por excelencia de este tipo de literatura. Dos son los motivos fundamentales: de un lado, nunca existió en España una verdadera aristocracia, a semejanza de los países de nuestro entorno, pujante y con suficiente capacidad de mando como para ver peligrar su "reinado" con la caída del Antiguo Régimen y la asunción paulatina pero menos traumática que, por ejemplo, en Francia, de la nueva clase media burguesa[93]; apenas se trató de un estamento presente, cercano a la cultura y al poder gracias a sus vínculos con la Iglesia, pero minoritario, al fin y al cabo, sobre todo si lo comparamos en número con sus momentos de absoluto predominio en nuestros vecinos

---

92 Los "gabinetes de lectura" no eran bibliotecas públicas donde "se va a leer, sino depósitos de libros que pueden ser alquilados para leerlos fuera de dichos locales" (Almela y Vives 1949: 186).

93 Apunta Domínguez Ortiz (1976: 345-347) que "La debilitación de la aristocracia española, no se produjo por el surgimiento de una nueva clase social, sino por problemas internos, relacionados con las herencias y la mala situación financiera pero a pesar de la insuficiencia biológica de la nobleza titulada no cesó de crecer en número, de tal forma que si en 1627 había 41 grandes, en 1798 eran 119".
Jovellanos en su *Informe sobre la Ley Agraria* (1952: 105) hace referencia a los cambios que se estaban produciendo en la escala social y que provocaban la perdida y desmoronamiento de la, hasta entonces, dominante nobleza: "Justo es que la nobleza, ya que no puede ganar con la guerra estados ni riquezas, se sostenga con las que ha recibido de sus mayores".

europeos; y nunca hubieron de refugiarse, por ello, tras el velo de una literatura, en principio ancestral, que les recordara aquel glorioso pasado ahora perdido[94], porque aquel pasado añejo de las novelas góticas inglesas olía realmente a presente[95]. Opiniones como la de Juan Ignacio Ferreras (1973: 245), que niega la existencia de una novelística gótica en nuestro país, se basan únicamente en esta circunstancia:

> [...] es fácil comprender que si los grupos burgueses no lograron desenvolverse o desarrollarse, al mismo tiempo que los grupos burgueses europeos (Inglaterra y Francia, sobre todo), el grupo aristocrático se mantuvo inamovible. Si traducimos esta situación al nivel novelesco, podemos adelantar que ni la aristocracia necesita crear la novela negra, ni la burguesía puede producir su novela realista hasta 1868. (Y sentencia más adelante) [...] Si la novela gótica es de origen aristocrático, como supongo, la novela negra no pudo florecer en España. Y de hecho no ha florecido[96].

Al exponer su postura, Ferreras parece haber olvidado, no solo que resulta del todo imposible que en diversos países se produzcan idénticas condiciones histórico-sociológicas sino que cualquier movimiento literario se desarrolla en función o gracias a unas características propias, y respondiendo a las mismas, en definitiva; otro aspecto bien diferente es que en el país receptor se dé el entorno óptimo para su posterior asimilación, cultivo y desarrollo; pero no se puede pretender que diversas literaturas manifiesten, de forma espontánea, y a un tiempo, el nacimiento de una corriente determinada que coincida en propósitos, motivaciones y destinatarios. Así, la novela gótica, indiscutible y evidente creación inglesa, al traspasar sus fronteras de origen establecía una lejanía temporal, espacial y social con respecto a las circunstancias que la habían motivado que hacía harto complicada su comprensión primera. Autores, traductores y adaptadores españoles se habrían percatado perfectamente de este hecho, de tal manera que, con el fin de asegurar su supervivencia, habrían de buscar, por tanto, un nuevo sector de público que, aún sin comprender en su totalidad su profunda carga subversiva y sin compartir muchos de sus estímulos, supiera encontrar atractiva aquella otra cara, más banal, circunstancial y evasiva[97] que, aunque le hubiera perseguido desde su nacimiento mismo a modo de estigma, le sirviera, ahora sí, para abrir el mercado y encumbrarla hasta el éxito.

---

94 La minoría aristócrata española pudo superar los conflictos históricos y sobreponerse a los tiempos modernos que dictaba el Nuevo Régimen, conservando las bases físicas (tierra, patrimonio, latifundios), así como la conciencia de clase que se extendió hasta bien entrado el período de la Restauración.

95 Ferreras (1989: 191) manifiesta que "En España el grupo aristocrático o la nobleza, que se encuentra en el origen de este novelar, no sufrió ninguna decadencia ni derrota social; no necesitó, pues purgarse con artística catarsis de una revolución burguesa que le arrebatara el universo social y ponía en duda el universo imaginario. Recordemos que de la misma manera que en la España del XIX tenemos que esperar a la Revolución del 68 para encontrarnos con una auténtica novela realista, la aristocracia o la nobleza supo superar todos los baches históricos y conservar no solamente las bases físicas de su clase, la tierra, los latifundios, sino también su conciencia de clase que logrará incluso una revancha y hasta un triunfo en la época de la Restauración".

96 Aunque considera por otro lado que "No se trata de ser groseramente sociológico en mis apreciaciones, expongo una posible hipótesis de trabajo, hipótesis que a nivel teórico, al menos, es fácilmente demostrable" (Ferreras 1973: 245).

97 Debo señalar, no obstante, que, una vez que la novela gótica circuló, se popularizó y se asumió como propia, se

¿Qué mejor destinatario entonces que la nueva clase burguesa? Como es bien sabido la burguesía había disfrutado de un escaso peso social[98] y apenas había logrado una representación mínima en la escala estamental en la primera mitad del siglo XVII-XVIII. Ya en la segunda mitad, sin embargo, aunque todavía algo minoritaria[99], conseguía, gracias a las mejoras laborales y a la apertura al exterior que facilitó la llegada de los emigrados, ir aumentando paulatinamente su número. Se trataba de un sector social ideal para convertirse en destinatario de esta nueva novela. Se hallaba inmerso en una fase de crecimiento, tenía otras inquietudes diferentes a las de la aristocracia, disfrutaba, por lo general, de mayor tiempo libre y trataba de llenar aquellas horas de ociosidad con alternativas diferentes a las propuestas por el régimen; un público potencial que buscaría en la literatura, más allá del carácter instructivo, los discursos elevados o el adoctrinamiento católico, una vía de escape; y, en definitiva, un público que ya no leería las novelas góticas como herencia o refugio de un pasado lejano, sino como una literatura diametralmente opuesta a la que circulaba y se imponía desde las altas esferas ilustradas, una verdadera literatura de evasión porque ahora el público pedía que le contaran historias que le hicieran soñar[100].

Así pues, la base social del libro como objeto de consumo habría ampliado sus márgenes a clases menos pudientes, pero con ciertos recursos[101], pertenecientes al estamento burgués, en claro ascenso en la escala social, auténtico consumidor de la novela y verdadero artífice de su triunfo en España a lo largo del siglo; es decir, debemos buscar a nuestros lectores sobre todo entre los comerciantes de las tres ciudades de la clase media española: Madrid, Barcelona y Valencia, entendiendo por comerciantes los burócratas, los fabricantes de diversa índole, las profesiones liberales, algunos elementos del ejército

---

empleó como medio de protesta y denuncia, más allá de la lectura evasiva, ahora ya desde una perspectiva nacional y remarcando claramente la identidad. Sirvió como marco para reflejar preocupaciones nacionales. El anticlericalismo, es un buen ejemplo de lo que comento.

98 Allegra (1980: 40) reconoce que: "Siendo el único país de Europa que no conoció una verdadera revolución burguesa y teniendo, sin embargo, burguesías poderosas e inteligentes, consolidadas según normas corporativas que alejaban las tentaciones capitalistas, España no era un pueblo en el sentido moderno de la palabra, pero sí un conjunto de hombres cuyo vínculo mayor era representado por la misma fe".

99 Considera Domínguez Ortiz (1976: 401) que "Sin embargo, a pesar de su escaso número, los gérmenes burgueses de la centuria ilustrada estaban llamados a desempeñar un papel muy superior a lo que cabría esperar de su pequeño número".

100 Rosmary Jackson en su ensayo *Fantasy the literature of subversión* (1981) considera que la burguesía tuvo un papel fundamental en el impulso de la novela gótica, pero va más lejos y considera que la ficción gótica tendió a reforzar la ideología burguesa dominante mediante el cumplimiento de ciertos deseos a través de fantasías de incesto, violación, asesinato, parricidio o desorden social.

101 Ferreras (1973: 49) en su estudio *Los orígenes de la novela decimonónica*, intenta una aproximación bastante útil. A pesar de la falta de consenso entre historiadores, en cuanto a la población española de este período de advenimiento y cambio, y tomando como referencia los años extremos, existen datos que confirman que en los primeros años del siglo XIX tan solo el 5,96% de la población era alfabeta. Parte de un año concreto, 1803 y tomando como referencia los datos de que dispone (5,96%) distribuye el número de lectores, unos 400.000 si se eliminan aproximadamente 200.000 pertenecientes al estamento clerical y que, excepto en contadas excepciones, no tendrían acceso a las obras, salvo para censurarlas.

y de la nobleza, determinados eclesiásticos y quizá, aunque muy problemática esta última afirmación, algunos artesanos, (Ferreras 1973: 51). Un público que a pesar de todo, y de acuerdo con el precio de los libros[102], no podía ser considerado exactamente rico, sí admitiría el calificativo de acomodado; una auténtica clase media, la primera quizás de nuestra historia, caracterizada probablemente por su escasa preparación intelectual y sus evidentes lagunas eruditas, pero ávida, por otro lado, de encontrar y encontrarse en una floreciente producción novelística. La clase media española, presumible lectora de estas novelas, aparece perfectamente descrita en palabras de Larra (1956: 229):

> Una clase media que se ilustra lentamente, que empieza a sentir necesidades, que desde este momento comienza a conocer que ha estado y que está mal; una clase privilegiada, poco numerosa, creada o deslumbrada en el extranjero, víctima o hija de inmigraciones, que se cree sola en España y se asombra a cada paso de verse sola cien varas delante de los demás; hermoso caballo normando que cree tornar de un *tilbury* y que, encontrándose con un carromato pesado… se alza, rompe los tiros y parte sola.

La consecuencia fue que el público culto de preferencias ilustradas, gracias al progresivo aumento de la demanda lectora, se vio ampliado con esta disparidad de lectores burgueses recién llegados, "de dudoso gusto literario", según se decía en la época. De nuevo Larra parece confirmar, esta vez en su artículo "¿Quién es el público y dónde se encuentra?", al mismo tiempo que se lamenta, aquella firme tendencia a la diversificación en el acceso a la literatura:

> ¿Dónde está ese público tan indulgente, tan ilustrado, tan imparcial, tan justo, tan respetable, eterno dispensador de la fama, de que tanto me han hablado; cuyo fallo es irrecusable, constante, dirigido por un buen gusto invariable, que no conoce más norma ni más leyes que las del sentido común, que tan pocos tienen? (Larra 1981: 135).

La existencia de una clase burguesa consumidora de novelas, gustosa de la ficción y capaz de dejarse llevar por los designios de la fantasía, no implica necesariamente que accediera en masa al nuevo movimiento de lo gótico llegado desde el extranjero (Fernández, 2018). De hecho, de nuevo la crítica considera que tampoco la burguesía española se habría visto reflejada en dicha novelística, provocando un rechazo inmediato que se traduciría, en términos de consumo, en un fracaso de la tendencia en nuestro país. "El editor, el traductor y hasta el lector español de la época no puede identificarse con la novela de terror, no puede comprender ni compartir su problemática, aunque puede, eso sí, sentirse atraído por la novedad de los temas" (Ferreras 1973: 246).

---

102 Basta ojear la última página de cualquier publicación de la época de referencia, en la que de manera habitual suele aparece una lista con novedades editoriales y sus correspondientes precios, para comprobar que estos no eran especialmente altos. Una novela de 100 a 200 páginas en 12º suele costar de 6 a 10 reales.

Nada impide, sin embargo, que esta tendencia se extendiera, cultivara y fuera aceptada en nuestro país[103]. Lejos de las coordenadas en las que nació, la novela gótica pierde gran parte de sus significados primeros pero, como toda manifestación cultural, pasa a convertirse en patrimonio universal y, en la riqueza de la literatura, se accede a la obra en sí misma como producto estético, expurgada ya de connotaciones primeras y asentada en principios constitutivos nuevos que remiten a la literatura receptora.

Es cierto que el lector hispánico de esta época pudo no haberse visto identificado en esta novela gótica, aunque solo lo fuera en parte, pues esta había sido sometida a un profundo proceso de adaptación a nuestra literatura que la acercaba a la realidad del momento. Junto a la atracción inmediata que el lector sintió hacia ella, por la novedad en el tratamiento de los temas, la complejidad de la estructura y el alto grado de deleite y evasión que producía, la estética del pasado, y la recreación continua de la perversidad del hombre se interpretaron inmediatamente como un reflejo de los conflictos y tensiones que ellos vivían día tras día. De hecho, el mundo de ficción creado por la novela gótica emplaza al lector a un universo legendario, a un tiempo de oscuridad que, aunque alejado de la realidad, no se entendía en verdad tan distante de los terrores de la misma: basta con recordar aspectos tales como la coacción de libertades, el ambiente oscurantista, el regreso de la Inquisición o los terroríficos episodios de la Invasión Napoleónica. Asimismo, la ambientación medieval permitía, por otro lado, que los espacios góticos resultaran perfectamente reconocibles; la arquitectura sublime de estas novelas remite a emplazamientos mediterráneos, los más de los mismos españoles: castillos en ruinas, parajes deshabitados, monasterios aislados de la civilización, lugares, en suma, perdidos entre los pliegues del tiempo que trasladan al lector hispano a un contexto geográfico cercano que va a adquirir de pronto nuevas y enriquecedoras interpretaciones. De otra parte, y más allá del gusto por la novedad de los temas planteados, en toda la galería de historias de amor trágico, episodios de súplicas desesperadas, capítulos de sumisión al tirano y búsqueda de la libertad, motivos recurrentes heredados todos ellos de la novela sentimental, tan cultivada y consumida en la España en aquellos tiempos, hallaban las mujeres burguesas, del mismo modo, un territorio explorado que ahondaba en sus miedos y se recreaba en fantasías y dando, de paso, rienda suelta a la imaginación desbordada.

Aunque se hace difícil calcular el número de lectores de estas novelas, las listas de suscripción, que tras alguna de las mismas se añadía a la edición a modo de apéndice y quizás también para orgullo personal del editor e indicativo de su éxito abrumador, pueden aportar cierta luz al tema. En concreto dispongo de la famosa lista que recoge Agustín Pérez de Zaragoza al final de su último libro de la colección *Galería Fúnebre* y

---

103 Más allá del público medio no se debe olvidar que el influjo de la novela gótica en los grupos más cultivados es también importante; basta leer la historia de las sociedades cultas y técnicas que proliferaron en esa época (este es el caso de Olavide), las referencias en los autores considerados ilustrados o cultivados (como el caso del propio Larra, Mesonero, etcétera) e incluso las listas de suscriptores que aparecen en las ediciones de las novelas para persuadirse de esta otra realidad.

de la de Cabrerizo a su colección de novelas entre las que se incluyen *La urna sangrienta y el Panteón de Scianella, El hombre invisible o las ruinas de Munsterhall,* aparte de otras como *Julia o los subterráneos del castillo de Manzini*; también destaca la que añaden tras su colección de relatos los traductores de *La poderosa Themis o los remordimientos de los malvados*. Las tres, recogidas a la altura de 1830, época de su mayor apogeo y esplendor[104]. Las primeras son de las obras más representativas de esta tendencia gótica, en cuanto a éxito de ventas y temática y, por ello, sus datos nos ayudarán a establecer argumentos concluyentes. Además, sus editores destacan por la prolífera labor de difusión que llevaron a cabo. La última, en cambio, es menos numerosa, pero sirve de base de comparación con las anteriores, especialmente con la primera, por tratarse de diferentes adaptaciones de la misma obra. La repetición de nombres ayuda a configurar un corpus más o menos fijo de lectores, especialmente de la nueva clase emergente, pero también de personalidades de aquella sociedad del período de entresiglos, que vendría a confirmar una vez más una trascendencia negada injustamente.

La tirada de la *Galería Fúnebre* fue abundante a pesar del elevado precio de la misma. En el *Prospecto* se anuncia con detalle su cuantía:

> La obra completa se venderá en esta Corte después de concluida, a 14 rs. Vn. cada tomo, y en las provincias a 16 reales por razón de portes y demás gastos. Mas al que quisiere disfrutar de la doble ventaja de emplazarla a recoger por tomos y con la equidad de 2 rs. por cada uno; es decir a 12 reales en Madrid y a 14 en las provincias se le entregará en el acto el primero, sin anticipación alguna, y los demás de veinte en veinte días, con corta diferencia, dando la seguridad necesaria que se convenga, para que de este modo no se perjudique a la Empresa dejando incompletos algunos ejemplares.

Se aproxima dicho listado a la cifra de quinientos y debieron ser más, pues nos informa Pérez de Zaragoza de que "Se omiten los suscriptores de algunas provincias porque las listas no han llegado a tiempo" (Pérez Zaragoza 1831, XII: 249-282). Una labor de rastreo de estos nombres, en un principio anónimos, permite conocer mejor la magnitud de esta afirmación, pues, aunque parezca a primera vista no destacar en el número de compradores, sí cabe subrayar el peso social y, sobre todo, intelectual de los mismos. "Sus lectores fueron gente importante que aunaba dos características fundamentales: tenían posibles y sabían leer, habilidad nada frecuente en una sociedad como la española" (Sánchez Álvarez-Insúa 2004: 7) y en una época histórica tan compleja como el final del reinado de Fernando VII. Destacados miembros de la antigua nobleza, incluso de la misma familia real, se unieron a la moda de la novela gótica, sin embargo, eran repre-

---

104 Del mismo modo, se conserva la lista de suscriptores de *Adelina o la Abadía en la selva* (1830) de Ann Radcliffe, también perteneciente a la colección de novelas de Cabrerizo; aparece al final del primer tomo y está compuesta por 126 suscriptores entre los que se encuentran 6 libreros que solicitan otros tantos ejemplares (42 concretamente); entre los mencionados, se encuentra un alto porcentaje de mujeres, suponiendo además que muchos de los que la solicitaban eran sus respectivos maridos o padres en nombre de estas.

sentantes, en su mayoría, de la nueva clase burguesa. Así los describe Alberto Sánchez Álvarez-Insúa (2004: 8):

> Madrid se lleva la palma con unos trescientos cincuenta. Eran todos personajes de "alcurnia y abolengo". Encabezando la lista la Condesa Duquesa de Benavente, seguida por el Conde de Torrejón (Mayordomo Mayor de la Reina), su camarera también mayor, la Condesa de Bedmar, más de una docena de representantes de la vieja nobleza, un Gentil-Hombre de S. M., una nutrida representación del Ejército (desde un Mariscal de Campo a un Capitán retirado), y el Director General del Real Tesorero encabezando una pléyade de hacendistas, entre ellos, el Cajero de la Tesorería de las Reales Loterías, el Contador de la Real Fábrica de Tabacos de Sevilla, el Secretario del Consejo Supremo de Hacienda y el Intendente de Aragón; a estos se unía el clero: una dignidad eclesiástica del Tribunal de la Rota, presbíteros y frailes; y como representantes del tercer estamento, abogados, médicos, boticarios, empleados de Correos, comerciantes de libros y corregidores. Cerraba la lista el Ayo de SS. AA. los hijos de los infantes Don Francisco de Paula y Doña Luisa Carlota.

Mariano de Cabrerizo había creado un complejo y eficaz sistema de distribución. Disponía en su librería de Valencia —Librería de Cabrerizo— de un texto impreso *Economía literaria* que era una catálogo de los libros destinados a la suscripción de lectura y junto con este y para ampliar el volumen de ventas tenía por costumbre ofrecer la lista de su red de librerías en casi todos los volúmenes de su colección, para favorecer y facilitar, al mismo tiempo, las suscripciones a las publicaciones que se efectuaban en estas mismas librerías, aunque también en otros tantos puntos de suscripción, especie de agencias distribuidoras de fondos editoriales (Romero Tobar 1976: 110). Aquella que al final del segundo tomo recogen estas novelas confirma el creciente número de lectores de la nueva clase social burguesa y el éxito arrollador entre ellos de aquella literatura importada desde Inglaterra años atrás.

Si de manera general podemos sostener que la cada vez más próspera e influyente clase media burguesa accedió con agrado y patrocinó de hecho este movimiento gótico, en concreto el lector femenino habría de abanderar, sin reservas, la reivindicación del nuevo género novelesco. La mujer por su tendencia a la sensibilidad y por su anhelo de libertad aunque solo pudiera satisfacer el mismo cabalgando sobre las alas de la imaginación desbordante del nuevo género, se convertiría en el blanco perfecto, el destinatario seguro y, al propio tiempo, en la defensora del género gótico. Un grupo lector determinado y con características muy definidas.

2.3. Nuevas miradas para nuevas lecturas

La supervivencia de la novela gótica, y más aún su difusión y éxito, estaban asegurados gracias a que nuestro país, esta vez sí como ocurriera en Inglaterra, contaba con el más que probado beneplácito del público femenino. Más allá de anquilosamientos estamentales y fronteras físicas, la mujer, en su papel de lectora, favorecía toda literatura de evasión y patrocinaba, por lo general, fenómenos que profundizaran y se recrearan en los sentimientos y pasiones humanas más sublimes. Sin embargo, aunque el volumen de público femenino que se acercó en esos años a nuestra novelística fue digno de reseña, una dosis de realismo emplaza a reconocer que la mujer española padecía una situación que se encontraba aún lejos de aproximarse, como en tantas otras ocasiones y aún por largo tiempo, a la que disfrutaban el resto de mujeres europeas. El ambiente que encontramos en España, aunque en una línea similar, distaba bastante, como cabría esperar, de lo que sucedía en el resto del viejo continente. Existía, en líneas generales, cierto retraso de la mujer española con respecto a la europea, ya que en nuestro país la situación durante el siglo XIX fue en cierto modo continuista con respecto al siglo XVIII y solo a mediados de aquel se comienzan a percibir verdaderos atisbos de cambio[105].

Dos aspectos son destacables con respecto a las mujeres de principio del siglo XIX porque dos son las características que pueden definir su situación en este momento: en primer lugar, el hecho de que la población femenina supone el cincuenta por ciento de los habitantes igualada en número al de la población masculina y, en segundo lugar, que a comienzos de siglo su función en la sociedad aún se limitaba, casi exclusivamente, al menos desde el punto de vista de un deseable orden social, a la de esposa y madre, al llamado "ángel del hogar"[106], función a la que el casi obligado paso por el matrimonio le reduce derechos y posibilidades. Esta circunstancia supone que la mujer casada en el siglo XIX tiene obligación de obedecer a su marido, de criar a los hijos, de atender a las necesidades de la casa, sufre socialmente y es condenada judicialmente si es sorprendida en adulterio. El ideal femenino dominante en la sociedad española del período de entre-siglos entonces no es otro que "El tradicional de esposa y madre, trasmitido tanto por la cultura oral de la enseñanza materno-familiar como por la escritura de los múltiples libros de lectura dedicados a las niñas y a las jóvenes"[107] (Capel Martínez 2006: 25).

Si bien es cierto que este panorama no podía favorecer el papel de la mujer como lectora y menos aún de esta nueva forma de quehacer literario, como así lo demuestra el número de lectoras en nuestro país, que seguía registrando números aún bajos si se compara con las cifras con las que contaban otros países europeos, sin olvidar tampoco que en la península el índice de analfabetismo se mantenía en unos niveles preocupan-

---

105 Aunque políticamente el reconocimiento de derechos de la mujer aún permanecía estancado. No sería hasta 1838 con la Ley del 21 de julio cuando se establece una normativa para la educación en la etapa infantil, aunque en centros separados de los hombres y con diferencias en los planes de estudio, entre los alumnos de un sexo y otro. La enseñanza obligatoria habría de esperar hasta la Ley Claudio Moyano de 1857.

106 Capel Martínez (2006: 21) insiste en que "Se ha repetido hasta la saciedad que el ideal femenino mayoritariamente aceptado para la mujer de finales del XVIII y principios del XIX era el de "ángel del hogar", al que se refieren los textos de la época, la mayor parte de las veces para alabarlo, aunque no faltan los que lo ven con ojos críticos".

107 En la misma línea se manifiesta Juan Ignacio Ferreras: "las mujeres de principios del XIX no tienen ningún papel en la sociedad, no pueden desempeñar ningún cargo público; se encuentran recluidas en el ámbito de la economía doméstica: universo familiar sobre todo, […] la mujer de esta época, como muy bien lo narran las novelas, vive en espera del matrimonio, cultivando sus inclinaciones y combatiendo el *amor-pasión*.

temente elevados[108]; los avances que apreciamos en la España del XIX aún sin ser espectaculares, sí merecen reseñarse, para valorar, en su justa medida, el importante paso al frente que suponen hacia la explosión definitiva a finales del siglo XIX. Desde las altas esferas iluministas se entendió que la mujer debía incorporarse, a la misma altura que el hombre, al proceso de modernización que se había puesto en marcha para el país. Estos propósitos de elevar a la mujer en la sociedad a lo largo del siglo XVIII, y en pro de los nuevos deseos reformistas de los ilustrados, tuvieron sus efectos inmediatos en el nuevo papel que esta comenzó a ejercer en el ámbito literario como lectora habitual y asidua del recién redescubierto género novelesco, a la vez que motivo literario de este; la creciente alfabetización impulsada por el movimiento ilustrado había conseguido promover la lectura como nuevo instrumento de ocio, de tal manera que el despegue más significativo de la mujer española en el ámbito cultural debe buscarse en su papel como lectora[109]. El investigador Palacios Fernández (2002: 90-91), siguiendo a Mónica Bolufer, ratifica, igualmente, esta situación:

> En el siglo XVIII algo estaba cambiando en el modo en que las mujeres participaban en el mundo de las letras, que en la época tenía un alcance cada vez más amplio y mayor influencia en la configuración de la opinión. Las lectoras formaban un sector creciente del público y eran cada vez más numerosas las mujeres que se aventuraban a escribir y publicar.

Más allá de su exclusivo papel de "ángel del hogar", la mujer empieza a verse y considerarse entonces como un ser amable, de conversación amena y carácter juicioso. Junto con esta circunstancia, el control de la natalidad permitió a la mujer la libertad necesaria, nunca hasta entonces gozada, y, como consecuencia, la posibilidad de dedicarse a sus otras capacidades, entre las que se encontraba, sin duda, la lectura[110]. Sin embargo, los neoclásicos, reacios en un principio a la expansión de la novela, creyeron que estas podrían convertirse en el vehículo ideal para instruir a las jóvenes españolas en los preceptos de la fe, la moralidad y el buen proceder; es decir, que podrían ser aprovechadas perfectamente como propaganda de los principios ilustrados dirigiendo, en cierta medida, el camino hacia el progreso, por lo que los libros recomendados para las señoritas

---

108 No existen datos concretos anteriores a 1858 que certifiquen esta tendencia de la que hablamos, pero, bien es cierto, que en el primer tomo del *Anuario Estadístico de España* se afirma que el porcentaje de habitantes que no sabían leer ni escribir en 1860 se elevaba hasta el 75,2 % del total de la población, de los cuales más de la mitad, concretamente el 57,47 %, eran mujeres.

109 A juicio de Martínez Martín (2001: 465): "Esta nueva actitud lectora hunde sus raíces en el desarrollo masivo, dentro del ámbito urbano y burgués, de la lectura silenciosa e individual, frente a aquella aún perviviente lectura colectiva en voz alta. Y en el desarrollo de esta primera influyeron de manera decisiva las bibliotecas privadas de la clase media. Bibliotecas que fueron entendidas no solo como retiro intelectual o profesional, privado, de lectura silenciosa e individual, sino que desempeñaron también un papel de sociabilidad cultural: un espacio para ser exhibido y valorado como capital simbólico".

110 Aunque gran parte de la crítica especialista en la época considera esta tendencia en alza, no es de la misma opinión Montesinos (1987: 43) quien, a pesar de haber estudiado con detenimiento el período, no duda en sostener que: "Las mujeres del Antiguo Régimen no leían novelas. Aún no existía o era un tipo raro la niña romántica devoradora de libros de imaginación".

abarcaban básicamente tres campos: la educación, las relaciones sociales y la religión (devocionarios, misales, cuadernos de ejercicios espirituales, vidas de santos y novelas ejemplarizantes). La consecuencia no fue sino la proliferación de toda una serie de obras –también a nivel de prensa[111]– que tenían como objeto el aprendizaje de todos aquellos aspectos que estuvieran relacionados con la cualidad máxima que se les suponía a las mujeres, la honestidad. El *Discurso sobre la educación física y moral de las mujeres* (1790) de Josefa Amar y Borbón aún continuaba en plena vigencia y seguían apareciendo títulos con temática similar como *Banco de Previsión o Consejos a las madres de familia que quieran asegurar el bienestar de sus hijos* (1832).

Sin embargo, aunque la mujer española, siguiendo indicaciones de los preceptistas, se acercaba a la lectura de estas obras recomendadas, sus preferencias reales tomaban caminos inversos a los pretendidos por el régimen. En efecto, la mujer española como la inglesa, leal a su verdadero gusto, opuesto, en cierto modo, al que aconsejaban los ilustrados, debió decantarse básicamente por aquellos géneros que desarrollaban una historia amorosa y que permitían dar rienda suelta a la imaginación. Junto a los libros religiosos y devocionales y el género poético, entre las lecturas de esta mujer decimonónica también comenzaban a proliferar los relatos de ficción, muy en especial las novelas de lances truculentos y experiencias sobrecogedoras[112]. Autores y editores, conscientes del nuevo mercado que se les abría, rastrearon gustos e incidieron en ellos[113]. Con este objetivo en mente, multiplicaron el número de obras, centrándose especialmente en las publicaciones dirigidas exclusivamente al público femenino. Guillermo Carnero (2006: 33) recoge varios testimonios de escritores de la época que relatan la preferencia del público femenino por el género narrativo, no solo por su carácter marcadamente sentimental, sino también por su inclinación a la fantasía:

---

111 Incluso se puede hablar por primera vez de un tipo de prensa dedicado a un público femenino en el que se ofrece un variopinto material noticioso sobre la misión de la mujer en la entonces llamada sociedad moderna, como era el caso de el *Lyceo general del bello sexo* primero (al que se le negó el permiso en 1804), *El Periódico de las Damas* (1822), aunque sea cierto que tras un período de seis meses dejara de publicarse por falta de suscriptoras (Cazottes y Rubio Cremades 1997: 52), *El Té de las Damas* (1827), o ya en los límites de esta época, *La Moda Elegante* (1834). Esta situación se debe a que la prensa periódica, que encontró su apogeo tras la Guerra de la Independencia, se caracterizó por la alta especialización con un público que se determinaba según su sexo, su edad o su categoría social o profesional. En *El Diario de las Damas*, se encuentra la constatación de la tendencia femenina en la literatura: "Un periódico de esta naturaleza podrá ser útil, si con él se logra que las mujeres se apliquen a leer y aprender cosas que les sean necesarias para el mejor desempeño de las obligaciones que tienen o pueden tener en la sociedad, cuidándose tan ameno que divierta al mismo tiempo que instruye" (González Palencia 1934: CLVI).

112 Amelia Correa Ramón (2006: 29) analiza las lecturas de las mujeres en el siglo XIX a la luz de las realizadas por las protagonistas de las grandes novelas decimonónicas. Y cita, entre otras, a Ana Ozores "La idea del libro, como manantial de mentiras hermosas, fue la revelación más grande de toda su infancia. ¡Saber leer! Esta ambición fue su pasión primera".

113 Amelia Correa Ramón (2006: 33) confirma esta tendencia "Sabedores del sector emergente que iban a representar las mujeres, tanto los editores como los propios autores se esforzarían por adecuarse a sus gustos y a sus necesidades, con el objetivo de captar la atención de esta nueva clientela".

> Su natural propensión al amor –escribe Mor de Fuertes en carta de 3 de sep-
> tiembre de 1786 de la primera parte de *La Serafina*–, fomentada con las especies
> anoveladas que les atufan el cerebro, las obligan a echar mano del primer individuo
> que se les depara. En *Las Señoritas de hogaño* (1832) de Ramón López Soler, Leonor
> ve un mozo enamorado como «uno de los héroes desgraciados que nos pintan en las
> novelas», y Matilde vuelve a París, donde se han educado, «con una fantasía llena de
> lances novelescos".

La lectura de la novela gótica y más en concreto, la novela gótica racional debió
de haber satisfecho los deseos del lectorado femenino, especialmente, pues no solo ence-
rraban todos los tópicos del enamoramiento, las pruebas y los celos que tantas lágrimas
provocaban en las lectoras, sino que las dosis de imaginación, el culto de lo lúgubre, el
atractivo de lo sublime, el placer del miedo y el escalofrío continuo, gozaban del mayor
beneplácito por parte de este sector del público; en definitiva, una novela de mujeres
para mujeres en la que fácilmente reconocían los tópicos y se identificaban con ellos.

Si nos acercamos a los prólogos de los editores, traductores o autores de novelas
góticas de aquellos años se comprobará fácilmente que las mujeres son las destinatarias
favoritas de estos. El editor Cabrerizo, impulsor del género gótico, ve en las mujeres
a las principales destinatarias de sus novelas, y así lo manifiesta: "Pensando distraerse,
solamente, con la narración de un hecho entretenido, hallan las jóvenes en las buenas
novelas verdades importantes, bajo el velo de una ingeniosa alegoría; aprenden sin sentir
la ciencia del mundo en la pintura de las pasiones, de los vicios y de las virtudes" (cito
de Espinós Quero 2005: 32). En el prólogo a *El campeón de la virtud o el barón inglés*
(1854), la novela gótica de mayor éxito de Clara Reeve, su traductor, en esta ocasión
también una mujer, Dª Micaela Hesbitt de Percebal, se refiere igualmente de manera
directa al público femenino, aunque en este caso recomendando la novela con fines instructivos, para salvaguardar su educación, en definitiva: "No teman, pues las madres de
familia dar a leer esta novela a sus hijas; ni una sola palabra hallarán en ella, ni una sola
máxima que pueda perjudicarles: su lectura solo podrá inspirarles entusiasmo y amor a
la virtud, horror y desprecio al vicio" (1854: VIII).

En esta misma línea, el propio autor de *Galería Fúnebre* advierte en su prefacio
que su obra está dirigida a "personas de una imaginación viva y exaltada por las impresiones fuertes, y de un alma sensible" (Pérez de Zaragoza, 1831: 14), del mismo modo,
y ahora siguiendo el texto original de Cuisin (1820: 20-22), que promete a las señoritas
que sean sus lectoras, no sin cierta actitud irónica, intención última del escritor francés,
toda suerte de temblores, estremecimientos, visiones terroríficas y pesadillas, palpita-
ciones y desmayos, que tal y como puede desprenderse de sus palabras, era lo que estas
solicitaban y, por lo tanto, esperaban encontrar cuando accedían a una novela de estas
características, aunque con prudencia, como sugiere:

No es otra mi intención al proponerme divertirlos y a la vez instruirlos con hechos históricos de los tristes efectos de una pasión desordenada. Desgraciada la joven

que, hallándose sola en su cuarto y casa de retiro, en medio de un desierto lleno de malezas y bosques, y no teniendo otra música que los gritos lamentosos de lechuzas y mochuelos en una noche tempestuosa, tuviese el arrojo de ponerse a leer nuestra *Galería Fúnebre*: ya veo erizados sus cabellos y palpitar agitadamente su corazón de una fuerte opresión; sus ojos, imagen del terror, verán revolotear de repente fantasmas espantosos detrás de su asiento…, un espectro extraordinario en la alcoba, y los dobleces de las cortinas se convertirán en figuras horrorosas, verá cruzar duendes por todas partes y hasta en la chimenea resonará el ruido sorprendente de cadenas estrepitosas… Tal será el estado, en fin, en que se halle su imaginación que todo para ella se transformará en visiones.

Muchas de estas novelas se abren incluso con una dedicatoria expresa a una mujer de renombre y poder social, lo que declara abiertamente la preferencia de sus lectores, al mismo tiempo que favorece la publicación y mitiga las trabas de la censura. *El sepulcro o el subterráneo* (1834) aparece dedicado a la Vizcondesa de Limours, *El subterráneo o las dos hermanas Matilde y Leonor* (1817) se consagra en concreto a la figura de "Doña María Guadalupe de Bustamante y Sierra, de la insignia de distinciones de la junta de damas españolas de Fernando VII y la mencionada *Galería Fúnebre* (1831) se abre con una llamada directa a la mismísima María Cristina de Borbón, cuarta esposa de Fernando VII y madre de Isabel II, esperable, por otro lado, debido a los esfuerzos editoriales del propio Pérez Zaragoza y a sus ansias de gloria y fortuna.

Esta tendencia puede demostrarse, igualmente, en las críticas que obtuvieron dichas obras, en las que uno de los puntos de ataque era precisamente el consumo casi exclusivo de estas por las mujeres. La crueldad resulta más que manifiesta y esconden, tras dosis de ironía, una crítica feroz a las preferencias lectoras de las damas de clase media que no solo no buscaban instruirse sino que se abandonaban a las fantasías novelescas. Al referirse justamente a la exitosa *Galería Fúnebre*, el crítico de *Cartas Españolas II*, Serafín Estébanez Calderón (septiembre de 1831), sostiene que "Por lo pronto [Pérez Zaragoza] ha adivinado en cuanto a lo que dijo de los terrores y pánicos que la lectura de sus tomos ha de producir en las tímidas jovencitas" y pasa a relatar a continuación una anécdota que tiene por protagonista a la mujer lectora de estas novelas:

> Una señora (mujer de un empleado público de esta capital) en vista del tremendo anuncio de las "sombras" y de los "espectros", envió a suscribirse a dicha colección. Madre de una numerosa familia, tuvo la ocasión de observar que la obra fue acogida con ansia por sus hijos, y aun produjo disputas entre ellos sobre quién habría de leerla primero. Hace pocas noches, siendo las dos o tres de la madrugada, se oyeron en la alcoba de la hija mayor, señorita de quince años, unos quejidos y sollozos descompasados que debieron alarmar. El padre, la madre, los hermanos, los criados, quien con lamparilla, quien con farol, quien con el candil, todos asustados, vuelan al dormitorio de la señorita y la encuentran en la cama gimiendo, llorando, llamando, suspirando, y el corazón palpitando. Adviértase que el primer volumen de las "sombras ensangrentadas" le había servido de sabrosa lectura antes de dormirse, y le tenía en el veladorcito inmediato de la cama. Pregúntanla a voz qué es lo que tiene. Y la

pobre señorita, los ojos espantados, la voz balbuciente y trémula, y con explicación agitada, responde que una horrible visión que se ha refugiado a una de las cortinas de las puertas vidrieras la ha acosado, zumbando en derredor y dando un rato tenebroso y atroz. Se la consuela, se le dice que no puede ser: ella insiste y repite que la visión se ha ido a la cortina… se va, pues, a la cortina y… ¿Cuál era la visión, metida en uno de los pliegues de la tela?... Una mosca.

Precisamente este fue uno de los motivos que la condenaron al cajón de la subliteratura y que la mantuvieron apartada de la literatura canónica: la crueldad, superioridad y desagrado con la que muchos hombres miraron la afición lectora de la mujer. La mujer pasó a asociarse a una literatura circunstancial, no creyéndola posible de logros intelectuales mayores y, a la inversa, la novelística gótica al vincularse a la mujer, perdió crédito y dignidad literaria.

Parece evidente, por lo apuntado hasta el momento, que la mujer española, a pesar de la situación de retroceso con respecto a la mujer europea traducido en un menor número de lectoras, compartió la misma predilección por este tipo de literatura y tuvo acceso a las novedades editoriales nacionales, así como a las que provenían de fuera de nuestras fronteras. Su incorporación a la vida literaria y su papel como lectora eran ya una realidad, no obstante, este acceso a la lectura "Coexiste prácticamente desde su inicio con las "llamadas de atención" acerca de los posibles riesgos que conllevaba para estas el consumo de ficciones noveladas" (Correa Ramón 2006: 33)[114], porque lejos de instruir se recreaban únicamente en lo placentero. Todos los ilustrados condenaban la lectura de novelas "inaceptables y peligrosas" por parte de las mujeres: "La lectura de novelas dio a las mujeres mayor consciencia de sus propias condiciones, y por consiguiente mayor descontento femenino; llevaba a rebeliones, si no siempre a adulterios" (Sullivan 1997: 316). No extraña, por tanto, que los moralistas, que nunca habían sido demasiado generosos con la lectura de las obras literarias[115], las desaconsejaran desde el principio[116]. En el mencionado *Discurso sobre la educación física y moral de las mujeres* (1790), Josefa Amar y Borbón confirma la opinión aun siendo mujer: "La afición que algunas mujeres tienen a leer y la ignorancia de asuntos dignos hace que se entreguen con exceso a los romances, novelas y comedias, cuya lectura generalmente es mala por las intrigas y enredos que enseña" (1995: 191-192).

---

114 Guillermo Carnero (1997: XXX) muestra esta tendencia: "La mujer aparece desde el comienzo de siglo como lectora de novelas y especialmente inclinada a orientar sus sentimientos y su conducta imitando modelos literarios, con gran peligro y muy frecuente quebranto de su honestidad".

115 Por lo que respecta a España, un destacado opositor a las lecturas fue fray Antonio de Arbiol, según Palacios Fernández (2002: 118): "Quien condenaba expresamente las historias amorosas y truculentas como grave ataque a la moral: en materia de lujuria, nada hay de disimular los padres a sus hijos, si no quieren perderlos. Ni aspecto torpe, ni palabra deshonesta, ni acción liviana, ni equívoco de torpe sentido, ni graciosidad de impureza les han de permitir jamás, ni que en su presencia se digan, ni se cuenten fábulas amatorias, ni se lean comedias profanas, porque las criaturas antes aprenden lo bueno que lo malo".

116 Tal parecer, apunta Emilio Palacios Fernández (2002: 117), habría sido el defendido por fray Rafael Vélez en *Los libros en las manos de las señoras*.

Así es, como ya sucediera con la novela gótica inglesa, las altas esferas del iluminismo español no dudaron en descalificar esta práctica que no consideraban propia de su sexo por atentar contra el equilibrio mental y la honestidad, principio fundamental que debía regir el comportamiento femenino[117]. Lejos de contribuir a su formación, pensaron los ilustrados, hubo de condicionarla negativamente. De tal manera que lo que había pretendido ser un impulso reformador y educativo para la mujer, acabó por convertirse, muy a pesar de los esfuerzos neoclásicos, en "cuna de vicios y fuente de perversidades" y la novela educativa racionalista terminó por convertirse en novela educativa moral[118]. La instrucción racional no era suficiente, estas obras debían educar en los principios morales.

De nuevo, el ámbito sociológico habría de influir en el posterior acercamiento y la ulterior configuración de la novela gótica en nuestro país, de tal modo que determinados comportamientos, tabúes absurdos y asociaciones carentes de argumentación se tradujeron, a nivel literario, una vez más, en una novela que hubo de reducir su carga emocional y primar la lección moral por encima de la libertad de imaginación, para adaptarse a la educación que la crítica ilustrada pretendía para la mujer. Si toda publicación destinada a jovencitas habría sufrido, junto con la censura, el acoso de los preceptistas, no menos hubiera ocurrido con la ficción gótica. La consecuencia sería la proliferación de las novelas del gótico racional, impregnadas ahora sí de principios morales a la manera española; es decir, una narración que privilegia, junto a las imágenes de terror y a la arquitectura sublime, las historias de amor y desgracias personales, con tendencia al llanto, aunque al llanto fácil, y lo que es más importante una novela en la que existe un exceso de moralina, que no abundaba precisamente en la novela gótica inglesa y que respondía únicamente a los designios caprichosos del régimen hispano.

Basta acercarnos a los prólogos de alguno de los traductores de novela gótica para comprobar esta tendencia. Las novelas se cargan de moralidad y desde este punto de vista moral deben ser leídas por el público femenino; en *Adelina o la abadía en la selva*, traducción de Ann Radcliffe[119], la advertencia inicial, como su propio nombre indica,

---

117 En un intento por proteger a las jovencitas de este tipo de novelas que favorecían la imaginación e invitaban a la perversión, se publicaron ciertas obras con la voluntad de guiar sus lecturas. Ante todo, se trataba de relatos de carácter moral. Entre otros destacan, *Lecturas útiles y entretenidas* (1800), *Anastasia o la recompensa de la hospitalidad* (1818), *El oficial y el tejedor o la virtud y la constancia recompensadas* (1830) o *Luisa y Emilia o el suicidio* (1831).

118 Define Juan Ignacio Ferreras (1973: 171): "La novela moral y educativa está dirigida, sobre todo, a un público femenino y para hacerlo o porque así lo hace detenta una idea típica o modélica de la mujer que podemos resumir de la siguiente manera: la mujer ha de ser ejemplo de virtudes, pura y educada, amante de la música y de la pintura, caritativa con los pobres, respetuosa con los mayores, callada ante los hombres y sumisa, sobre todo, ante la clase de autoridad paternal, fraternal y marital".

119 No extraña este lavado de imagen que sufre la novela si tenemos en cuenta que el traductor es un hombre cercano al poder, que escribe libros destinados a la educación del lector. Así se define él mismo en la cabecera de la novela: "La publica en español D. Santiago de Alvarado y de la Peña, Escribano de S.M. y del Ilustre Colegio de Madrid, traductor y reformador de la *Enciclopedia de la Juventud*: Autor de los *Elementos de la Historia general de España desde el Diluvio al año 1826*. Editor de otras varias obras de jurisprudencia y literarias."

nace con ese pretexto, con el fin de guiar la lectura y no solo para no caer en fanatismos y supersticiones sino para desterrarlos definitivamente:

> […] encierra esa obra la moral más pura y cristiana, y es sumamente útil para desterrar los terrores vanos y ridículos que atormentan a ciertas personas cuya educación primera ha sido descuidada o llena de preocupaciones, hijas de la ignorancia; demostrándonos que a veces ciertos sucesos, al parecer sumamente extraordinarios e increíbles, que nos causan espanto, si los observamos a sangre fría y sin prevención, descubrimos que son en sí muy naturales y sencillos. Los que contiene esta Obra son de esta clase y tienen además la doble ventaja de manifestarnos los medios raros y desconocidos de que Dios se vale para arrancar el velo de la hipocresía y descubrir un crimen, un asesinato horroroso que parece ser impenetrable para siempre y debe quedar sepultado en las tinieblas de los subterráneos desconocidos de un edificio gótico, abandonado en medio de una vasta Selva. La providencia divina descubre, pues, a los malvados que lo han cometido, y cuya vida es cadena no interrumpida de los más atroces delitos, entregándolos por medios incomprensibles en manos de la justicia humana para que los espíen.
>
> También vemos en esta Obra dos jóvenes virtuosos y sensibles, Adelina y Teodoro, perseguidos por cuantos medios están al alcance del vicio unido al poder y a la intriga. El lector desde luego, no puede menos de interesarse vivamente en su suerte, compadecer sus desgracias y temblar a cada momento por ellos, viéndolos próximos a ser victimas de sus infames perseguidores. ¡Pero qué consuelo, qué alegría no recibe cuando al fin ve triunfar su virtud, recibiendo la recompensa debida a la constancia y a sus infortunios, quedando sus enemigos castigados y confundidos y ellos en la más completa felicidad! (1830: 6-10).

Más que una mera participación circunstancial, en definitiva, la inmersión de la mujer del período de entresiglos en el mundo de las letras fue una verdadera tendencia en alza. Si como demuestran las afirmaciones de autores, los prólogos de editores o las críticas de preceptistas, la mayor parte del lectorado de novelas debía estar constituido por mujeres, la novela gótica no podría haber permanecido al margen de la misma. Y de hecho, no lo estuvo. Un porcentaje de estas sucumbió a la seducción del género gótico, al nuevo gusto que llegaba desde Francia; el papel desempeñado por las mujeres en España iba a ser entonces fundamental dado que estas formaban un sector creciente del público que asumía gran parte de la recién estrenada oferta lectora. Ante esta tendencia, resulta cuanto menos complicado negar la existencia de un mercado lector que demandaba con avidez, cada vez menos disimulada, los títulos nuevos.

2.4. La novela gótica como parte del negocio editorial

El fenómeno de la industria editorial bien a pesar de que este fuera aún incipiente proporcionará sentencias concluyentes, dado que este, para subsistir, debía adecuarse a las cada vez mayores y más variadas exigencias de los consumidores.

Con el nuevo siglo, los cambios políticos y sociales que habían favorecido el aumento espectacular de la afición a la lectura y, en concreto, la demanda de nuevos contenidos de fantasía y terror, beneficiaron, del mismo modo, las condiciones de los editores, que durante décadas apenas habían sido un eslabón intrascendente en el comercio y distribución de los libros. Su papel en los nuevos tiempos de proliferación de la lectura, sin embargo, se intensifica, de una manera espectacular, gracias sobre todo a la ausencia de intermediación de instituciones civiles y eclesiásticas[120]. La relación entre el lector y el editor deja de ser indirecta, y este último, ya en primera instancia, centra su objetivo básicamente en indagar en los gustos del público y satisfacerlos, en beneficio propio, en la mayor medida que sea posible. De hecho, en esta etapa, añade Romero Tobar (1976: 98), que se produjo un fenómeno hasta entonces desconocido, pues muchos escritores pasan a depender de los editores quienes señalan la extensión y el plazo de composición de la obra, cuando no proponen el tema o el argumento.

El aumento del número de lectores se traduce en un aumento en el número de librerías y editoriales[121] que se multiplica año tras año y que obliga a hablar de una verdadera red de distribución de libros[122], tendencia hasta ese momento impensable en nuestro país y que confirma no solo la demanda en alza del nuevo género narrativo, sino el importante peso del que disfrutaba, en dicho negocio, nuestra novela gótica.

Si repasamos los lugares y las fechas de edición de estas novelas, recordaremos que en los primeros años del reinado de Carlos IV, de relativa libertad de imprenta y cierta apertura al exterior, el mayor volumen de las mismas provenía del país francés. Esto suponía, que, al menos en un primer momento, las novedades narrativas no parecían interesar demasiado a nuestra industria editorial. Como advierte Montesinos (1973: 19) refiriéndose a la novela en general, "Debió de haber también razones comerciales para que se tradujera lo que se tradujo y no otra cosa; el comercio de librería español no emprende el negocio de las traducciones en grande escala hasta que no se siente estimulado a ello por la competencia francesa". El enriquecimiento progresivo de la industria francesa gracias a las ediciones en lengua española alertó a nuestro sector editorial. Dentro de esta red industrial destacaba, por lo que se refiere a la publicación de novelas góticas, la Imprenta de Smith emplazada en la capital francesa, y en menor medida la de Pillet,

---

120 Apunta Pedraza (1981: 15) otro aspecto que no debe olvidarse en la configuración de una verdadera industria editorial y lectora: "La imprenta española registra en el siglo XVIII una de las épocas más brillantes de su historia con un aumento de la impresión y la calidad de la misma".

121 Las librerías como negocio han sido estudiadas por François López en "El libro y su mundo" incluido en *La república de las letras en la España del siglo XVIII*, pp. 63-124, a quien se debe importantes clarificaciones sobre el comercio del libro en España y su conexión con las redes internacionales de distribución.

122 Ángel González Palencia (1934, III: 76-77), Reginald Brown (1953: 26) y Juan Ignacio Ferreras (1973: 75-80) dedican, cada uno, un apartado, en sus correspondientes estudios, al compendio y posterior análisis de las librerías y editoriales en las primeras décadas del siglo XIX. Especialmente significativo resulta el listado que ofrece González Palencia de las librerías de Madrid con un intervalo de veinticuatro años (1806-1830), que permite entender a la perfección este fenómeno: de los ocho establecimientos con que contaba la capital en 1806 se pasa nada menos que a treinta y siete en 1830.

también parisina, que mantenían estrechos contactos con las librerías madrileñas, por lo que conseguían distribuir fácilmente las obras que editaban para el público español, convirtiéndose así en la única alternativa literaria a la literatura impulsada por el régimen. De sus talleres salieron a la luz en las primeras décadas del siglo XIX novelas como *El fraile o la historia del padre Ambrosio y de la bella Antonia, Los misterios de Udolfo, Adelina o la abadía en la selva, El italiano o el confesionario de los penitentes negros* o *Luisa o la cabaña en el valle.*

Ante el estado incipiente de la industria editorial, los pioneros hispanos, miraron, como en tantas ocasiones, a la vecina Francia en busca primero de una salida económica, y clandestina las más de las veces, y, con posterioridad al reclamo, de un espejo, en el que mirarse, que ayudara a sentar las bases de lo que había de convertirse en un verdadero comercio de masas. Así lo manifiesta, de nuevo, Montesinos (1972: 23): "Con el cambio de siglo comienza la intervención de la industria francesa en el negocio editorial español; pronto hemos de ver cómo, en pocos años, va a transformar enteramente el comercio de libros, el mercado y los gustos del público". Apoyados en un organigrama fijado del otro lado de la frontera de los Pirineos, los beneficios comenzaban a ser cuantiosos, pero todavía restaba un paso más hacia adelante en la industria editorial. El impulso definitivo provendría primero de las colecciones, predecesoras de las exitosas "novelas por entregas" o "novelas de folletín"[123], un nuevo sistema de publicación de enorme trascendencia en la historia de nuestra literatura. Los libreros, para favorecer e impulsar el consumo, que no era especialmente alto a pesar de la creciente y, al menos para entonces, amplia oferta, recurrieron a suscripciones o colecciones de libros. Las colecciones con su propósito de conjunto, con su pretendida ganancia económica, que comenzaron a proliferar en las últimas décadas del siglo XVIII, influyeron en la configuración de la masa lectora, que se acogía a las mismas, las encargaba y las consumía consciente de las publicaciones que englobaba. Editores, pero también autores que supieron atisbar con acierto las ventajas y beneficios que para su negocio y progresión supondría este sistema que había sido importado[124], junto con las novelas que lo experimentaron, desde Francia y que apenas se empleaba en Inglaterra. Aunque bien es cierto que aún se encontraba en lo que podríamos denominar fase experimental, permitió a los escritores del nuevo siglo acercarse a un sector cada vez más amplio de público. Aún faltaban algunas décadas para que de la mano de la "novela de folletín" llegara el abaratamiento definitivo de los

---

123 La novela de folletín como género nació en París en la década de los cuarenta del siglo XIX. Su nacimiento se produjo cuando los dueños y los editores de la prensa escrita descubrieron que podría ser muy útil, en primer lugar, para aumentar la venta de los periódicos y, en segundo, para promocionar a los creadores; el primer paso lo dio el periódico *Le Press* en 1842 que, reduciendo el precio de suscripción, vendió espacios publicitarios y aumentó el tiraje, utilizando como gancho las obras, cuyos capítulos llegaban a los lectores en forma dosificada. La idea fue más exitosa de lo previsto, así, otros diarios parisinos —como *Le Siècle, Journal des Debats* y *Constitutionnel*— siguieron los pasos de *Le Press*.

124 La tendencia a asumir modelos y técnicas, así como géneros literarios del país vecino, era más que común. De hecho los nuevos modelos literarios, entre el que se encuentra la novela gótica, se asentaron en nuestro país gracias a las traducciones francesas.

costes de producción (Martínez Martín 2001: 66), pero la multiplicación de la oferta, y por tanto, de la demanda repercutiría de forma definitiva en el precio final de venta al público. Así pues, el nuevo negocio editorial determinará, desde este momento, tanto la demanda del nuevo género novelesco como la oferta previa de títulos, dirigida a captar suscriptores que sustenten las ediciones.

Entonces y ante este estado de cosas, ¿cómo se puede valorar la trascendencia de la novelística gótica en medio de este incipiente mercado?, ¿habría encontrado un lugar dentro de una oferta tan variada o, por el contrario, permanecería ajena a la misma? O dicho de otra manera, si los editores buscaban los beneficios económicos, ¿resulta factible que no fueran realmente conscientes del negocio que suponía la publicación de novelas góticas ya fuese a título individual o como parte integrante de alguna de sus colecciones?

La novela gótica posee una estructura que basa su éxito en el respeto a una formula fijada desde su origen y perpetuada gracias a la multiplicidad de obras que la adoptan. Castillos encantados, damas en apuros y toda una galería de atrocidades que revelan la cara más oscura del ser humano, se repiten durante décadas como parte esencial del armazón de cientos de novelas, demostrando que la recurrencia genera un público fiel que consume obras a sabiendas de los contenidos que va a encontrar. Esta fórmula favorecería el nuevo sistema de publicación, pues tanto editor como lector conocen exactamente qué están publicando y qué van a leer. Si se accedía a una de estas novelas no sería, por tanto, o al menos en la gran mayoría de las ocasiones, fruto del azar; se busca la fidelidad a un determinado gusto, a una preferencia específica. Y así fue, los editores se percataron del éxito de la fórmula gótica y comenzaron a explotarla. Los datos que ofrecen las librerías y editoriales de este período confirman en gran parte esta afirmación que disiente, de nuevo, del proceder general.

Para ayudar a comprender mejor, ahora con datos concretos, la difusión real de la ficción gótica, volvamos la vista a uno de aquellos pioneros, al más influyente de los mismos quizá, Mariano José de Cabrerizo, símbolo absoluto de la búsqueda de adecuación entre los preceptos impuestos por el régimen neoclásico y la satisfacción de los gustos del público lector. La trascendencia de la labor del editor Mariano de Cabrerizo queda patente en su interés por acercarse a las apetencias literarias de este público lector. Este interés se materializó en la creación en 1813 de uno de los primeros Gabinetes de Lectura[125] que se conocen en España, en el que se gestaría su famosa *Colección de novelas inglesas, alemanas y francesas, traducidas al castellano* (1819)[126]. Cabrerizo fue consciente desde un principio de la creciente importancia en la lectura de novelas a todos los niveles

---

125 Junto al de Cabrerizo en aquellos años Romero Tobar (1976: 109-110) cita otros que tuvieron su trascendencia entre 1817 y 1830: en Valencia el de Faulí, en Barcelona Gorche, en 1823 y diez años más tarde el de Bergnes de las Casas, siendo posteriores a estas fechas los que aparecieron en Madrid.

126 Esta primera colección obtuvo un éxito innegable. Las cifras así lo demuestran: en apenas tres años se vendieron más de 46.000 ejemplares, a lo largo de treinta y cinco pueblos y ciudades de España, que le reportaron cuantiosos beneficios.

de la sociedad y así lo demuestran sus propias palabras, que encontramos en su *Prospecto a una Colección de novelas* (1818): "El ansia de leer que generalmente se nota en todas las clases de la sociedad es una prueba evidente de los progresos que ha hecho entre nosotros la civilización del siglo y un presagio cierto de los adelantamientos que todavía deben esperarse". (González Palencia 1934: 336). Consideraba, como buen ilustrado, que estas novelas debían respetar los principios de moralidad, didactismo y buen proceder[127], al ser los jóvenes uno de los sectores que más consumían dicho género, y, por lo mismo, uno de los más vulnerables a las emociones intensas y febriles a las que las novelas solían ser propensas. Sus palabras revelan aquella profunda preocupación, tan del gusto neoclásico hispano, por la educación lectora de la juventud, especialmente de la femenina:

> Una de las mayores dificultades que presenta la instrucción de la juventud es inspirarle afición a la lectura, fundamento principal del estudio, y sin el cual, poco o nada se aprende [...] mas si a tantos naturales inconvenientes se agrega de parte de estos la violencia, o el indiscreto empeño de sujetarlos a estudios graves y poco amenos, es preciso que los jóvenes contraigan una aversión a toda especie de libros, que utilizando sus disposiciones los condena a eterna ignorancia. Así, pensando distraerse, solamente, con la narración de un hecho entretenido, hallan los jóvenes en las buenas novelas verdades importantes, bajo el velo de una ingeniosa alegoría; aprenden sin sentir la ciencia del mundo en la pintura de las pasiones, de los vicios y de las virtudes. (Cito de Espinós Quero 2005: 32).

Su manifiesta preocupación por la vertiente más moralizante y pedagógica de la novelística contrasta con ese constante afán editor que busca el beneficio más alto sustentado en las verdaderas preferencias lectoras. Por este motivo y tras razonar sobre la capacidad instructiva del género, no duda en incluir dentro de los cuatro tipos de novela que distingue en este *Prospecto,* la de pasión (publicó en 1820, debemos señalar, de Goethe, *Verter o las pasiones*) junto a la de hechos, de carácter y de crítica.

Asimismo, comprendió que las novedades editoriales estaban al otro lado de nuestras fronteras y la renovación literaria debía comenzar, sin duda, por la asimilación de esta literatura foránea; por ello, en aquella primera colección de novelas inglesas, alemanas y francesas encontramos una novela de Ann Radcliffe y de Arlincourt[128], a semejanza de otras tantas colecciones que vieron la luz en aquellos años y en la que se pueden rastrear fragmentos u obras completas de autores góticos como el mencionado conde de Arlincourt, pero también Regina Maria Roche, o el propio Lewis[129].

---

127 A semejantes principios se refiere concretamente en el prólogo a otra de sus colecciones, la *Biblioteca Universal:* "Procuraremos reunir solo aquellas composiciones que, al mismo tiempo que entretengan y diviertan, instruyan y aprovechen, enseñando las reglas del buen gusto, inspirando los más sanos principios de la moral, de vencimiento y triunfo de pasiones dañosas, de grandes y sublimes acciones útiles a nuestros semejantes".

128 Esta tendencia del editor Cabrerizo la apunta, del mimo modo, Montesinos (1987: 49): "Los editores valencianos, sobre todo, comienzan a difundir novelitas lacrimosas, conmovedoras o terroríficas; Cabrerizo el primero; al dar comienzo en 1818 a su famosa colección de novelas, contribuye poderosamente a popularizar el género".

129 Algunas de las colecciones que gozaron de más éxito en aquellos años fueron, además de la de Cabrerizo, la Bibliote-

Pese a sus firmes creencias ideológicas, como buen editor y consciente de las nuevas posibilidades que se abrían a esta ocupación como negocio, emplea, a modo de principio selectivo de las novelas, más allá de la premisa de "instruir deleitando" las preferencias del público medio[130] que se mueven, como él mismo reconoce, entre la predilección por "los cuadros sublimes de D'Arlincourt y las interesantes escenas domésticas del dulce y delicado Lafontaine, Goethe y madame Guénard"; por ello, les ofrecerá, siguiendo la estela del renovado gusto inglés, junto a la hermosa Italia o la Grecia moderna, "el gran pavor que inspiran las terribles apariciones de la familia Vieland y del castillo de Mazzini" (Cito a Cabrerizo en Almela y Vives 1949: 241).

Cabrerizo ya conocía esta tendencia gótica que llegaba desde Inglaterra a través de las traducciones por la publicación en 1819 de *Julia o Los subterráneos del castillo de Mazzini*, una de las novelas góticas de Ann Radcliffe, autora que se consideraba moralmente inaceptable, pero percatándose del éxito rotundo, la reedita una vez más como parte integrante de su segunda *Colección* que se inicia en 1829 y finaliza en 1841. Es importante destacar, de nuevo, que no hablamos de una novela aislada, sino de una verdadera tendencia pues, junto con esta, publicó otra de las más importantes novelas góticas, por lo que a éxito se refiere, en este caso francesa: *El solitario del monte salvaje*[131], del Vizconde D'Arlincourt en 1830, u otra menor, también gótica, *La familia de Vieland o los prodigios* de Pigault-Maubaillarcq (Correoso Rodenas, 2019), que disfrutó de una enorme aceptación como se puede apreciar a través de las sucesivas ediciones (1826 y 1830, aunque la había editado en primera instancia en 1818) y por las propias palabras de Cabrerizo en la advertencia a la edición de 1826: "Así han desaparecido prontamente todo los ejemplares de la primera edición, y me ha sido preciso acelerar la segunda, que ha revisado el traductor" (Cabrerizo 1826: VII); sin olvidar tampoco la novela de Madame de Genlis, *Alfonso o el hijo natural* (1832) novela gótica a la manera de las escritas por Radcliffe[132]. Del mismo modo, publicó otras dos novelas, en este caso españolas[133]: *El hombre invisible o las ruinas de Munsterhall. Novela histórica original de los tiempos*

---

ca británica o colección extractada de obras inglesas, de los periódicos, de las memorias y transacciones de las sociedades y Academias ... comprendiendo principalmente la historia, la geografía, las novelas y ficciones agradables ..., Las Noches de Invierno o Biblioteca escogida de novelas, cuentos, chistes y agudezas.

130 Así lo manifiesta Francisco Almela y Vives (1949: 194): "es de suponer que don Mariano Cabrerizo, aunque incluyera obras obedeciendo exclusivamente a iniciativa propia, más bien las incluiría procurando dar satisfacción a las apetencias de los suscriptores".

131 Francisco Almela y Vives (1949: 244-246) recoge en su estudio la predilección que sentía Cabrerizo por el escritor francés, al que le avalaba un rotundo éxito, del que da cuenta en el prólogo del editor a la misma obra: "En Francia se habían hecho nueve ediciones en un año. La obra había sido traducida al inglés, al alemán, al italiano, al holandés y al ruso, logrando en todas partes el mismo éxito que en París. Sobre su argumento se habían compuesto catorce obras dramáticas, tres de las cuales se habían representado con éxito muy feliz en teatros parisienses".

132 Para un análisis de esta novela en su edición original francesa y sus vínculos con el género gótico véase el capítulo del ensayo de Alice M. Killen "La première empreinte du genre «noir» en France" en *Le Roman Terrifiant*.

133 Este autor publicó también otra novela *La Amnistia Cristina, o El solitario del Pirineo* (1832), aunque oportunista y con un más que evidente aprovechamiento de la realidad política incluye, igual que el resto de sus producciones, abundantes ingredientes góticos que no deben de ser olvidados.

de las Cruzadas (1833) y en 1834 *La urna sangrienta o el panteón de Scianella* del esco-lapio Pascual Pérez y Rodríguez[134], catalogadas ambas como novelas históricas, pero de un marcado gusto gótico más allá de lo que se pueda apreciar a simple vista en el título de la misma. Igualmente, otra obra de resonancia que merece destacarse dentro de la mencionada colección, por responder a la estética de lo sublime, sería *Noches Lúgubres* de Cadalso. De las 52 obras que componen la colección 7 corresponderían entonces a este movimiento o remiten al mismo de manera evidente, sin olvidar otras tantas que presentan abundantes reminiscencias[135], lo que nos permite confirmar ya no solo la vi-gencia de una corriente que atraía al público y reportaba beneficios sino también con-tradecir opiniones como la de Iris Zavala (1971:24) que hacen depender directamente el gusto por la literatura macabra y sepulcral de la influencia determinante de Walter Scott[136]. Aunque fue un autor absolutamente determinante para el desarrollo de nuestra literatura romántica y según se desprende de sus palabras se definía a sí mismo como un gran admirador de la novelística gótica, esta se conoció y cultivo con anterioridad al "reinado" de Walter Scott[137]; de hecho, resulta más que interesante comprobar cómo en dicha colección de Cabrerizo no figura ninguna de sus obras. Esa preferencia por lo macabro es deudora de la propia idiosincrasia de nuestro país y de la ficción gótica, más allá de lo que por la divulgación de la misma hubieran llevado a cabo, años más tarde, las narraciones de Walter Scott.

Junto a Cabrerizo otros editores que el tiempo arrinconó o que no supieron dar la suficiente transcendencia a su valiosa labor supieron como aquel de los encantos de la ficción gótica y se lanzaron, armados de valor, a la tarea de su publicación. Hablo en concreto de la imprenta de Saurí, de la de Enrique Villalpando o de la Repullés.

---

134 Pascual Pérez y Rodríguez, pertenece a una generación de escritores jóvenes que se formaron en la tertulia del pro-pio Mariano de Cabrerizo a la luz de las lecturas góticas que este había traído de su etapa de huida a París y que había intentado trasladar a su *Colección de novelas*. Junto a Pascual Pérez encontramos a Vicente Boix, Estanislao Vayo o Antonio Aparisi que formaban un grupo compacto de tendencias afines que demuestra una vez más el atractivo de este tipo de literatura por una nueva juventud de lectores, pero también de escritores. En concreto, destacamos a este último. García de Vera dice hablando de Antonio Aparisi: "Entre los papeles de la heredad de Teulada, existe una novela sin título, puesta en limpio y, según se deduce de la primera hoja, destinada a imprimirse. Sí es de Aparisi, por su estilo candoroso y sus cavernas, castillos y caballeros, la juzgo escrita a los quince o dieciséis años (1830): huele a estudiante de filosofía que trasciende. Ana Radcliffe y Arlincourt debieron ser los modelos como eran las delicias de todos nosotros en aquella feliz edad" (Recogido de *Apuntes para escribir la vida de D. Antonio Aparisi y Guijarro*, 30: 1898).

135 Este es el caso de *La extranjera o la mujer misteriosa, Las ruinas de Santa Engracia o el sitio de Zaragoza, El amor, la muerte o la hechicera* o *Un sueño o las tumbas*.

136 No comparto la opinión de Iris Zavala (1971: 24) al respecto: "La influencia más duradera de este primer Roman-ticismo fue Walter Scott. Su estilo, su forma y su contenido, tal como se entendía entonces, satisfacía el gusto de los lectores hispánicos. Su evocación del pasado, el color local, el pintoresquismo, las aventuras trágicas gustaban a esta nueva sociedad ansiosa de experiencias fuertes y con un regusto de lo desconocido. Las novelas de Scott están llenas de elementos misteriosos, conspiraciones, brujas, amores caballerescos, ideales puros".

137 Antoni Espinós Quero, fija y cataloga en su trabajo "La colección de novelas del editor Cabrerizo (II)" las obras concretas que formaban parte de la colección.

En definitiva, los intereses económicos por la pujanza de este tipo de literatura en nuestro país vecino irradiador de tendencias y que empezaba a despertar curiosidad dentro de las fronteras hispanas triunfaron, aún a pesar del respeto a los principios ilustrados, confirmando que la novela gótica, en ningún caso, permaneció ajena al fenómeno de la industria editorial en España; la moralidad defendida por los neoclásicos quedó salvaguardada gracias a la intervención, también en este caso, de los editores que se arriesgaron con la publicación de la nueva novela aunque escondiéndola tras el velo de la virtud y la fe en el dogma católico, y así *La familia de Vieland*, como *Julia o el castillo de Mazzini* o *El solitario del monte salvaje,* por encima de su componente subversivo y supersticioso, se emplearon a modo de instrumento para "enseñar a los hombres que sin la luz del Evangelio, y sin el freno de la Religión, no pueden hacerlos felices la naturaleza y la sociedad, ni serán solidariamente virtuosos con los talentos y toda la humana sabiduría" (Cabrerizo 1826: VI).

De esta manera, mientras la novela gótica, como parte importante del negocio editorial, contribuyó a la expansión de la literatura en su objetivo último de alcanzar la categoría de negocio de masas, aquella debió pagar, por otro lado y según era esperable, un alto precio: la pérdida del carácter transgresor en favor de la tarea edificante; no obstante, el verdadero gusto, el subyacente al tamiz moral, continuaba extendiéndose y satisfaciendo la sed de lecturas del nuevo público.

2.5. La recreación en la oscuridad: la consolidación del gusto por lo macabro

La existencia de un lectorado consumidor de novelas góticas, así como de una industria que aseguraba la demanda de las mismas, permite confirmar que el público exigía ya los nuevos movimientos que irrumpían desde la clandestinidad o en pequeñas dosis permitidas y que se oponían al viejo modelo establecido, el cual había empezado a ofrecer síntomas de agotamiento y pronto, de hecho, daría sus últimos pasos. Es decir, parece evidente que el público burgués comenzaba, ayudado por las tendencias que llegaban desde Europa, a perfilar sus verdaderos gustos, diametralmente opuestos a los sugeridos e incentivados por el régimen imperante a través de las diferentes lecturas. Los neoclásicos ponían su empeño en favorecer un gusto que, nacido al regazo de la entonces Ilustración "insuficiente", era entendido aún, en aquellos años del período de entresiglos, frente a la variedad en la oferta que se puede apreciar en el resto de Europa, como una práctica para modular el carácter, una disposición del espíritu capaz de distinguir con certeza lo verdadero de lo falso, lo bueno de lo malo, lo edificante y ejemplar de lo depravado y corrupto; es decir, el considerado buen gusto estaba a expensas de la idea de moralidad que regía en el momento, entendiéndose esta como una moral secularizada, basada en las conocidas ideas de verdad y virtud.

Sin embargo, ¿hasta qué punto se corresponde este ideal con la práctica de la sociedad de finales del siglo XVIII y principios del XIX?, ¿qué línea seguían las preferencias reales del español medio? y, si este se encontraba preparado para asumir las nuevas modas literarias, ¿cómo transformar definitivamente, en medio de aquel contexto, el gusto, cómo adaptarlo al público español, cómo asimilarlo a la nueva tendencia de lo terrorífico?; es decir, "¿en qué modo se produce ese cambio de luz, ese crepúsculo?" (Zavala 1988: 136), o planteado de otra manera, ¿es posible rastrear los restos del *gothic tale* inglés de finales del siglo XVIII en los gustos de nuestro público?

Resulta indudable, por otro lado, que en un período de tiempo de cincuenta años, los gustos debieron ir cambiando y adaptándose de manera paulatina, y en la medida de lo posible, a los nuevos modos que venían desde fuera o que comenzaban a forjarse en nuestro país. Sin embargo, a medidos e incluso finales del siglo XVIII las preferencias del público hispano se inclinaban aún, lejos de la pretendida literatura de naturaleza ilustrada favorecida por el régimen y lejos incluso de las nuevas modas europeas, hacía la literatura religiosa y devocional[138]. A pesar del esfuerzo de algunos ilustrados dispersos por todo el país y de la pujanza del nuevo gusto por lo lúgubre, la gran masa social, a la altura de 1790, "Seguía siendo más accesible a la predicación de fray Diego de Cádiz que a las novedades ideológicas" (Domínguez Ortiz 1976: 494). Alonso Seoane (1997: 64) lo ratifica al rastrear en los anuncios que aparecen en la *Gaceta de Madrid* o en el *Diario de Madrid;* comprueba cómo la producción novelesca que aparece anunciada en aquellos años está constituida en su mayoría por las reediciones de las pocas novelas que se publicaron en la primera mitad del siglo XVIII: *Fray Gerundio de Campazas, Vida y Ascendencia de Don Diego Torres de Villarroel, Gil Blas* o *El Quijote*, del que aparecen un sinfín de reediciones, adaptaciones y continuaciones.

El paso del tiempo y las transformaciones sociales y culturales comenzaron a modificar de manera gradual las predilecciones literarias del público español, decantándose el mismo, en esta ocasión, por la literatura de raigambre sentimental, fantástica y lúgubre, con lo que se alejaba cada vez más de aquel "buen gusto" primero y deseado por los preceptistas neoclásicos: "Las obras grandes las leen muy pocos; el vulgo solo gusta de papeles ligeros que se entretengan con la novedad y no los fastidien con largos razonamientos", expondrá contundentemente a la altura de 1792 Juan Sempere y Guarinos en su *Ensayo de una biblioteca de los mejores escritores del reinado de Carlos* ... (Álvarez Barrientos 2005: 303), demostrando que las preferencias de los neoclásicos españoles distaban bastante de las preferencias reales del público medio, que comenzaba a tomar caminos diferentes y hasta opuestos, de acuerdo con la nómina de obras demandadas y consumidas.

Sin embargo, este salto no fue arbitrario ni tan siquiera abrupto (Lara Alberola 2010; 2017; 2022) , dado que a definir e inclinar el gusto hacia la vertiente más oscura

---

138 Marcelin Defourneaux (1973: 192) afirma tajantemente que la "literatura novelesca a finales del siglo XVIII no parece haber tenido en España más que un número relativamente reducido de lectores frente a la literatura religiosa que seguía contando en nuestro país con un amplio y fiel público, así lo muestran las listas de libros redactadas por los libreros, así como los catálogos de bibliotecas privadas".

y lúgubre de la literatura había contribuido aquella ya añeja creencia en toda clase de supersticiones y fenómenos extraordinarios, así como también la recurrente inclinación de nuestras letras a recrearse en el componente macabro, que hundía sus raíces en la narrativa y teatro del siglo XVII, una literatura que habría de influir definitivamente en la configuración de nuestra novela gótica. La predilección del español medio por la literatura macabra permitiría a aquellos lectores decimonónicos, más allá de rechazar la corriente por ordinaria y conocida, aceptarla y consumirla al identificarse con la tendencia, al mismo tiempo que sentirse atraído por la novedad que planteaban aquellos temas. Las historias de fantasmas que llegaban desde Francia encontraron en nuestro país un territorio allanado que aseguró su éxito, a pesar de los inconvenientes y los esforzados intentos de los ilustrados por impedir su difusión. Habría gozado entonces de una relativa aceptación en la época a tenor de las críticas, las reseñas a obras que se colaron entre las páginas de periódicos afines al régimen e, incluso, de las referencias de los propios autores y traductores que en sus prólogos dejaron referido el éxito que avalaba la publicación o las sucesivas reediciones de las novelas.

A medida que avanzamos en los años del reinado de Fernando VII, con la apertura al exterior y la relativa libertad de comercio e imprenta, los periódicos[139] comienzan a recoger un mayor volumen de referencias a estas obras que contrasta con las observadas en los últimos años del siglo XVIII. Este hecho confirma que no es preciso rozar los años treinta para encontrar referencias a la ficción gótica que acrediten su aceptación entre los lectores. De hecho, si repasamos de nuevo el compendio que realiza Alonso Seoane (1997), se comprobará que, en este período (1808-1819), la aceptación debió de ser más que considerable. Así, junto con las referencias a las nuevas ediciones de Villarroel, el *Quijote* o el *Fray Gerundio*, encontramos anuncios de hasta cuatro novelas góticas extranjeras y dos españolas que merecen reseñarse si se tiene en cuenta que la explosión definitiva llegaría una década más tarde[140].

Serían en concreto las siguientes durante el período de la Guerra de Independencia: *El castillo negro o los trabajos de la joven Ofelia* (*Diario de Madrid*, 9 y 6 de mayo de 1808), *El Cementerio de la Magdalena*[141] (*Diario de Madrid*, 17 de marzo de 1813 y *Gaceta de Madrid*, 27 de mayo de 1817), *El subterráneo a las dos hermanas* (*Diario de*

---

139 No solo los anuncios revelan este creciente nuevo gusto; además, añade Mª Monserrat Trancón (1991: 149), que: "Los artículos sobre fenómenos y sucesos extraordinarios, tradiciones y leyendas del pasado, ciencias ocultas y esoterismo abundan en nuestra prensa del siglo XIX. La abundancia atestigua el interés existente por el mundo irracional y misterioso".

140 Aunque se debe señalar, igualmente, que encuentro abundantes referencias a la *Biblioteca Británica* que, como he apuntado, recogía fragmentos de algunas novelas góticas de este país de origen, en concreto *Los niños de la Abadía* de Regina Maria Roche.

141 Aparece anunciada en la *Gaceta de Madrid* (27-5-1817) de la siguiente manera: "*El Cementerio de la Magdalena*, por Regnault-Warin: obra traducida al idioma español: tercera edición en cuatro tomos […] Sale también corregida de cuanto pudiese vulnerar el honor de algunas potencias de Europa, y en ocasión aún remota de que se propagasen las equivocadas ideas de democracia, dominantes en Francia a tiempo que escribió el autor, y de todo cuanto puede fomentar la insubordinación a las potestades legítimas".

Madrid, 28 de mayo, 23 de junio y 3 de septiembre de 1817 y *Gaceta de Madrid,* 19 de mayo, 16 de agosto de 1817 y 6 de junio de 1818)[142], *La familia de Vieland* (*Gaceta de Madrid,* 30 de enero de 1819); *Cornelia Bororquia*[143] (*Gaceta de Ma*drid, 4 de mayo de 1812 y *Diario de Madrid,* 11 de mayo de 1812) y *El Valdemaro*[144] (*Diario de Madrid,* 5 de enero de 1809 y 7 de diciembre de 1816 y *Gaceta de Madrid,* 20 de febrero de 1817). Durante esos años, entonces, las referencias que aparecen en los diarios dejan constancia del creciente interés por lo gótico; el número de referencias a traducciones halladas son abundantes y explícitas sobre el contenido y el juicio de la obra, por lo que se deduce que los lectores identificarían perfectamente el libro que pretendían adquirir.

Montesinos (1966) ve en la creciente proliferación de traducciones extranjeras, "sean estas buenas, malas o pésimas así como paupérrimas imitaciones", en el primer tercio del siglo XIX, una contribución determinante a la difusión de la narrativa gótica en nuestro país. Fueron estas sobre todo las que habrían modificado el gusto del público, favoreciendo la literatura de escapismo frente a esta anterior, la exclusivamente religiosa o moralista que imperaba hasta entonces y aún continuaría influyendo en las preferencias artísticas de los españoles, aunque con menor fuerza a medida que avanzaban los años.

El éxito de estas novelas no solo puede apreciarse a través de los diversos anuncios que aparecieron en algunos de los periódicos más importantes de aquella época sino en las propias palabras de los traductores o editores. Así, el editor de *El subterráneo o las dos hermanas Matilde y Leonor* (1817: V) no duda en comenzar su declaración aludiendo a la acogida favorable de la obra:

> Entre el prodigioso número de novelas que en estos últimos tiempos se han presentado al público en diversos países de Europa, pocas se encontrarán, oh amado lector, que llenen el objeto a que se dirige este género de escritos como *El Subterráneo, o Matilde,* que nuevamente te presento. El acogimiento favorable y aún extraordinario que obtuvo en su primera edición, me hubiera sorprendido, si reflexionando sobre sus cualidades no hubiera llegado a convencerme que era un efecto necesario de su mérito singular.

Junto al éxito de las novelas se reconoce la celebridad de sus autores, que suponemos de relevancia, si atendemos a las palabras de los propios traductores. Tiempo después del elogio a *El subterráneo* aparece en español la obra *El castillo de Nebelstein*

---

142 De hecho, los diferentes anuncios hacen referencia al enorme éxito que había alcanzado dicha obra: "Habiendo tenido tanta aceptación la primera edición en castellano de la novela inglesa titulada *El Subterráneo, o las dos hermanas Matilde y Leonor,* se está haciendo una segunda corregida en tres tomos en 12.º de buen papel y letra, y con viñetas al frente de cada tomo y se abre suscripción a ella".

143 Obra cuya publicación suponía indudablemente un atrevimiento por haber sido prohibida por la censura y así se indica en el propio anuncio.

144 En *la Gaceta de Madrid* (2-2-1817) en concreto se anuncia de la siguiente manera: "*El Valdemaro* por P. Fr. Vicente Martínez Colomer. En esta novela, bien conocida por su sencillez, y por su plan, no menos que por lo castizo y puro del lenguaje, se propone su autor manifestar que la providencia de Dios asiste en todos los acontecimientos de la vida humana, y que el hombre, lejos de resistir a sus disposiciones, debe dejarse gobernar por ellas".

(1802), apócrifa de Ann Radcliffe. De la gran dama del gótico se nos comenta que: "El poder hoy traducir una obra digna de la pluma de la más célebre autora de *Los misterios de Udolfo* [...] de donde lo traducimos hoy sin hablar nada del mérito, porque creemos que el solo nombre de su autora es la mejor recomendación" (1802: 5-6). Unos diez años más tarde, en 1818, lejos aún del auténtico apogeo del movimiento gótico que habría de coincidir con el final del reinado de Fernando VII, la novela Óscar y Amanda *o los descendientes de la abadía*, se presenta avalada por el éxito de su creadora, reconocido por todo el público, lo que vendría a demostrar, del mismo modo, que no habría sido únicamente Radcliffe quien hubiera triunfado entre el lectorado hispano, también otras narradoras de línea similar, de la tendencia racional, como es el caso de Roche, confirmando la existencia de una auténtica tendencia gótica, más allá de la celebridad de una autora determinada. El traductor de la novela celebra a Roche en su prefacio por el contundente aplauso recibido por parte del lector:

> La que presento al público escrita en inglés por Miss Regina-María Roche tiene sin disputa todas las cualidades y circunstancias que la caracterizan por una de las mejores en su clase [...] Todas las perfecciones que en esta obra deben aumentar la fama inmortal que la Escritora se ha adquirido ya por otras producciones literarias.

Parece evidente que aún en un período tan temprano, el gusto por lo gótico, aunque en menor medida que en décadas posteriores, comenzaba a arraigar entre los lectores hispanos, constatando no ya solo que las preferencias de estos caminaban por otros derroteros completamente diferentes a los defendidos e impulsados por nuestras mentes ilustradas, sino que las modas europeas resultaban especialmente atractivas y que nuestro público no habría permanecido al margen de las mismas como viene sosteniéndose, sin duda faltos de argumento.

Ya en la década de los 30 y tras un período de cierto hermetismo, se aprecia, gracias a la relativa apertura al exterior que adelantaba el final del Antiguo Régimen, una mayor predisposición por parte de los lectores al consumo del modo gótico. La abundancia de traducciones y adaptaciones así lo ratifican y en concreto, según analizaré, las de Miss Radcliffe que había logrado alcanzar la categoría de mito. Las novelas de Radcliffe contribuyeron al estímulo de la nueva sensibilidad que vino a sumarse al espíritu de cambio que comenzaba a abrirse camino. Caro Baroja (1971: 8-9) refiere cómo *Los misterios de Udolfo,* de manera similar al resto de su producción novelística, "Consiguió el mayor éxito editorial de un libro profano hasta el momento". Todas las familias donde hubiera lectores contaron con la obra en sus bibliotecas porque no solo fue popular en Inglaterra. Se tradujo muy pronto al español y al francés. Todos los europeos cultos la leían lo cual facilitó su difusión. Volvamos a los prólogos de las traducciones al español de aquellos años para comprobarlo.

La adaptación de *The Romance of the Forest* (1791), *Adelina o la abadía en la selva* (1830), se presenta al lector como una novela más de "Ana de Radcliff autora de *Julia y los Subterráneos del Castillo de Mazini".* El traductor, D. Santiago de Alvarado y de la Peña, presenta el relato como uno de los más célebres en su género y que sabrá estar, por tanto, a la altura de las expectativas lectoras:

> Ofrezco al público una novela o más bien una Historia verdadera de las mas célebres y singulares que se han escrito hasta ahora por su argumento, y de las que más pueden interesar a los lectores, teniendo siempre en suspenso su imaginación esperando un prodigioso desenlace, y presentando a cada página un nuevo suceso extraordinario que no puede adivinar en lo que vendrá a parar [...]
>
> En fin, seria largo y fastidioso querer manifestar aquí el mérito de esta obra: el nombre solo de la autora sería bastante para darlo a conocer, y yo me abstengo de ser más prolijo en este prólogo. Mis lectores sabrán mucho más bien que yo conocer el mérito de la Novela que se les presenta; y así a su voto me remito. (1830: 6-10).

Por las palabras del autor de *La torre gótica o el Espectro de Limberg*, una de las novelas originales españolas que siguen esta línea, se corrobora el éxito que cosechaba entre los lectores Ann Radcliffe y que le habría animado, por otra parte, a lanzarse, a la altura de 1831, a escribir un relato que se adecuara a este gusto general del público: "La célebre Ann Radcliffe ha logrado, según el parecer de inteligentes, unir en alto grado el arte de suspender agradablemente, o interesar la curiosidad del lector" (1831: XIII).

Los periódicos de la época resultan igualmente un documento valiosísimo para certificar la consolidación del nuevo gusto. Encontramos una referencia a la obra de Radcliffe en el *Diario de Barcelona* en 1830, informando sobre la traducción de una nueva obra de la dama del gótico, Radcliffe, y recomendando su adquisición, en concreto *The Romance of the forest* (1872), bajo el título, ya señalado, de *Adelina o la Abadía de la Selva*. En el mismo año (1830), el *Diario de la Ciudad de Valencia*, y en fecha 14 de octubre, menciona igualmente a la autora y hace referencia al éxito que ampara a sus obras. Asimismo, se adelanta la publicación de otra novela suya, *La caverna de la muerte*, también de orientación gótica, traducida del inglés, aunque no se menciona ni el autor ni el traductor de la misma.

> *El sepulcro*, novela escrita en inglés por Ana Radcliffe. El aprecio que tan justamente disfruta esta autora entre los literatos de Europa, por la elegancia y el buen gusto de sus escritos, es demasiado conocido para exagerarlo; consta esta obrita de dos tomos en 16º con dos láminas: su precio 16 rs. Vn. Se hallará en la librería de Cabrerizo.

Sin embargo, debemos afirmar que la consolidación del gusto por lo gótico no se reduce a las novelas de Radcliffe, ni tan siquiera a las de las inocentes Clara Reeve, Sophia Lee o Regina Maria Roche.

Las referencias que encontramos en la prensa de aquellos años, trascendiendo los límites de lo prohibido y confirmando la realidad del consumo de dicho género, alcanzan al "inmoral" M. G. Lewis, que no se tradujo a nuestro idioma, como apunté, hasta los años 20 y en Francia. Allison Peers (1926: 445), reconoce esta tendencia: "In the early years of the nineteenth century the growing taste for the sensational in fiction, which was largely satisfied from French sources, led to the temporary popularity of two English writers who had provided that class of literature with success: Ann Radcliffe and Monk Lewis"[145]. Señala el mismo Peers, aún a pesar de la tardía traducción al español de la obra cumbre de Lewis y del estigma de escritor maldito que le acompañaba ya desde su Inglaterra natal, una referencia de Mora en la *Crónica Científica y literaria de Madrid* en 1818 (nº. 152) y en concreto a su fallecimiento:

> La literatura romántica inglesa acaba de perder a uno de sus más firmes apoyos en la persona de Monsieur Lewis, autor de una novela intitulada *El Monje*, llena de inmoralidad y extravagancias. Hallándose estudiando en una universidad de Alemania, se aficionó demasiado a las pinturas sombrías y terribles. Ha compuesto también una comedia intitulada *El Espectro*, llena de todos los primores de la secta.

El apelativo con el que el crítico Mora se refiere al escritor inglés puede dar una idea de la consideración que hacia este existía en el mundo de las letras europeas, a pesar de la "inmoralidad" y las "extravagancias" que aparecían en su obra y del aplauso mayoritario de aquella clase media de "dudoso gusto literario". Es cierto, que *El Monje* de Lewis se conoció en nuestra lengua, al menos tardíamente, sin embargo, su popularidad y la aceptación de su literatura de vertiente irracional y terrorífica puede corroborarse si se recuerda el éxito que acompañó a la representación, en nuestro país, de la tragedia de Manuel José Quintana (1772-1857), *El duque de Viseo,* que se publicó por primera vez en Madrid (Benito García), en los albores del siglo XIX, en concreto en la temprana fecha de 1801. En realidad, y según han demostrado los estudiosos, entre los que se sitúa Luis Alberto de Cuenca (1994), toma su argumento de M. G. Lewis y su *The Castle Spectre*[146], tratándose de una adaptación en la línea que vengo defendiendo para la novela, aunque, en este caso, para el género dramático. Sorprende, es cierto, la fecha de su estreno; tan solo cuatro años después de su publicación en inglés en 1797, lo que vendría a confirmar, una vez más y ahora bajo la forma de una tragedia de horror, que el gusto por el terror existía y que los autores hispanos, aprovechándose de esta circunstancia, de esta moda, habrían tratado de obtener, ya fuera novela o pieza teatral, el mayor beneficio posible. Quintana entonces se habría lanzado a la aventura de llevar a escena una obra dramática buscando el reconocimiento, no ya de la crítica especializada[147], abrumada

---

145 Se equivoca, sin embargo, al sostener tajantemente que no encontramos referencias a Ann Radcliffe en fechas anteriores a 1820.

146 Manuel José Quintana compuso *El Duque de Viseo,* una adaptación libre de *The Castle Spectre* (1797) del inglés G. Lewis. Un detallado y minucioso cotejo de ambas versiones podemos encontrarlo en *Quintana y el nacimiento del liberalismo* de Dérozier (1968).

147 Señala Dérozier (1968: 76) que "Fue acogido con una reseña bastante severa al estrenarse en 1801". En la crónica del *Memorial Literario* encontramos la siguiente afirmación "Es sensible que el autor español, que demuestra tener conocimiento del arte, no haya buscado un asunto original o, por mejor decir, propio de la verdadera tragedia. El buen *Duque de Viseo,* o sea *El espectro del castillo,* pues todo viene a ser lo mismo, no es más que un tejido de atrocidades, un cuento inverosímil, cargado de incidentes y situaciones forzadas; en fin, uno de los monstruosos dramas,

por la espantosidad de las escenas —no duda en afirmar que la sublimidad del sentimiento trágico del terror se anulaba al confundirse con "lo horroroso" —, sino, y lo que era más importante, del gran público, "un público que consumía las obras más allá de toda creencia por el simple placer del terror, por la búsqueda del deleite más sublime" (Cuenca 1994: 42).

Junto a esta tragedia de Lewis, comenzó a proliferar, en aquellos años finales del reinado de Fernando VII, un tipo de espectáculo teatral de procedencia extranjera y que respondía a la misma estética del terror, conocido como fantasmagorías[148]. Hace referencia a dicho género por la enorme expectación que provocó y que no contribuye sino a redundar en el éxito real del modo gótico en nuestro país. Supuso un paso más, pero dentro de la misma estética y adecuándose a las preferencias del público. La fantasmagoría se nutrió de elementos de la novela gótica, y sobre todo, de aquella novela gótica irracional que patrocinaba el propio Lewis: "fantasmas, apariciones, cadáveres desmembrados y otros elementos macabros, así como toda la parafernalia de truenos, rayos y demás efectos de luz y sonidos destinados a impresionar al espectador" (Roas 2006: 55). La buena acogida que encontró este espectáculo entre el público lo demuestran, una vez más, las referencias al mismo que encontramos en la prensa y que, como cabría esperar, son en realidad una condena a la proliferación de este tipo de gusto que se oponía al fomentado por las altas esferas neoclásicas. El artículo "La fantasmagoría", publicado en el *Seminario Pintoresco Español* (num. 41 del 8 de enero de 1837), expone y disecciona esta predisposición:

> La fantasmagoría, ofreciéndonos sus espectros y fantasmas, no como apariciones sobrenaturales ni debida a un pacto diabólico u otra especie de sortilegio, sino como un entretenimiento de física experimental producido por medio de ciertos efectos de la luz sometidos a las leyes de la óptica no puede por menos de haber contribuido muchísimo a la destrucción de las creencias supersticiosas[149].

forjados solo para horrorizar a los espectadores, y por desgracia demasiado a la moda en ciertos teatros extranjeros". *El Duque de Viseo, Memorial Literario*, 1801, época 2ª, Año I, T. I, octubre, núm. V, pp. 165-166.
Leandro Fernández de Moratín (1988: 160), desde una concepción opuesta, hace extensible su crítica a todo aquel tipo de comedias, "comediones lúgubres" de aires extranjeros que tanto fascinaban al público español de aquellos años: "llenos de disertaciones fastidiosas, furores, venganzas, pasiones exageradas, caracteres fantásticos, enredo inverosímil, puñales, pistolas, venenos, subterráneos".

148 Las fantasmagorías han sido estudiadas con detenimiento por Max Milner (1982) y por Claude Ferment, en su relación con la obra de nuestro pintor Francisco de Goya, "Goya et la fantasmagorie" (1957).

149 Las fantasmagorías, en realidad, como el resto de manifestaciones de la cara más oscura de la humanidad, fueron sometidas en nuestro país al filtro de la moralidad. Los ilustrados, incapaces de desterrarlas por el enorme éxito que habían alcanzado entre el público, trataban de difuminar las ideas perversas que pudieran penetrar en nuestra literatura y a través de ella, gracias a la tan socorrida lección moralizante cuyo efecto no era sino disuadir las supersticiones que aún eran, a la altura de las primeras décadas del siglo XIX, motivo de preocupación. Evidentemente, la pretendida intención de la crítica no habría logrado los frutos deseados; la condena de lo sobrenatural y lo tétrico, a través de su exposición directa al público, no sabemos si consiguió desterrar entre la población todo tipo de creencias extraordinarias, pero sí se puede demostrar que contribuyó a la difusión de esta nueva estética, que pone de manifiesto la nueva tendencia opuesta a la literatura realista y canónica, el gusto del público hispano. Luis Miguel Fernández (2006: 217) manifiesta esta misma idea: "la Fantasmagoría se movió siempre en el ámbito de esta apa-

Si Lewis, frente a lo que pudiera parecer, fue en realidad conocido, consumido y, desde luego, admirado por una parte de nuestro público, lo mismo habría sucedido con el propio creador del género Horace Walpole. Su *Castillo de Otranto*, no fue traducido en aquellos tiempos al español; su marcado componente irracional pudo ser uno de los motivos que le negaran la entrada en nuestro país. Sin embargo, de nuevo a través de la prensa, se pueden recuperar referencias a su obra. *El Correo de las Damas* (1833), a modo de ejemplo, muestra la creciente importancia en el mundo literario hispano de las "English stories" ("El Maniquí", "El Castillo de Dunstan" y "Escena lúgubre") y varias son las referencias al *Castillo de Otranto*[150] entre sus páginas, a pesar de que la traducción de la novela aún no se conocía en nuestro país, lo que supone, por otra parte, la distribución de la obra en la lengua original o en la versión francesa, algo posterior, su éxito e, incluso, a tenor de las referencias encontradas, su asimilación al acerbo popular a nivel de mito. En concreto me refiero al nº 12. (2 de octubre de 1833: 107-109) en el que al narrar una historia de fantasmas, "El maniquí", el autor comenta:

> El brazo monstruoso de un Hércules cruzaba por el techo e iba a asir la pierna de una Venus, cuyas formas dilatadas y proporciones enormes parecían pertenecer al coloso de Rodas, al paso que una montera española de mi amigo reproducía en la pared de enfrente como el casco gigantesco del *Castillo de Otranto* (1833: 108).

Otra mención aparece en *El Museo de las Familias*, en el artículo anónimo "Influjo que ha ejercido y está ejerciendo Walter Scott en la riqueza, la moralidad y la dicha de la sociedad moderna" (1838, t. I, 354-359):

> Ni se diga que razonamos sobre una hipótesis, y que esta afición nueva a la Edad Media resulta de causas ajenas al numen de Walter Scott. Antes de él, y aún en su tiempo, algunos anticuarios muy instruidos, poetas hábiles, escritores que no carecían de instrucción ni de elegancia, procuraban hacer renacer la afición a las viejas costumbres de la literatura moderna. Puédese citar, entre otros, al mordaz Horacio Walpole, el sabio Strutt y en Francia a los señores Chateaubriand y Marchangy. Sin embargo, ninguno de ellos pudo determinar el movimiento que provocó en Europa la publicación de poemas y novelas escocesas.

También vinculado al nombre de Walter Scott, lo que demuestra la dignificación del autor, encontramos otra referencia en el *Seminario Pintoresco Español* (nº 143, 1838, pp. 817- 819) en el artículo "De la novela en general"[151] donde se destaca el carácter maravilloso y fantástico de su obra, pero para sostener que él no inventó nada, sino que se basó en historias contadas o vividas por él mismo.

---

rente contradicción: la de ser un instrumento de la filosofía al servicio de la razón que se nutría de la irracionalidad y del temor que provocaba en sus espectadores; esto es, la proclamación simultánea del misterio y su desvelamiento".

150 En concreto, a través de las narraciones de aparecidos y seres fantasmales que encontramos en los números 14, 21 y 50.

151 El crítico anónimo sostiene que: "[...] y hasta la novela maravillosa del *Castillo de Otranto* de Horace Walpole debe su origen a sucesos verdaderos".

Esto confirma, de un lado, que las referencias resultarían reconocibles por los lectores, al mismo nivel que el resto de las que aparecen en los fragmentos (si no consideramos que en el primer caso pudiera tratarse de un texto traducido) y, de otro, que las ficciones góticas debían gozar todavía de éxito en aquellos años, y que, por lo tanto, eran bien acogidas, al menos entre el lectorado femenino.

Las grandes damas, Ann Radcliffe, Regina Maria Roche, Sophia Lee o Clara Reeve y los seguidores franceses de esta línea, pero también M. G. Lewis y Horace Walpole entonces fueron conocidos y consumidos con agrado en nuestro país, repercutiendo igualmente en la producción nacional al predisponer a nuestros autores a su creación, desde los albores del siglo XIX y extendiéndose hasta finales del Antiguo Régimen. En efecto, la moda por lo gótico y lo macabro habría de prolongarse hasta mediados de la década del los treinta, con el final del reinado de Fernando VII[152], cuando la libertad de prensa permitió la penetración de nuevos movimientos ya consolidados más allá de nuestras fronteras que pronto habrían de triunfar, enterrando, al mismo tiempo que se empapaban de sus aspectos más novedosos y funcionales, otros tantos, como era el caso de la novela gótica. Como es bien sabido, una moda siempre deja paso a otra y aunque el Romanticismo entrara con dificultades y de manera tardía (lo que ha intentado explicarse por la extensión de las manifestaciones literarias de la Ilustración), logró rápidamente un hueco entre autores, críticos y lectorado, entre otras cosas, por la disposición de estos al consumo y cultivo de la literatura de la noche, incentivado e impulsado por la ficción gótica.

El auge del movimiento gótico hasta bien entrada la década de los treinta contradice, al menos en parte, una afirmación de Montesinos (1980: 115) que ha venido teniéndose como válida, "En 1832 las «novelitas fúnebres y melancólicas» andaban por los baratillos y se leía otra cosa". Justifica Montesinos su argumento basándose en el artículo de Mesonero Romanos, "Las ferias", de 1832, en el que, a propósito de las librerías de viejo, comenta: "¡Oh y cuántas producciones clásicas de nuestros días yacían en aquel osario!... las sensibles parejas Fulano y Zutana, los amantes desgraciados y los dichosos, los castillos góticos, los Espectros y Fantasmas en galería... (*Panorama, Obras*, I, 1829)". Sin embargo, y a pesar de que a estas novelas les quedaban apenas unos cuantos años de vida entre nuestros lectores, estas impresiones de Mesonero más que a contradecir, vendrían a ratificar esta teoría: las novelas góticas se leyeron, y mucho; la distribución de las mismas en ferias, en grandes cantidades, implica el importante éxito, la enorme demanda y el gran consumo tanto en los años anteriores, como en el momento de referencia. De hecho, no solo el aumento en el número de ediciones nacionales y traducciones, sino la publicación de una novela definitiva, también traducción en este caso del francés, supuso en 1831 el punto álgido del género en nuestro país aunque, al mismo tiempo, no pue-

---

152 Rubio Cremades (1997: 615), de hecho, confirma esta tendencia: "La querencia del lector por la fantasía macabra y por lo gótico en los años que preceden al triunfo del Romanticismo español es un hecho que no solo se puede rastrear en las novelas extranjeras sino en las españolas".

de negarse, su declive definitivo. Unos meses antes había visto la luz la *Galería Fúnebre* de Cuisin, en adaptación de Agustín Pérez Zaragoza. Se anunció a través de periódicos como la *Gaceta de Madrid*[153], pero su enorme difusión se debió sobre todo al *Prospecto a la obra singular titulada Galería Fúnebre* que el propio traductor había lanzado al mercado en enero de aquel año de 1831 en una clara maniobra editorial. Su enorme éxito es comprobable a través de aquellas listas de distribución, así como en las críticas que recibió la obra, que aunque, tal y como era esperable, no resultaron especialmente benévolas, contribuyen a dar una idea aproximada de la repercusión innegable que tuvo entre el público y entre la esfera intelectual.

Las críticas que se dirigían de manera directa a la *Galería Fúnebre* escondían un rechazo en toda regla a aquella nueva literatura venida desde el extranjero y "devorada" en masa por el nuevo público. El éxito habría sido tan arrollador que los grandes teóricos de la época no pudieron mantenerse al margen y, aunque fuera desde el rechazo más tajante o la reticencia comedida, comentaron y debatieron acerca de su enorme difusión, que representaba, en el fondo, la de todo el género. Luis Alberto de Cuenca (1977: 15-23) recoge en su prólogo a la edición buena parte de aquellas críticas que suscitó en sus contemporáneos esta colección de cuentos. En *Cartas Españolas* (Madrid, 1831: 32) de José María Carnerero, revista en la que venían apareciendo importantes referencias a los movimientos que comenzaban a proliferar en nuestro país, encontramos entre sus páginas una específica a la *Galería Fúnebre*. "Digamos que dicha reseña abunda sobre todo en la facilidad de la venta de la obra, y en los no despreciables dineros que, a buen seguro, proporcionaría a su autor" (1977: 15-23). Además, el breve comentario irónico de Carnerero permite suponer quiénes serían sus lectores y adelanta la posición de desacuerdo, sino de total oposición al nuevo género, en la misma línea que las críticas posteriores. Sin embargo, a pesar de este cuestionamiento de la calidad de la colección, recomienda su lectura, pues, aunque no lo hiciera, nada impediría su compra masiva. Se rinde a la evidencia de su éxito sin precedentes:

> Digamos que esta producción tendría gran despacho: dígalo el librero que el primer día no tuvo manos para apuntar suscriptores y desechar ejemplares. La obra es terrible; pero, ¿quién duda de la eficacia de la mostaza cuando se trata de que las salsas sean picantes? Desde luego volvemos a asegurar que con esta publicación le ha caído al Señor Zaragoza la lotería. La venta del libro ha de tocar en la locura; y para Zaragoza, lo mismo que para otra ciudad, pueblo, aldea o villorrio, este lucrativo modo de loquear es lo que se llama encontrar la piedra filosofal. [...]
>
> Hace muy bien el señor Godínez de aconsejar al lector que siga, a la luz opaca de sus lámparas lúgubres, hasta aquellas sinuosidades pérfidas catacumbas infernales. Y nosotros también le aconsejamos que vaya a la librería de la viuda de Cruz y que se suscriba a esta obra singular y extraordinaria. Así será sin remedio; y desde

---

153 Luis Alberto de Cuenca (1977: 21) comenta la referencia que halla en el diario correspondiente al sábado 3-IX-1831 en la sección de "Anuncios": "Los suscriptores a la *Galería Fúnebre*, o sea el *Historiador trágico* etc., acudirán a las librerías en donde se hubiesen suscrito a recoger los cinco primeros tomos que han salido a la luz".

luego anunciamos al señor Godínez que el despacho de su libro no será menos portentoso que el material que le compone. Como especulación de librería, creemos que el Espectador Trágico tendrá mucho de cómico y de ameno para el que le ha escrito.

La abundancia de suscriptores, que menciona el texto y a la que ya he hecho referencia, puede deberse al efectismo de su título que no dejaba lugar a la duda sobre la temática que recogería la obra y sobre sus vínculos con la novela gótica, que ya el público identificaría a la perfección. Sabía Pérez Zaragoza que el género triunfaba y la única manera de asegurarse este triunfo era a través del impacto directo en el lector. Esta idea se corrobora si tenemos presente que tan solo un año antes había aparecido la colección de cuentos *La poderosa Themis o los remordimientos de los malvados* (1830), con un título al más puro estilo neoclásico, insinuador, pero para nada concluyente de la línea en la que podría insertarse la obra. Esta colección, que contenía los mismos relatos traducidos de Cuisin, no alcanzó ni se acercó siquiera al éxito abrumador de la *Galería*. Agustín Pérez Zaragoza tanteó el mercado y optó por una traducción fiel del título en francés. Era la primera vez que un título de una novela desafiaba a censores y preceptistas, al mismo tiempo que declaraba abiertamente la estética de la obra. El éxito estaba asegurado. Agustín Pérez Zaragoza demostró tener una capacidad para vender su producto impensable hasta entonces, porque fue suyo, él lo ideó, le dio luz, se apropió los méritos ajenos, pasando inadvertido, y cosechó sus enormes beneficios. Él sufragó los gastos de la edición, como apunta el propio Luis Alberto de Cuenca (1977: 35) y las fórmulas de difusión que empleó, a pesar de no abaratar el producto que habría sido caro para la época, favorecieron su venta. Nace con él este primer gran negocio de la literatura de masas de nuestro país, adelantándose a los folletines o novelas por entregas de Wenceslao Ayguals de Izco o de Enrique Pérez Escrich.

Las referencias se sucedían de manera imparable. Serafín Estébanez Calderón describe la *Galería Fúnebre* en los mismos términos que Carnerero, bajo el epígrafe indiscutible de "Lectura aterradora", de nuevo en el periódico *Cartas Españolas* (septiembre de 1831: 71): aparte de la anécdota cómica de "la mosca", a la que ya aludí con anterioridad, menciona el mérito del autor, al éxito sin igual y al acierto del propio Zaragoza con la publicación de la colección. Su éxito es proporcional a su atrevimiento, a su valentía al insertarse sin recelos, frente a tantos otros anteriores y contemporáneos, en la corriente gótica[154]:

> La *Galería Fúnebre* del señor Zaragoza vuelve locos a sus lectores. Ya hemos hablado de la portentosa colección de "sombras ensangrentadas", y el público ha visto la escaramuza que ha promovido. Todos los interlocutores que figuran en este drama crítico, quieren apropiarse el mérito de su descubrimiento. Pero el señor Zaragoza nos parece que es quien ha puesto el punto sobre la i, según la copia de compradores que acuden a tomarle el género. Por lo pronto ha adivinado en cuanto a lo que dijo de

---

154 Apunta Alonso Seoane que en el *Correo* aparecerá también un artículo reseña de tono humorístico que publica el 11 de octubre de 1831 Manuel Casal y Aguado, bajo el pseudónimo "Lucas Alemán y Aguado".

los terrores y pánicos que la lectura de sus tomos ha de producir en las tímidas jovencitas; y si no, ahí va una anecdotilla reciente que garantizamos muy exacta (*Cartas Españolas, II*, septiembre de 1831, p. 71).

Larra, tampoco se mantuvo al margen de este auténtico fenómeno de masas que acaparaba el mercado literario. Lector asiduo en su empeño de "escribir para mi público y sin saber quién es el público" (Larra 1981: 128), sería uno de los primeros en pronunciarse en contra del gusto por lo gótico. La nueva moda gótica llegada desde Francia, no era sino un síntoma más del estado de pobreza intelectual que dominaba las letras españolas que, ante la falta de producción nacional o precisamente por ella, se veía obligada a acudir a literaturas foráneas en busca de lecturas. Larra se refiere a esta tendencia del público en aquella cuestión, ¿Será el público el que compra la *Galería Fúnebre de espectros y sombras ensangrentadas*, y las poesías de Salas [Francisco Gregorio Salas], o el que deja en las librerías las *Vidas de los españoles célebres* y la traducción de la *Ilíada*? (Larra 1981: 135).

Larra compara aquí lo que para él es verdadera literatura con las lecturas que arrasaban entre el público de su época. Y al parecer es tanta la aversión de Larra contra aquella ficción gótica y contra la obra de Pérez Zaragoza, a la que alude indirectamente, que volverá a criticarla en algunos artículos más, como, por ejemplo, en el titulado, "¿No se lee porque no se escribe, no se escribe porque no se lee?"(*El Pobrecito Hablador*, num. 3, septiembre de 1832). Este artículo nos descubre a un Larra, que preocupado por la decadencia literaria y cultural de España, criticaba la avalancha de traducciones que saturaba el mercado español y la poca calidad de las obras, menospreciando cualquier tipo de manifestación literaria que no respondiera a lo que él consideraba adecuado para nuestra literatura (Roas 1997: 89):

> Pero todo este atarugamiento y prisa de libros reducido está, como sabemos, a un centón de novelitas fúnebres y melancólicas, y de ninguna manera arguye la existencia de una literatura nacional que no puede superponerse siquiera donde la mayor parte de lo que se publica, si no del todo, es traducido[155].

Mesonero Romanos tampoco desechó la oportunidad de unirse a esta especie de cruzada contra la ficción gótica. Reflexiona, del mismo modo, sobre el estado desastroso de nuestras letras y ataca el éxito abrumador del nuevo género personificado en la traducción de Pérez Zaragoza[156]; aunque la crítica, a primera vista, es más benévola que la

---

155 Roas (1997: 89-90) afirma que "Aunque en el artículo no se hace referencia explícita a la *Galería*, creo que a ella se refiere (o por lo menos al género que representa) cuando critica la multitud de "novelitas fúnebres" que se están publicando en estos años, algo que para Larra, en lugar de ser un síntoma de la recuperación de nuestra literatura, es un ejemplo de su deficiente calidad, la mayoría de ellas eran traducciones". Sin embargo considera (1997: 89-90) que será el artículo titulado "Literatura. Rápida ojeada sobre la historia e índole nuestra. Su estado actual. Su porvenir. Su profesión de fe" (1836) "donde Larra expresa más claramente su concepción de la literatura. Aunque en él no se refiera a lo fantástico de manera explícita, podemos deducir la razón de su actitud negativa hacia este género, como lo es hacia la novela sentimental y cualquier tipo de literatura popular".

156 También en su artículo "El romanticismo y los románticos", publicado en el *Seminario Pintoresco Español* el 10 de

de Larra, considero que resulta igualmente distintivo del horror que sentían estos escritores, representantes de las más altas mentes iluministas españolas[157]:

> Una censura suspicaz e ignorante dificultaba la publicación de las obras de ingenio y prohibía y anatematizaba hasta las más renombradas de nuestro tesoro literario: los escritores de más valía, los hombres más insignes en las letras, hallábanse oscurecidos, presos o emigrados: los Quintana, Gallego, Saavedra, Martínez de la Rosa, Toreno, Gallardo, Villanueva y demás, eran sustituidos por autores ignorantes y baladíes, que empañaban la atmósfera literaria con sus producciones soporíferas, su desenfreno métrico, sus cantos de búho, sus absurdos escritos religiosos o históricos, sus novelas insípidas, de las cuales las más divertidas eran las que formaban la colección que, con el extraño título de *Galería de espectros y sombras ensangrentadas*, publica su autor, don Agustín Pérez Zaragoza y Godínez (Mesonero Romanos, *Memorias de un sesentón*, 1875: 268-269).

Con un pretexto diferente al literario, lo que da una idea de su repercusión social, he encontrado una mención a la Galería Fúnebre en un periódico menor de la ciudad de León, *Frai Gerundio*, a la altura de 1838 (8 de marzo), bajo el título de "Galería Fúnebre de espectros y sombras ensangrentadas". Los terrores reales, las muertes violentas bien podrían haber sido fuente literaria del propio Pérez de Zaragoza. Reproducimos parte del artículo por reflejar un conocimiento exhaustivo de la novela y de las pretensiones reales de su autor y por suponer su adaptación a otra temática más allá de la calidad estética de esta:

> Si el autor de la obra, que con este título vio la luz hace pocos años, hubiera suspendido su publicación hasta estos días, se hubiera ahorrado de ir a buscar a edades y regiones remotas espectros sangrientos y sombras lúgubres y horrorosas para colocar en su *Galería Fúnebre*. Si quería estremecer las almas sensibles con un espectáculo de horror, si quería hacer retemblar de pavor las imaginaciones de los hombres, si se proponía hacer salir los corazones de su centro, acongojar de dolor y apurar el órgano del sentimiento, no tenía más que coger el pincel de la muerte, y sombrearnos el cuadro de nuestros prisioneros en poder de la facción royendo con el diente de la desesperación los huesos de sus finados compañeros y desgarrando sus flacas carnes para vivir un día más: unos cadáveres vivos comiendo otros cadáveres muertos…

---

septiembre de 1837, menciona en la misma línea crítica, benévola a la vez que irónica la *Galería Fúnebre*: "al […] reconocer cuidadosamente todos los objetos con los que pudiera ofenderse, hallé sobre la mesa una carta sin fecha, dirigida a mí y copiada de la *Galería Fúnebre*, la cual estaba concebida en términos tan alarmantes, que me hizo empezar a temer de veras sus proyectos y el estado infeliz de su cabeza". Sorprende la inmediata identificación de la carta, lo que es un indicativo de la lectura detenida de la obra.

157 Alberto Sánchez Álvarez-Insúa (2004: 11-12) sostiene la misma tesis con respecto a la opinión de Mesonero de la obra de Agustín Pérez Zaragoza: "Aunque don Ramón no era amigo de literaturas foráneas, era mucho más tolerante que Fígaro y entendía perfectamente que uno de los objetivos de la lectura era la diversión" y añade además que a Mesonero no es que le pareciera un horror la colección de la *Galería* sino que se horrorizaba ante sus truculencias, como la mayoría de sus lectores.

En el mismo año, la obra anónima *Leyendas y novelas jerezanas* (Ronda, Imprenta de D. J. Pérez de Guzmán, 1838: 11) se refiere también a esta colección adaptada de Pérez Zaragoza. La inserta en el Romanticismo y parece continuar en una línea irónica similar a las anteriores críticas, como ya se ha señalado: "Una colección de novelas del más puro y acendrado Romanticismo. Más cabezas ensangrentadas, puñales, venenos y horcas se encuentran en esta obra divina, que coles en la plaza de un pueblo por la mañana temprano y acelgas en la cocina de un convento" (Cuenca 1995: 148).

No solo fue entonces popular por su consumo masivo reflejado en las críticas o referencias en los periódicos y revistas de la época y en la red de suscripción, sino por la huella que dejaría en la literatura contemporánea y posterior. Junto a los suscriptores se puede constatar, por sus artículos u opiniones, que formaba parte de las bibliotecas particulares de aquellos teóricos ofendidos por la nueva literatura "de masas", pero también por literatos de renombre y otros de no tanto. Fue leída con sorpresa y cierto interés por escritores de la talla de los mencionados Mariano José de Larra, Ramón Mesonero, aunque también por Wenceslao Ayguals de Izco, José Zorrilla o la propia Emilia Pardo Bazán. En el ideario colectivo la expresión "Galería Fúnebre" pasaría a convertirse en un lugar común que remitía a un conjunto de imágenes espantosas y espeluznantes, sombrías y tétricas, pero también grotescas e irónicas (de acuerdo con esa pretensión inicial de su autor francés Cuisin), que el público reconocería e identificaría con su sola mención. Así lo demuestran los ejemplos que siguen.

Luis Alberto de Cuenca (1977: 17) recoge una referencia de Montesinos (1973: 136) a un testimonio en un relato humorístico de C. Díaz publicado en una de las revistas más significativas del momento: "[...] lo que prueba el buen gusto de aquella época, a pesar de no haber nacido aún Han de Islandia y la *Galería Fúnebre de sombras ensangrentadas...*". Peers aduce, según recoge el mencionado Luis Alberto de Cuenca, un testimonio más, esta vez de José Zorrilla en *Recuerdos del tiempo viejo* (1943, II: 1864): "[...] concluyéndome de arrastrar por aquella galería de espectros y sombras ensangrentadas de que mis libros están atestados, y que atestiguan mi poética demencia". Evoca Zorrilla la *Galería* "con el solo propósito de ironizar sobre sí mismo". Emilia Pardo Bazán en su novela *La Quimera* (1991: 462) al describir una situación grotesca y desagradable emplea igualmente el título de la obra: "¡Puf! Vámonos de aquí; huyamos de esta «Galería Fúnebre de espectros y sombras ensangrentadas". También Modesto Lafuente menciona la novela en una obra de temática tan alejada de aquella concepción original como la *Historia general de España* (1861: 134): "Deseando estamos salir de esta Galería Fúnebre y ensangrentada".

La novela gótica gustó en nuestro país, se consumió e incluso importantes representantes de las esferas ilustradas se rindieron a sus múltiples encantos, sobre todo económicos. Hablar de novela gótica estaba de moda pero leer novela gótica también. Se habla porque se lee, porque se consume. "El gusto por la fantasía macabra y por lo gótico, en los años inmediatamente anteriores al pleno florecimiento del Romanticismo, marca toda la época y deja profundas huellas en el período siguiente. Este interés, claro está, no apareció de repente en los albores del Romanticismo, pero es evidente que la creciente división entre el control racional ilustrado y la libertad emocional romántica llega a ser una de las características más notables de esta coyuntura histórico-estética" (Gies 1988: 60)[158]. En general, con las novelas góticas que llegaban de Inglaterra debió pasar como en nuestro tiempo con los Best Sellers, que todo el mundo los ha leído a escondidas y muchos de sus lectores se avergüenzan de hacerlo. De hecho, no se deben olvidar las palabras de Walpole en la defensa de la fantasía en su prólogo al *Castillo de Otranto*, "el encanto de la narración fantástica es imperecedero, tanto de ayer como de hoy porque responde a una necesidad del espíritu humano".

De igual modo, contribuyeron también a consolidar el gusto de manera definitiva las revistas; más que un mero punto de información, la prensa debió constituir un verdadero impulso al gusto por esta nueva literatura de ficción de lo oscuro; es decir, la promoción que se llevaba a cabo desde las revistas habría contribuido a la asimilación y difusión de la estética del terror que llegaba desde Inglaterra; así lo manifiesta A. Peers (1929, 447): "The taste for this kind of fiction, it may added, was greatly fostered by the even-increasing number of periodicals which encouraged «amena literatura»". La prensa confirma, a través de las historias de aparecidos y fantasmas que se colaron intencionadamente entre sus páginas y las continúas referencias implícitas a los autores, ya fueran estos censurados o permitidos, que el gusto por lo gótico no se redujo en exclusiva a dar noticia de las reediciones de las novelas de Ann Radcliffe. Toda la gama de matices que conformaron el subgénero gótico, dentro y fuera de nuestras fronteras, se pueden rastrear gracias a la valiosa información que nos aportan, ayudando a trazar una panorámica de la evolución y consumo del mismo, así como el alcance real de su difusión.

Este análisis sociológico llevado a cabo parece confirmar que, en nuestro país, y a pesar de las trabas que imponía la censura, que redujeron considerablemente la producción, foránea y nacional, se recibió el género, se asimiló a nuestras costumbres y se popularizó, dando lugar a una verdadera conciencia lectora de novelas que se sentía atraída por estas novedades que iban apareciendo, aunque fuera en pequeñas dosis, en el aún incipiente pero prometedor mercado editorial. Público, crítica, autores y editores lo discutían y lo ponían en entredicho, lo promocionaban y lo consumían[159], lo que viene a demostrar cierta conciencia, no ya solo de estar asistiendo a un cambio, que en los años siguientes sería ya definitivo, sino de un género autónomo, definido y delimitado; algo

---

158 Similar opinión manifiesta Luis Alberto de Cuenca (1995: 145): "No es raro percibir un gusto muy marcado por la fantasía y el terror en las últimas décadas del siglo XVIII y las primeras del siglo XIX. Se trata de una especie de preludio de lo que será más tarde el Romanticismo en su época de pleno florecimiento. La transición del lenguaje poético ilustrado al discurso romántico pasa por un idioma intermedio que podríamos llamar "gótico".

159 Así lo manifiesta Joaquín Álvarez Barrientos (1991: 155) al sostener que "La conciencia de género es, a la vez, un elemento importante extraliterario para configurar las características a las que deberán ajustarse las producciones literarias que aspiren a formar parte de ese grupo, pues las convenciones genéricas son guía habitual de cualquier escritor, así como de los propios lectores, que pueden reconocer la obra que se les ofrece como perteneciente a una u otra manifestación literaria".

nuevo, distinto, contrario a lo recomendable y, por ello, peligroso y desestabilizador, pero profundamente irresistible.

3. Circunstancias y motivos literarios y estéticos

3.1. Estado incipiente de la novela. Moralidad y verosimilitud

En la España de finales del siglo XVIII la novela se consideraba aún un género menor que arrastraba, como un lastre, su total ausencia de la teoría del arte y de la historia de las ideas estéticas. La dificultad para definirla, pero también para defenderla, remitía, por un lado, a la vaguedad de sus límites con otras manifestaciones literarias que complicaba la precisión del género y negaba su carácter autónomo y, por otro lado, y más importante aún, el empleo de un instrumento, la prosa, que no conseguía alcanzar la dignificación que acompañaba al verso. Esto se debía a que "Desde el punto de vista de la preceptiva, literatura era lo escrito en verso; la prosa no tenía valor. La novela, desde el mismo punto de vista, no existía porque no tenía consideración literaria: estaba escrita en prosa" (Álvarez Barrientos 1995: 12)[160].

Esta falta de teorización que esconde un profundo descrédito, casi un estigma, se traducía a su vez en un rechazo inmediato, de tal modo que, si no era condenada, apenas lograba la aceptación de los denominados autores canónicos y mucho menos el beneplácito del grueso de los preceptistas que la miraban con bastante recelo y, por qué no decirlo, con mucha preocupación. Así lo sostiene Montesinos (1987: 38) apoyándose en documentos de la época, pues resultaba harto complicado valorar literariamente la novela, si no era considerada como una forma artística plena:

> La novela, como tal novela, no cuenta para los críticos más avisados del clasicismo. Las novelas son fruslerías de interés pasajero o libros sospechosos por su moralidad y requieren extrema vigilancia. En ello coinciden preceptistas talentosos y adocenados. 'A pesar de todos los elogios que se han dado a los romances y a los libros de caballerías, confesamos de buena fe que esta lectura divierte a un número muy corto de gentes, es perjudicial a muchos e inútil para todos', se lee en el *Correo de los Ciegos,* y continúa: 'Un célebre filósofo prueba en sus discursos políticos que la lectura de las novelas causa tan malas consecuencias en los ánimos juveniles como la de Maquiavelo en los de los viejos'.

El origen ha de buscarse en el siglo anterior, un siglo que, receloso de la fabulación, había aparcado el cultivo de la novela en favor de otros géneros mayores, la lírica o el drama, limitando con ello su desarrollo y su irremediable expansión. Este desprecio

---

160 Brown (1953: 12) indica en esta misma línea teórica que "La crítica neoclásica que domina a principios de este período, fiel a la tradición aristotélica, no es capaz de encontrar un puesto para esta novela, entre los géneros literarios hasta entonces existentes y la posterior crítica romántica se complace en la confusión de géneros".

hacia la narrativa se relaciona con la escasa valorización que para entonces se hacía a la pura ficción. La novela no era considerada como instrumento adecuado para cumplir una función adoctrinadora y moralizante. A menudo se la menosprecia por ser pura ficción, destinada a entretener a sus lectores sin ningún afán de trascendencia. Y para muchos moralistas el ocio era sinónimo de vicio y, si en el siglo XVIII no había cabida para el pasatiempo, menos aún para la imaginación y por supuesto nunca para la evasión. A la novela le quedaba un largo camino si se entiende que era un fenómeno patrocinado no por las mentes ilustradas sino por la recién creada clase media. No se empleaba aún como vehículo político sino como búsqueda del entretenimiento y relleno de las horas "muertas" de la nueva clase ociosa y no podría progresar pues, en su estado incipiente, no era vista como vehículo de una ideología sino como mero divertimento.

El prestigio de la literatura nacional, perdido décadas atrás, no podía en modo alguno asociarse entonces al incipiente género literario de la novela, cuya máxima representación, dejando a un lado *El Quijote,* había sido la novela de caballerías, tan criticada, perseguida y censurada por la crítica. Si se pretendía recuperar dicho prestigio y situarse al mismo nivel que otras literaturas europeas debía dejarse a un lado la narrativa y recuperar el esplendor de la poesía y el teatro. Ante semejante panorama, a la novela española, antaño origen e impulso del recién estrenado género, no le quedaba sino renacer del vacío impuesto durante décadas y asentar de nuevo sus propios cimientos o volver la vista más allá de nuestras fronteras y adoptar aires venidos desde el extranjero. A pesar del camino abierto por la narrativa de Cervantes, la dificultad para apoyarse en aquellas bases españolas iniciales se antojaba más que evidente y la novela sucumbió a la fórmula importada desde Francia y originada en Inglaterra.

El alud de aquella novela moderna a finales del siglo XVIII y principios del siglo XIX, de fuente principalmente francesa, abrió en nuestro país el camino a su confirmación y comenzó a forjar una auténtica conciencia de género[161], necesaria para que esta se impusiera, fuera consumida y triunfara definitivamente. Sin embargo, su impulso francés supuso que fuera, de inmediato y como era esperable por el arraigo de la identidad nacional, tachada de extranjera. El desprestigio de la novela era debido ahora ya no solo al hecho de que no se analizara en la poética o tratados de la preceptiva literaria y, por tanto, a que careciera de normas claras y precisas, sino a que se veía en ella un peligro para la difusión de nuevas costumbres, por considerarla como vehículo por el que se iba infiltrando en la sociedad española un cambio ideológico, de mentalidad y de valores, que escondía la rebelión contra las viejas estructuras, profundamente asentadas en nuestro país, y el establecimiento de las nuevas. Asimismo, una parte de aquella novela –la novela gótica–, la ambientada en época medieval y llena de prodigios y fenómenos

---

161 Joaquín Álvarez Barrientos (1991: 155) considera que para que la novela germine en nuestro país es necesario contar previamente con una conciencia de género y "Podemos asegurar que en las últimas décadas del siglo XVIII la novela (española) adquiere ya esa categoría" y ello, a pesar de que la primera obra que aparece con el sobrenombre de novela, en 1788, sea precisamente, y como advirtiera en su día el crítico Brown (1953: 13), una obra de Domingo de Ugeda que nada tiene de este género.

fantásticos, cuanto menos, traía vientos de épocas pasadas no especialmente gratas para nuestra literatura, a razón de las mentes ilustradas y en pro de la cruzada antisupersticiosa. Ya conocemos los intentos frustrados desde la censura gubernativa e inquisitorial por impedir su publicación. La respuesta de los preceptistas tampoco se hizo esperar y llegó de inmediato desde una teorización que debía asumirse como dogmática y que se apoyaba en dos principios fundamentales, extensibles a toda la literatura neoclásica, pero difícilmente sostenibles para el caso de la ficción narrativa: el respeto a la verosimilitud, a través de una actitud marcadamente realista, y el mantenimiento de una moralidad que ayudara a contener los vicios y ensalzara la virtud. La cultura de la Ilustración trataba de subordinar la ficción literaria a la moral e instrucción, al realismo y a la verosimilitud en un intento por convertirla en un instrumento pedagógico al servicio de la educación del pueblo.

La tendencia al didactismo que, de una u otra forma, se manifiesta en toda la literatura española, viene a enlazar con los propósitos de la Ilustración; es decir, el Neoclasicismo en nuestro país se rigió por el principio fundamental del didactismo, similar al que se imponía en Europa pero con resultados visiblemente diferentes, pues se apoyaba más que en una verdadera instrucción, en el buen proceder ético y social y en una especie de normativa de la conducta, en un moralismo religioso[162] que entroncaba directamente con las primeras manifestaciones de nuestra literatura allá por los tiempos de Berceo. Aunque este principio no sería teorizado hasta 1826 de la mano de José Gómez Hermosilla, en su *Arte de hablar en prosa y en verso*, al señalar que la novela ante todo debía ser moral "la moral más pura"[163] (Álvarez Barrientos 1991: 381)[164], sus preceptistas defendían esta postura, los autores la respetaban en sus novelas y desde las altas esferas de la censura se "recomendaba" su empleo. La literatura, y la novela en concreto más que ningún otro género, debía enseñar a los individuos de una sociedad a respetar los condicionamientos impuestos por la moral y la religión tanto en la vida privada como en la pública o, lo que es lo mismo, inducirles a rectificar cuantos usos, costumbres o delirios de la pasión entorpecieran el progreso moral o político de la colectividad. Las personas y los sucesos en esta novelística serían entonces secundarios, supeditados a lo realmente importante que no es sino la lección moral que subyace a toda historia de ficción. Así lo afirma Ferreras (1973: 70): "la novela no existe, la novela ha de ser útil, la novela ha de ser moral".

Resultaba del todo impensable entonces que la literatura estimulara o fomentara comportamientos licenciosos (ni siquiera con el pretexto de educar al público lector) ni

---

162 Iris Zavala (1996: 11) constata esta misma tendencia: "Que la cultura y la literatura del siglo XVIII cobraron finalidad aleccionadora es un lugar común de la historia cultural. Que la literatura se interesase en dar soluciones a los problemas morales presentándolos como programa político para transformar la sociedad, es de sobra conocido".

163 Será precisamente tras la teorización de Hermosilla cuando la novela adquiera el grado de composición poética, de imaginación, en 1826.

164 Joaquín Álvarez Barrientos en *La novela del siglo XVIII* (1991) hace un completo repaso a la teoría de dicho género a través de los escritos de algunos de los teóricos y preceptistas más relevantes de este período.

tampoco que provocara pasiones desbordadas o exaltados sentimientos que pusieran en entredicho la labor educadora que esta poseía, frente a cualquier otra intención, entre otras razones porque, de pretenderlo, se hubieran quedado en el cajón del censor. José Marchena en 1820 en *Lecciones de Filosofía Moral y Elocuencia* enuncia que "El escritor novelista debe corregir el vicio y hacer que reciba la culpa el castigo merecido" (Álvarez Barrientos 1991: 377). Su misión debía consistir únicamente en enseñarnos a dominar de forma racional los impulsos de la pasión y en adiestrar esa capacidad intermedia entre razón y sentimiento que constituía el sentido del buen gusto. La escasa producción narrativa de finales del siglo XVIII se entendía en términos de pedagogía: "un instrumento pedagógico" (Montesinos 1972:15). Alberto Lista fue uno de los teóricos que manifestó, en 1822 en *El Censor,* la gran importancia formativa de este género literario y la enorme repercusión que podía tener en las costumbres de una juventud que había optado definitivamente por su consumo[165]:

> La novela es y será irremediablemente, por más severa que sea la educación doméstica, el único libro en que un sexo entero y gran parte del otro aprenderá en la época temprana de la juventud la operación más importante para el hombre, cual es el dirigir de sus afecciones. No son tan interesantes para este objeto la epopeya, la lírica, la historia ni el drama como esos libros novelescos que tanto desprecian los literatos... Desprecie, pues, el literato cuanto quiera un género que no puede aspirar a la cumbre del Parnaso; el moralista y el político cometerán un gravísimo yerro en despreciarle, pues es un medio constante y poderoso de influir sobre la juventud.

Efectivamente, en el planteamiento de Lista se intuye este precepto ideológico que dominaba el pensamiento de la época y que perduraría a lo largo de todo el siglo, confirmando la postura de tantos autores y teóricos que entendían la novela como un medio de hacer que la moral llegase al mayor número posible de personas. La defensa de la novela se hace desde la perspectiva moral, desde su valor educador, no como un género autónomo y unitario. La novela al servicio de la moral. La novela moral o "la moralidad en forma de novela" que dijera Ferreras (1973: 42), y que se mantendría activa mientras durase el entramado alrededor de la figura de Fernando VII.

En una sociedad heredera del Neoclasicismos ilustrado, en la que se aboga por convertir a la moralidad en un elemento inherente —y obligado— al género novelístico, no resulta extraño que su máxima aspiración fuera lograr en las novelas un equilibrio entre utilidad y placer (heredera de la máxima horaciana: *instruir deleitando*), y sobre todo ante la imposibilidad de conseguir que el público dejara de consumir novelas. Se trata, para el novelista, de conjurar con la mayor exactitud posible lo útil con lo placentero, la

---

165 Tampoco Larra y Mesoneros escaparon al estigma de la moralidad. De hecho, este último afirmó en su discurso de ingreso en la Real Academia (1838) que la novela era un género "de importancia suma en la educación moral de las modernas sociedades".

sensibilidad con la educación. Así lo confirma Antonio Valladares de Sotomayor (1797: 9-10), en el prólogo a su *La Leandra* de 1797[166]:

> La moral de la novela ha de ser tan fina que corrija deleitando, que sin mortificar se llegue a sentir y que esté de tal modo ordenada que encienda al tibio, reduzca al duro y sujete con su fuerza a la razón al que esté más empeñado en no querer obedecerla. [...] La virtud, para que consiga quedar victoriosa, ha de tener contraste. Su parte opuesta, que es el vicio, ocupa lugar en la novela: pero se pintará con aquellos feos colores que le son propios, a fin de que desde luego se mire con horror, con lo cual se logra mejor efecto al tiempo de quedar rendido por la virtud.

Como era imposible evitar que la gente leyera novelas pues son, como señalara en el tratado antes mencionado Hermosilla, "Una inclinación natural del hombre, que busca escapar de su realidad circundante «mediante alguna cosa que ensanche más el corazón..., con acontecimientos variados y maravillosos»" (Barrientos 1991: 382), por lo menos podrían utilizarse como vehículo ideológico, como instrumento modelador de conciencias y para dirigir la lectura en la dirección que sus autores estimasen oportuna, de acuerdo con estos principios reguladores. Así, si bien las novelas eran globalmente reprobables como género literario y además podían ser nocivas para las costumbres, también era cierto que podían aprovecharse hábilmente en beneficio de lo establecido. Las novelas en sí mismas no eran nocivas o frívolas, no pervierten las buenas costumbres ni a los jóvenes; no se trata de un género inútil. Sus planteamientos y actitudes censurables se deben a la mala realización de sus autores no a una característica intrínseca al propio género[167]. De esta manera, a principios del siglo XIX, la censura española, ayudada por los preceptistas y respaldada por los propios autores inventó "la novela ideológica, que tanto auge iba a tomar después, cuando los políticos cayeran en la cuenta del inmenso poder seductor de este género literario" (Llopis 1972: 91) y que se extendería al conjunto de la novela, más allá de otra opción dentro de la amplia tipología, como un sentimiento común, una verdadera declaración de intenciones.

La consecuencia inmediata fue que la producción masiva de aquel período, fuera cual fuera la intención o asunto a tratar, remitiría de manera obligada a obras de carácter marcadamente didáctico y moralizador, destinadas, en su mayoría, a la instrucción del gran público. José María Blanco White fue uno de los primeros críticos que, desde la perspectiva que le ofreció la distancia, se lamentaba de aquella marcada intransigencia que asolaba a nuestra literatura y que diluía viejas sensibilidades bajo el velo de la pre-

---

166 Todos los escritores de novelas, si pretendían pasar el filtro de la censura, debían declarar su intención moralizante en las páginas preliminares de las mismas. Un repaso a las introducciones o prólogos de las obras de la época nos confirma esta tendencia. De hecho Iris Zavala en *Ideología y política en la novela española* (1971) cita multitud de textos críticos que insisten en esta misma idea de anteponer lo moral a lo puramente literario.

167 Agustín García de Arrieta afirma, en este sentido, en su ensayo *Principios filosóficos de la literatura* de 1805: "Sería por tanto de desear que la composición de estos libros estuviese solamente a cargo de personas sabias, honestas y de probidad acreditada, pero sensibles y que pintasen su corazón en sus escritos" (Barrientos 1991: 373-374).

tendida educación del pueblo y de una moralina religiosa que olía demasiado a añejo[168]. Los escritores de novelas, pero sobre todo los traductores, que en algún aspecto o en el conjunto de su obra no respetaran este precepto debían acogerse a la norma común y disimular a menudo las verdaderas actitudes ideológicas, revolucionarias e, incluso, estéticas con concesiones de signo moralizante. Además, esta marcada acentuación del clasicismo ilustrado en nuestro país habría de suponer un obstáculo a toda fabulación irresponsable o a toda narración irónica o perversa sin un marcado contenido moralizador e instructivo.

Descendiendo a un nivel más concreto en la argumentación, la constante preocupación moral en muchos críticos de la época se traduce en un feroz ataque contra las narraciones lúgubres y pecaminosas que corrompen las frágiles mentes de la vulnerable juventud española. Ven en las narraciones oscuras y perversas algo perjudicial para la educación de la sociedad, principio máximo que debía guiar la literatura y se critica por los comportamientos contrapuestos a la moral que aparecen en sus páginas: el hombre perverso, el empleo del erotismo, los seres fantasmales y los aparecidos, los asesinatos brutales. Todos ellos, al entender de la crítica, arbitrarios, sin justificación aparente, vacíos de valores y contrapuestos a la verdadera virtud[169]. El mero placer por el placer, debieron de pensar en aquel tiempo los preceptistas[170].

Así, no les quedó otra opción que, alegando una lucha contra el libertinaje y el desenfreno que asolan al hombre y a la humanidad, esforzarse al máximo en sacar de las novelas más atroces, de los crímenes humanos más horrorosos y espeluznantes y hasta de las situaciones marcadamente fantásticas o sobrenaturales una edificante lección moral, una plausible enseñanza aplicable al correcto vivir cotidiano. El conjunto de perversidades de la novela gótica suponen un pretexto perfecto para cubrir con el velo del buen consejo, acabando las obras con una llamada al comportamiento virtuoso y a la vida

---

168 Vicente Llorens (2006: 688) recoge las palabras que Blanco White expusiera En *Quarterly Review* (XXXIX) en 1823 en relación al carácter del público lector: "El español es un compuesto de indolencia y fantasía. Posee un universo propio en el que se sitúa como a la cabeza de todos los demás seres limitados. Y allí donde goza en la conciencia de sus poderes naturales, y donde encuentra refugio frente a los desgraciados accidentes a que le expone su aborrecimiento del esfuerzo. Si se hubieran permitido circular libros en tal país, si el alimento intelectual se hubiera distribuido libre y abundantemente entre el reflexivo castellano, el penetrante aragonés, el vehemente andaluz, los propios alemanes hubieran parecido a su lado melindrosos e inapetentes comensales".

169 Una de aquellas críticas moralistas, a modo de ejemplo, que valora muy negativamente la moda de las narraciones lúgubres y fantásticas, advirtiendo del peligro que suponen para los lectores, es la de José María Andueza, (recogida por Baquero Goyanes (1949: 237) en su ensayo *El cuento español del siglo XIX*): "Muy poco tiempo hace que nuestra juventud ha dado en la manía de volverse loca por la narración de lúgubres dramas, cuya exposición se verifica regularmente en los caminos reales o en los montes, y no pocas veces en el hogar doméstico, para proseguir el nudo de la acción y sus peripecias ante los tribunales, y acabar con un desenlace definitivo y fatal en los presidios del reino o en el cadalso [...] no pueden ofrecer a la ansiedad pública un cúmulo de horrores semejantes a los de Han de Islandia, ni hacer soñar a nuestras impresionables damas, con sudarios blancos, relojes de arena y máquinas de madera dotadas de vida por el galvanismo, a imitación de los desesperados y tétricos vapores novelescos que acertó a formar la infeliz imaginación del pobre Hoffmann".

170 Lo que olvidan gran parte de los críticos es que muchas de estas novelas góticas ya venían importadas con la tendencia al didactismo, por eso sirvieron más como cauce de expresión de la idea y como vehículo de enseñanza.

ajena al vicio, contrario a lo que pretendían y a lo que trataban de imponer los creadores de este género gótico. Será este moralismo de nuestra novelística gótica, que debía regir toda composición literaria, el que precisamente la separe del género en origen, pues su marcada tendencia al didactismo es lo que determina gran parte de sus características propias y lo que la individualiza, en definitiva.

Parece evidente que los preceptistas y autores estaban a expensas de una moralidad impuesta por la censura y que, la compartieran o no, debían respetar, si no querían verse al margen del mercado literario. Sin embargo, el segundo precepto que debía guiar la disposición estética de la obra, el realismo, respondía más que a exigencias extratextuales a las propias posibilidades de la estructura narrativa, de acuerdo con la evolución de la misma en nuestro país. En efecto, la novela, aún en un estado incipiente de teorización, se asociaba a la historia (como los tratadistas clásicos habían hecho con anterioridad con la épica) en tanto que estructura narrativa, y como esta, debía reducirse, de manera obligada, al relato de los hechos, pero no de cualquier hecho susceptible de ser novelado, sino únicamente a hechos verdaderos, es decir verosímiles y presentes, por tanto, en la vida común y cotidiana. Todos los teóricos clásicos y clasicistas defendían la verosimilitud como requisito imprescindible de la obra literaria e insistían constantemente en esta idea:

> [...] la imitación había de ser verosímil, la imaginación del poeta había de moverse en los límites de la verosimilitud, la materia elegida debía ser verosímil, tanto los episodios como el desenlace de la fábula habían de ser verosímiles, lo mismo se exigía para los caracteres y el desarrollo de los personajes, el estilo y la locución tenían que ajustarse a la verosimilitud (Checa Beltrán 1994: 32).

Así, en concreto, y frente a la moralidad que se interpretaba como dogma, pero apenas era recogida por los tratadistas, son muchos los teóricos[171] que aluden expresamente a la necesaria verosimilitud que debe acompañar al relato novelado de una historia. José Gómez Hermosilla es uno de aquellos teóricos que manifiesta de forma precisa este principio, en concreto en la tercera regla de su tratado *Arte de hablar en prosa y en verso*. Admite que la libertad debe ser mayor que en los demás géneros, a pesar de que no acepta las aventuras inverosímiles que necesitan resolverse "por medios absolutamente improbables". Sí es partidario, en cambio, de sorprender al lector "con lo inesperado de los lances y la enredosa complicación de la fábula" (II: 86, cito por Barrientos 1991: 381), aunque siempre dentro de unos límites y desde el respeto a la preceptiva. De esta regla hace depender la última de las mismas, adelantando otro aspecto indispensable en la configuración del concepto de verosimilitud, aquella que exige la atención a las circunstancias, petición de un realismo obligado que había de regir la disposición de todo texto narrativo. El relato debía ser perfectamente reconocible y resultar al lector

---

171 Las diferentes reflexiones teóricas de los escasos críticos que se atrevieron a referirse a la novela son recogidas por Joaquín Álvarez Barrientos (1991: 361-389) en el apartado titulado "Teoría y novela" de su ensayo *La novela del siglo XVIII*.

auténtico, pues de su identificación dependía, para críticos, teóricos y autores, la posterior aceptación de la obra de arte.

Sin embargo, el férreo e intransigente respeto a la verosimilitud por parte de los preceptistas, obedecía, en el fondo, a una parcial y manipulada interpretación del concepto aristotélico de verosimilitud literaria[172], que negaba toda posible inclusión de elementos maravillosos o fantásticos, por un lado, y que la hacía derivar del concepto de moralidad, por otro. Aunque esta fuera una noción puramente textual, no dejaba de aparecer vinculada, como todos los restantes aspectos de la obra, al principio de moralidad; verosimilitud y moralismo dependían el uno del otro y ambos se necesitaban mutuamente pues los escritores mediante la crítica moral de sus costumbres no pretendían sino reflejar el ambiente que les envolvía. La moral fue la que sirvió para que la novela se centrase en la realidad, pero en una realidad que tenía que pintar no solo la vida y los usos de los españoles sino mostrar al mismo tiempo las bondades y la sensibilidad del corazón humano. La realidad pasada por el tamiz de la moralidad. Es decir, la realidad del texto planteaba solamente aquella parte de la realidad del mundo que condenaba el vicio y ensalzaba la virtud, un mundo que debía ser ejemplar y en el que no había sitio para esa otra parte de la naturaleza y del hombre, oscura, perversa y maquiavélica, pero tan real y palpable como la primera, al fin y al cabo. Se vinculó la función didáctica al concepto de verosimilitud en el afán por desterrar cuanto de "extraño" pudiera existir en la literatura; esto es, la verosimilitud pasó a entenderse, además de como un indiscutible precepto teórico, como una exigencia moral.

En cuanto al segundo de los aspectos mencionados que se separa de la tradición clásica, la negativa a incluir cualquier ápice de fantasía en la obra, debe ponerse en relación con la propia idiosincrasia del país. La necesidad del respeto al realismo entronca directamente con la esencia del conjunto de la literatura española. La novela realista de larga tradición en nuestro país se había reforzado con la feroz crítica a los libros de caballerías que tras Cervantes y su *Quijote* fue respaldada por el conjunto de los intelectuales ilustrados. El nuevo siglo XVIII teóricamente hacía imposible la existencia de una literatura fantástica, después de haber mostrado su negativa a géneros como la literatura caballeresca y a otras manifestaciones de carácter imaginativo. Estos libros patrocinaban historias llenas de prodigios y acontecimientos maravillosos que chocaban con la pretensión de realismo que se promulgaba y, por lo tanto, debían combatirse desde la prudencia de la verosimilitud. Los preceptistas, elevando entonces estos renovados conceptos de realismo y verosimilitud literaria a la categoría de dogma, pretendían desterrar cuanto

---

172 Aristóteles entendía que la imitación poética podía hacerse desde la verosimilitud de las siguientes maneras: 1) representando las cosas y las acciones tal y como eran y son en la realidad, y con fidelidad a la verdad histórica; 2) representando las cosas y las acciones tal y como pueden o han podido ser; 3) representando las cosas y las acciones tal y como deben ser; 4) representando las cosas y las acciones como se dice o se cree que son. El apartado 1 se refiere al campo de «lo real», el 2 al campo de «lo posible» mientras que el 3 y el 4 dejan el campo abierto a «lo imposible». En realidad, Aristóteles admite lo imposible en obras literarias, porque «se debe preferir lo imposible verosímil a lo posible increíble».

de sobrenatural pudiera sobrevivir en la literatura de aquella época, tratando de evitar, de igual manera, su trasferencia al renovado género novelesco[173], del cual sospechaban que gracias a sus particularidades internas se habría de convertir en el principal vehículo literario del nuevo gusto importado desde Francia e implantado en nuestras letras. Así fue, la oposición tajante a este tipo de novelas se tradujo en un intento por disuadir, en la medida de lo posible, la tendencia imperante a la producción y consumo de libros que lejos de recrearse en "aquella realidad circundante" promulgada, en aquel mundo ideal y manipulado, repleto de bondades, se mostraban partidarios de la ficción, en cuanto a fantasía, pero también por su vinculación a la cara más perversa del ser humano; es decir, se trataba de impedir todo desarrollo de cualquier tipo de literatura imaginativa que desplazara el concepto neoclásico de realismo y modificara aquel principio de verosimilitud[174].

Si la obra literaria debía respetar siempre los preceptos de la moral y la educación, un texto inverosímil no podría de ningún modo instruir al lectorado, al menos como se pensaba en la época que se había de instruir, dado que este, al no convertirse en reflejo fiel de la realidad circundante, no ofrecía atisbo alguno de credibilidad y no se podría tomar, por tanto, como modelo ejemplar de conducta en el que apoyarse. Podemos encontrar numerosas opiniones de teóricos y preceptistas de la época donde se expresa esta misma idea del relato inverosímil que fomenta el vicio y, en suma, de lo imaginario o fantástico como algo ajeno a la auténtica literatura española, de raíz realista, como algo opuesto a los verdaderos intereses que se pretendían para la novela. Dos conceptos, dos entidades en continua lucha y cuya polémica por imponerse en nuestras letras se refleja en los comentarios que se ofrecen desde la preceptiva. Por ejemplo, José Joaquín de Mora en un artículo publicado en *La Crónica* en 1819, censuró vivamente el cuento *El vampiro* de Polidori, atribuido erróneamente a Lord Byron, mucho antes de publicarse en nuestro país. Entre otras cosas, Mora valoraba negativamente la obra atacando de paso la literatura de los pueblos septentrionales, "pues no era buena para España" (Roas 1997: 93), por no apoyarse en la realidad circundante y por su continua sucesión de escenas

---

173 Otro de los teóricos que recoge Joaquín Álvarez Barrientos en su ensayo (1991: 371-372), Francisco Sánchez Barbero, –*Principios de Retórica y Poética*, 1805– aboga definitivamente por el realismo al objetar el empleo de la fantasía: "Si emprendes escribir un romance, no pierdas de vista mis consejos: sea la intriga nueva, interesante y verosímil; que el calor de tu imaginación dé alma a toda ella y se comunique al lector sin amortiguarse, teniéndole suspenso hasta el desenlace; este deberá ser conducido normalmente o sin máquina, y producido por los obstáculos. Sean verosímiles y variados los incidentes episódicos, y nazcan de la acción; sostenidos y contrastados los caracteres; el estilo puro y proporcionado siempre al carácter, situación y estado del que hablar. Respeta la religión y las buenas costumbres. Si entran en la intriga acciones de mal ejemplo, reciban el justo castigo para que todos se retraigan a imitarlas. Jamás elijas situaciones tenebrosas y forzadas, caracteres y sucesos inverosímiles, lances en el serrallo, encuentros de amantes cautivos en la Barbería, robos criminales, viajes disparatados por las regiones imaginarias y desenlaces contrarios a la razón".

174 Leonardo Romero Tobar (1995: 223) constata la misma tendencia y considera que: "Se rechazaba y condenaba toda obra que vulneraba de modo flagrante el principio aristotélico de verosimilitud y el imperativo neoclásico que exigía una subordinación de la obra de arte a los datos proporcionados por la percepción de la vida cotidiana".

y situaciones inverosímiles contrarias a la razón[175]. Señala también Glendinning (1994: 111) cómo una carta escrita a Don Dionisio Solís por Leandro Fernández de Moratín en 1815 deja entrever el creciente gusto por la estética de la noche que los neoclásicos detestaban. El comentario de Moratín refleja perfectamente la oposición de los ilustrados españoles a esta literatura, por su declarada falta de verosimilitud y por recrearse en un irracionalismo basado en toda una estética de la noche y de lo macabro, que lejos de contribuir a la educación del público, no conducía sino a viciarla.

> En este emporio catalán único, asoman la cabeza, bastante a menudo tres o cuatro poetas ropavejeros, muy amigos de sepulcros, paletillas, cráneos rotos y tierra húmeda, con cadenita, jarra de agua, media morena, y mujer embovedada, que llora y gime, hasta que en el quinto acto bajan con las hachas y estrépito, y el crudo marido la abraza tiernamente, y la consuela diciéndole que todo aquello no ha sido más que una equivocación. El auditorio queda contento, los empresarios ni más ni menos, los autores dicho se está […] mañana echan una, nuevecita, de cinco ahorcados[176].

Además críticas como las de Larra[177] o Mesonero, reivindicando la necesidad del compromiso social, la verosimilitud y el realismo, contribuyeron a acentuar el peso que estos conceptos debían ejercer en el desarrollo de la novela, por lo que rechazaron y arrinconaron el resto de narraciones que jugaban con el componente sobrenatural y que olvidaban la problemática del mundo real. David Roas (1997: 96) considera, del mismo modo, que la traducción del artículo de Walter Scott "Ensayo sobre lo maravilloso en las novelas o romances" que apareció publicado en la *Nueva colección de novelas de Sir Walter Scott*, Madrid, 1830, tomo III (1-48)[178] habría contribuido, por la más que consolidada reputación que tenía en nuestro país dicho autor en aquellos años, al afianzamiento de este concepto de verosimilitud literaria, que supeditaba la obra a la realidad y negaba toda posibilidad de recreación en episodios fantásticos. En el mismo se vierten opiniones sobre lo fantástico del tenor siguiente[179]:

---

175 Señala Pedraza (1982: 105) cómo el autor del satírico periódico *El Censor* se refiere precisamente a este sentimiento en alguno de sus artículos: "Cualquiera cosa que halle conforme a las leyes de la razón causa en mí una conmoción extraordinaria y me da un placer mayor todavía que la ira que concibo cuando alguna veo que les es opuesta".

176 Helman (1970: 240) recoge este lamento general que existía en la época con respecto a los dramas imposibles que rompían con el principio de verosimilitud, demostrando que más allá de nuestras fronteras los neoclásicos europeos velaban igualmente por este concepto clásico: "Todos los críticos dramáticos de finales del siglo XVIII se quejaban de lo mismo en todas partes, en Londres, como en París, en Viena como en Madrid, es decir, del desaforado apetito del vulgo por los dramas más desatinados, por los monstruosos espectáculos, como por los fenómenos más horrendos e irracionales".

177 Véase al respecto L. Behiels, "El criterio de verosimilitud en la crítica literaria de Larra", Castilla, 8 (1984), pp. 122-123.

178 El original de este ensayo lo había publicado Scott en 1827 en *Foreign Quarterly Review* (vol. I, pp. 60-98) con el título *On the Supernatural in Fiction Composition; and particulary on the works of Ernest Theodore Hoffmann*. Este ensayo aparecería poco después con el título "Du merveilleux dans le roman" en la *Revue de París*, en abril de 1829. Roas (1997: 108) señala además que W. Zellars no dice nada de la repercusión de este ensayo en su artículo "Influencia de Walter Scott en España" a pesar de que él lo considera de la máxima repercusión para el devenir de nuestra literatura.

179 Aunque tampoco se debe olvidar, por otro lado, que Walter Scott se había declarado un ferviente admirador de la

> Este es el que se puede llamar género fantástico, donde la imaginación se abandona a toda irregularidad de sus caprichos, y a todas las combinaciones las más raras y las más burlescas [...] las transformaciones más imprevistas y las más extravagantes se hacen por los medios más inverosímiles; nada se encamina a modificar lo que es absurdo y repugnante a la razón. Es preciso que el lector se contente con mirar el juego de palabras y sutilezas del autor como miraría los saltos peligrosos de arlequín sin buscar ningún sentido, ni otro objeto que la sorpresa del momento.

Posiciones tan dispares como estas, que escondían un temor similar por el asentamiento definitivo de la literatura de tendencia fantástica y el fin del realismo nacional, trataban, asimismo, de contrarrestar, junto al alud de la nueva novela, la pujanza de las nuevas ideas teóricas que se desarrollaban fuera de España, en donde, por un lado, los límites de la realidad se extendían y, dejando de lado la razón, se consideraba que lo invisible tenía cabida dentro de lo visible porque el mundo iba más allá de lo que era observable a nuestros ojos; y, para mayor abundamiento, el realismo comenzaba a dejarse a un lado en favor de un concepto de imitación diferente, de una verosimilitud intratextual que se acoplara a las normas internas del discurso, no teniendo por qué coincidir con el mundo real más allá del mismo. Texto y realidad, comenzaron a interpretarse como dos conceptos, aunque vinculados, diferentes, con normas de construcción diversas y, en ocasiones, hasta contrarias, aunque igualmente válidas.

Aunque a nivel teórico la literatura española continuaba hundida en una profunda apatía de la imaginación, la realidad de las novelas que se publicaban en nuestro país era bien diferente y los autores intentaban caminar por otras sendas contrarias a las que imponía la preceptiva. El realismo, en alguna de esas novelas, las menos eso es cierto, no era sino aparente y no se hallaban en las obras fieles reflejos de la cotidianidad sino un realismo reformado, manipulado, adaptado, que escondía pinceladas de la irracionalidad trasferida y cuya máxima, oculta, era no ya imitar conductas ejemplares sino contribuir al deleite del lector mostrándole un mundo donde no solo la bondad y el buen proceder tenían cabida; también todo aquel otro universo de "lo imposible", en el que la fantasía, el mal más depravado y, por qué no, el terror sin fundamento y sin límites se convertían en motivos estéticos. En estos relatos la realidad transita por sendas diferentes. La razón y la emoción comienzan a aparecer unidas y, como su reflejo en el arte, los ejemplos comienzan a multiplicarse. Los autores toman conciencia poco a poco de que la razón sin su contrapunto de la emoción opuesto pero necesario, no puede funcionar y es entonces cuando desde la preceptiva se admite, por una parte, que la verosimilitud puede tener diferentes grados[180] e, incluso, que lo inverosímil puede convertirse en materia novelesca.

---

novela gótica, de la que habría tomado muchos de sus tópicos, aunque se distancie en esencia de la misma por las exigencias del nuevo género literario.

180 José Checa Beltrán en su artículo "Verosimilitud y maravilla en la poética española dieciochista" (1994: 32-37) llega incluso a hablar en la obra de Luzán de una declarada defensa de lo maravilloso y fantástico en la literatura: "Lo maravilloso, así pues, no era contradictorio ni con lo verosímil ("la fábula ha de ser maravillosa y verosímil"), ni con lo verdadero ("solamente las verdades nuevas, grandes y maravillosas son las que el entendimiento ama, desea y recibe con admiración y gusto" (p. 235, Luzán)".

En 1824, José María Blanco White en *Variedades o El mensajero de Londres,* en un artículo aparte titulado "Sobre el placer de las imaginaciones inverosímiles" (1824, I: 413-418), relataba, frente a las intransigentes ideas teóricas de los preceptistas ilustrados, las ventajas de las nuevas historias, entre las que se encontrarían indudablemente las de esencia gótica; una literatura de orientación fantástica que se justifica por su valor poético y su raíz humana[181], demostrando que la polémica sobre la orientación definitiva que debían tomar nuestras letras no había hecho más que comenzar. Frente a las rígidas críticas que habían ya condenado a esta literatura en su país de origen y las que habían comenzado a extenderse entre el grueso de la crítica especializada dentro de nuestras fronteras, Blanco White aboga por las ventajas de aquellas narraciones que habrían sido capaces de ahondar en la problemática del ser humano y reflejar los conflictos internos de este, del mismo modo que venía reflejándolo la tendencia más realista:

> El placer de las ficciones que nos trasportan a un mundo imaginario, poblado de seres superiores al hombre y sujeto a otras leyes que las inmudables de la naturaleza, es tan natural y tan inherente a nuestra constitución, que no puede arrancarse del alma sino con violencia. Examínese la historia del género humano y se hallará que, hasta en el estado más rudo y salvaje, la imaginación se emplea en crear seres sobrenaturales, habitadores de un mundo invisible que, o vagan por este o lo visitan de cuando en cuando, mezclándose en los negocios y tomando parte, ora favorable ora adversa, en los intereses del hombre. Propensión tan natural y decidida no se debe aniquilar, sino dirigir al bien y la utilidad de la especie. (1824, I: 413-418)

De hecho, a la altura de 1838 en el artículo anónimo del *Seminario Pintoresco español* (T. III, nº 143, 1838) "De la novela en general" se distinguen al mismo nivel que las recomendadas novelas históricas y costumbristas, las de acontecimientos maravillosos. Sin embargo, aunque opiniones como estas favorables al cultivo de otro tipo de literatura, que se alejara del asfixiante respeto al realismo, existieron, el grueso de la preceptiva no veía más allá del interés por imitar con la mayor veracidad la realidad circundante, supeditada siempre a posibles lecciones morales.

Esta férrea y restrictiva concepción de la obra de arte significó el descrédito de toda literatura, "paraliteratura" como algunos han querido calificarla que, alejada del realismo más estricto, hundía sus raíces en lo fabuloso, en lo imaginado y en lo ficticio. Esta actitud desterró a aquella narrativa a una marginalidad solo sostenida por los lectores y apartó de su cultivo a un importante número de autores. Precisamente aquellos que podrían haber mejorado el nivel medio de un género abocado, en la mayoría de los casos, a ser protagonizado por autores anónimos o de segunda fila. Este tipo de obras fueron consideradas composiciones del todo inverosímiles que suponían una transgresión de la racionalidad poco adecuada a los intereses didáctico-morales que se exigía a lo literario,

---

181 Vicente Llorens (2006: 622-623) analiza este artículo de Blanco White y lo califica de "verdadero manifiesto literario (en el que) proclama al menos bien claramente su desacuerdo con las tendencias clasicistas dominantes en España y la necesidad de un cambio. Para ello no duda en divulgar ideas más o menos familiares en Inglaterra, pero apenas conocidas por la inmensa mayoría de sus lectores en lengua española.

pero que, por otro lado, satisfacía el gusto manifiesto del público por la maravilla, y al mismo tiempo, continuaba una larga tradición y aprecio por lo tétrico, oscuro y lúgubre que se había forjado a lo largo de los siglos anteriores, pero que venía expandiéndose en las últimas décadas, de manera harto sensible, en forma de nuevas manifestaciones literarias. No obstante, el irracionalismo, como vengo sosteniendo, no deja de representar un freno a la consideración de un tipo de quehacer literario que, por momentos, se añora o se reclama ya que comenzaría a poner en entredicho "La mortal flora parásita de moralidades, avisos, condenaciones, discreteos, figuras, ringorrangos y floripondios de todas clases". Esta es según Montesinos (1972: 2) una de las causas que habrían contribuido a ralentizar el desarrollo de un género que había nacido en el marco de nuestro país.

Es cierto que a la vertiente irracional de nuestra literatura, apenas vislumbrada, le quedaba aún un largo y doloroso camino para imponerse y reivindicar el sitio que le correspondía y que venía siéndole negado de manera insistente a través de épocas y movimientos estéticos. Mientras, pequeñas dosis buscaban su lugar. No ya solo las novelas de caballerías o las comedias de santos complacían estas tendencias estéticas, sino también los cuentos maravillosos y la comedia de magia, que, aún recogiendo el bagaje heredado, cada vez con mayor frecuencia tendían a la recreación de lo macabro, a la sublimidad de la noche, aspectos estos que contribuyeron a caracterizar y dotar de particularidades, de un modo más que evidente, nuestra novela gótica.

3.2. Influencias artísticas en la novela gótica hispánica o cuando la estética de lo macabro se tornó sublime

El siglo XVIII, fiel a los intereses e ideales estéticos neoclásicos, supuso, sin embargo, "la generalización impresa de la monstruosidad" (Vega 2002: 12). Comenzó a sobresalir, de manera imparable, una corriente que, opuesta a la literatura canónica, privilegiaba "la cara oculta de la imaginación, los monstruos producidos por el sueño de la razón y las obsesiones mórbidas que dan lugar a temas subversivos, antijerárquicos, anticlericales o simplemente irracionales" (Glendinning 1994: 102). Aunque paralelamente al nacimiento de la misma, en Inglaterra, los principios estéticos que la motivaron en nuestro país fueron, como ha podido apreciarse por lo expuesto hasta el momento, radicalmente opuestos e incluso contradictorios con los originarios, pues esta hundía sus raíces en el cultivo de una literatura de raigambre popular que privilegiaba la recreación en todo aquello que de macabro y monstruoso podría existir en el mundo. El mantenimiento, desde el punto de vista histórico de las viejas supercherías y supersticiones que no habían podido ser enterradas por la debilidad del movimiento ilustrado así como las brutalidades a las que estaba siendo sometida la población[182], se tradujeron de esta ma-

---

182 Los españoles de las últimas décadas de la Ilustración, no tenían necesidad de inventar las escenas de horror desde la fantasía pues podían asistir todavía de vez en cuando, en persona, a los juicios de la Inquisición y al público castigo de los condenados, como puede leerse en los comentarios detallados de la prensa de la época.

nera en el plano literario, y gracias a toda aquella herencia anterior, en el nacimiento de una auténtica escuela de lo macabro.

El origen de aquella antigua predilección hispana por lo grotesco y monstruoso es un intento más de "ofrecer luz" sobre la posterior asimilación de principios estéticos y el consiguiente triunfo de una novela gótica rica en matices y repleta de particularismos[183]. La tendencia española a la recreación en lo sombrío y atroz del individuo y del mundo se empleó como motivo recurrente ya desde los albores de nuestra literatura, siendo una de sus primeras manifestaciones y más influyentes, por tanto, según Luis Alberto de Cuenca (1989: 39), la novela cortesana del siglo XVII y en concreto la obra de María de Zayas, pero también la de otros contemporáneos suyos como Pérez de Montalbán, el propio Lope de Vega, el Abad de Ayala o Salas Barbadillo, por citar a sus principales representantes. No obstante, su auténtico medio de expresión se hallaba en los géneros más populares; por ello y a pesar de las sucesivas reediciones de las obras de estos autores clásicos, en la primera mitad del siglo XVIII, el gusto por lo macabro sobrevivió latente, al margen del canon, al paso de los años y a la mirada siempre amenazante de la Inquisición, gracias sobre todo al impulso popular donde encontró su máxima aceptación y su mayor fuente de enriquecimiento (Lara Alberola 2010; 2017; 2022).

Tres habrían sido las manifestaciones literarias que, en las últimas décadas del siglo XVII y lo largo de todo el siglo siguiente, favorecerían el proceso de adaptación a la literatura hispánica del subgénero gótico: la comedia de magia, el cuento literario, maravilloso y de crímenes, y la literatura de cordel[184]. Todos estos géneros habrían contribuido de manera definitiva a allanar el camino a la nueva estética que llegaba desde Inglaterra y que irrumpiría en nuestro país en los siguientes años para quedarse definitivamente, al tratarse no solo de "formas de lo maravilloso en las que se narran historias extraordinarias que el público leía y contemplaba más allá de toda creencia [...], solo por el placer estético de lo insólito" (Roas 2006: 33), sino de relatos donde el fuerte componente de lo macabro y el culto continuo a la oscuridad entroncaba con el nuevo placer del horror que dominaría el arte de las décadas siguientes. No se trata de influencias definitivas, pero sí de manifestaciones literarias que ayudaron a comprender y asimilar el nuevo gusto importado y que trasmitirían parte de sus elementos a las nuevas corrientes extranjeras nacionalizándolas.

La comedia de magia, "Ambientada en lugares imaginarios o de difícil localización, [...] (y en la que) nada es como aparenta ser" (Roas 2006: 36), pues todo se altera ante los ojos del espectador para producir en él un efecto sorprendente, recogía en ocasiones, junto al gusto por lo sobrenatural y los emplazamientos exóticos, la experimenta-

---

183 La novela gótica más que de la recreación de lo maravilloso, que pudiera hallar en los libros de caballerías y en los relatos de milagros de la época medieval, habría bebido de la estética popular de lo macabro, inherente a la propia cultura hispánica.

184 Las peculiaridades y la trascendencia de estas manifestaciones literarias han sido exhaustivamente analizadas por críticos de la talla de Joaquín Marco (1979), Romero Tobar (1976, 1995), Joaquín Álvarez Barrientos (1988, 1990, 1994) o David Roas (2006).

ción con aspectos que superaban el estatus de maravilla y se aproximaban a las regiones más tétricas del alma humana, lo que la mantuvo en el punto de mira constante de la censura, pues lejos de acoplarse a la norma y al buen gusto neoclásico[185], suponía un ataque directo contra el mismo. De hecho, estas comedias de magia eran invariablemente calificadas de "monstruosos comediones disformes" porque sus argumentos tenebrosos y absurdos, sus personajes fantásticos –brujas, magos, diablos– o sus fabulosas máquinas escénicas bastaban para perturbar el más templado de los temperamentos y abrumar la credulidad del más inepto de los públicos, lo que se tradujo en un aumento de su popularidad y ello a pesar de los virulentos y persistentes ataques de los críticos, e incluso de la prohibición oficial de las "comedias de magia y de santos", en 1788 (Helman 1970: 134).

De igual modo, la difusión de los cuentos literarios, herederos de los cuentos folklóricos[186], a través de la prensa y de diversas colecciones, habría contribuido a la rápida expansión de otra manifestación literaria popular especializada en el cultivo de la vertiente irracional. Aunque en los cuentos maravillosos el terror está ausente, así como la experimentación con las maldades humanas, el componente tétrico y las pesadillas de la noche aparecían junto a un buen número de relaciones de crímenes o relatos de apariciones, plagados de detalladas descripciones de situaciones de crueldad extrema[187]. En unos y otros cuentos, de nuevo, el mantenimiento de las supersticiones y la recreación de una escenografía fabulosa y mítica, dominan el proceso de la narración y envuelven al lector, que se contagia de este ambiente mágico, legendario y, en cierta manera, inquietante y perturbador; del mismo modo, el concepto de verosimilitud privilegiado por la norma tiende a quebrarse, con lo que estos se convertirían igualmente en motivo de censura, condena y quizás prohibición por las altas esferas ilustradas, confirmando la continua predisposición de este tipo de literatura a vagar entre los márgenes de la controversia. Gracias a estas historias, se habría conseguido mantener el interés por lo maravilloso y lo sobrenatural en la narrativa (Roas 2006: 43) y lo que es más importante habrían contribuido a prefigurar el gusto del público lector más allá de la literatura de tendencia realista y a adaptarlo a las nuevas exigencias que preparaban su entrada en nuestro país. Si no ya el componente irracional, que, como he señalado, apenas se cultivó en nuestra literatura gótica, sí habrían influido en la apertura a mundos y escenarios diferentes y opuestos al real. Junto a estos dos movimientos literarios, la renovada tendencia

---

185 Se pronuncia en este mismo sentido Álvarez Barrientos (1994: 103): "Este tipo de literatura fantástica, si bien disgustaba a los ilustrados, pues era contrario a su modelo de modernidad cultural, gustaba, aunque por distintos motivos, a muchos cultos e incultos, como se desprende de la multitud de declaraciones conservadas, bastantes de ellas criticando ese gusto «perverso» en personas que, al menos teóricamente y por posición social, debían desdeñarlos. Sin embargo estas forman parte del «vulgo», entendido en sentido cultural y no como clase social, que se deleitaba con lo fantástico en el teatro".

186 Una buena muestra de las colecciones de cuentos maravillosos que datan de este período pueden observarse en Roas (2006: 41-42).

187 Así en la colección de cuentos *Noches de Invierno o Biblioteca escogida de historias, anécdotas, novelas, cuentos, chistes y agudezas, fábulas y ficciones mitológicas, aventuras de hadas y encantadoras, relaciones de viajes, descripciones de países y costumbres singulares, y raras maravillas y particularidades admirables de la naturaleza y el arte*, se aprecia en el amplio título la tendencia de la obra.

de lo macabro se fortaleció gracias sobre todo a la literatura de cordel, heredera de las relaciones de prodigios que circulaban de pueblo en pueblo en tiempos pasados, que venía disfrutando de un reconocido éxito ya desde los siglos XVI y XVII por su contacto directo con el público, sobre todo el menos instruido y que aún seguía en auge en este período de entresiglos. Formaban un conjunto de manifestaciones en las que se aunaba lo divino y lo satánico, lo real y lo maravilloso y se describía toda una galería de personajes de diversa índole desde personas reales a héroes mitológicos pasando por monstruos y fantasmas, pero en las que "se insistía en destacar la veracidad de los hechos relatados" (Roas 1999: 101-102). Aunque la temática era variada, destacaba, no solo entre la materia ficcional (de prodigios hagiográficos y de historias de aparecidos), sino también entre la de carácter realista, un buen número de pliegos que referían crímenes, sucesos insólitos o descripciones de monstruosidades humanas[188], lo que se podría calificar como verdaderas crónicas macabras[189] de la época que aluden a incestos, asesinatos, parricidios, violaciones, abortos, mujeres bandidas y hechiceras, contratos con el diablo; entre estos que podemos citar, a modo de ejemplo, *Nuevo Romance, en que se da cuenta y declaran dos sinagogas de judíos que se han descubierto en la Ciudad de Llerena...* (s. l. s. f.) donde se describe el descubrimiento de seis sacerdotes y nueve niños crucificados o *Romance Nuevo, de un caso que ha sucedido en la Corte de Madrid...* (Valencia, 1753) donde unos judíos azotan, arrastran y quieren quemar en un brasero a un Santísimo Cristo. *La hechicera de Cartagena* (s. f.) y los contactos con el Demonio o *El maltés de Madrid* (s.f) con la Inquisición de protagonista y su galería de horrores (Zavala, 1984: 26). De hecho, el cambio de siglo, el paso de las décadas y los terribles acontecimientos históricos del momento contribuyeron a potenciar esta vertiente más oscura, y lo maravilloso, fabuloso o extraordinario, abandonando parte de su inocencia primera, empezó a teñirse de negro; en la búsqueda del deleite y el divertimento, que enmascaraba enseñanzas y adoctrinamientos varios, se comenzó a percibir con mayor constancia, alejada ya de la serenidad estética, la experiencia de un placer nuevo: el terror. El aplauso del público comenzaría entonces a depender en buena medida de su capacidad para infundir el miedo y el pavor que, por recién descubierto, este tipo de lector ansiaba y exigía[190].

---

188 Joaquín Díez (2004: 73-74) anota esta tendencia: "La literatura de cordel parece terreno propicio para despertar en un numeroso y heterogéneo público su imaginación y conducir teatralmente sus pensamientos por los vericuetos de la ficción. Así, sin despegar los pies del suelo, lo fabuloso y lo fingido, lo novelesco y lo mítico penetraban en el meollo del usuario del pliego, [...] de este modo, con comentarios adicionales a determinados pasajes, se hacían juicios sobre personajes tan pronto como aparecían o se cargaban las tintas en algunos comportamientos, consiguiendo dirigir el fingimiento para que no alcanzara la categoría de fantasía y logrando alejar las sensaciones del ensueño personal. Siempre, sin embargo, lo fabuloso, lo extraordinario."

189 Buena parte de estos pliegos de cordel derivaron en romances que aún hoy pertenecen a la cultura popular y que se recogen en *Romances de ciego* de Caro Baroja (1980) o en *Romancero popular del siglo XVIII* de Aguilar Piñal (1972).

190 De hecho, como bien apuntaron en sus estudios Marco (1977) y Caro Baroja (1990), la literatura de cordel continuó a la largo del siglo XVIII, y en buena parte del siguiente, gozando de plena actualidad, convirtiéndose de esta manera en un medio perfecto para la difusión de la nueva estética gótica, por su asociación primigenia y por heredar una parte de sus componentes estructurales. Se publicaron resumidas o condensadas obras de componente gótico como *Noches lúgubres*, *Cornelia Bororquia*, *el Duque de viseo* o *El vampiro*.

Estas manifestaciones artísticas populares potenciaron el cultivo del elemento, insólito y mítico, pero también del componente macabro, grotesco y espantoso. Los futuros cultivadores de la novela gótica habrían sabido ver en ellas, gracias al contacto con la vertiente irracional del hombre y a un sistema que cautivaba la atención de públicos más amplios (Marco 1977), una fuente de recursos que trasladar a sus obras, por sobradamente conocidos y por el enorme éxito que los amparaba (Aldana 2017).

No obstante, este compendio de tendencias oscuras y macabras adolecía de una teorización que le asignase un cierto prestigio, le dotase de carácter dogmático y le aproximase a la literatura de culto, dado que sin un soporte teórico que avalara el movimiento, este quedaría relegado básicamente al consumo popular, al fenómeno de masas y, en definitiva, al cajón de la "subliteratura", negándole todo derecho de acercamiento al canon preestablecido. Bien es cierto que parte de la literatura protegida por el régimen se sirvió de todo este material oscurantista[191], pero no es menos cierto que su pretensión no era sino condenar y desterrar para siempre la creciente creencia supersticiosa y su empleo abusivo en el arte. La nueva escuela literaria que, llegada desde Europa, se recreaba en lo lúgubre parecía responder, tomando caminos opuestos a aquella añeja forma de entender lo macabro, a las exigencias populares.

En efecto, la tendencia hacia lo macabro, al coincidir en tiempo con la nueva estética de lo sublime que teorizaba Edmund Burke, encontró en la misma un inigualable medio de expresión que contribuyó a su revalorización y a su ennoblecimiento, envolviéndola de fundamentos teóricos que la elevaron a categoría estética. El creciente interés por lo sublime comienza a dejarse sentir en la literatura –reflejo de su predominio en las diferentes manifestaciones artísticas– de la segunda mitad de la centuria entre los escritores más irracionales y acaba por explotar definitivamente en los albores del siglo XIX, en concreto en 1807, con la primera traducción al español de la obra cumbre de Burke, *Treatise on the Sublime*, llevada a cabo por Juan de la Dehesa en Madrid, aunque posiblemente se conociera el original en inglés o la posterior traducción al francés con anterioridad a la edición española, por las constantes y repetidas referencias en la producción artística a esta nueva forma de entender la belleza. El placer de lo sublime se dejó sentir en nuestro país, aunque en menor medida que en Inglaterra, a todos los niveles, no solo en la recreación literaria de los terrores más excelsos sino también en la recuperación

---

191 Expone Fernando R. de la Flor (1999: 113) que los antecedentes al cultivo del material subversivo pueden hallarse en la obra de Torres de Villarroel incluso. Entiende que "Quizás la obra hermética de Torres de Villarroel sea un buen índice de un tratamiento ambivalente de la «materia oscurantista». Todavía no ha sido abordada entre nosotros bajo esta perspectiva, pero la aproximación que en ella se realiza al ámbito alquímico, su juego conceptual con los principios hasta entonces sagrados y secretos del hermetismo tradicional, sugieren que se haya producido una «implosión» en el corazón del sistema, y que, en realidad, ese tratamiento, con un cierto contenido satírico y paródico, actúa como un verdadero «caballo de Troya», que finalmente rompe la coherencia con que el sistema de pensamiento ocultista venía manifestándose [...]. Se trata de la primera manifestación masiva que expone, en el espacio indiscriminado de lo público, lo oculto".

El material oscurantista que pueda presentar la obra de Villarroel, como la de Feijoo y otros tantos ilustrados, a pesar de contribuir de igual manera a la difusión de los nuevos principios estéticos, se encuentra indudablemente al servicio de los intereses neoclásicos.

pública de la escenografía medieval y en la creciente atracción por las ruinas y los cementerios. Gracias a los renovados principios estéticos llegados de Europa y frente a los viejos preceptos clásicos basados en el buen gusto que abogaban por el dominio del equilibrio, la sencillez y las simetrías serenas y simples, comienzan a multiplicarse, entre nuestros literatos, expresiones como "lo horriblemente bello" o "la sublimidad del terror" que vendrían a reflejar la búsqueda de un placer nuevo, síntesis de ambas estéticas.

Una de las razones de su rápida difusión y su creciente éxito se debió al hecho de que el *Tratado de lo sublime* llegó a nuestro país avalado por una de sus primeras y más laureadas manifestaciones artísticas: la poesía sepulcral, que recogía todos aquellos principios estéticos promovidos por Burke. La poesía sepulcral o nocturna inglesa, que se tradujo relativamente pronto en nuestro país[192], si se tiene en cuenta que debía superar la profunda carga que suponía el paganismo o la falta de religiosidad de sus autores —uno de los motivos de prohibición directa de las obras—, escondía aquella "fascinación por el horror, por todo lo que había de irracional en la realidad y en el hombre" (Roas 2006: 69). Al pensamiento nocturno, la riqueza de imágenes y la forma epigramática se unía la recreación en los aspectos terroríficos del hombre y del mundo que habrían de convertirse en baluarte del nuevo placer estético en su proceso de adaptación a las diversas manifestaciones artísticas de nuestro país. Contenían gérmenes de novela y una actitud estética muy acorde con el gusto del tiempo. Las obras de Young, Hervey o Gray recogieron, frente al frío y rígido racionalismo del siglo XVIII, toda la teorización de lo sublime, a través de la representación de un sentimentalismo dieciochesco que tomaba las ruinas y los sepulcros, asociados a la noche y a la luna, como punto de partida para una meditación pesimista y desesperanzada sobre la condición humana, que se centraba en la inevitable y horrorosa amenaza de la muerte (Carnero 1995: LIV).

El éxito de estos poetas ingleses[193], que se puede observar a través de las numerosas traducciones, fue tal que permitió rápidamente la divulgación y la consiguiente asimilación de la temática y de la estética al proceso de redacción de la novela. Los narradores españoles habrían aprovechado todo este bagaje para aliar lo lúgubre y sepulcral de esta escuela poética con el cultivo de lo macabro que ya existía en nuestro país. José María Blanco White, desde el contacto directo con la nueva poética que le ofrecía el

---

192 Glendinning (1994: 107) hace referencia a la traducción que de *El lamento, o pensamientos nocturnos* salió a la luz en la colección de *Obras selectas de Eduardo Young expurgadas de todo error y traducidas al castellano por Don Juan de Escoiquiz, arcediano de Alcaraz y Canónigo de la Santa Iglesia de Toledo* entre 1789 y 1797.

Es importante reseñar la opinión que tuvo el propio traductor, pues da una idea de las impresiones provocadas en aquellos hombres de finales del XVIII. Confesaba este que no encontraba palabras para expresar el efecto todopoderoso de las obras que presentaba al público y concluía: "No diremos de él más que es un poeta original ..., que su fuego es tan ardiente y activo que es capaz de inflamar al hombre más adusto y helado, hacerle sentir las desgracias que le sobrevinieron y las penas tan terribles que pasó, y, en fin, su vuelo tan alto, su imaginación tan arrebatada, que se levanta a contemplar las cosas más sublimes". (cito la segunda edición de 1798 en página 18 y siguientes).

193 David Roas (2006: 69) menciona asimismo la influencia del poeta Ossian, aunque considero que esta habría sido menor, al menos en lo que a la novela se refiere. Los reflejos ossiánicos del medievalismo, el misterio, la subjetividad y la melancolía pueden apreciarse con mayor claridad, como señala el mismo Roas, en la poesía de Menéndez Valdés, Cienfuegos y Quintana y ya más adelante en las diversas manifestaciones del movimiento romántico.

exilio político, fue uno de los primeros en percibir la importancia de esta poesía sepulcral en la creación de la novela: "En estas creaciones de la imaginación consiste la parte más sublime y peculiar de la poesía. Sin ellas no puede existir el género novelesco o romántico que, ya sea en verso o en prosa, es el verdadero manantial y la única mina de la que sacar sus mejores y más atractivos adornos" (Llorens 2006: 627).

Con anterioridad al cultivo de la novela gótica, en sentido estricto, aunque paralelamente a sus primeras manifestaciones en la novelística hispana, el ejemplo máximo de esta asimilación de tendencias lo encontramos en la obra de Francisco de Goya[194], y más en concreto en sus *Caprichos* (1799)[195] en los que, sorteando la censura, reflejó a la perfección el alma negra de España, su verdadera humanidad, su dolor más profundo y sus horrores más inconfesables, "formas y actitudes que hasta entonces solo habían existido en las oscuras regiones de la mente privada de la ilustración o enfebrecida por las pasiones desenfrenadas" (Helman 1970: 175-176), alejándose así de la realidad más palmaria y demostrando que existen otras posibilidades de arte. Goya entendió a la perfección y supo traducir a su técnica lo sublime terrible que hubiera anunciado Burke, asociándolo a esta corriente macabra que dominaba nuestro país. Trasladó a su arte aquellos aspectos de una y otra tendencia, nacional e importada, que mejor se adaptaban a sus necesidades y a las de su siglo. Defendió el poder de la imaginación para mirar a la cara a la razón y crear incluso monstruos y, lo que es más importante aún, situó lo irracional al lado de lo racional, lo real junto a lo fantástico y lo lúgubre, lo patético y sepulcral ante lo horrible, monstruoso e inhumano. El *capricho 43*, frontispicio de la colección y en muchos aspectos su epítome, sintetiza más allá del grabado, en su juicio "El sueño de la razón produce monstruos"[196], la esencia de esta nueva corriente y, en último término, la chispa que habría prendido, años atrás, la llama de la novela gótica.

La influencia de Francisco de Goya, a pesar de no apreciarse en todo su esplendor, por su reducida difusión entre el público, pasó a la literatura y contribuyó a la recreación de la nueva estética, el paso último y necesario previo a la asimilación de la corriente gótica por parte de nuestros escritores.

---

194 Edith Helman en sus ensayos *Jovellanos y Goya* (1970), *Los caprichos de Goya* (1971) y *El trasmundo de Goya* (1986), analiza los vínculos entre la obra del pintor aragonés y las nuevas tendencias que rendían culto a la oscuridad y a los elementos sobrenaturales.

195 Recuerda Roas (2006: 73) cómo, ya en sus primeras obras, se puede apreciar un juego con lo sobrenatural y lo fantástico. Se refiere específicamente a los seis cuadros de asuntos de brujería que la duquesa de Osuna le encargó en junio de 1798 para decorar las paredes de su casa de campo. Lo verdaderamente importante sería "la novedad que supone el utilizar como decoración escenas terroríficas y sobrenaturales, aspecto este que demuestra la creciente fascinación que ejercían los motivos fantásticos y macabros en los últimos años del siglo XVIII. La visión de semejantes escenas colgadas en las paredes de la casa debía producir un doble efecto de fascinación terrorífica y de placer estético."

196 La filosofía educativa de la Ilustración se aprecia en las sentencias de los grabados y en las inscripciones cuidadosamente redactadas de los dibujos preparatorios, con frecuencia muy diferentes de la versión final escrita en el grabado, y en las explicaciones de su propia mano del famoso manuscrito del Prado, el más celebrado de los comentarios de los *Caprichos*, pues muchas de las explicaciones razonan el significado de los grabados, mientras que otras parecen esconder o deformar el significado primario.

Acababa de dar sus primeros pasos una nueva estética macabra del terror, que pretendía, sin desligarse de los preceptos de la Ilustración, "censurar los vicios y errores humanos", tanto a través de las palabras como de la luz y las sombras, pero con la mirada siempre puesta en esta nueva interpretación del placer estético. El cambio de perspectiva y de sensibilidad había tenido lugar ya en nuestro país. Todo estaba preparado. A partir de este momento la recreación en la nocturnidad se poblará así de lúgubres aullidos, aquelarres de brujas, voces de ultratumba, pero también de toda una galería de atrocidades que revelan los mundos de lo irracional, lo misterioso y lo horrible y la cara más oscura del ser humano. En la misma se encuentra entonces el germen del cultivo de la novela gótica así como la preparación del gusto del público ante su reciente inclusión en las letras hispanas, que al remitir en parte a una estética ya conocida, dejaría de ser entendida y percibida como una corriente extranjera.

Si se tienen en cuenta toda esta serie de impedimentos, producto de nuestra idiosincrasia, y se consideran, igualmente, las particularidades que se derivan de los mismos se podrá llegar a comprender la falta de realidad que subyace a la negación de la existencia de una verdadera novelística gótica en nuestro país y el innegable valor de las producciones con las que contamos.

III.

Transferencia genérica: la novela gótica española

*La fantasía abandonada de la razón produce monstruos imposibles;
unida con ella es madre de las artes…*

Goya. *Capricho 43* (Manuscrito del Prado).

¿Posee el autor de una sociedad rezagada la capacidad de crear o está irremisiblemente condenado a la imitación? Esta pregunta que con tanta insistencia atormentara
en su día a Larra y que ha venido siendo lugar común en la literatura hispánica debe abrir
de manera obligada esta reflexión pues su respuesta en favor de la imitación y la restrin-
gida interpretación de este concepto, al menos en este período de la historia, son en gran
parte las culpables y las que han conducido a la negación, entre la crítica, de la existencia
de un corpus factible de novelas góticas españolas. Apenas un género importado, unos
modelos trasferidos y copiados, pero mal copiados, que no dejaron huella en la historia
de nuestra literatura. Afirmaciones como estas, de las que con toda seguridad quizás partieron los ilustrados de la época[197] y cuyos dictámenes han heredado los teóricos de hoy,

197 En este período, ante la avalancha de novelas y géneros literarios, teóricos e impresores se lanzaron a la compleja
labor de catalogar la producción novelística existente. Entre las diversas clasificaciones que intentaron aquellos que
tuvieron acceso a esta producción que venía de fuera destaca la nula referencia a la ficción gótica. La impresora madrileña Catalina Piñuela realiza, en el primer volumen de su "Biblioteca universal de novelas cuentos e historias instructivas y agradables", una clasificación temática de sus obras. Recoge las nuevas tendencias que llegan de Europa,
pero evita incluir en la misma la novela gótica; por encima de todo sigue primando la novela moral, aunque se trata
de una clasificación viciada, que se vincula a la filosofía de la Ilustración y que indudablemente esconde novelas mal

derivaron en conclusiones confusas y que, obviamente, negarían el valor de la producción nacional existente: La "corriente negra", sentencia Rafael Llopis (1972: 97), como tantos otros, "por su truculencia y su mal gusto, es la que menos predicamento alcanzó en nuestra patria [...]. Era pura imitación de los tenebrosos prerrománticos ingleses y, por lo tanto, careció de raíz popular"; no obstante, nuevas preguntas, inevitables, surgen en este momento, pues si esta ficción, en nuestro país, se circunscribe a meras imitaciones, ¿por qué se habla de novela gótica inauténtica? Y si es inauténtica, ¿no sería entonces original?

Resulta hasta cierto punto lógico, por otra parte, que la crítica considere que la escasa novela gótica que se produjo en España, a caballo entre dos siglos tan confusos y problemáticos como fueron el XVIII y el XIX, se reduzca casi en exclusiva a traducciones o "malas" adaptaciones de un estilo extranjero. Sin embargo, no parece concebible que un género tan fructífero, en términos de consumo, fuese olvidado por los escritores nacionales. De igual modo que resulta del todo ilógico que las tendencias llegadas de Europa no encontrasen escritores que se vieran impulsados a la aventura de su creación. Reginald Brown (1953: 9) se negaba a creer que los novelistas españoles "no hubieran intentado probar fortuna en este género literario que a sus contemporáneos de otros países de Europa gratificaba tanta fama y provecho". Su incredulidad esconde una realidad plausible, pero ocultada intencionalmente sin que se entienda aún la razón última. Considero entonces que nuestros escritores cultivaron la ficción gótica, y con éxito, desde la aceptación de estructuras aunque también, desde la originalidad de motivos y a lo largo de diferentes períodos de la historia de nuestras letras.

Pero comencemos por el principio y repasemos algunas ideas clave. Son varios, es cierto, los errores de base que se esconden tras este capítulo "olvidado" de las letras españolas y a los que trataré de aportar luz, apoyada en las reflexiones del anterior y a

---

ubicadas que no responderían a los principios referidos. Distingue entre: novelas morales, amorosas, maravillosas e históricas: "Varias clases [...]: Novelas morales, que con el precepto y el ejemplo inclinan a la virtud; satíricas, que hacen aborrecibles los vicios y defectos de los hombres, presentándolos horrorosos o ridículos; amorosas, que manifiestan los peligros de un amor profano y culpable. E inclinan el corazón a las pasiones honestas y legítimas; maravillosas, como son principalmente las orientales y las de hadas o encantamientos [...]; históricas, que son aquellas en que el autor sobre un suceso verdadero acumula incidentes que no sucedieron, pero que pudieron suceder y convendría que hubiesen sucedido [la histórica] de género mixto, la que participa de la ficción y de la verdad, sumamente agradable, aunque no todos los críticos la aprueben, y también en esta clase aquellas composiciones en que se altera la verdad histórica" (Espinós Quero, 2005: 30-31).

En su colección, Cabrerizo también establece una clasificación genérica de las novelas que él mismo edita. Aunque también distingue entre cuatro tipos de novela, tiene en consideración una serie de subgéneros nuevos que derivarían, según su criterio, de estos géneros digamos mayores: "Cuatro son las especies principales de novelas: las de carácter, las de pasión, las de hechos y las de críticas; pero de estas cuatro especies fundamentales dimanan una infinidad de especies subalternas" (Espinós Quero 2005: 32). No hay duda de que entre estas se encontraría la novela gótica, publicada, por cierto, por el editor, aunque evita también su calificación.

Mesonero Romanos, unos años más tarde, en su artículo "De la novela en general", publicado en el *Seminario Pintoresco Español* (1838), aunque advierte la presencia de nuevos tipos de novelas "las históricas, las de acontecimientos maravillosos y las de costumbres", sigue "la línea del olvido" de la ficción gótica, que enmascara bajo los restantes apelativos.

través del corpus fijado en los siguientes. La novela gótica, vengo repitiendo, apareció en Inglaterra y es producto indiscutible de esta nación y de sus peculiaridades históricas, sociales y culturales. Su éxito se fundamentó en aquella rígida estructura formulaica que se repetía una y otra vez en cientos de novelas; estructura que sería también la que posibilitaría su configuración como subgénero literario.

Mas cuando hablamos de un subgénero nos situamos en otro nivel de los movimientos artísticos; no solo son susceptibles de imitación sino que precisamente nacen para ello. Resulta sumamente complicado establecer el límite entre la originalidad y la imitación cuando nos movemos en una parcela tan compleja como la de los subgéneros literarios que manifiestan una fuerte dependencia de la fórmula, por lo que hablar de "imitadores" no solo es posible, se hace imprescindible. El éxito de este subgénero se apoya precisamente en la consecución de una estructura base que remita directamente a la original. Se accede a los textos en la medida en que respetan esas convenciones genéricas compartidas y secundadas por autores y lectores. Los subgéneros, tal y como hemos expuesto con anterioridad, se caracterizan por "la presencia o ausencia de una conjunción de rasgos estructurales" (Todorov 1970: 30)[198] y se definen en función de los mismos. La acumulación recurrente de elementos referenciales es necesariamente la que facilita la adscripción de una obra a un subgénero determinado. Es decir, los motivos y componentes de una estructura base han de ser repetidos y se debe conservar un organigrama primigenio que remita al subgénero, si lo que se pretende es crear, identificar o catalogar una obra como perteneciente al mismo; la esencia primera debe estar, de alguna manera, presente en posteriores obras literarias, configurando un corpus que se apoya en esta reiteración de fórmulas y elementos. La repetición entonces ratifica su existencia y es base y origen del mismo.

La conclusión parece evidente: toda novela gótica nacerá de la repetición de aquellas estructuras primitivas. Sin embargo, si la recurrencia de unos rasgos nos evidencia la presencia de los mismos como genéricos, "la recurrencia de rasgos también empobrece un género", como sostiene Todorov (1970: 9-32), y puede conducir a su muerte.

Nada más cierto; el sometimiento de un género a una determinada fórmula, que sabe y se apoya en su éxito entre el público, se condena a sí mismo, si no evoluciona, a una incuestionable y prematura muerte. Si pretendía subsistir, debía actualizar su vigencia asumiendo otras formas y funciones, con lo cual se revitalizaría y podría evolucionar. El camino para lograrlo se encontraba precisamente en su éxito como literatura de masas, pues esta evolución no solo responde a las propias exigencias del género, sino también a la adaptación a la literatura del país en el que recala, que aparece envuelta, como es obligado suponer, en unas circunstancias socioculturales nuevas y diferentes al origen. El resultado es un subgénero gótico provisto de características nuevas que se diluye entre

---

198 Rodríguez Pequeño (1995: 153) establece la definición de subgénero literario: "La configuración de la estructura de conjunto referencial es el fundamento de este nivel genérico, y, así, unos textos se agrupan en un subgénero por contener unos mismos elementos, ya sean seres, estados, procesos, acciones, ideas, etc".

las admitidas como fórmula, que siguen respetándose, y las que aporta el nuevo país en el que se inserta, y que terminarán por convertirse igualmente en fórmula dentro de su literatura. La novela gótica, en su proceso de trasferencia genérica a otras literaturas, francesa o alemana, por ejemplo, pero también española, hubo de acoplarse a las mismas, manteniendo gran parte de la estructura origen, aquella que la configuró como subgénero autónomo y diferenciado, y sacrificando determinadas propiedades definitorias en función de la distancia cultural y social que la separaba del país receptor que según fuera de pronunciada provocaría un mayor o menor distanciamiento.

La estructura hermética y específica, sin embargo, no cierra la puerta a la atención de otros aspectos que se alejen de los preceptos establecidos. Los componentes de la fórmula identificarán la obra como perteneciente al género estudiado, acotando sus características, los nuevos aspectos que forman parte del entramado estructural confirmarán la adquisición de nuevos elementos que enriquecen el género en su trasferencia a nuestra literatura. Son aspectos que la fórmula en origen no vislumbraba, pero que dentro de nuestras fronteras se añaden a esta, la enriquecen, haciéndola única y original dentro de la repetición. Todo subgénero histórico sufre una evolución intrínseca a partir del momento en el que se deslinda de las circunstancias espacio temporales que lo vieron nacer y acaba por enriquecerse con los nuevos motivos que aporta el país que lo adopta como propio.

Esta explicación se fundamenta en la propia esencia del concepto de subgénero literario. No se debe olvidar que, a pesar de que nazcan a la sombra de unas condiciones culturales o literarias que determinan su fórmula, "Los subgéneros no son entes de razón, sino seres históricos que varían al pasar de un país a otro" (Amorós 1979: 176). Los géneros evolucionan, como ya defendieran las posiciones románticas, desde Brunetière a los formalistas rusos que las consideraban entidades evolutivas. De manera general los formalistas entendían que los rasgos de un género variaban según fuera el sistema literario en que dicho género se inscribiera. Efectivamente, como modelos dinámicos y abiertos que son, están sujetos a cambios en su seno y a intercambios con otros modelos, admitiendo en ese intercambio nuevas reglas. El subgénero literario, en virtud de su consideración comunicacional y social, se transforma y evoluciona a partir de los cambios en el sistema literario, en los contextos culturales e ideológicos, en las pretensiones del autor o en la receptividad del lector. "De la modificación de las circunstancias históricas arrancan a su vez y se explican las transformaciones literarias: hibridaciones en unos casos, contaminaciones parciales en otros y más raramente sustituciones completas o incluso implantaciones" (Tinianov 1920-27: 128). Es, ante todo, indiscutible la existencia de factores explícitos y coyunturales –culturales, económicos o políticos– o simplemente casuales, entre las causas de los rasgos constitutivos de los géneros históricos (Steimana, 1981). Esta es la riqueza de los géneros, y la evolución de la novela gótica puede entenderse mejor gracias a la puntualización de Rodríguez Pequeño (1995: 40) al respecto: "Unos géneros decaen, algunos desaparecen, los hay que se transforman y otros se revalorizan [...]; estos cambios contribuyen a perfeccionar el gusto y, en consecuencia, de lo que se llama el «canon asequible» [...], el cambio en el gusto más el canon literario provoca el cambio genérico". La amplitud del género emerge como una galería de espejos; cada tipo narrativo crea sus propias convenciones literarias, mundos novelescos que se alimentan de un contexto socio- cultural.

Lo gótico como subgénero literario hereda estas propiedades y no puede mantenerse al margen de las mismas; responde a mecanismos intrínsecos y opera en la historia de la estética de esta manera específica. Nació en Inglaterra y en Inglaterra se configuró y adquirió autonomía pero una vez alejado de aquellas circunstancias que lo motivaron perdió gran parte de sus significaciones primeras; sin embargo no su capacidad operativa ni su búsqueda de nuevos horizontes. Por ello, al transferir y sufrir una serie de alteraciones obligadas por el país receptor, la adaptación se convirtió en dogma. La novela gótica deberá ser considerada entonces como un subgénero sometido a una estructura formulaica estable, pero al mismo tiempo, evolutivo, híbrido y sobre todo universal, fruto de la transformación e incorporación a otras formas literarias (Botting 1996: 14) y de la adaptación a otras realidades socioculturales. Un discurso literario, delimitado históricamente y que conserva su estética primigenia, aunque de efectos complejos y con una amplia gama de matices. Nos movemos en la concepción del gótico desde el punto de vista de la crítica moderna, como fenómeno cultural o estético (Miles 1993; Keane 1995) y al mismo tiempo como historia y cultura (Botting, en Punter 2000) en cuyas convenciones inciden factores literarios, como la noción de obra de arte, culturales del país al que se adapta, como la religión, y políticos, como el nacionalismo o la censura gubernativa e inquisitorial.

Asumidas estas reflexiones, descendamos un nivel más en la argumentación y centrémonos en las adaptaciones del género exigidas por nuestra literatura y en aquellas otras, que aun caracterizando a la novela gótica, se suprimieron por entrar en conflicto con posturas políticas o religiosas e incluso con la esencia misma de nuestro sentir español, sin dejar de tener presente que estos nuevos matices pasarán a convertirse en parte integradora añadida de la compleja estructura ficcional del universo gótico.

El gótico, a un nivel puramente temático y estructural, es entendido como una reacción a los acontecimientos históricos que se desarrollaron en Inglaterra, como una forma compleja situada en los bordes de la cultura burguesa, que establecía una relación dialógica con esa misma cultura, pero también un diálogo consigo mismo al desatar y vencer deseos subversivos (Jackson 1986: 98). La experimentación con el terror exigía un cierto grado de transgresión, un tránsito por los laberintos más oscuros de la conciencia humana. El principal problema de la transgresión, sin embargo, no era solo que se subvirtieran ideas, es decir, que se desarrollaran ampliamente y en toda su riqueza de matices los temas tabú o se diera rienda suelta a la irracionalidad. El verdadero conflicto de la adaptación del género viene principalmente determinado por el fuerte carácter nacionalista del mismo y los componentes que derivan de su aplicación. La novela gótica nació como una expresión nacionalista artística, una revalorización de los elementos que hacen a un pueblo diferente, de ahí que lo malvado, lo extraño en las novelas de esta época viniera generalmente desde fuera y sobre todo desde España e Italia. Así lo remarca Duncan (1992: 2): "La novela gótica inglesa (y la literatura inglesa en general) tiene un carácter marcadamente nacionalista, no solo en su vertiente anticatólica sino en una identidad cultural propia". La ficción gótica, en cuanto a forma ficcional distintivamente británica, conlleva en sí un componente nacionalista, opuesto a lo continental y a lo católico. Además de provocar la sublimación en los sentimientos de sus lectores y exaltarlos, el subgénero gótico servía, al mismo tiempo, de propaganda política contra el despotismo francés, el papismo italiano y el medievalismo absolutista español, con su cultura de la superstición, su pervivencia del poder católico y su aterradora política inquisitorial.

Lo gótico trataba de insertar, de algún modo, un manifiesto cultural, del que se mostraba tajantemente en contra, en una cultura ya desarrollada y que deseaba encontrar otras oportunidades lúdicas conforme a su línea de pensamiento político. No obstante, estas nociones trasladadas a otras culturas, precisamente a aquellas con las que entraba en conflicto, resultaban imposibles de sostener. Los ideales anticatólicos que impulsaba la Ilustración penetraron ampliamente en Inglaterra y Francia y añadidos estos a la propaganda inglesa protestante anticatólica influyeron en la Ilustración española, aunque con signo diferente.

La Ilustración en España no podía de ninguna manera decantarse por una oposición manifiesta al catolicismo, como había sucedido en Inglaterra o Francia, países protestantes o con ideas liberales. Ni tan siquiera aquella parcela de ilustrados españoles, con principios menos conservadores, que criticaba abiertamente el férreo sometimiento a la fe de Roma o, al menos, a algunos de sus principios o instituciones por suponer un retroceso en la modernización del país, estaba preparada para asumir una literatura que atacara a los principios básicos en los que se sustentaba el sistema. Pretendían, por el contrario, tan solo, y lejos de suprimir la doctrina, un catolicismo menos apegado a Roma y más españolizado que reflejara lo pintoresco y nacional del mismo. En España, el catolicismo era considerado algo más que una institución, un verdadero sello identificador[199] y la novela gótica debía perder o suavizar, en la trasferencia genérica, aquella carga subversiva que suponía un ataque directo a nuestra cultura, en la pretensión de encontrar un lugar definitivo entre autores y público.

Sin embargo, los prejuicios de la novela gótica iban más lejos, pues no solo el punto de mira se dirigía a la Iglesia católica y a su gobierno absolutista, sino que se hacían extensibles a todo aquello que remitiera de alguna forma a lo español, a su cultura ances-

---

199 Andrea J. Smitd (2002: 2) comenta al respecto: "A pesar de que la Ilustración francesa se escoró hacia el anticatolicismo, en España, la causa de las Luces no fue percibida como incompatible con el elemento clave de la identidad nacional, el catolicismo. En tal contexto, lo que se puede definir como Ilustración española comportaba, más que su abolición, una purificación, o una "ilustración "de la fe". Para Smitd el catolicismo no es sino un elemento más de la Ilustración española".

tral anclada en períodos oscuros y extremadamente supersticiosa. La profunda aversión hacia todo lo latino es la primera de las dificultades de entre tantas con las que se topó la ficción gótica en su trasferencia a la literatura española. Nuestros escritores se vieron obligados, y ello de acuerdo con las exigencias novelescas de adecuación a las costumbres nacionales, a una adaptación que no condujera al rechazo, pues, aunque pueda entenderse como actitud crítica, la censura tampoco iba a permitir este ataque voraz y directo a las instituciones base que organizaban nuestra sociedad y, en definitiva, a lo más hondo del alma hispánica, y además en un momento en el que el nacionalismo era algo más que un movimiento incipiente. Esta complicación hubo de solventarse en pro de la censura, pero sobre todo del movimiento lector al que iba dirigido y que la reclamaba. Los autores debían acudir a infinidad de artificios literarios para solventar estos problemas, si pretendían recoger éxitos similares a los obtenidos por sus colegas en otros países europeos. Y aunque es cierto que determinados motivos, como la condena a la Inquisición y sus métodos, se aprovecharon para el desarrollo de las tramas de terror y de hecho fueron algunos de los más prolíficos, no lo serían, sin embargo, en los mismos términos ni con idénticas motivaciones que los ingleses.

Alejada de los condicionamientos que la motivaron, debía dar, manteniendo la base de la fórmula, su estructura del terror y el objetivo fundamental del miedo, su marca distintiva y su principal atractivo, no lo olvidemos, una nueva interpretación a los valores de la novela gótica inglesa; si no se podía trabajar desde la aversión y subversión, debían enfrentarse a ella desde la evasión, pero al mismo tiempo, desde la pedagogía. Y aunque el rencor y hostilidad hacia lo extranjero, especialmente lo francés y su Revolución, pero también lo inglés, por su protestantismo, era otra forma de nacionalismo, opuesta a aquel que la había motivado en sus orígenes y que se podía utilizar en el desarrollo de las tramas, los principales cambios que tuvieron lugar en la estructura interna de la novela, una vez eliminada o salvada y subsanada la ofensiva directa a la cultura española, están relacionados con la adaptación a nuestras letras, a la concepción teórica de la novela española.

En el momento en que una obra de ficción subversiva ha de pasar, para salvar los filtros de la censura, por una novela moral y edificante, debe sufrir obligatoriamente un complejo proceso de adaptación. Con una problemática propia y una débil y particular oposición entre racionalismo e irracionalidad, al menos en uno de sus planos, la novela gótica española hubo de asentarse en principios estéticos diferentes a los de su origen, es decir, en su propia defensa de la tradición y del sentido moralizante. Y mientras en Francia se tiñó de sangre y perversiones más crueles aún que las narradas en Inglaterra, si abogó por la libertad y los principios de la Revolución triunfante, en España encontraría su camino de desarrollo a través de preceptos, en apariencia contradictorios con la esencia primera de la ficción gótica. Si para teóricos, censores y quizás algunos autores, la maldad manifiesta en las novelas era decididamente condenable, si las pasiones exaltadas resultaban del todo aborrecibles, ¿qué mejor máscara y más inocente que la condena del vicio y del mal en el ser humano y en el mundo, y la consiguiente exaltación de la virtud a través de una novela con un declarado carácter moralizante? Toda la galería de misterios sobrenaturales, horrores sin límite, seres abominables, acontecimientos que traspasaban con creces los límites de lo aceptable y del decoro, seguía estando presente, pero quizás, pensaron, si se suavizaba con un propósito moralizador y desenlaces subordinados a una ejemplaridad que recompensaba la virtud y castigaba el vicio, se conseguiría salvar a un primer lector, el censor o teórico de turno, y se gratificaría, al mismo tiempo, a otros tantos lectores, el público general, aquel que demandaba la nueva estética del terror, en un segundo nivel de lectura, el buscado por la novela gótica.

Se trata de un complejo proceso de trasferencia genérica en tres fases diferentes; en primera instancia, el gótico no precisaba de lección pedagógica, pues se había colado en la escasa producción novelística nacional de finales del siglo XVIII, a través de toda la escenografía sublime del terror, vinculada a la tendencia hispana por lo macabro, en apariencia tan solo un artificio estético, opuesto el concepto neoclásico de belleza y de un gusto cuestionable, pero que no suponía un problema ya que no implicaba cuestiones morales ni desestabilizaba los principios teóricos de la novela aún incipientes.

El verdadero problema se planteará en el momento en que, impulsada la ficción española por el éxito rotundo de la novela gótica en Europa, da un paso más en la adaptación genérica. Cuando tras la arquitectura lúgubre y el terror estético se dejaron sentir los verdaderos propósitos, desestabilizadores e inquietantes, irracionales y obscenos, la novela gótica española hubo de dar un giro declarado hacia la defensa de la moralidad y esconderse tras la aparente ingenuidad de otras manifestaciones genéricas que gozaban de mayor crédito: la novela histórica y la novela sentimental. En efecto, la cruz que desde Inglaterra venía arrastrando obligó no solo a enmascarar el nuevo gusto bajo el apelativo de literatura moral, sino a vincularla con otros géneros que eran vistos con mejores ojos por la crítica especializada y la censura gubernativa. La novela gótica se esconde bajo la etiqueta de novelas sentimentales, en primer término, y novelas históricas, tras los ecos iniciales en España de la producción de Walter Scott; etiquetas puestas por autores, traductores o adaptadores, conscientes de la problemática del género.

La novela histórica propiamente dicha triunfa con el final de la época fernandina, que se corresponde con una nueva visión del mundo; señala Peers: "El año 1834 marca el cénit de la novela histórica primitiva en España" (1967: 193), por lo que la historia recreada con inmediata anterioridad a esta fecha habría de englobarse dentro de este subgénero literario, anulando por completo el peso y la influencia de la ficción gótica. Aunque la opción que propone Peers podría considerarse como una de las causas que minimizaran el impacto en nuestra literatura de la novela gótica, pienso que la opción opuesta también debe ser considerada; es decir, la carga subversiva que acarreaba el goticismo en el trasvase genérico debió buscar para sobrevivir nuevos cauces de expresión y en su búsqueda desesperada se escondió tras los pliegos de las recién introducidas en España novelas históricas. Sin embargo, este crítico contradice lo afirmado en 1927 (446) cuando entiende el género gótico y el histórico como dos movimientos que corrieron paralelos en los mismos años en nuestro país y que, por lo tanto, habrían disfrutado de diferente público, o si ya no diferente, sí que fuera capaz de diferenciar entre ambas tendencias o movimientos: "Strangely enough, this vogue in Spain of the «novel of terror» ran contemporaneously with the early vogue of Scott, to whom must probably be attributed its brevity". Ya el propio Walter Scott había recogido los beneficios de esta tendencia para la narrativa y la admiración le llevó a asumir muchos de sus tópicos o fórmulas. Se atraía al público a través de los rótulos que todos habrían de identificar como del gusto gótico, el subtítulo de novela histórica vendría a paliar la fuerza del título al esconderlo bajo la moralizante, conservadora y siempre correcta novela histórica. El éxito de Scott[200] en nuestro país empieza a forjarse a partir de los años veinte, las referencias en las revistas comienzan a ser continuas, a pesar de que se le conociera primero como poeta, y las traducciones de sus obras empiezan a multiplicarse; y aunque el éxito fue mayor a partir de los años treinta, con la libertad de prensa, recordemos que *Ivanhoe* sufrió la dureza de la Inquisición, no es hasta 1829 que el impresor Federico Moreno publica una *"Nueva colección de novelas de Sir Walter Scott, traducida por una sociedad de literatos"*. Considero que el gusto estaba definido a través de la novela gótica, pero, la novela histórica entró con cierta dignidad literaria[201]; a pesar de ser considerada género de masas, saltó las trabas de la censura y se cubrió de valores idealizadores, de ideales caballerescos que recordaban a un pasado glorioso. Scott fue el verdadero responsable de dignificar la novela histórica al elevarla a la categoría de gran creación literaria y convertirla en canon. La novela gótica estaba por tanto preparada para salvar su carga subversiva a través de estas narraciones que ya de por sí habían heredado a través de su gran cultivador una importante carga de elementos terroríficos, irracionales, pero nunca subversivos. La novela histórica habría recogido los lectores que ya previamente se habrían formado bajo el gusto gótico. No es atípico si se piensa que las corrientes de pensamiento conviven. Al fin y al cabo, como señala acertadamente Ramón Álvarez (1998: 211): "En la ficción gótica también se encuentra el germen de la novela histórica", pues la continuidad entre

---

200 De hecho investigadores como Román Álvarez (1998: 214), basándose en las palabras del propio autor, no duda en apuntar a la ficción gótica como precursora, en muchos aspectos, de la novela histórica: "La explosión de lo irracional, el derroche imaginativo, la insistencia en establecer relaciones entre el presente y el pasado, y la presencia de elementos míticos, legendarios e incluso folklóricos, abrieron las puertas a la imaginación histórica. Walter Scott y sus sucesores aprovecharían una buena parte de este material para abordar campos literarios más pródigos y fecundos. Scott desmitificaría el pasado, proyectando la luz de su intuición histórica en la nebulosa mítico-fantástica del mundo que los novelistas góticos habían concebido".

201 Iris Zavala (1971: 27) señala una serie de referencias que resultan de gran interés para remarcar la dignificación del género y la consideración del mismo por nuestros escritores: "En 1823 *El Europeo* informaba sobre Scott y lo llamaba "el creador de un nuevo género": siempre original y superior en cada una de sus producciones, reina una verdad admirable en sus descripciones de los usos y las costumbres locales; sabe hermanar con la mayor gracia la historia con la ficción; conoce a fondo el corazón humano; y posee el arte de inventar caracteres siempre nuevos, de mantener siempre vivo el interés del diálogo y de variar al infinito cuadros y aventuras".
En los diversos artículos que se publicaron en los años 30 sobre la "Influencia de las obras de Walter Scott en la generación actual" se insiste en la misma idea: "No hay nación que no le sea deudora de purísimos deleites, provechosas máximas y sabrosos recuerdos" (*El vapor*, 2- XI- 1833).

la literatura gótica y la novela histórica es algo más que cronológica. "Ambas participan del espíritu común de una época en la que la clase social que domina la economía intenta buscar una justificación histórica para su propia existencia".

Estas conexiones posibilitaron que se conservara parte de la truculencia de los títulos pero se etiquetaron y se asociaron, sobre todo a través de los prólogos o advertencias previas al texto, a estas otras manifestaciones literarias. Este proceso provocó que los contactos entre las mismas fueran más intensos, pensando en un posible hibridismo genérico que se materializaría tras la explosión del Romanticismo. Sin embargo, aun con un intercambio más intenso de motivos narratológicos, no hay que olvidar que estos se habían producido ya con anterioridad en los orígenes del género gótico. La presencia de los mismos y quizás el desconocimiento de la crítica de la estructura formulaica de la novela gótica condujo a catalogar estas obras como históricas o sentimentales, sin considerar, en ningún momento, su posible vinculación con el género gótico. Los autores de entonces y, a modo de herencia, la crítica actual, apuntaron esta catalogación que se convirtió en dogma irreversible.

En realidad, los escritores optaron por "diluir", en su trasferencia genérica, la novela gótica, como último recurso y a modo de supervivencia, en géneros que triunfaban de igual manera, pero que llevaban consigo una menor carga subversiva. La competencia entre manifestaciones tan próximas desvía temas, argumentos o personajes, conduce a que los límites queden a menudo desdibujados, pero, al mismo tiempo, favorece la búsqueda de una identidad propia, pues el género se enriquece, aunque se mantenga la estructura narratológica base[202]. En estas novelas prevalecen los motivos góticos, se intensifican los conflictos y se recrudecen las escenas; primero fue el asentamiento de la novela gótica, no a la inversa, y después la proliferación de los aspectos góticos en la novela sentimental y más tarde en la novela histórica, cultivada ya en el Romanticismo; un ocultamiento de la subversión a través de una trama amorosa y un emplazamiento histórico bastante preciso.

En esta asimilación tiene que ver que se tomaran como referencia los modelos de la novela gótica racional, más susceptibles de revestir una carga moral y religiosa, con tintes históricos y tendencia al sentimentalismo. Ciertos tópicos de la novela gótica racional, como las escenas lacrimógenas y de separación entre los amantes, las pasiones exaltadas y la fuerte presencia de un personaje malvado, pero al mismo tiempo la declarada defensa de la virtud en pro de un final feliz en el que cada personaje es recompensado por su proceder a lo largo del relato, eran motivos recurrentes en la novela sentimental española. La novela sensible o sentimental, que se cultivaba en aquellos años y de la que el público, sobre todo el femenino, se mostraba partidario, ya contaba con un recono-

---

202 Estos contactos o vínculos entre los géneros literarios no producen, desde mi punto de vista, obras de mestizaje, como ha sostenido algún crítico como Ferreras, en su ensayo *Los orígenes de la novela decimonónica* (1973). Establezco un corpus en virtud de la proliferación de los motivos recurrentes de la ficción gótica, aunque es evidente que la perspectiva de la que parta el crítico tendrá mucho que ver en la catalogación de las novelas.

cimiento y una masa lectora relativamente amplia, que contribuyó a allanar el camino a la novela gótica. Este vínculo y sometimiento a la novela gótica racional a la manera de Radcliffe tiene que ver igualmente con la racionalización de los sucesos sobrenaturales que en estas obras se manifiestan y coinciden plenamente con la exigencia de los preceptos ilustrados, confirmando el triunfo de la razón sobre los elementos fantásticos en el plano artístico, pero no sobre todo lo que los góticos entendieron por el efecto de "lo fantástico terrorífico".

El concepto que los escritores góticos españoles emplearon en sus obras de los elementos sobrenaturales puede entenderse recuperando la sentencia de Francisco de Goya que abrió este análisis. En plena Ilustración, en 1799, la versión del *Capricho 43* de Goya que se encuentra en el Museo del Prado, menos celebrada que la tantas veces repetida "El sueño de la razón produce monstruos", explica mejor esta tendencia que se dio en nuestro país: "monstruos imposibles" pueden surgir con más fuerza si la razón permanece dormida y en su sueño esta se abandona por completo a la fantasía; sin embargo, si el escritor (artista) consigue encontrar la justa unión entre ambos conceptos, fantasía y razón, logrará la perfección en el arte. No supone un rechazo tajante a la fantasía sino una relación equilibrada entre ambos conceptos, un giro en busca de una interpretación neoclásica de la fantasía, el principio fundamental de todo ilustrado y lo que los preceptos estéticos le obligaban a defender. Es la esencia de esta novela en nuestro país, en el sentido de que conjuran aquello que temen y se dejan poseer por el espíritu turbulento de lo que dicen combatir. Sombras y razón, "sombras de la razón"[203].

Esta predilección no impidió, sin embargo, que se cultivara la otra vertiente, la vertiente irracional en su cara más perversa, en la que se bordean los límites de lo permitido, de lo aborrecible, de lo que es tabú, en la consecución definitiva, más allá del terror, del verdadero horror. Asentada su estética y salvada "la moralidad" por los vínculos con aquellos géneros dignificados por la preceptiva y la censura –novela sentimental y novela histórica–, nuestros novelistas volvieron la mirada a su problemática inicial y decidieron adoptarla como propia, pero desde una visión particular y nacionalista. Se percataron de que esta ficción podía albergar distintas lecturas, más perversas, y convertirse, desde dentro, en auténtica arma arrojadiza contra ciertas instituciones. Las novelas góticas, apoyadas en la sinrazón de los actos del ser humano, se tiñeron de figuras absolutamente satánicas, crímenes sangrientos o torturas y vejaciones sin límite, descubriendo un mundo diferente y extraño, pero tan real, o incluso más que el presentado por las novelas recomendadas, las novelas morales, en el que el triunfo del mal era inevitable e irreversible. Así la obra se enriqueció de problemática debajo de aquella moralidad más o menos

---

203 Lo que vuelve a situarnos en posturas opuestas a aquellos sectores de la crítica que únicamente ven en la ficción sobrenatural a la verdadera novela gótica. Es la tesis que sostiene Guillermo Carnero (1973: 15): "La auténtica novela de terror está basada, precisamente en la irracionalidad del universo [...]; de ahí que adolezca de esta gravísima limitación: la poca audacia que demuestra al dar siempre una explicación racional a algo extraordinario, y la tosquedad con que plantea las explicaciones de carácter psicológico. Es sintomático el procedimiento por el cual se destruye el rico entramado de la ficción sobrenatural".

aparente en el intento de desmontar conceptos incuestionables y tradicionalmente muy asentados, tales como el orden jerárquico en la sociedad, la noción misma de autoridad, por no mencionar asuntos igualmente delicados como la sexualidad o ciertos aspectos controvertidos de las instituciones católicas.

Es cierto que estas novelas no son fruto de la manifestación natural y espontánea de nuestra literatura, pero tampoco tienen por qué serlo, esa es la cara y la cruz de todo subgénero; existen reflejos, sin embargo, que dejan entrever el alma nacional, que sacan a la luz retazos de nuestra literatura. El resultado de este proceso de trasferencia genérica es una novela gótica que aúna tradición y renovación en el intento de vincular lo español a lo europeo. De tal manera que del original queda el esqueleto de la fórmula, la idea inicial y base del género, pero a ella se superponen la mentalidad, las costumbres, las ideas teóricas y los conflictos del país receptor del mismo. No es que no se comprendieran estos conflictos ni la problemática de la ficción gótica, lo que ocurrió es que se superaron desde una nueva perspectiva.

Mas antes de entrar a valorar la producción novelística considero necesario realizar otra nueva precisión que ha conducido a nuevos errores de base que se añadieron a los anteriores y que contribuyeron, por igual, a ratificar la no existencia de una novela gótica en nuestro país; quizás por aquellos vínculos referidos con la novela sentimental y sobre todo con la histórica, quizás por lo dramático y truculento de sus lances amorosos o tal vez por la complejidad de alguno de sus personajes, la ficción gótica, la escasa producción de la que constan referencias críticas, se ha vinculado al Romanticismo, eludiendo su filiación definitiva del movimiento ilustrado. Así se manifiesta Juan Ignacio Ferreras (1991: 189-190): "Entiendo por novela de terror (gótica) la estructura novelesca romántica" y más aún: "la novela de terror es ante todo una pura creación de la novelística romántica inglesa"[204].

En este período, las novelas participan aún, si bien entrado el siglo XIX, del ideal neoclásico español; una etapa aproximada en la que el gusto por lo gótico y su influencia en la literatura gozan de una relativa hegemonía y en la que el rígido movimiento ilustrado comienza a coexistir con los primeros intentos del Romanticismo. Nuestra novela convive en el tiempo con las primitivas manifestaciones románticas y existen contactos entre las mismas; sin embargo y como vengo afirmando, sería lo gótico uno de los impulsos del Romanticismo; es decir, que en el mundo gótico se encuentra buena parte del germen del sentir romántico. La eclosión del Romanticismo se produce, según el común de la crítica, con la caída del Régimen de Fernando VII; bien es cierto que las obras aquí comprendidas, como las que quedan fuera de dicho período, pero que se editan en esta franja temporal, anticipan rasgos de lo que predominará más tarde, por ser en cierta

---

204 No solo Juan Ignacio Ferreras defiende esta postura, también otros críticos como Gies (1988) o Sebold (1983: 153), quien sostiene que: "Lo que era el escándalo de los neoclásicos iba a ser la delicia de los románticos y sin este complejo viraje moral ni aún se habría llegado a concebir la posibilidad de obras como la *Galería Fúnebre de Espectros y sombras ensangrentadas* de Agustín Pérez Zaragoza, en el género narrativo […] en la primera de estas obras el autor resumía en la forma más concisa posible la nueva moralidad romántica: «el crimen tiene su heroísmo»".

medida precursoras de este, pero aún nos encontramos lejos del verdadero Romanticismo. Si se asimila la novela gótica al período romántico, por el contrario, la alejamos del momento histórico que justifica su nacimiento y la dota de todo aquel cómputo de propiedades específicas.

Hablar de Romanticismo en estos textos supone una afirmación más cruel y caprichosa aún: negar la riqueza y diversidad que albergaba en su seno el siglo de la razón, el de las luces, pero también el de las sombras. Estas novelas responden al espíritu de la Ilustración, como lo hicieran en sus orígenes, al tiempo que sus autores se instruyeron en él y se cultivó en función de la estética dieciochesca. Son novelas hijas legítimas de la Ilustración, como lo fueron las creadoras del género, herederas indiscutibles de su problemática, y como tales deben entenderse y analizarse; frente al proceso creador como libertad del individuo, la novela gótica española promocionará el criterio de utilidad y la función social de la literatura. La novela se mantiene fiel a las directrices neoclásicas y en este punto no se desprende de su pretensión originaria. El vínculo constante con los preceptos morales y la intención aleccionadora la acerca más si cabe al ideal ilustrado, aunque ello no implica que no hallemos sentimientos ni emociones. Los discursos pedagógicos y moralistas responden a un pensamiento ilustrado, con una fuerte carga moral y, más que sentimental o "romántica", lacrimógena, aunque incorporan a las novelas la historia reciente y las costumbres originarias y derivadas de esta.

El error consiste en reducir un fenómeno tan complejo como el de la Ilustración a un rígido racionalismo, cuando el hallazgo de la sensibilidad y el reconocimiento del sentimiento como modalidad fundamental, junto con la búsqueda de la naturaleza humana provienen de la Ilustración[205]. Sin embargo, el empirismo sensualista que encontramos en estas novelas, aquella separación total del hombre con la naturaleza, que el Romanticismo rechazará desde sus orígenes, nada tiene que ver con el individualismo exacerbado en el que desemboca este último[206]. Resulta bastante discutible identificar ese sentimentalismo y ese modo de aproximación a la naturaleza con el egotismo romántico. Si aún no encontramos ecos de la asociación entre alma individual y naturaleza universal, mucho menos aquel vacío existencial, el mal espiritual, la recreación en la soledad, la superioridad del alma, el amor como esperanza o desilusión, el fastidio universal o el llanto perpetuo.

El hecho de que en aquellos años, aunque vagamente, fuese penetrando el movimiento romántico, no implica que estas novelas deban asociarse al mismo, como acertadamente ha sostenido dentro de nuestras fronteras Iris Zavala (1995: 18): "La literatura gótica no es romántica, aunque algunos escritores románticos hayan reacentuado buena

---

205 De hecho, ensayistas y teóricos de la talla de Alberto Lista o El Abate Marchena no consideraban, a la altura del año 30 del siglo XIX, al estilo romántico como una trasgresión de las leyes del arte clásico, sino más bien como una continuidad en la evolución natural de la literatura, un continuum desde la estética neoclásica.

206 Entiende Juan Rodríguez (2008: 5) que: "Considerar la Ilustración como un movimiento prerromántico, o arrebatarle lo más interesante de su evolución estética para concedérselo al Romanticismo me parece menospreciar un movimiento que tiene por sí mismo enorme coherencia".

parte de sus temas, personajes e imágenes". Se trata de un conjunto de obras de ficción que forman un período compacto, al margen aún del Romanticismo[207].

Una vez se aclaran los puntos confusos y se manifiestan los criterios a seguir, entonces y solo entonces puede establecerse un corpus coherente y definido. Muchos de los textos clasificados como pertenecientes al subgénero de la novela gótica, han sido incluidos dentro de otros subgéneros, como he comentado. Considero, no obstante, que ello se debe al punto de partida o al tipo de regla que se haya empleado en la clasificación. No pretendo una clasificación definitiva que excluya las precedentes, sino que adopto la que propongo basándome en toda la serie de criterios textuales detallados; más de un texto entonces podrá englobarse y, por tanto, pertenecer a más de un subgénero, dependiendo de la postura tomada por el investigador. Al mismo tiempo esta clasificación entra en conflicto con otras anteriores, ellas mismas consideradas hasta hoy en día como dogmáticas, negando, incluso, términos anclados en lo más profundo de nuestra reflexión literaria, pero la que aquí sugiero no es sino el resultado de una reflexión profunda. Frente a lo que puede haber sostenido la crítica especializada y ante las numerosas trabas e impedimentos con los que se haya podido topar la novela gótica en el proceso de adaptación, contamos, con una más que considerable vasta producción que debería ser tenida en cuenta antes de realizar afirmaciones incluso con evidente ligereza.

Este corpus gótico se encuentra conformado por una serie de novelas que se suceden a lo largo de tres momentos[208] y que tienen que ver con los diferentes pasos hacia su configuración genérica y de acuerdo con el proceso de trasferencia analizado; una línea continua y en evolución que abarca desde los primeros ecos, en las dos últimas décadas del siglo XVIII, hasta su desarrollo pleno en los años finales del régimen absolutista de Fernando VII, pasado por el asentamiento del género a través de los textos importados. Tres formas de adaptación del género gótico en las que el miedo, como elemento constitutivo del engranaje narrativo, sigue siendo la pauta que rige estas novelas.

De un gótico como producto estético, pasamos a un gótico como ejemplificación contra los vicios, lo gótico más puro; formado por el conjunto de adaptaciones de novelas originales, inglesas, francesas e incluso alemanas, se conservan los tópicos, se sigue la estructura formulaica, pero se justifica como enseñanza moral; para finalizar en un gótico a la manera española que se cultiva en sus dos vertientes, la racional y la irra-

---

207 En el artículo "Gothic versus Romantic: A Revaluation of the Gothic Novel" (1969), Robert D. Hume discierne magistralmente lo gótico de lo romántico, acota las características de uno y otro y señala que aunque existen puntos convergentes, las diferencias entre los mismos superan a las similitudes, por representar aquel una evolución de este. Esta postura recibió en aquellos años una respuesta opuesta desde el ensayo de Robert L. Platzner, "Gothic versus Romantic: A Rejoinder" (1971) que vio la luz apenas unos años más tarde y que considera, desde una perspectiva generalista, que la novela gótica es un conglomerado que forma parte de un todo más amplio dentro del Romanticismo, el cual podría calificarse como novela metafísica.

208 En el ensayo *La cara oscura del Siglo de las Luces* Guillermo Carnero apunta una clasificación interesante y que tendremos en cuenta en nuestro análisis, en torno a tres conceptos, pero sin acotar etapas: Lo *terrorífico arquitectónico*, lo *terrorífico moral* y lo *terrorífico maravilloso*.

cional y que se concibe como actitud; el gótico se tiñe de anticlericalismo y de denuncia de los procedimientos inquisitoriales, en todo su repertorio de motivos recurrentes del terror extremo, las torturas y lo macabro. Aunque algunas sean producciones menores, y que rozan los límites de aquella "subliteratura", otras, aun denostadas, poseen recursos destacables y algunas, incluso, adornan el podium de los denominados clásicos, lo fundamental, más allá de su calidad literaria, es que responden a un mismo sentimiento y llevan consigo nuevos aires de nuevas tendencias y gustos; el predominio de las sombras, el triunfo de la noche, el asentamiento definitivo de las tinieblas[209].

1. Evolución de la novela gótica española. Hacia la configuración de un corpus

1.1. La estética de lo sublime y las primeras manifestaciones del género gótico

Las parcas referencias que existen a novelas góticas españolas o a narraciones que se construyan bajo sus principios teóricos, sitúan "la escasa" producción en las postrimerías del régimen de Fernando VII, eludiendo, en su mayoría, un período de treinta o cuarenta años en que se materializó el gusto y germinó la estética[210]. El "excesivo", podríamos llamarlo así, consumo de novelas góticas inglesas hace impensable que no existiera una producción nacional previa que se rindiera a aquella nueva moda en una época temprana que coincidiera con el apogeo de aquella tendencia en la Europa de la Ilustración, aun a pesar del retraso que acusan los movimientos literarios en la historia de nuestras letras. Las suposiciones no son erróneas, pues gran parte de las novelas originales de las dos últimas décadas del siglo XVIII sucumbieron irremisiblemente a estos nuevos aires y dejaron que entre sus páginas se colara a discreción todo el abanico de posibilidades que ofrecía la recién estrenada literatura de la noche. Estas novelas precursoras de la ficción gótica española tienen su reflejo más directo no solo en las primeras traducciones de novelas góticas inglesas, relativamente escasas, sino en la lectura de los originales[211] a los que habrían tenido acceso, sin duda, estos escritores y, sobre todo, en aquel elenco de poetas lúgubres patrocinadores de la estética de lo sublime, teorizada por Edmund

---

209 Así de contundentes son las palabras finales de David T. Gies (1988: 67): "El lenguaje romántico, como todos los lenguajes, no descendía de la inteligencia del pueblo, sino que ascendía del pueblo a la cultura. Comenzó a difundirse a través de obras populares, de escaso mérito literario, y solo más tarde, ya resplandecería, elaborado y refinado, en las obras que con razón todavía se estudian y que constituyen las merecidamente llamadas obras maestras de nuestra literatura romántica".

210 Entre otras, se encuentran las de Juan Ignacio Ferreras (1973), Gies (1988) o Pedraza (1981) que sustentan sus reflexiones apoyándose únicamente en el éxito de la *Galería Fúnebre* en los años treinta del siglo XIX y analizando la producción nacional de estos años.

211 Así lo manifiesta Montesinos (1972: 15) quien considera que: "Los últimos años del siglo XVIII, concretamente de 1794 a 1796, están marcados por la fuerte influencia de la literatura inglesa. Aunque reconoce que se debieron leer los originales porque las traducciones son posteriores, a partir de los años veinte del siglo XIX.

Burke, y que, a su vez, había sido traducida a nuestra lengua, recordemos, en una época relativamente temprana.

Unas y otras lecturas habrían influido decisivamente en estas primeras novelas definiendo un período inicial en el que lo gótico penetra a través de la escenografía, lo que he denominado *lo terrorífico arquitectónico*, o se manifiesta como artificio estético, más allá del espacio de terror, *lo terrorífico sublime*. Los escritores ilustrados más cultos, a juzgar por los nombres[212], serían en realidad los que habrían tenido acceso a estas nuevas tendencias en un inicio, a la espera inmediata de su triunfo definitivo entre el público y su nuevo estatus de literatura de masas. Impregnan sus novelas de una sensibilidad diferente[213], desconocida hasta entonces y opuesta a los cánones de belleza, y de un sentimiento colectivo de terror que se traducirá artísticamente "en un mundo de imágenes que reflejará esa profunda emoción" (Herrero 1988: 132); las novelas se plagan de lances oscuros, de paisajes lúgubres y sombríos, de noches más intensas y espeluznantes, de sombras que vagan, de espíritus que regresan, de visiones de ultratumba. Sin embargo, estos elementos no organizan la estructura narrativa, sino que su irrupción está limitada y se reduce a determinados episodios de la historia. El terror es puntual, efectista, sorprendente, por eso debe recrearse en toda la galería de horrores que estuviera al alcance de los autores, para lograr la ansiada fascinación.

Aún estamos lejos de que la problemática y toda la esencia de la ficción gótica se reproduzca en nuestro país, pero lo que sí se aprecia en la narrativa de estos años es un creciente aumento en la inclusión de elementos que se pueden identificar con aquella ficción gótica ya aludida y que se desarrollarán ampliamente en etapas posteriores; lo que se traduce en una evolución continuada, en una adaptación progresiva de las convenciones del género. No se puede hablar entonces de verdaderas novelas góticas, pero la génesis y el desarrollo del género en nuestro país no estarían completos y las particularidades que lo caracterizan serían difíciles de explicar y sostener sin este estado necesario de la

---

212 Ivy McClelland (1995) clasifica como góticas algunas de las novelas pertenecientes a esta primera etapa: *La Leandra, La Serafina, La filósofa por amor, El Valdemaro, Voyleano o la exaltación de las pasiones*, a las que añade *El viajador sensible* de Bernardo María de la Calzada, cuando en realidad se trata de una traducción del propio autor en concreto de Laurence Sterne.

Del mismo modo Glendinning (1994: 110-111), Álvarez Barrientos (1991: 278) o Carnero (1985: 39-40) consideran que existen rasgos de la novela gótica en algún episodio de *La Leandra* de Antonio Valladares de Sotomayor; lo mismo ocurre con *El Valdemaro* de Vicente Martínez Colomer y en la carta X de *El evangelio en triunfo* de Pablo de Olavide. También Brown (1953: 25) atisba en ciertos autores de finales del XVIII como Francisco Martínez Colomer, Pedro Montengón, Bernardo María de la Calzada o Ignacio García Mayo ciertos aires de la nueva estética que triunfaba en otros países de Europa.

213 Afirma Brown (1953: 23) que en este período en que predominaba el cultivo de "la novela nacional" a lo Cervantes comienzan a percibirse ecos de una nueva sensibilidad que tiene que ver con el triunfo de la estética de lo sublime en nuestras letras: "Sobreviene la irrupción arrolladora del sentimiento, de la moralidad asustadiza y lacrimosa, del exotismo, del sentimiento panteísta de la naturaleza y del concepto deísta de la Providencia. El mundo real, absoluto, de la novela tradicional parece que se disuelve en un ambiente de relaciones personales intensamente sentimentales y subjetivas; los personajes de la novela abandonan los caminos soleados de Castilla y se internan por las intrincadas galerías del corazón".

trasferencia genérica. No solo las particularidades de muchos de los motivos góticos han de buscarse en estas primeras influencias, como puede ser el trato especial que merece el componente sobrenatural, sino que en ellas se perfila el camino definitivo que va a tomar la novela hacia un equilibrio sublime entre lo negro y lo macabro. El desarrollo de novelas puramente góticas habría sido más tardío, pero los ecos de estos fúnebres tañidos, en las obras nacionales, empiezan a llegar apenas irrumpe el movimiento e incluso con anterioridad a la explosión de las traducciones y su triunfo en el grueso de Europa con un éxito innegablemente abrumador.

El romance épico *El Rodrigo* (1793) de Pedro de Montengón es una de las primeras novelas en las que se exhibe con mayor fuerza esta nueva estética burkeana. En algunos fragmentos de la historia puede apreciarse lo terrorífico como un recurso estético en alza que encuentra, en el componente macabro hispano, al aliado perfecto para conseguir este nuevo sentimiento de lo sublime. Montengón se complace en lo morboso y lo sangriento y lo adorna con todos los tintes del espacio del terror gótico, allí donde el miedo a la muerte y al dolor aterran al mismo tiempo que fascinan; así, en la muerte de Guntrando, ahorcado mientras agoniza[214], en la ejecución de Sintila, en el ataque del conde Recaredo a la ciudad de Tánger, en la lucha entre Evanio y don García, en la erección por don Julián del Altar de la Venganza, pero sobre todo en la violación de Florinda, en los intentos primero y en la consumación después, en una cueva subterránea, lúgubre y sombría, que anticipa el infierno, el que vive la dama en su confinamiento y el que sufrirá el villano más tarde por la crueldad de sus actos:

> Dicho esto, casi fuera de sí, el rey Rodrigo con el tacto de la mano de aquella superior hermosura, la volvió a poner en la postura natural de sus gracias hechiceras, ardiendo en llamas su amante corazón, en el cual rebosaba la suma complacencia y satisfacción de que le inundó entonces el Amor, que esperaba con ansia este combinado instante para poder triunfar enteramente del ánimo de Rodrigo; y de que dio luego señal haciendo resonar en el aire su maligna risa y arrojando de su diestra la tea ardiente que llevaba en ella para empuñar el arco, armándole de la flecha fatal cuya punta embota el afecto con el plomo que lleva en ella; y la dispara contra Florinda a fin de que no pudiera corresponder de ningún modo a la furiosa pasión del rey Rodrigo. No sintió ella el golpe de la herida porque es insensible, pero concibió en aquel mismo punto suma aversión al rey mientras este, ardiendo al contrario en viva llama, parte de la presencia de Florinda lisonjeado en su interior de haber rendido su afecto a su poder y grandeza, teniendo ya por segura la victoria de su entereza como el amor se lo prometía. Desde entonces ya no pensaba sino en combinar ocasiones y trazas para hacer más seguro el triunfo de su pasión, y en ello día y noche ocupaba

---

214 Montengón (2002: 185) recrea la muerte de Guntrando, que agoniza como consecuencia de una flecha que le han clavado en la batalla, con una crueldad espeluznante: "Sin decir más, por temor que la muerte de Guntrando previniera a los deseos e intentos de su venganza, manda echarle al cuello las riendas de su caballo y ahorcarle con ellas de un árbol. Conoció Guntrando, aunque moribundo, el orden que ejecutaban en él, expresando su fiero sentimiento con los resuellos, al tiempo que le arrastraban como animal por el suelo, tirado de las riendas con que le conducían al suplicio que ejecutaron luego en él, dejándole ahorcado y pendiente de un alcornoque".

sus deseos y pensamientos. [...] Allí, en su indignación resuelve vengarse del recibido desaire, ni quiere abatirse ya más a ruegos; antes bien, arrojando todo el respeto que le infundía la inocente honestidad de la ilustre doncella, determina violarla a cualquier coste (Montengón 2002: 152-153).

No dio lugar para ello la ardiente pasión de Rodrigo, que se presentó luego en la cueva y a los ojos de Florinda, cubriéndolos de horribles tinieblas. Musa, retrata tú el terror, la confusión y el duelo que oprimieron a una la mente y el corazón de la honesta doncella al verse allí desnuda ante los ojos del odioso soberano, y leyendo en su vista la funesta sentencia de su deshonor. Interesado el eco de la gruta en la terrible situación de Florinda, repitió por dos veces el grito que el espanto y horror le arrancaron de su pecho al verse víctima de tan abominable engaño. Aunque, casi yerta y aterecida de la confusión y vergüenza, quisiera zambullirse en las aguas y entregarlas juntamente con su vida su honestidad intacta, anegándose en ellas antes que quedar violada por el monarca. Mas fue vana la tentativa de sumergirse en ellas para esconder a lo menos su desnudez, vedándoselo aquellas cohechadas ninfas, que arrebatando con ella la sacaron del estanque sin que sus fervorosos ruegos y sollozos ni su esforzada porfía mereciesen ser atendidos de ellas, y mucho menos de quien, ardiendo en la voraz llama de su pasión, irritada de las desnudas gracias y hermosura sin par, la llevó en sus brazos al ara allí dispuesta con ingenioso artificio (Montengón 2002: 174-175).

Guillermo Carnero (2002) en su edición a la obra, aprecia igualmente rasgos góticos en la caracterización de alguno de sus personajes, que se adelantan a los complejos y problemáticos villanos de las novelas góticas, verdaderos precursores del héroe romántico; aunque en Rodrigo también existe esa ambivalencia que caracterizara a aquellos héroes- villanos de la novela gótica irracional, Gustrando se aproxima más a esos otros actores, pérfidos, crueles y siniestros. Lo define perfectamente Guillermo Carnero (2002: 82) "hipócrita, taimado y vengativo. Odia a la familia de Witiza por haberlo este postergado; encizaña a Rodrigo contra los hijos del difunto rey inventando supuestas conspiraciones y lo incita a asesinarlos, y hasta ordena su muerte contando con la aprobación a posteriori de Rodrigo; aviva el amor del rey y lo induce a exigir la sumisión de la muchacha como obediencia debida a una autoridad que legaliza el capricho; planea el alejamiento de don Julián en la frontera africana y la entrada de Florinda en la corte". Resulta innegable que este personaje participa de gran parte de aquella maldad de los villanos góticos, que se manifiesta en su personalidad y en la crueldad de sus actos, pero aún estamos lejos de la malignidad sin límites que se manifiesta, sin ningún ápice de arrepentimiento, en las torturas, vejaciones y confinamientos, verdaderas muertes en vida, a las que someten a sus víctimas[215].

---

215 Este personaje de Don Rodrigo, además es un referente, un clásico, en la literatura española a través de los romances, la forma "más española" del quehacer literario, y prendida en el subconsciente colectivo. Uno de los romances más leídos y aprendidos por generaciones de españoles fue, por cierto, aquel que titulado "La pérdida del reino" comienza "Las huestes de Don Rodrigo/ desmayaban y huían/ cuando a la octava batalla/ sus enemigos vencían"... El ciclo de Don Rodrigo con su horrible muerte, tras la penitencia del monje, era entonces, un excelente referente literario del que se valió, sin duda, Montengón para atraer a un público numeroso y con ganas de ver, leer, de nuevo, e imagi-

Los resquicios góticos además de en la caracterización de los personajes, en el recurso de lo macabro y en el componente arquitectónico de la escenografía del terror, se encuentran en la presencia constante del elemento transgresor: en la entrada de Rodrigo en la cueva de Hércules, en el desprendimiento de las lámparas o la aparición de Mahoma y la de Ataulfo en combate con este último, el Islam y el Cristianismo. Sin embargo, en esta novela los seres que, tras morir, regresan del más allá, se muestran a sus seres queridos con buenos propósitos. Retornan con la única pretensión de ayuda, lo que parece alejarlos, en principio, de la fórmula origen según la cual los aparecidos regresaban con un propósito vengador y atormentaban a quienes se les aparecían hasta que no acataran sus órdenes o lograban sus objetivos. Es esta una táctica del autor para salvar y justificar el efecto transgresor que estas apariciones tendrían en los lectores y evitar que fueran rechazadas por la censura. Sin embargo, aunque retornen al mundo de los vivos con buenos propósitos, su irrupción va acompañada siempre de un efecto maléfico, lo que indica el verdadero objetivo del autor, la consecución de aquel dulce horror obligado por el género. De hecho, en el marco de esta novela, la importancia real de estos seres, no radica ni en su innegable responsabilidad en la transgresión —a veces incluso se aparecen en sueños o son producto de una visión— ni en la finalidad de su empresa, sino en los efectos que producen, en la sublimidad de su aparición en escena, casi teatral. Estamos, en realidad, ante auténticos objetos de terror y como tales son utilizados por los escritores, como queda dicho, para provocar un efecto sublime en el protagonista y, por extensión, en el lector. Los acontecimientos sobrenaturales, alejados del aura de lo maravilloso de la literatura de siglos anteriores, siempre aparecen marcados por un escenario fúnebre, envueltos en tinieblas y ante el horror indescriptible de los que lo contemplan. Así describe el narrador, a pesar de su pretensión de ayuda, la aparición del espectro de Witiza durante los oficios fúnebres de su muerte:

> […] comenzó a temblar el subterráneo y entreabriéndose luego la losa, que cubría el sepulcro, salió una voz que decía en débil acento: huid hijo, huid de esta tierra en que se amenaza la muerte: vuestra salvación depende de la pronta fuga […] Dicho esto se cierra de por sí la losa, cuyo ruido agravó el espanto y terror de todos los presentes (Montengón 2002: 174-175).

También se puede entender en clave semejante la muerte de Endigilda para poner a don Julián al corriente de la afrenta de su hija, que lejos de transmitir paz a los presentes y reconfortarles, infunde auténtico terror:

> Se le aparece en sueños Endigilda, envuelta en la funérea mortaja. Mas en vez de conservar su semblante la entereza de las facciones, como cuando acabó de expirar, se veía al contrario casi todo roído de los gusanos, acrecentando el horror que inspiraba, aunque todavía conservaba la semejanza por más que lo desfigurase

---

nar los cómos y los porqués de este hombre cuyo pecado trajo la desgracia de una guerra, la de la Reconquista, que duraría ocho siglos y que fue capaz por satisfacer sus pasiones de vender a su patria.

en parte la concavidad de sus mejillas y la de sus ojos, de los cuales manaba grueso llanto que recogía en la mortaja misma (Montengón 2002: 214).

Esta peculiar actitud hacia lo sobrenatural, que heredarán las novelas góticas posteriores o incluso las adaptaciones de las novelas inglesas, destaca como motivo recurrente en la configuración narrativa de *El Valdemaro* (1792, Valencia, José Esteban)[216]. El profundo apego a los dogmas de la Iglesia, la firme creencia en los milagros y el mantenimiento de todo tipo de supersticiones se traslada a esta novela y nos descubre seres de condición fantasmal que, como en *El Rodrigo*, no mueren, no desaparecen en la nada, sino que se transforman y retornan al mundo de los vivos, la mayoría de las ocasiones materializados en sueños o visiones, con un propósito determinado, pero siempre positivo: para concluir algo que en vida dejaron por realizar, para deshacer lo anteriormente andado, para prevenir sobre un mal que acecha a los personajes, sobre una catástrofe inminente o sobre una decisión que estos deben tomar. Es el caso de la visión que experimenta uno de sus personajes, Andrónico, una visión terrorífica que se describe desde las sensaciones que evoca, desde la nueva estética de lo sublime; en medio del abandono en una isla, en la soledad más absoluta, cae desfallecido, la noche le trae una visión en la que un ser acompañado por toda la parafernalia de elementos góticos que se vinculan a las apariciones, le adelanta el futuro y le ofrece su ayuda a través de una lección moral:

> Cerró la noche [...] y quedé dormido. Al instante se vio mi alma trasportada a una desconocida región. Hállome en medio de una espaciosa llanura cerrada con murallas de lúgubres cipreses. Todo el recinto estaba lleno de suntuosos mausoleos, unos en forma de pirámide y otros cuyos vértices casi tocaban las nubes, y otros a manera de altares cuya magnificencia ofrecía la más bella vista [...] De trecho en trecho notaba sobre la tierra algunos pobres ataúdes cubiertos de lúgubre bayeta y cuerpos tendidos por el suelo envueltos pobremente en una túnica miserable.
>
> Paseaba lleno de pasmo por aquella región [...] Así discurría yo, cuando un ronco y pavoroso viento me sorprende de improviso. La tierra se estremecía bajo mis pies, los mausoleos temblaban impetuosamente, los cipreses se desgajaban con estrépito y de cuando en cuando se percibía un ruido sordo como de huesos descarnados que chocaban. Al instante se cubrió el cielo de negras nubes y la luna retiró sus resplandores. El horror en medio de la oscura noche, y el pávido silencio de aquellos sepulcros hicieron erizar los cabellos sobre mi cabeza y entorpecieron mis miembros, de suerte que ni aun tenía libertad para moverme.
>
> En tan espantosa situación, he aquí que veo venir a un viejo desnudo, la cabeza calva, la barba blanca, embarazada la mano diestra con una corva guadaña, sosteniendo con la izquierda un reloj de arena y batiendo dos grandes alas que casi le cubrían el cuerpo.
>
> Tú, me dijo con voz terrible; tú, a quien todavía deslumbran las dignidades y los honores tras los cuales corren atropelladamente los hombres, repara si encuentras diferencia entre el polvo del monarca y el del más infeliz esclavo.

---

216 Se reeditó posteriormente (Valencia, José Esteban, 1792; Valencia, José de Orga, 1803; Valencia, José de Orga, 1807; Valencia, José Ferrer de Orga, 1816; Valencia, Domingo y Mompiée y Miguel Domingo, 1812-1822).

[...]
Dijo, y dando un terrible golpe en el suelo con su guadaña cayeron con precipitación todos aquellos soberbios mausoleos y al instante quedaron reducidos a
polvo.
Doblóseme entonces el terror y mis espíritus casi desfallecieron; sólo pude
ver la ninguna diferencia que allí había: todo era polvo, corrupción y podredumbre.
Anda, ve a buscar por otro camino el templo de la inmortalidad, me dijo.
[...]
Desperté cubierto de un sudor frío y hallé que el sueño me había sido instructivo (Martínez Colomer 1816: 185-191).

El elemento desestabilizador que provoca la sorpresa y el espanto en los personajes aparece de esta manera como producto de un sueño, salvando su existencia en el
mundo real y haciéndolo depender del delirio y de la imaginación, del estado opuesto a
la vigilia en el que el personaje se sumerge. Se trata de un recurso empleado como tópico
por los góticos para contribuir al enigma y a desvelar situaciones y secretos de la historia
que de otra manera exigirían una explicación inverosímil o quedarían al margen de la
razón.

Sin embargo, Martínez Colomer va, en *El Valdemaro*, más lejos que *El Rodrigo*
de Montengón en el tratamiento del elemento sobrenatural. El propio autor define su
novela, en la advertencia inicial, como "fábula maravillosa y verosímilmente sostenida".
Aparece el componente extraño o sobrenatural, pero el procedimiento que emplea Martínez Colomer para preservarlo es, en este caso, no ya solo el de los buenos propósitos de
los aparecidos, sino que estos, al igual que el proceder global de la novela, se vinculan a
la Providencia[217]. Recurrir a la Providencia le permite que las situaciones inverosímiles,
y no solo aquellas en que aparecen seres fantasmales, tengan consistencia y que todo
suceda de acuerdo con el orden probable de la vida o al menos el esperable para aquella
sociedad de finales del siglo XVIII que continuaba creyendo en la existencia de milagros.
Álvarez Barrientos (1991: 255) estudia este aspecto y sostiene que todo se hace depender de los designios desconocidos de la Providencia, en la que confían ciegamente los
personajes. La Providencia es un comodín para Martínez Colomer; le permite adentrarse en lo que a primera vista puede parecer inverosímil y salir de ello sin dificultad, y, de
la misma forma, es un núcleo que genera acciones e incidentes en sus argumentos, que
suelen ser complicados[218].

---

217 Rafael Olea Franco (2004: 50) propone clasificar este particular empleo del componente sobrenatural como milagroso: "palabra con la cual deseo aludir a sus orígenes religiosos, que no implican la transgresión de ningún concepto. El milagro se entiende dentro de una concepción religiosa de la vida, como la intervención de la Providencia y no
de la razón para cambiar el destino humano".

218 Continúa Álvarez Barrientos (1991: 257): "Se sirve de lo fantástico y maravilloso de una forma peculiar y personal.
No es solo que utilice el mundo mágico como elemento de atracción del lector. Lo mágico y la fantasía están empleados siguiendo en parte los presupuestos de Fielding y de Lampillas cuando habla de Cervantes y de su grandeza".

Es decir, presenta la múltiple y multiforme peripecia como casuística relativa al dogma de la Providencia: "No hay fortuna, hijo mío, no hay casualidad. Todo lo dispone el Altísimo con su sabia Providencia; todo lo mueve, todo lo alimenta, todo lo gobierna" (1985: 208) o "Enormemente os engañáis, [...] La fortuna y la casualidad, dos entes tan imaginarios el uno como el otro, no son más que monstruosos partos de la ignorancia" (1985: 106); desde esta actitud se sitúa en la misma línea del pensamiento cristiano y queda igualmente libre en su conciencia el atentar contra los principios de realismo y verosimilitud literaria, principios dogmáticos fundamentales de la novela ilustrada.

De la mano de Martínez Colomer nos adentramos en un mundo fantástico, al servicio del racionalismo, de una forma que no resulta chocante ni inverosímil. A pesar de que desde el punto de vista de lo fantástico, el texto se mueva sospechosamente en los límites de lo maravilloso, mucho más allá de la afirmación del autor, los episodios en los que interviene el elemento sobrenatural son especialmente característicos, pues van acompañados de un efecto de terror[219], siempre sublime, en los personajes que lo experimentan. Es el caso del episodio en el que Valdemaro llega a tierra después del lance de Violante y es conducido por Piromanto a su siniestra guarida; los conjuros del nigromante le provocan una extensa y espantosa visión en la que presencia, aterrado, su ejecución y la de su hermana[220].

> En esta situación, que no sabré explicar debidamente, se me presenta un espectro horrible, tómame por la mano y sin proferir palabra me conduce a una lóbrega gruta. Al entrar en ella siento caer sobre mí un monte de terror, los cabellos se me erizan flojeándome las rodillas, un frío temblor se apodera de todos mis miembros, hiélaseme el corazón y la sangre no acierta a circular por las venas. Penetramos el oscuro atrio y llegamos a un aposento no menos pavoroso que las sombras que habíamos dejado; una débil luz que entraba por la hendija de una pared daba lugar para que se viera lo que en él había [...] No podía yo mirar sin horror aquella espantosa habitación; todos los objetos que veía me llenaban de terror, pero aún más que todo me hacía estremecer el silencio y figura del fatal guía.
>
> [...] Yo manejo perfectamente el arte de descubrir los futuros sucesos y desde aquí estoy viendo lo que te falta que sufrir si no abrazas el partido que te aconsejo. Mi nombre es Piromanto, el sabio por excelencia. [...]. Ármate de valor, me dijo, no temas.
>
> Pero, ¿quién no había de temer? Al momento comenzó a estremecerse la tierra con movimientos tan extraordinarios que, faltándome el esfuerzo, caí en el suelo desmayado; mas, ¡ay, adorable anciano, que es muy funesto cuanto se me representó en aquella infeliz situación!

---

219 En la introducción a la edición que realiza Guillermo Carnero (1985: 10-46), este señala que otro ingrediente que caracteriza a la novela son "los episodios de carácter sobrenatural, todos terroríficos menos la aparición del fantasma de Heroldo en el Libro VII".

220 Resulta interesante comprobar cómo se recurre a la magia y a la religión de manera indistinta, como si se tratase de la misma cosa. Una y otra se confunden en cuanto a los resultados que la acción sobrenatural puede ofrecer.

Inmediatamente veo entrar un terrible cuerpo de guardia que conducía a un hombre y a una mujer, agobiados bajo el peso de las cadenas con que iban amarrados. La compasión me hizo mirarlos atentamente y vi, ¡terrible caso!, que éramos mi hermana Ulrica-Leonor y yo. ¡Qué valor no era menester para presenciar escena tan lastimosa! Intenté salir de la plaza pero mis pies entorpecidos no podían moverse; una fuerza invisible me tenía clavado en el suelo; ni para apartar siquiera la vista me quedaba vigor, ni tenía aliento para invocar a los cielos. Arrojan los dos reos a los pies del rey y el ejecutor de la justicia les corta los cabellos y los esparce por el aire. Desnudándolos consecutivamente, encienden una funesta pira y los disponen para que a fuego lento exhalen las nobles vidas.

¡Ay de mí! Yo veía cómo, a la manera de dos tímidos ciervos detenidos por los alanos, levantaban sus inocentes gritos hasta el cielo, veía cómo el voraz fuego iba tostando sus delicadas carnes, cubriéndolas de una negra y horrible costra, veíalos conmover extraordinariamente a la fuerza del dolor y torcer sus cuerpos en violentas posturas, veía cómo sus quemados labios se abrían flojamente sin poder articular palabra... ¡Ay de mí, qué congoja! Amable anciano, y, ¿es posible?... ¡Justos cielos, yo les vi dar el último bostezo... yo mismo... ¡Infeliz de mí, con qué agonía despidieron sus generosas almas!».

[…] Concluida la infeliz tragedia, desapareció la visión y yo volví en mi acuerdo, todo cubierto de mortales congojas, penetrada mi alma de dolor y abrumado el cuerpo como si hubiera sufrido los más atroces tormentos. Volví hacia todas partes los ojos despavoridos y al contemplarme solo en el mismo sitio donde me había reclinado, sin descubrir la fatal cueva de donde me parecía que acababa de salir, sin ver persona alguna por toda aquella pavorosa soledad y sin que me respondiera nadie por más que me esforzaba a dar voces, me lleno de terror, y espantado de mí mismo corro desatinado por esos montes, me extravío por los valles más sombríos, insulto a los cielos, provoco a los elementos, llamo a la muerte, y llevado de una desconocida fuerza subo a la cumbre del empinado monte, desde donde me hubiera precipitado si vos, oh amable anciano, no me lo estorbarais con vuestras voces (Martínez Colomer 1816: 115-124).

No es, sin embargo, el único ejemplo que se podría aportar; junto a este existen otros tantos episodios terroríficos, siempre envueltos en igual o parecido misterio. En el Libro IV, la Desesperación se propone llevar a Valdemaro a una segunda tentativa de suicidio en medio de una escenografía gótica. El Libro VII comienza con el episodio del palacio de Plutón, al que acude la Desesperación en demanda de auxilio para llevar a término la perdición de Valdemaro; "el infernal conciliabundo se repite en el Libro IX, igual que el anciano Alberto, quien posee, Masaya de las leyes naturales, una omnisciencia abrumadora. Guillermo Carnero" (1985: 40) destaca asimismo cómo el espantoso monstruo, cuyas ropas aparecen cubiertas de sangre cuajada y alterna los más lúgubres aullidos con eruditas referencias bíblicas y latinas, "es un excelente símbolo de la estética del XVIII".

Mas no solo en los lances sobrenaturales o mágicos se manifiesta la sublimidad del terror. La nueva estética recorre la novela e inunda cada descripción paisajística, descubriendo una arquitectura diferente que no provoca sensaciones placenteras sino que se vuelve angustiosa, un escenario terrorífico plagado de efectismo y plasticidad; verdaderos cuadros góticos, pues eso es lo que son, al menos en este estado de la trasferencia genérica, mera recreación estética. El efecto se logra contraponiendo el espacio ameno, símbolo del concepto de belleza clásico, con mucho menos peso en el conjunto de la historia, con las extensas y escrupulosamente detalladas descripciones de la naturaleza abrupta, salvaje, sobrecogedora que corresponde al ámbito de la sublimidad pues se presenta cubierta de sombras que llevan consigo espanto y terror

> Desde allí se descubría una hermosa vega poblada de quintas bellamente situadas, de árboles oprimidos bajo el peso de sus frutos, de sotos apacibles y de otros objetos a cuya hermosura daban mayor brillo los claros arroyos que serpenteaban por entre la menuda hierba. Servía de marco a este bello cuadro una cordillera de montes inaccesibles en cuyas pendientes se veían oscuros bosques, profundos valles y negras bocas de grutas que dejaban al alma indecisa entre el agrado y el horror (Martínez Colomer 1816: 73).

No obstante, por encima del concepto de naturaleza como lugar ameno, predomina la descripción de paisajes sublimes y aterradores, tanto estáticos como en movimiento. De hecho, un recurso bastante abundante son las tormentas que se suceden y son descritas, con toda minuciosidad, desde las funestas impresiones que provoca en el personaje que las sufre:

> Comenzaban las espesas sombras de la noche a desvanecer la luz que dejó el día. Sordos los vecinos montes, muda la selva y sereno el aire, infundían un dulce horror en mi sosegado corazón. Convidada de esta silenciosa quietud, apareció sobre el horizonte la hermosa luna, la cual, llegando sosegadamente hasta la mitad del cielo sembrado de estrellas, ofrecía el más bello espectáculo. El mar tranquilo, a manera de un dilatado espejo, representaba la belleza de todas estas imágenes, cuya contrapuesta variedad añadía nuevo realce a los placeres de la noche. Dulcemente enajenado en tan sabrosa contemplación me sorprende el sueño; pero, ¡a qué mudanzas no están expuestos los gustos de esta vida! Un espantoso estrépito me despierta a breve rato; abro los ojos y veo trocada en tempestad horrible la dulce bonanza que poco antes había dejado. La rápida sucesión de rayos desprendidos con estruendo de los negros nublados, el silbido de los vientos que con incontrastable violencia arrancaban los árboles más robustos, el bramido de las olas que chocaban soberbias con las nubes, los montes del contorno repetidamente iluminados con la funesta luz de los relámpagos me cubrieron al instante de un terror nunca experimentado. Del centro de este terrible desorden oigo salir unos profundos gemidos. ¡Qué nuevo dolor vino a martirizarme! A la reverberación de los relámpagos diviso una nave fluctuando entre las enfurecidas olas, que venía a estrellarse irremediablemente contra la punta del peñasco donde yo estaba. Quería darle socorro, pero, ¡cómo era posible! Retírome a lo interior de la isla por no ver tan funesto espectáculo; espero a que amanezca, vuelvo a la orilla del mar y veo cubierta el agua de cadáveres, tendidos otros sobre la arena, esparcidos acá y allá algunos cables, bancos destrozados, un árbol hecho

pedazos, varios remos y una pobre lancha arrimada a las rocas (Martínez Colomer 1816: 173-176).

No es lo sobrenatural entendido como alegoría moral lo que le distancia del proceder clásico de la ficción gótica sino, y en la misma línea que la novela anterior, el elemento terrorífico aparece como una peripecia más de la historia, junto con los naufragios, los viajes; no es el desencadenante de la acción ni el motivo de búsqueda ni mucho menos el efecto general que el autor pretende infundir en los lectores.

Algo posterior a las dos señaladas, pero impulsada por semejante espíritu y con similar adaptación, aunque dando un paso más en la interpretación de los nuevos principios estéticos, encontramos la obra de Jerónimo Martín de Bernardo *El emprendedor o aventuras de un español en Asia* (1805), a medio camino entre novela de viajes, costumbrista y sentimental y que recrea, a partir del pintoresquismo[221], los episodios que acaecieran al protagonista, Mahamut, cuyo verdadero nombre es Antonio Ramírez, en su viaje alrededor de Asia y África. Desde su condición de viajeros, los escritores góticos convertían el emplazamiento exótico, en recurso fundamental generador de terror, en fuente imprescindible de lo sublime, por condensar buena parte de los miedos a lo desconocido, a lo extraño, a lo diferente, que asediaban al ilustrado público inglés. La atracción por lo oriental se mueve entre lo grotesco y lo repulsivo, entre lo mágico y lo maravilloso, influidos por la revitalización del gusto por lo oriental y exótico y la importancia creciente de los libros de viajes, moda iniciada en Inglaterra a finales del siglo XVIII y que los "góticos" supieron utilizar para presentar no solo lo exótico del paisaje al mismo tiempo que inquietante y terrorífico, sino culturas inferiores a la suya, menos civilizadas y donde la barbarie presentaba mayores posibilidades para desplegar esta estética desbordada. Aunque lo latino predominara, los tradicionales espacios exóticos de países africanos o asiáticos, unas tierras particulares y extrañas, pero, al propio tiempo, atrayentes, fijan la trama de algunas novelas góticas.

Jerónimo Martín de Bernardo, aun despreocupado por la moral y respetuoso con las costumbres y modos de vivir de los árabes, como analiza Álvarez Barrientos (1991: 334-351), utiliza algunas de sus prácticas para imbuirse en la estética del terror, no desde la crítica, pero sí como objetos literarios; y ello a pesar de que en el prólogo se manifiesta contrario a este movimiento, que como en otros tantos casos el mero hecho de hacer referencia al mismo ya nos pone sobre la pista de que podía conocerlo muy bien, incluso, de primera mano, o a través de referencias por el éxito que comenzaba a alcanzar. Martín Bernardo ataca en su prólogo esta nueva tendencia a la experimentación con el terror que se empezaba a percibir como moda, oponiéndola a la búsqueda de la virtud y moralidad cristiana y a la pretensión pedagógica que debía regir la estructuración de la obra literaria. Aboga por obras útiles y divertidas más apropiadas para nuestra juventud, en un intento de guiar los gustos, pero el ataque directo a la literatura gótica no es sino

---

221 Acerca de este concepto véase el artículo de Guillermo Carnero (1992) "Lo Bello, lo Sublime y lo Pintoresco".

un guiño al lector que sabe que puede encontrarse entre sus páginas alguno de aquellos lances fantásticos o terroríficos. Este es el verdadero juego de los autores:

> [...] evitando con ellas (novelas morales) que las pasiones fuertes, agitadas ideas y catástrofes negras y sangrientas que escribieron los extranjeros, propias para excitar el horror y el terror en sus países, endureciéndose los generosos corazones de la juventud española, imprimiendo además en su memoria los medios de delinquir, algunos tan nuevos, que tal vez nunca hubieran ocurrido a la imaginación de muchos de sus lectores. Estas reflexiones hechas sobre muchas de las traducciones (respetando las que merecen aprecio), y el deseo de que mis paisanos se dediquen, repito, a este ramo de literatura conociendo que ella es el estímulo y primer escalón para entrar en las ciencias, me movieron a escribir esta obra (Martín Bernardo 1805: VI).

El orientalismo completa la respuesta mediterránea en cuanto a que circunscribe la frontera a un espacio harto popular pero desconocido en su realidad intrínseca, en su comportamiento social y cultural. La función primordial de este desplazamiento a tierras exóticas, incluso para los españoles, era un puro artificio para suministrar un medio en el que desarrollar las técnicas de suspense y terror. El autor, consciente de que la admiración al contemplar lo extraordinario de lo "otro" produce siempre una sensación cercana a lo sublime, nos emplaza en un escenario diferente al que el público estaba acostumbrado, atrayente para él, en el que cualquier suceso, común, maravilloso, pero también extraño o terrorífico, pudiera llegar a ocurrir. De hecho, el empleo de componentes visuales y la terminología estética de lo sublime mostraba que su finalidad era evocar aquella atmósfera gótica que ya empezaba a palparse en la literatura. La multitud de personajes que se suceden en la novela narran anécdotas y costumbres de sus respectivos países desde la India hasta Constantinopla, con fuertes dosis de crueldad extrema, deteniéndose en la recreación de los detalles, aunque no desde una actitud crítica de superioridad de costumbres, que sí encontramos, por el contrario, en novelas góticas de etapas posteriores; las sucesiones de crímenes, la exaltación de la muerte o la constante recreación de la violencia, son abordados desde una perspectiva gótica en diferentes pasajes de la historia:

> Al querer el niño alimentarse se cierran sus párpados y se marchita y perece, la madre le mueve, le acaricia; mas ¡ay! No respira, se abraza con los cadáveres infestados para impregnarse y morir; pero la muerte huye de ella para hacerla padecer más y más tormentos. Carros de cadáveres atraviesan las calles [...] La ciudad de Bassora toda era dolor, desolación, escasez, temor, robo, insulto y por mejor decir un caos de males y de maldiciones del cielo (Martín Bernardo 1805: 57-58).

El autor aprovecha estos lances de la historia para introducir elementos góticos, tales como las cárceles o las ruinas de las fortificaciones moriscas que, a pesar de que puedan interpretarse como elementos reales, suponen un cambio evidente de estética, sobre todo en lo que a su recreación se refiere. El protagonista Mahamut es raptado y conducido a una prisión con reminiscencias de las pinturas de Piranesi y de las cárceles góticas, vistas como lugares subterráneos de horror:

> Era una pieza subterránea como de seis varas en un cuadro, ahumada, descascarado el yeso […] del techo colgaban espesas y abundantes telas de araña que le hacían más horroroso; el suelo era empedrado y enladrillado […] sin más ventilación que la boca de la cisterna que le servía de entrada. Una tenebrosa morada (Martín Bernardo 1805: 48).

En lugares tan lejanos y con costumbres y hábitos tan diversos y ancestrales como los que nos evocan las páginas de esta novela, resulta factible la presencia de sucesos extraños, que rozan o se adentran en el territorio de lo sobrenatural. En la misma línea que las anteriormente citadas, en esta novela se incluyen diversas escenas en las que el suceso extraño no transgrede los límites del mundo real, y no porque aparezca envuelto en un hálito maravilloso o porque se justifique por la intervención de la Providencia, sino, y porque adelantando la tendencia que seguirá más tarde la novela gótica en nuestro país, estos acontecimientos se justifican por la vía de la racionalidad. En uno de los lances de la historia, el protagonista, Julián, leal defensor de la Ilustración y de sus principios teóricos, a tenor de sus palabras, hace ver a un grupo de personajes el error de creer que un "mal genio" habita en una casa aparentemente encantada y no duda en sostener que:

> La ridiculez de tal creencia…, ilusión tan general, que en Europa tiene y ha tenido crédulos, variando de nombres, y que particularmente en España se les llamó duendes o fantasmas, pero que la Ilustración ha desterrado esta clase de embelesos (Martín de Bernardo 1805: II, 109).

Tal y como se comprobará después, la casa no estaba habitada en realidad por duendes sino por falsificadores de moneda que habían difundido falsamente ese encantamiento para poder disfrutar de dicha residencia sin preocupaciones ajenas a su propio negocio. La utilización de un fenómeno supuestamente sobrenatural es una maniobra para ridiculizar estas creencias, en función de la tendencia dominante a nivel literario, pero sobre todo a nivel educativo, que se desarrollará con más fuerza una vez penetre en nuestro país el grueso de las traducciones de novelas góticas. No olvidemos que uno de los propósitos de aquella "Ilustración insuficiente", sino el primero de los mismos, era desterrar para siempre las creencias supersticiosas y las prácticas oscuras y medievales, aprovechando una cultura diferente y, en principio, supersticiosa, por lo ancestral de sus usos y costumbres, se hacía un guiño a la nuestra, en la defensa de los progresos, no tan operativos como se pretendía, que se estaban logrando.

De igual modo, en esta novela se percibe el empleo de la técnica del suspense que pretende mantener al lector en éxtasis y ocultar elementos sorprendentes, caso bastante insólito en la literatura de la época por lo único y que pienso debe mucho al recurso creado por Ann Radcliffe. En esta novela, se suceden los lances sorprendentes, envueltos en misterios, que toman desprevenido al lector; la confusión es la técnica dominante y hasta el desenlace final no conocemos la verdadera identidad de los personajes y la solución a muchas de las historias. La identidad cambiante, el ocultamiento constante de datos, algunos primordiales para el desarrollo de la trama, son motivos desarrollados y potenciados en el seno de la ficción gótica; la acción, como en las novelas góticas surge in medias res, no sabemos nada ni de los personajes ni del motivo de su actuación a medida, eso sí, que la acción avanza y las aventuras se suceden, pequeños descansos en la narración nos retrotraen al pasado de los personajes y los motivos que les llevan a la aventura.

El nuevo gusto por la nocturnidad se deja sentir, más allá de novelas de viajes o de costumbres que parecen más propicias al desarrollo de estos lances sobrenaturales o a episodios aterradores, por lo truculento y variopinto de sus historias en otros subgéneros literarios, opuestos a esta estética y firmemente críticos con la misma por los valores propugnados en ellas. Encuentro reminiscencias del mismo en varias novelas morales y sentimentales de finales de siglo, demostrando la creciente importancia del género gótico y la búsqueda de nuevos caminos estéticos en el reclamo de esta nueva moda. En estas obras, a medio camino entre la novela sensible o sentimental y la novela moral y educativa, una vez más, las referencias al nuevo subgénero aún son tenues, y en su mayoría se destinan a potenciar la sensibilidad, en el intento de involucrar al lector en el dramatismo de la historia y en los sufrimientos padecidos por los personajes para infundirle sensaciones nuevas, hasta entonces desconocidas. El componente no es sino un artificio más de la trama, accidental y anecdótico, por lo que se restringirá casi en exclusiva a la indagación en lo terrorífico arquitectónico, aunque sigue dando cuenta de la tendencia imperante y del nuevo rumbo que tomaba la literatura.

Entre los autores que se rindieron a esta estética merece ser destacado Pablo de Olavide (que aparece en muchas de sus obras bajo el nombre supuesto de Anastasio Céspedes y Monroy). Sus prolíficos contactos con las novelas en lengua origen y su famosa tertulia, previamente citada, germen de modelos importados, resultaron fundamentales en la traslación de la nueva estética y en la adaptación de las convenciones del género gótico en su novela *El evangelio en triunfo* (1798-1799) y en su colección de cuentos *Lecturas útiles y entretenidas*. En concreto, en la novela de inclinación marcadamente pedagógica, se nos describe un episodio de carácter sobrenatural y terrorífico. En la carta II, "El filósofo a Teodoro", este último le describe a aquel las funestas impresiones que tuvo en su espíritu, ya enajenado, la horrible tormenta que se originó tras la muerte repentina y sin motivo alguno de su amigo Manuel. En la carta se refiere el incidente, se narra la historia y se dibuja con todo su colorido gótico la tormenta, de gran envergadura y de "dimensiones indescriptibles", que se comporta como un motivo narratológico que exagera el incidente, le da gravedad a la narración, pero que en ningún momento impulsa la trama ni es desencadenante de la misma:

> ¿Cómo podré explicarte el terror y sobresalto que sintió mi corazón, cuando de repente, y sin ningún precursor oigo el más formidable trueno que jamás ha llegado a mis oídos y tras él sin intervalo siguen otros igualmente terribles y espantosos?

> Esta es la famosa tempestad de aquel día, de que debes hacer memoria porque causó muchos sustos y grandes daños; yo no había jamás tenido temor de un fenómeno tan natural; pero la circunstancia me le hizo parecer horrible y pavoroso. Mis órganos irritados y trémulos no pudieron soportar estrépito tan espantoso […] cada relámpago que salía del seno de las nubes, y entraba a iluminar lo interior de mi cuarto me deslumbraba, dejándome a tierra como para pedir que me escondiera en sus entrañas; en fin yo mismo no me reconocía y me avergonzaba de mí mismo; pero no me era posible resistir a la fuerza de estas impresiones (1800: 25-26).

La tormenta y la enajenación del protagonista le facilitan a Olavide la incursión en el mundo de lo sobrenatural, distanciándose del proceder de su colección de relatos, en los que, como se verá, aún en medio de una ambientación lúgubre y sombría, propiamente gótica y con un importante elenco de sus tópicos, no existe ningún incidente que suponga la entrada en escena de un elemento extraño a nuestro mundo. Durante la noche, Teodoro, obsesionado por la muerte de su amigo, se traslada a un mundo entre real e imaginado en el que se le presentan una serie de imágenes funestas y espectrales; sin embargo, de nuevo son un artificio que le permite recrearse en el detalle y apenas una anécdota en el cómputo global de la novela que no afecta a la verosimilitud, pues no queda suficientemente claro si se trata de visiones producto de su locura o de meras pesadillas y sueños que recrea su mente atormentada. La noche aparece topicalizada, pasada por el tinte de la novela gótica, envuelta en fuertes dosis de efectismo y plasticidad que nos hace suponer vínculos con las obras dramáticas que se inscribían dentro de esta estética y que ya comenzaban a proliferar en aquellos años:

> Ya era cerca del amanecer, y a pesar de mis esfuerzos el sueño estaba muy distante de mis ojos. La sangre me circulaba como un torrente por las venas y un calor extraordinario me devoraba las entrañas […] No creo que durase un cuarto de hora mi enajenamiento: pero este cuarto de hora fue terrible. Lejos de sentir la calma de aquel dulce reposo, […] sentía una agitación tumultuosa del turbado y confuso y en desorden de todas mis potencias. Al instante me vi rodeado de imágenes funestas, de espantosos fantasmas, me llenaron de terror. Me pareció que me hallaba en una tenebrosa región, en que reinaba un triste y pavoroso silencio; no veía más que una luz funesta y denegrida, que apenas alumbraba para poder divisar las tumbas y los esqueletos de que estaba cubierta.
>
> No dudé que me hallaba en un sitio destinado para que habiten los muertos, la profunda inmovilidad de cuanto yacía, añadida al horrendo y lúgubre aspecto de cuanto me miraba, produjeron en mi alma sensaciones de horror. ¡Pero cuando creció me sobresaltó, cuando vi que las tumbas se movían! ¡Qué se abrían los sepulcros y vomitaban de su seno esqueletos animados, que con semblante cárdeno y horrible corrían presurosos, y se mezclaban los unos con los unos y los otros!
>
> Todos tenían el aspecto hórrido, el ademán dolorido y el gesto amenazador y espantoso; todos los ojos sobre mí y cuando pasaban cerca, me arrojaban miradas de cólera y furor […] Aparto los ojos […] y veo por el otro lado a mi amigo Manuel que

no menos descolorido y horroroso, pero todavía más colérico y feroz, me amenaza también con mayor fiereza.

[…] al instante todos aquellos cadáveres y espectros huyen presurosos y se vuelven a esconder en sus sepulcros, desaparecen todos los fantasmas, cesa todo el horrible tumultuoso rumor, y empieza otro nuevo y pavoroso silencio, parecido a la insensibilidad de la nada; pero no dura mucho, porque poco después oigo salir del interior de los sepulcros gritos horribles, dolientes alaridos que parecían exhalados por los muertos, a la manera de los que están en los tormentos, aquella región se trasformó en un teatro de angustias, en que solo se escuchaba el lamento y vivía el dolor. La impresión que sentí fue tan temible que desperté sobresaltado y me encontré anegado en sudor (Olavide 1800: 326-328).

Los personajes que son víctimas de este tipo de delirios, que describen el terror y la amenaza con toda la riqueza de detalles y que se detienen en las impresiones que les provoca, se avergüenzan de su flaqueza, una vez que se ha desvanecido la visión y se ha recuperado el juicio lógico; es el primer paso a la condena tajante de la superstición. Las visiones, los sueños o los enajenamientos transitorios pueden provocar ilusiones y desvirtuar la realidad factible; saber discernir entre el mundo real y el mundo de los sueños es el único camino posible al destierro definitivo de la superstición: "Me avergoncé de mi flaqueza y de que un instante de horror pudiese producirme una impresión tan profunda; así me propuse desecharlo y no decir nada al Padre, nada, pareciéndome que esto podría darle una baja opinión de mi espíritu" (Olavide 1800: 329)[222]. Aunque el componente sobrenatural se emplea de manera diferente y los motivos que lo justifican disienten unos de otros, la obtención de la experiencia de lo sublime a través del empleo del miedo es similar en todas estas obras y remite al origen, al impulso que encendió la chispa de la novela gótica. El miedo opera de manera pareja, al menos en el momento de producirse el suceso.

La colección de cuentos *Lecturas útiles y entretenidas* (presentadas en su conjunto a la censura entre 1799 y 1801, y aceptadas), del propio Olavide, se construye, en determinados pasajes, bajo esta misma estética de culto a la nocturnidad. Su condición de miscelánea resulta más factible para la inclusión de historias que se aproximen al movimiento, junto a otras tantas, más útiles o con mayor carga moralizante. María Alonso Seoane (1995: 46-64)[223] analiza pormenorizadamente estas historias y resalta en ellas

---

222 En *La Eumenia*, a la que posteriormente me referiré, se reflexiona igualmente sobre los impulsos y las consecuencias de los sueños y visones: "Imágenes de la inmortalidad, las ilusiones del sueño nos llevan dulcemente a conocer y comunicar con aquellas personas que no existen. Ellas alimentan nuestra esperanza y nos hacen gozar con placeres fantásticos, que halagan como reales. Ellas resucitan para nosotros a la mujer que amamos, al bienhechor, al padre, al hermano, al amigo; y aunque separados de nosotros por la muerte, los vemos y les hablamos por medio de fantasías" (Zavala y Zamora, 1803: 115).

223 María José Alonso Seoane (1995: 46-64) en este mismo artículo elabora un interesante catálogo de novelas y colecciones de cuentos de este período de entresiglos que introducen de alguna manera elementos que pueden vincularse a la estética gótica. Se refiere a estas obras por su proximidad a la publicación de la obra de Olavide, *Lecturas útiles y entretenidas*, con el objetivo de demostrar que se trataba de una tendencia más general y no circunscrita únicamente a la producción de este autor. Sin embargo, no comprendo el método que emplea en la selección de las obras, quizás

ciertas reminiscencias de la nueva literatura gótica que vendrían a "poner de relieve la importancia que le dio Olavide, al incluir en su colección aquellas tendencias que, hacia lo gótico propiamente dicho o con elementos de lo mismo, se estaban dando en la literatura de su tiempo, y que consideró de interés difundir entre los lectores de España" (Alonso Seoane 1995: 63).

Los relatos se ordenan en función de su aproximación al género; así, existen elementos, a modo de pinceladas, que pueden asociarse a la ficción gótica en diferentes historias de la colección como *La madre prudente, La hermosa malagueña, La satisfacción generosa, La presumida orgullosa, La feliz desgraciada* y *El secreto filosófico*, "declaradamente oscuras y sombrías [...] (en las que) solo al término del relato cierta satisfacción moral redime el pasado terrible, los crímenes y el horror" (1995: 55); algunas otras se acercan a los nuevos preceptos en el sentido de que "la virtud se premia como es debido y la justicia se restablece, pero después de pasar por dificultades extremas que contienen aspectos góticos, o muy aproximados", *La mendiga honrada, La huérfana, Los peligros de Madrid, El sol de Sevilla*; un paso más en la adaptación del género lo encontramos en el relato *El fruto de la ambición*[224] que cuenta con notables elementos que lo aproximan a la estética del terror, más allá de la atmósfera lúgubre, en lo que se refiere ya a la caracterización de los personajes y a la disposición de la trama; sin embargo, es la historia titulada *El matrimonio infeliz* la que más respeta los principios de la fórmula gótica. A pesar de que seguimos sin poder referirnos a dichos relatos como auténticas narraciones góticas, por tratarse únicamente de elementos circunstanciales en su conjunto los que en ellos aparecen y que pueden vincularse, incluso, a otras manifestaciones literarias contemporáneas a esta, sí es cierto que este último es, de entre todas las obras analizadas en este período de asimilación de principios estéticos, el más cercano a los mismos. La escenografía terrorífica, arquitectónica o no, la maldad desbordada de alguno de sus personajes y la recreación en detalles de tipo macabro y sangriento, incluida la extraordinaria transformación física de los personajes, debida a distintos tipos de sufrimientos del cuerpo y del alma, es la herencia fundamental de lo gótico en la obra de Olavide.

El malvado asume todas las convenciones que estableciera Horace Walpole; de hecho sus pérfidos planes tienen éxito y hasta consigue sus fines, pues si ella accede a sus

---

por no suficientemente explicado. Las traducciones se mezclan con las adaptaciones y estas a su vez con las novelas originales (varias de ellas son, en realidad, traducciones, véase el caso de las *Memorias de Blanca Capello*). Si se trata entonces de ofrecer un catálogo completo ¿por qué no nombra otras novelas góticas inglesas que en aquellos años ya conocían traducción al español? Y ¿por qué se detiene exactamente en 1808 cuando en los años siguientes, inmediatos a esta fecha siguen apareciendo novelas en su versión traducida o incluso originales? Aunque es cierto que afirma que "Las inclusiones pueden ser discutibles: no siempre los elementos aludidos se presentan claros o con bastante extensión, pero son significativos como entorno de las *Lecturas* [...] así se ve a medida que avanzan las fechas, cómo se va animando el gusto hacia estos temas", sigo sin comprender bien los criterios manejados.

224 En realidad se trata de una adaptación de la novela de Pierre Blanchard *Félix et Pauline ou le tombeau au pied du Mont-Jura*, que conoció otras traducciones posteriores, algunas incluidas también en colecciones de cuentos como la que en 1805 encontramos en *El Decamerón español o colección de varios hechos históricos raros y divertidos* de Vicente Rodríguez de Arellano con el nombre de *El sepulcro en el monte*. Las siguientes adaptaciones de esta novela aparecieron como publicaciones independientes en 1806, 1820 y 1836.

pretensiones diabólicas, que pasan por entregarse a él, liberará a su esposo encarcelado en una lóbrega prisión; las impresiones, que ya apuntan en la dirección del melodrama, que el malvado ejerce en la desvalida Sabina quien se horroriza y tiembla ante su presencia y que prefiere la muerte a entregar su virtud a un infame, lo demuestran con creces. El emplazar la historia en una cárcel le facilita asimismo al autor la recreación en toda la riqueza de matices que lo terrorífico arquitectónico podía ofrecer, con lugares oscuros, amenazantes, espantosos de por sí. La arquitectura del calabozo como espacio del confinamiento de los personajes, en el que se sufre el dolor físico, pero sobre todo el dolor moral, y que tendrá una importancia primordial en la última etapa de cultivo de esta ficción en nuestro país, se adelanta en esta historia. Entre las múltiples escenas que se suceden en el interior de la prisión, destaco la que sigue por su fidelidad a la estética:

> [Sabina] atraviesa las tristes habitaciones, cuyas paredes denegridas y oscuras han oído tantos y tan tristes gemidos de los innumerables infelices que albergaron en su recinto pavoroso. Sus delicados oídos se sienten lastimados con el lúgubre ruido de cadenas, y con el sordo rumor de los lamentos; sus pies con pasos tardos marchaban torpes, y a cada movimiento su corazón se helaba de horror. Después baja a los calabozos oscuros, más horribles que los sepulcros de los muertos. Entra en esas habitaciones del dolor, a que la luz no alcanza, donde el hombre se encuentra sepultado en un aire grosero, que nunca se ventila, y donde solo vive para sentir que sufre. El sol no existe para estos infelices, y el pálido terror arroja de su seno hasta la idea del consuelo (Olavide 1799-1801: VI: 258-259).

La última desgracia de Sabina en la cárcel da lugar a una puesta en escena escalofriante y profundamente desagradable. Cuando en medio de las tinieblas y el silencio forzoso, Sabina piensa que, por favor especial, se encuentra con su esposo, descubre con horror que el perseguidor, el héroe-villano gótico, ha suplantado en realidad a este para su mayor desesperación y horror:

> Se arranca con violencia de tan pérfidos brazos […] La infeliz engañada no puede contener la violencia de su dolor y da gritos horribles y espantosos que resuenan en las bóvedas del vasto subterráneo […] el pérfido robador de su honra, el sacrílego profanador de su virtud, aunque cortesano y aguerrido, se intimida y tiembla, teme los primeros furores de cólera tan justa, se acobarda y confunde, viendo que la violada Sabina intenta quitarse la vida, que golpea su cabeza contra la pared, que se despedaza las carnes y se arranca los cabellos (Olavide 1799-1801: VI: 265-267).

La morbosidad de las últimas frases, insistente, por otra parte, a lo largo de todo el relato, pero que alcanza su punto más álgido en el final del mismo, refleja otra de las características góticas que emplea el autor en la construcción del texto: la palpable recreación en los elementos tétricos en todas sus versiones de sangre y violencia, verbal y física, aunque aún lejos de la crueldad que se manifestará en novelas posteriores, heredera de todo aquel bagaje de lo macabro tan tópico en nuestra literatura.

Semejante empleo de la nueva estética encontramos en *La Leandra* (1797) de Antonio Valladares de Sotomayor, una colección de relatos que presenta algunos momentos que pueden relacionarse con la nueva tendencia, por inspirarse en este concepto de belleza opuesto al canónico, aunque siempre justificados desde una perspectiva pedagógica; lo gótico sigue siendo sin embargo superficial y limitado, al subordinarse a la lección moralizante. No trata de descubrir el terror de las tinieblas, sino la luz de la adecuación a la moral. Relatos como el de "Rufina y Camilo" revelan a la mujer cruel y desdeñosa, reflejo de la heroína villana gótica, que desprecia a sus amantes y niega la gratitud de Camilo, el enamorado fiel, quien la ha salvado de una muerte segura por la ferocidad de un perro rabioso. La mañana siguiente se le descubre una cruel enfermedad a modo de justicia divina; Rufina se despierta con perlesía. Una lección moral sobrevuela el relato, la temporalidad y la fugacidad de la belleza, pero la descripción huele, sin duda, a goticismo. La recreación explícita en las consecuencias que esta enfermedad tuvo en la joven recupera un motivo gótico, la idea de monstruosidad; Rufina se ha convertido en un monstruo que causa espanto y aterra a todo aquel que la contempla. Un ser monstruoso, sin embargo, que repugna y fascina al propio tiempo:

"Se le torcieron los ojos y la boca al lado derecho; y la sangre, que se la subió a la cabeza y se repartió por su rostro, le dio un color negro, que agregado a la fealdad en que la constituyó el accidente, la hizo parecer espantosa a cuantos la miraban" (Valladares de Sotomayor 1797: II, 40). De ahí la respuesta de los pretendientes, en los que infunde un profundo miedo: "abominando de su presencia tan horrorosa" (Valladares de Sotomayor 1797: II, 42). "Rufina está fea y asquerosa. Horroriza al verla y a cuantos habla espanta" (Valladares de Sotomayor 1797: II, 70) y hasta a ella misma al contemplarse en el espejo: "Puesto que delante de su rostro, apenas se vio en él dio un grito diciendo: ¡Ay Dios!... ¡Qué veo!... ¡Imagen espantosa! ¡Qué mucho que hayan huido mis amantes si a mí me horroriza! Quitad, quitad, ese verdadero desengañador, porque me asombro de mi fealdad. (Valladares de Sotomayor 1797: II, 45).

También en la historia de "Camilo y Eduardo" se deja entrever la esencia gótica, aunque en ese otro componente externo y espacial que trata de evocar sensaciones en el lector; la sublimidad de la naturaleza en la descripción de las tempestades, alcanza ya la categoría de tópico. Durante el viaje de los protagonistas a América a buscar fortuna en el Nuevo Mundo, ambos se ven sorprendidos por una aterradora tempestad, que se alarga durante siete días interminables, dibujada con toda la magnificencia, inmensidad, infinidad, oscuridad, soledad y brusquedad que componen lo sublime, descubriendo un espacio referencial, estético:

> [...] enfurecido Eolo de vernos entregados a tan deliciosa diversión, sin experimentar la fiereza de sus rigores, dio libertad a irritados y contrarios vientos, para que combatiesen a nuestra nave, lo que hicieron tan repentina como terriblemente, que heridas las agudas de su violento impulso, la elevaron hasta las estrellas, y después la hacían precipitarse en sus abismos. La noche, que estaba cada vez más cerca

se presentó con un aspecto tan horroroso, que cubrió el cielo de luto y a nosotros de asombro y terror. A poco tiempo y para aumentar nuestro desconsuelo, se iluminó la atmósfera con relámpagos tan frecuentes y encendidos, que parecía que el cielo se rasgaba; permitiéndonos ver claramente pintados el susto y la confusión en los rostros de los más atrevidos y experimentados marineros; lo cual, y el espantoso estruendo de los truenos, nos llenó de horror, haciendo que tembláramos todos. Me horrorizo solo de acordarme de aquella cruel noche (Valladares de Sotomayor 1797: II, 144-145).

Las ceremonias y ritos de los indios con los que se encuentran estos personajes al naufragar en el Nuevo Mundo le sirven al autor para introducir elementos góticos desde la exaltación de la civilización hispana y el menosprecio a la barbarie indígena. La descripción del templo como una cueva oscura y espantosa, en la que pueden cometerse toda clase de aberraciones y atrocidades y donde la sed de sangre del ser humano carece de límites, puede ejemplificar a la perfección esta tendencia, pareja a la empleada por los ingleses con los países mediterráneos, pues para estos eran realmente un lugar exótico. La novedad de este tipo de relatos, aunque ritos y costumbres ancestrales, como las que se desarrollan en sus páginas, ya existieran en literaturas anteriores como las Crónicas de Indias, reside en que en esta historia los mismos aparecen cifrados en términos de la nueva estética, sobre todo en lo que a la técnica del claroscuro se refiere y sin perder de vista aquella exaltación del crimen, de la crueldad extrema, del derramamiento arbitrario de sangre como condena a culturas diferentes, indómitas y salvajes: "Estos enemigos de la humana naturaleza, más bien merecen llamarse monstruos que racionales; más bien fieras que hombres" (Valladares de Sotomayor 1797: II, 223). Desde la perspectiva del viajero, como observador sorprendido y atemorizado, se recrean estas ceremonias:

> Entre tanto llegamos al que llamaban templo y era verdaderamente una cueva oscura, lúgubre y tenebrosa. Sobre un tosco pedestal, estaba una figura horrible, que la llamaban el sol; pero decían, que siendo este el padre de las luces, debía habitar su imagen en el seno de la oscuridad. […] Al pie de la espantosa imagen había una piedra, que era el ara donde sacrificaban las víctimas humanas, que caían en sus fieras manos. Sobre ellos se veían dos hoces, que se servían para degollar a aquellas. Solo la luz escasa de una tea, que ardía a un lado de la piedra se observaba en aquella estancia pavorosa: de modo que apenas se distinguían los bultos. […] se sentaron sobre nosotros […] y su conclusión estremeció la espantosa gritería con que fue correspondido (Valladares de Sotomayor, 1797: II, 161-164).

Evidentemente no es el fin en sí mismo la presentación del horror, de la maldad humana, sino la defensa de un país ilustrado y civilizado, España, mas demuestran que los elementos de la estética comenzaban a germinar apuntando a un nuevo movimiento en la literatura. Si el fin era entretener, sabían que estos lances interesaban y extasiaban a los lectores o al auditorio que los escuchaba.

En otra obra miscelánea[225] (Carnero 1998; Álvarez Barrientos 2004), en este caso de Alejandro Moya, *El café* (1772-1774), se incluyen igualmente relatos de historias que pueden vincularse con la corriente gótica; así nos encontramos con la narración de la Princesa casada con el hijo de Pedro el Grande, una historia ambientada en Rusia y que descubre un lugar común y recurrente en la estructuración de la novela gótica, por el exotismo de una civilización diferente, retratada a los ojos de aquellos escritores, desprovista de humanidad, y que aparecerá ampliamente desarrollada en nuestra producción nacional posterior. Sin embargo, será otro relato, la anécdota de la joven Estela, la que se aproxime más a las convenciones genéricas de la novela gótica inglesa; se desarrolla en un ambiente hostil y lúgubre, lleno de incógnitas y cuya escenografía, que se recrea también en el efecto del claroscuro, remitiendo igualmente a las ideas de Edmund Burke, afecta a la sensibilidad de los personajes que se encuentran atrapados en ella:

> En su camino halla la iglesia de la aldea, situada en un paraje solitario y tenebroso; atraviesa el cementerio [...] La escasa luz de una lámpara, que parecía alumbrar por intervalos, le deja distinguir, en medio de las espantosas sombras, los esqueletos, los huesos carcomidos, colocados sobre las frías losas. El espantoso pájaro de la noche recorre con tardo vuelo tan melancólica morada, asusta y espanta a la tímida pastorcilla con su lúgubre graznido. Entonces le parece ver una sombra que sale de entre los sepulcros, la sigue y le dice con moribunda voz: A Dios. No puede resistir más, se asusta, se espanta, se le eriza el cabello, se estremece y cae despavorida sobre un montón de huesos, que con el golpe se desunen y ruedan largo trecho. Los lentos sonidos de la campana que toca anunciando la muerte de San Isidro, acaban de oprimir su afligido corazón [...] Llega a la puerta, halla a su madre que le aguarda impaciente [...] Estela la mira ya con ojos moribundos.

Otra colección de novelas en la que se aprecia una influencia de la nueva tendencia es *La noche entretenida* (1798) de Juan Idarroc. De las tres novelas que incluye que recuerdan a la fórmula gótica, aunque sea de manera leve y residual, me referiré al caso concreto de "Mornon y Susana"[226] y a los caracteres extremos de los personajes y, en concreto, a la exaltación de las pasiones de los amantes, motivada por una persecución incansable que sufren por parte del villano[227], representante del antihéroe gótico a

---

225 En la misma línea que estas se encuentra la colección *Voz de la naturaleza* de Ignacio García Mayo con unas cuantas narraciones leves que pueden apuntar igualmente a esta tendencia, pero su influencia es mucho menor que en los casos analizados; apenas puede apuntar algunos tópicos la anécdota decimotercera, "El sensual por sistema y padre criminal desengañado", donde los ecos de la nueva estética se aprecian, más que en el escenario de terror, en la descripción del personaje, como un ser cruel y villano.

226 El subtítulo "Historia inglesa" me hace sospechar que sea esta una posible traducción o adaptación de alguna novela o relato gótico al que hubiera tenido acceso el autor, sin embargo, no he podido confirmar este dato. Debo señalar asimismo que esta tendencia no es exclusiva de Juan Idarroc, también es posible que Olavide adaptara alguna de aquellas novelas a las que habría tenido acceso en la lengua original o en la traducción al francés.

227 Este debió ser el efecto buscado por el autor tal y como confirman las últimas líneas del texto que enlazan con la novela siguiente: "Aquí dio fin doña Jacinta a la novela que arrancó las lágrimas de los ojos de todos; por lo cual, después de haberla dado la Reina los merecidos aplausos mandó para disipar la tristeza que había infundido en los ánimos la desgraciada suerte de Morton y Susana continuar con otro relato" (Idarroc 1798:182).

la manera del Montoni de Radcliffe. La satisfacción de sus impulsos sexuales le lleva a cometer actos abominables: somete a los personajes, los amenaza, se burla de su pobreza, abandona a la dama en un calabozo y hasta, consumado el acto, la engaña con un saco de monedas falsas.

Los protagonistas son dos jóvenes desgraciados a los que un cúmulo de desgracias les acecha incansable con reiterados percances. Ella, profundamente hermosa, es seducida por Jonathan, el villano, de posición más alta que la de su marido y con un poder absoluto sobre el resto de ciudadanos. Desesperada ante la situación de extrema pobreza en la que se encuentran, solicita ayuda al villano que accede a concedérsela, pero a cambio de pérfidos favores sexuales. Las descripciones no son explícitas, se evitan los detalles escabrosos y que pudieran ofender sensibilidades en el publico, pero se consigue una atmósfera de terror y peligro constante a través de las sensaciones experimentadas por los personajes. Al contemplar la figura del terrible Jonathán, "un vil monstruo" (Idarroc 1798: 177), y sin apenas opciones en medio de su miseria y frustración, Susana cae desmayada "no menos que si hubiera visto el infierno abierto" (Idarroc 1798: 166). La maldad del personaje descubre un mundo sin esperanzas y en el que la virtud no es, en modo alguno, recompensada como se esperaría en una novela de carácter moralizante: "Consumado ya el execrable delito, se ausentó, dejando al lado de la desventurada mujer el bolsillo con cien guineas" (Idarroc 1798: 166-7), la cantidad necesaria que paliara la deuda con la justicia; sin embargo, las monedas que resultaron ser falsas, la conducen irremediablemente a la prisión ya anunciada, de connotaciones góticas, un "horroroso subterráneo, tristemente alumbrado con una lúgubre lámpara, (donde) vio a sus hijos a su lado tendidos en el suelo, con los pies y las manos oprimidas del grave peso de las cadenas" (Idarroc 1798: 171-2).

En la obra *La Eumenia o la Madrileña* (1805) de Gaspar Zavala y Zamora[228] existen contactos con lo gótico en su representación estética pero también en la desilusión ante un mundo marcado por el dolor y la muerte; determinados lances de la historia son descritos en términos de lo sublime. La impresión que causa en la propia Eumenia la contemplación del espacio ilustra a la perfección esta tendencia al empleo de lo lúgubre en la narración moral. Para lograr este objetivo, fija su atención en el mausoleo, que se describe desde la nueva iconografía impulsada por los góticos:

---

228 Guillermo Carnero (1993: 517-539) analiza en términos de la novela gótica otra de las obras de Gaspar Zavala y Zamora, *La holandesa* y por extensión las reminiscencias de este movimiento literario inglés en el teatro español del siglo XVIII. Y concluye que "*La holandesa* [...] puede ser incluida en esa corriente, por contener, si no todos los ingredientes, al menos un número suficiente de ellos: el tirano (Croix), el héroe apocado (Ulrico) y el deus ex machina (Leopoldo), las mujeres perseguidas (Adelina y Eduarda), los bandidos y la caverna [...] subterráneo y pasadizo son un probable eco gótico, aunque desprovisto de connotaciones terroríficas. El distanciamiento espacio-temporal tampoco llega al exotismo que ya sabemos imprescindible. No hay elementos sobrenaturales ni terroríficos-religiosos, impensables estos últimos en la España de Carlos III. La ausencia de lo sobrenatural es sin duda el mayor obstáculo para hablar de goticismo pleno [...] sin que eso impida valorar la gran aproximación al modelo que Zavala consigue". Añade además que estos elementos góticos se encuentran dispersos en el teatro de finales del siglo XVIII y principios del siglo XIX, en piezas como *El duque de Viseo*, *La Condesa Jenovitz*, *La fiel pastorcita*, *La Inquisición*, *La enterrada en vida* o *La Novicia* (también traducción).

> [...] nada más robó la atención de Eumenia que el sencillo mausoleo que había erigido el sensible Amelo en una pequeña plaza situada al fin de una calle de árboles estrecha y lóbrega, y que apenas dejaba verse por la multitud de álamos y pinos que la cercaban y que esparcían en aquel monumento sepulcral un día triste y sombrío. El exterior estaba cubierto de mármoles negros y blancos y cerrado con una reja de hierro. A un lado de la fachada se veía representado el tiempo, un viejo adusto, con una guadaña en la mano [...] Al lado opuesto el esqueleto de la muerte cubierto con un manto negro sembrado de estrellas de fuego y amontonados a sus pies los cetros, las diademas y otras grandezas de la tierra (Zavala y Zamora, 1805: 61-62).

Durante la búsqueda de lugares apropiados en los que encontrar a Alfonso, el ermitaño, Pablo narra una historia gótica de adulterio, crimen y sadismo, una novela dentro de otra novela que no es sino "la contribución de Zavala a la corriente gótica" (Carnero 1987: 26): la historia de un hombre asesinado por su esposa adúltera, que además lo descuartiza, y termina sus días en el arrepentimiento y la penitencia de una vida eremítica de privaciones, sacrificios y austeridades indecibles.

Y ya, por último, en este grupo incluyo la obra colectiva del anteriormente citado Vicente Martínez Colomer, *Novelas morales* (1804), sobre todo por el primer relato de la colección "La Narcisa", en el que se encuentra una alternancia de la realidad ordinaria en un mundo de visiones y pesadillas. La propia Narcisa sufre una visión horrible en la que contempla a su amado entre las llamas del infierno (Martínez Colomer 1804: 18). La naturaleza sublimada sigue manifestándose a través del efecto placentero que experimentan los personajes al erigirse como observadores de este nuevo escenario: "Las serranías ofrecen oscuros bosques, profundos y horrorosos valles, montañas inaccesibles por entre cuyos riscos se precipitan torrentes de espumosas aguas que infunden un agradable horror con su espantoso ruido" (Martínez Colomer 1804: 2). Las palabras del narrador plantean por vez primera en estos textos el impulso que estructura las novelas góticas: el deleite, que no es sino el placer del terror, lo "agradable horroroso".

Otra obra que no quiero olvidar incluir en este repaso a los primeros contactos con la nueva concepción estética de lo sublime terrorífico, aunque del mismo modo no responda a los parámetros específicos de la novela gótica, ahora ya no solo en la estructuración de la misma sino en la disposición del texto, es *Noches lúgubres* de Cadalso, que se publicó en *El Correo de Madrid* entre el 16 de diciembre de 1789 y el 6 de enero de 1790, con hasta veintidós ediciones entre el año de su publicación y 1850. Supone, sin embargo, un paso más hacia adelante en la asimilación genérica de la novela gótica que se dio en nuestro país y que se materializará en la siguiente etapa. Más allá de imitar "el estilo de las que escribió en inglés el doctor Young", las *Noches* son un canto a la melancolía, el dolor, la consternación, el abatimiento, la noche, la oscuridad, el terror y el espanto, plasmados con toda la riqueza de la técnica pictórica del claroscuro y una declaración de intenciones por lo que al particular empleo del componente sobrenatural se refiere.

La diversidad de motivos góticos empleados en la obra de Cadalso apuntan a que pudo haber tenido acceso, no ya solo a la obra de Young, referencia evidente en la poesía nocturna y sepulcral, y al tratado estético de Edmund Burke, sino a alguna de aquellas precursoras novelas góticas cuyos ecos ya comenzaban a llegar a España; el hilo conductor de la narración se encuentra, en este caso, en la sensación constante de inseguridad, de miedo, de predominio absoluto de la noche frente a la luz del día. Por no hablar de toda la arquitectura del terror que remite, sin duda, a las técnicas y preceptos de la ficción gótica. De hecho Glendinning (2000: XXV) en su estudio preliminar a las *Noches* de Cadalso relaciona la obra obviamente con el concepto burkeano de lo sublime, pero también con la nueva literatura en alza, la novela gótica.

Dentro de esta estética dominante de la noche y del culto extremo a la nocturnidad, el elemento sobrenatural y extraño se plantea como un hecho factible que provoca, de nuevo, un conflicto interno en el autor entre la inadecuada aceptación de la irracionalidad y el mantenimiento de una posición rígida de defensa de los principios ilustrados[229]. Tediato, destrozado por la pena de haber perdido a su amada, está obsesionado con imágenes aterradoras y visiones de furias infernales en sus pesadillas, medio dormido e incluso despierto, en la oscuridad de la noche o en su propia oscuridad aun de día: "Cuantos objetos veo en lo que llaman día, son a mi vista fantasmas, visiones y sombras, cuando menos... Algunos son furias infernales" (Cadalso 1988: 145). En sus momentos racionales, no obstante, sabe que esas criaturas fantásticas no existen, pero se recrea en ellas y en el estado de ensueño que le producen[230]. Sin embargo, no debemos olvidar que Cadalso, como todos estos escritores ejemplificados, pertenecen al ámbito de la Ilustración y se deben regir en la elaboración de sus obras literarias por los principios generales por los que abogan[231]. Las leyes que rigen la construcción de una obra literaria y el peso de la censura impiden la aceptación de cualquier elemento extraño que pueda quebrar la verosimilitud; en esta obra, en la línea de las anteriores aunque quizás con una mayor determinación, se aprecia la tendencia dominante al particular empleo de lo sobrenatural, una tendencia que será la que prevalezca en la construcción de esta novela en nuestro país: el peso de la razón —"¿qué es la razón humana si no sirve para vencer a

229 Pedraza (1982: 97): "La obra provoca, por su estructura misma, la discusión, puesto que involucra la paradoja de un hombre racional, Tediato, reflexionando y poniendo en práctica una acción irracional como es la de desterrar el cadáver de su amante ... y buscando la muerte al encontrarse injustamente encerrado en prisión".

230 Es en este mismo estado, además, en el que escribe el propio Cadalso su poesía que supone para él un consuelo en medio de sus sufrimientos. Uno de sus poemas habla de los horribles sonidos y visiones que le obsesionan: "Solo oigo la ronca/Voz del negro cuervo/Murciélago triste/Gavilán siniestro/O de otros iguales/Para mal agüero". Considera Helman (1970: 141) que "Estos detalles –la voz ronca, el murciélago, el siniestro gavilán– dan el paisaje emocional para lúgubres reflexiones nocturnas, como en las escenas sepulcrales de los poemas ingleses de cementerio o en las novelas góticas".

231 Su respeto por los principios llega hasta el punto de consideraba su obra como instrumento moralizante y pedagógico, pues al final inserta la siguiente nota: "El autor de estos diálogos los dejó sin concluir (como consta en el borrador original y sin darles la última mano, en que, según su plan, se proponía el reconocimiento de Tediato, detestando su furiosa pasión, y sirviendo de escarmiento a los jóvenes incautos, para que se precaviesen, no dejándose arrebatar de un amor desordenado".

todos los objetos y aun a sus mismas flaquezas?" (Cadalso 1988: 137)— conduce no solo a una actitud de vergüenza simbolizada en las impresiones de los personajes, una vez ha tenido lugar el suceso extraño, sino hacia "la valoración negativa de la fantasía, [...] que podemos escuchar en las palabras de Tediato en la Noche Primera: "¡fantasía humana, fecunda solo en quimeras, ilusiones y objetos de terror!"(Roas 2006: 92)[232], aunque no aluda directamente a la superstición, que será la causa principal de su rechazo en las etapas posteriores de cultivo de la novela gótica en nuestro país. Un punto de inflexión hacia la novela gótica racional y un abandono precipitado del irracionalismo, en todas sus vertientes de lo sobrenatural, pero no una negativa rotunda al cultivo de la ficción gótica. Al mismo tiempo que se apunta la dirección que guiará a la novela gótica en la consideración que del componente sobrenatural se va a realizar en nuestra novelística, también se puede observar con claridad la tendencia a la recreación de la arquitectura terrorífica. La superposición de imágenes y la recreación continua en el detalle responden a la perfección a aquellas características estéticas y configurarán la sensación de terror de nuestras novelas. Los contactos con la obra de Young y la literatura de raigambre gótica se traducen en una búsqueda obsesiva del *espacio terrorífico*; las palabras que abren la obra por boca de Tediato ilustran perfectamente esta estética que encuentra el terror sublime en el contraste continuo entre la luz y la penumbra del paisaje:

> ¡Qué noche! La oscuridad, el silencio pavoroso interrumpido por los lamentos que se oyen en la vecina cárcel, completan la tristeza de mi corazón. El cielo también se conjura contra mi quietud, si alguna me quedara. El nublado crece. La luz de esos relámpagos…
>
> ¡Qué horrorosa! Ya truena ¡Cada trueno es mayor que el que antecede y parece producir otro más cruel (Cadalso 1988: 127).

La oscuridad juega pues un papel de relieve y se realiza a través de ambientes góticos, naturales y arquitectónicos, que ya por sí mismos tienen la prerrogativa de infundir terror; aposentos subterráneos, calabozos, el cementerio en el interior de una iglesia están plenamente en sintonía con aquellos ambientes. En la "Noche Segunda" (1988: 151-152), "el Justicia" le impone al carcelero colocar a Tediato "en el calabozo más apartado y seguro", y el carcelero, en uno de esos parlamentos con función de acotación, se dirige al protagonista, anunciándole: "Este es el calabozo destinado para ti", en el que le pondrán "grillos, cadenas, esposas, cepo, argolla" y que aparece descrito de manera tópica

---

232 Montesinos (1970a: 174-175) también alude a este aspecto: "Cadalso evita cuidadosamente toda incidencia en los dominios de lo maravilloso, en que más tarde se adentrarán de buena gana los poetas románticos. Quedan en las *Noches Lúgubres* curiosos resabios del rigor racionalista de la Aufklärung. No le basta a Cadalso con rehuir toda mención de visiones y monstruos; necesita explicar su no existencia. Si su propia sombra asusta al sepulturero Lorenzo, Tediato se limita a decirle: ¡Necio! Lo que te espanta es tu misma sombra". Para este hombre que cree que a cada paso el suelo se hunde a sus pies, las leyes de la Física tienen una sorprendente fijeza; son, casi, lo único que no ha destruido la muerte de Filis. "¡Necio! Lo que te espanta es tu misma sombra, con la mía, que nacen de la postura de nuestros cuerpos respecto de aquella lámpara". No hubiera dicho más Feijoo. Y sin embargo, y a pesar de la curiosa anécdota del monstruo que ocasiona el desmayo de Tediato, y que luego resulta ser un perro, Cadalso, ha acumulado aquí todos los elementos de terror ornamental que luego prodigaron los románticos".

a través de las palabras del protagonista: "no me espanta su tiniebla, su frío, su humedad, su hediondez; no el ruido que han hecho los cerrojos de esa puerta; no el peso de mis cadenas". Pero hay más: hay una insistencia escenográfica sobre este motivo que hace patente la intención de los autores de aumentar de cualquier manera el horror del público. El horror experimentado en el calabozo se acrecienta por la insistencia en el ruido de cadenas, de puertas que se abren y por el contraste con el aterrador silencio que domina la prisión; aparece en el lamento de Tediato al evocar la ejecución secreta de un preso: "Las pisadas de los que salen de su calabozo, las voces bajas con que se hablan, el ruido de las cadenas que sin duda han quitado al cadáver, el ruido de la puerta, estremecen lo sensible de mi corazón" (Cadalso 1988 155).

La descripción de Lorenzo, al comienzo de la "Noche Primera", es una perfecta dosificación de tonos horrorosos y patéticos, de ecos de la ficción gótica; dibuja Cadalso a través de su protagonista a un ser fantasmal a falta de los verdaderos muertos que regresan y juega con el terror de lo diferente, de lo monstruoso, de "lo otro": "El rostro pálido, flaco, sucio, barbado y temeroso; el azadón y pico que trae al hombro, el vestido lúgubre (sublime), las piernas desnudas, los pies descalzos, que pisan con turbación (patético)" (Cadalso 1988: 128). Lo sublime se mezcla con lo macabro en el momento de presentar a la muerte y a los muertos; el propio sepulturero evoca a aquellos que ha enterrado entre la fascinación y el horror:

> He enterrado con mis manos tiernos niños, delicias de sus mayores; mozos robustos, descanso de sus padres ancianos; doncellas hermosas y envidiadas de las que quedaban vivas; hombres en lo fuerte de su edad, y colocados en altos empleos; viejos venerables, apoyo del Estado [...] Puse sus cadáveres entre otros muchos ya corruptos, rasgué sus vestiduras en busca de alguna alhaja de valor: apisoné con fuerza y sin asco sus fríos miembros, rompiles las cabezas y huesos; cubriles de polvo, ceniza, gusanos y podre... (Cadalso 1988: 131-133).

Los elementos góticos se pueden observar igualmente en una serie de novelas recuperadas a través de y catalogadas por Javier Muñoz de Morales Galiana: *Los trabajos de Narciso y Filomena* de Vicente Martínez Colomer de 1784 (2021); *La mujer feliz, dependiente del mundo y de la fortuna* de Andrés Merino de Jesucristo publicada en 1786 (2024); *Anastasia o la recompensa de la hospitalidad* de Antonio Marqués y Espejo de 1818 (2024); *Elmour y Matilde*, de Basilio Sebastián de Castellanos de Losada en 1829; y ya publicadas en época posterior coincidiendo con los otros dos momentos de desarrollo del género: *Los bandos de Castilla* en 1830; *Jaime el Barbudo, o sea, la Sierra de Crevillente*, de Ramón López Soler en 1832 y *El bastardo de Castilla*, de George Washinton Montgomerey en 1832. Menciono en último lugar, el poema de Manuel José Quintana "El panteón del Escorial" (1805)[233], en el que siguen apareciendo ecos de esta estética en

---

233 Para un mayor acercamiento a este poema de Quintana véase el artículo "La oda al panteón del Escorial" de Leopoldo de Luis. Aunque considera que el mismo es "una mezcla de romanticismo visionario y de clasicismo razonador" (1972: 366), el análisis es bastante minucioso.

una época incipiente, aunque evidentemente no se puede catalogar el mismo como una novela gótica, tal como señala Guillermo Carnero (1983: 121)[234], y no porque esté escrito en verso sino porque continúa, como las anteriores, sin responder de manera estricta a las convenciones del género. Se trata de una obra política que tras la anatematización del absolutismo y la defensa de la libertad, esconde guiños a la escenografía impulsada por los góticos (no olvidemos que traduce-adapta al español la tragedia de Lewis *El Duque de Viseo)*. Lo terrorífico arquitectónico se manifiesta en el texto para recrear un momento de la historia de España; el poeta ve salir de sus tumbas a los espectros de los reyes de la Casa de Austria y lo sobrenatural se mezcla con lo terrorífico al aparecer descrito desde las impresiones funestas y espantosas que generan estas apariciones en el propio poeta:

> [...]
> Quise el recinto penetrar, en donde
> Bajo eterno silencio y mármol frío
> La muerte a nuestros príncipes esconde.
> ¡Salud, célebres urnas! En el oro,
> En las pomposas letras que os coronan,
> Decidme, ¿Qué anunciáis? ¿Tal vez memorias, Memorias,
> Memorias, ¡ay! En que la mente opresa
> Con el dolor presente
> Pueda aliviarse al contemplar las glorias
> Que un tiempo ornaban la española gente?
> ¡Sepulcros, responded! y de repente
> Vuélvense de la bóveda las puertas Sobre el sonante quicio estremecido;
> La antorcha muere que mis plantas guía,
> Y sin embargo el sentido,
> Mil terribles imágenes se ofrecen
> A mi atemorizada fantasía.
> [...]
> Un alarido agudo, lastimero,
> El silencio rompió que hondo reinaba,
> Mientras la urna lánguida alumbraba
> Pálida luz de fósforo ligero.
> Levantó el grito la aterrada frente,
> Y en medio de la estancia pavorosa
> Un joven se presenta augusto y bello
> En su lívido cuello
> Del nudo atroz que arrancó la vida
> Aún se mostraba la huella sanguinosa;
> [...]
> Alzarse vi una sombra, cuyo aspecto me estremecía
> [...]

---

234 Carnero (1983: 121) cataloga una serie de novelas góticas entre las que incluye "El panteón del Escorial", porque "aunque esté en verso (es) una novela gótica en miniatura, ya que responde a las leyes del género".

> La aleve hipocresía, en sed de sangre y de dominio ardiendo,
> En sus ojos de víbora lucía (Quintana 1946: 36).

La sublimidad alcanza su apogeo al final del poema con el culto a la oscuridad y la finitud a través de una pavorosa tormenta, tras haber aparecido diferentes personajes de la Casa de los Austrias:

> Llegaba aquí, cuando de la alta
> sierra Bramador huracán fue sacudido,
> De tempestad horrísona asistido,
> Para espantar y combatir la tierra.
> Derramose furioso por los senos
> El edificio; el panteón
> temblaba;La esfera toda se
> asordaba a truenos; A su atroz
> estampido
> De par en par abierta
> Fueron de la honda bóveda las puertas:
> Entraron los relámpagos, su lumbre
> Las sombras disipó, y enmudecido,
> Y envuelto yo en pavor, cobró sentido,
> Cual si con tanta majestad quisiera
> Solemnizar el cielo
> La terrible lección que antes me diera.
> (Quintana 1946: 38).

Aquello que interesa en realidad de este poema no es sino la preponderancia de una estética, de una nueva forma de enfrentarse al texto, en su composición, pero también en su lectura, que se materializaría especialmente en la novela aunque sin dejar de influir, de igual modo, en la poesía y en el teatro. En estas producciones novelescas de finales del siglo XVIII y principios del XIX se manifiesta, aunque sea de manera puntual, una fórmula que funciona y que sabe de su potencial, una estética heteróclita, extraña y sobrecogedora, que viene a demostrar la existencia de un estado primigenio de la ficción gótica en nuestras letras, más allá de las narraciones de bien entrado el siglo XIX, a modo de toma de contacto que se convertirá en germen de la verdadera novela gótica española, al adelantar sus particularidades: la presencia sobrenatural racionalizada, el culto a la nocturnidad, la hipersensibilidad, la fascinación por lo lúgubre y la recreación en lo que de macabro tienen el mundo y los actos humanos.

1.2. Traducción y originalidad. La explosión de la novela gótica en España

Asimilada la estética y conformado el gusto, el siglo XIX estaba preparado ya para asumir el siguiente paso en la adaptación genérica de la novela gótica a través de la oleada de traducciones de novelas inglesas, que alcanzaría su cénit a partir de la segunda década con el relativo aperturismo del régimen fernandino manteniendo su apogeo hasta el final del mismo, época en la que coexiste con el cultivo de obras propiamente nacionales, y que confirman la existencia de una ingente producción que iría en aumento a medida que avanzaba el siglo.

Las traducciones de novelas góticas no han sido valoradas en su justa medida. Dejando a un lado la supuesta escasez, previamente rebatida, las traducciones se han rechazado desde la suposición del empobrecimiento de la producción nacional. Se reconoce, al menos en parte, "el papel fundamental que estas jugaron" (Montesinos 1981: 40) en la asimilación de las nuevas tendencias en la historia de nuestra literatura[235], incluso que vinieron a paliar "las deficiencias en la producción nacional" (Pedraza 1982: 171), pero la reticencia a su estudio se continúa fundamentando, de manera general, en su falta de calidad literaria y en su consideración de un mero intercambio de modelos importados, que nada aportaron al movimiento del que eran representantes y que solo contribuyeron a retrasar los débiles intentos narrativos por parte de aquellos escritores aún ilustrados; "La superabundancia de traducciones producía un considerable descenso cualitativo en el uso de la lengua escrita y, lo que es más importante para nuestro caso, una atonía o incapacidad creadora en el orden de las narraciones originales" (Romero Tobar 1976: 35).

La importancia de las traducciones de novelas góticas debe ser tenida en cuenta por encima de considerar su procedencia extranjera y de suponer un alarde de valentía frente a la rígida censura. Analizadas en profundidad, tanto en el proceso inicial de introducción de las mismas en nuestro país como en su posterior trasferencia a nuestra literatura, las traducciones de novelas góticas esconden un complejo proceso de adaptación que se convertirá en modelo de futuras narraciones inspiradas por aquella estética. Estas novelas forman más que un compendio de textos trasplantados de una lengua A (francés en primera instancia o como intermediario del inglés o del alemán) a una lengua B (español); el traslado se intensifica por encima de las diferencias lingüísticas y afecta a las costumbres y usos de los personajes, a la disposición de la trama, a los efectos y objetos que provocan el terror e, incluso, a las pretensiones finales del relato[236]. Y es precisamente esta reinterpretación y aumento de recursos en la nueva obra la que me permite hablar en realidad de verdaderas novelas originales que por derecho propio han de pasar a formar parte del elenco de obras nacionales; es decir, se trata de obras originales que ocupan un momento preciso, concreto y necesario en el proceso de trasferencia genérica que sufre

---

235 Yllera (1991: 639) manifiesta una opinión similar, pero es más dura en sus afirmaciones: "No comparto la opinión de los que excluyen las traducciones de la historia literaria de un país. La historia de la traducción es la historia de los gustos y preferencias de un país y, en un momento dado, coexisten obras originales y traducciones. Prescindir de las traducciones nos lleva a veces a interpretaciones erróneas".

236 Ratifica este argumento Inmaculada Urzainqui (1991: 241), quien ha señalado que en este período cada traductor se planteaba su tarea profesional desde diferentes perspectivas: simple traslación, sinopsis, adaptación, corrección, nacionalización, actualización o paráfrasis. Pero la mayor parte de los casos esconden un fuerte proceso de manipulación del texto pensando en los gustos de los españoles.

la novela gótica inglesa al penetrar en nuestra literatura. Aunque dependiendo siempre del traductor y de la obra traducida, de su mayor o menor proximidad a los principios teóricos y las costumbres del país receptor, las novelas se distancian de manera general del texto origen y se presentan a los lectores como creaciones nuevas, vinculadas al original y a su esencia, pero enriquecidas y renovadas, en definitiva. Esta suposición se opone, según vemos, a la sostenida por gran parte de la crítica especializada que ve la traducción como un obstáculo a la expansión espontánea de nuestra literatura, como un empobrecimiento y como un paso hacia atrás al no haber prolongado la gloriosa estela cervantina.

Apoyo mi argumento en las reflexiones de Joaquín Álvarez Barrientos (1991) quien ha dedicado una parte de su estudio a matizar el concepto de la originalidad en la traducción para aquel período de entresiglos. No duda en manifestar de manera tajante que gran parte de "las traducciones de novelas (no todas desde luego) no son en realidad tales traducciones sino obras originales en el sentido de que presentan algo que es nuevo en el panorama y en la historia de la literatura española" (Álvarez Barrientos 1991: 207). A lo novedoso de la obra se añaden determinadas alteraciones que el autor considera oportuno efectuar; "Estos cambios que realice el traductor connaturalizándola, la convertirán en expresión de las costumbres y del carácter nacional, y harán de ella casi un original". "De esta forma eran originales los traductores que, reescribiendo la historia, la adaptaban al medio español, pero también preparaban a los españoles para lo que venía desde fuera y a los propios escritores para componer obras nuevas" (Álvarez Barrientos 1991: 209). La explicación es plausible; el concepto de traducción de este período se distancia más que visiblemente del actual. La traducción se entiende como "imitación", una obra base que el traductor puede modelar a su antojo de acuerdo a "los usos, costumbres, hábitos o modales asociados a un pueblo" (Barrientos 1991: 200). Esta misma tendencia la defiende Joaquín Marco (1969: 124) al afirmar que "Las supresiones, añadidos o sustituciones de los traductores tenían como objetivo acomodar las obras al contexto español en razón de criterios morales, ideológicos, literarios o nacionalistas". Mas no se trataba de un caso aislado sino que era "la manera corriente y generalizada de actuar" (Álvarez Barrientos 1991: 202), pues hasta el editor Mariano de Cabrerizo indica específicamente en su *Prospecto a la colección de novelas* que los traductores suprimían y realizaban cuantas variaciones consideraran oportunas para acomodarlas "a nuestras leyes, a nuestras costumbres o a nuestro gusto".

La infidelidad de las traducciones es, en realidad, un fenómeno de época vinculado a la idea que de este género se tiene y al deseo de adaptar la obra a lo que se supone gusto del público. Bajo el pretexto de adaptar el discurso literario de origen al genio de la nación que lo recibe a dichas preferencias, los traductores se permiten y además justifican la infidelidad al original. Se concibe la traducción no como un reflejo, sino como una imitación creadora de una obra que a su vez imita a la naturaleza. Y más aún, al no existir una estipulación acerca de los derechos de autor, no existía la preocupación actual sobre la fidelidad a la obra original que se convertía en una especie de modelo a imitar.

Así lo debieron entender los traductores[237], pues podían, con total libertad, calcar, adaptar, enmendar, suprimir, añadir, sin que al lector se le ocurriera pedir cuentas por ello. De hecho, que las traducciones eran libres lo declara, no solo la novela en sí al compararla con el original, sino los prólogos o advertencias iniciales e, incluso, las propias portadas de las novelas, en las que bajo el título se explicita con un "traducida libremente" o "traducción libre", como puede ser el caso de *Julia y los subterráneos del castillo de Mazzini* (en edición de Cabrerizo), *Oscar y Amanda o los descendientes de la Abadía* (traducción de Carlos José Melcior), *Saint-Clair de las Islas o los desterrados a la Isla* (en traducción de J. M) o *El fraile o historia del padre Ambrosio y de la bella Antonia* (sin nombre de traductor), entre otras tantas[238].

Aparte de los cambios o modificaciones que sufra el propio relato, el simple hecho de incluir una dedicatoria o prólogo compuesto por el mismo traductor, en cierto modo, abría el camino hacía una nueva consideración de la obra, hacia una interpretación diferente, apuntando a una posible autoría; el traductor como "autor" y la traducción como "creación personal". Este hecho se corrobora no solo con la idea ya apuntada de que ellos mismos las consideren como traducciones libres, sino en que la gran mayoría de las mismas, aun resaltando que se trata de una traducción, omite intencionadamente el nombre del autor en la propia portada, incluso en la anteportada[239], de tal manera que la obra se presenta como una creación abierta que puede enriquecerse con las sucesivas interpretaciones a partir del texto origen.

Sin embargo, que aparezca el nombre del autor tampoco niega la originalidad de la obra, algo que sucede en otras tantas novelas. Al contrario, se sigue manifestando su capacidad productiva, pero ahora desde la alabanza y dignificación del género a través del vínculo directo con un autor célebre, de renombre. La novela resultado, la nueva creación, será de calidad por partir, por imitar, una fuente contrastada.

Así lo sienten el común de los traductores que se ven a sí mismos como verdaderos creadores de la obra literaria, representantes primeros de la novela gótica de tradición hispana, que escribían su propia obra, contextualizándola, desde el punto de vista estético y político, pero sobre todo social. El traductor no se limitó a traducir cuanto de útil y moral tenían las novelas, sino que retocó aquello que pudiera ser pernicioso, que atentase contra el decoro y las buenas costumbres, que pusiera en peligro los preceptos teóricos o que desestabilizase los principios sociales básicos y añadió, además, para ade-

---

237 Alicia Yllera (1991: 643) se muestra asimismo a favor de esta teoría "Se prefiere la traducción libre en una época en que se desconoce nuestra concepción individualista de la obra literaria, todas las libertades se justifican por las diferencias entre el genio de las dos naciones, en las costumbres y en los gustos".

238 Reginald Brown (1953: 10) escribe que "De novela original española calificaban a sus adaptaciones los novelistas españoles de aquella época y [que] no se debe creer que en este subtítulo genérico el término original se contraponía al de traducción, sino que entrañaba algo del sentido que tenía esta palabra en la crítica literaria desde el siglo XVII de inventado, creado de nuevo".

239 De hecho esta ha sido una de las principales dificultades del estudio, identificar la obra traducida con el texto originario.

cuarse a la estética, otros tantos elementos que remarcaban el terror, que intensificaban el escalofrió, que mantenían el éxtasis del público. Su papel no se restringe entonces al de la simple traducción, a difundir una novela y con ella una estética novedosa[240], es una parte fundamental de la cadena en la difusión del género gótico en nuestro país, y, lo que es más importante, las particularidades que este género ofrezca dentro de nuestras fronteras tienen que ver con el concepto muy claro que el traductor tiene de la función social de la literatura, del vínculo necesario que esta debe establecer con la cultura en la que se inscribe y que desarrollará a través de las páginas de la novela. Por ello la labor de la traducción supone, tras los contactos con la estética en la anterior etapa, el paso definitivo del proceso de trasferencia genérica. Este paso definitivo se explica porque las novelas originales, dentro de la fórmula y sus posibilidades y con la opción de trascender los límites del subgénero, resultaban más fáciles de adaptar. La asimilación de modelos extranjeros, no impidió que se adaptara al sentir nacional, a las reglas estéticas que imperaban en aquellos años.

Al tiempo que este género se españoliza, se legitima y adquiere dignidad estética; nuestra literatura se apropia de unos modelos que no le pertenecen, los hace suyos y se desquita del papel de país inferior falto de creación, que es el papel que toma un traductor que se limita a traducir únicamente (el pueblo traductor) y se alza al nivel del superior (el pueblo emisor); en consecuencia, los mejores traductores serían los que más españolizan el texto, haciéndolo suyo, hasta apropiárselo.

En la primera fase de asimilación de la estética los elementos entran sin una criba previa, como una lluvia de nuevos recursos que podían enriquecer la novela y provocar sensaciones desconocidas, ya que no se identificaban aún plenamente las características de su fórmula ni se comprendían en realidad sus perversiones ocultas por la escasez de novelas importadas; no aparecían fijadas ni establecidas las pautas, aunque ya comenzaban a intuirse determinados aspectos y se evidenciaba la falta de otros tantos; en cambio, esta segunda etapa de trasferencia demuestra que existía un conocimiento de las repercusiones reales del género así como de su verdadera problemática[241] y que queda constatada no solo por la adaptación, al asimilar determinados elementos y transgredir otros tantos conscientemente, sino por el giro definitivo y generalizado hacia la instrucción moralizante, hacia la consideración de la novela gótica como instrumento pedagógico útil. Partieron de la etapa anterior y algunas de aquellas intuiciones las convirtieron en dogma a seguir, en pautas de escritura. En la adaptación a nuestros usos culturales y estéticos, la novela gótica perdió parte de su carga subversiva, a la manera inglesa al menos, se cubrió

---

240 Así lo sostiene Joaquín Marco (1966: 44): "El individualismo acentuado de los traductores no respetó los originales. Más que traducir se adaptó. Y tales adaptaciones, de la forma nacional de considerar una novela de importación, iba a nacer la novela española contemporánea".

241 De nuevo esta afirmación me enfrenta con la tesis defendida por el estudioso Juan Ignacio Ferreras (1989: 196), quien sostiene que estas novelas son meras imitaciones mal comprendidas: "estos autores no supieron ni siquiera recoger del mundo folclórico las historias de miedo que se contaban a los niños; intentaron una imitación y no comprendieron los modelos que intentaban imitar".

de imágenes religiosas y adoptó una carga moral mucho mayor que la que ya de por sí poseía en la parte de novela gótica que he calificado de racional.

Se trata de un proceso de adaptación en el que en las nuevas creaciones góticas coexisten las tradiciones más castizas con la estructura y el gusto europeizante del momento, de tal manera que se consigue mantener la esencia gótica, trasgredir las prohibiciones y obligaciones que imponía el entramado literario imperante y enriquecer el texto resultado. Novelas originales, en definitiva, que traen consigo unas señas de identidad, las del origen gótico, y otras añadidas por los propios traductores, las nacionales, que las convierten en algo reconocible por el público, las hacen más accesibles, más consumibles.

A) LAS PARTICULARIDADES DE LA NOVELA GÓTICA ESPAÑOLA A OJOS DE SUS TRADUCTORES-AUTORES. UNA MIRADA A LOS PRÓLOGOS

Leed y estremeceos; nada hay aquí de fabuloso…
Luis Monfort, *La familia de Vieland o los prodigios.*

Frente al propio texto, los prólogos de las novelas son el mejor ejemplo gráfico de lo constatado; nos muestran toda esta riqueza y la sensación por parte de los propios traductores de ser conscientes de estar creando un texto nuevo a partir del texto origen.

Sin embargo, la veta de los prólogos de las traducciones de novelas extranjeras en nuestro país en el siglo XIX se encuentra prácticamente inexplorada. El acercamiento a los mismos, al tratarse de lugares privilegiados para que el autor materialice sus inquietudes, descubre no ya solo sus verdaderas intenciones sino que rescata del olvido la realidad de la traducción, de su significación y de su trascendencia en el devenir de nuestra literatura. La inmensa mayoría de las traducciones de novelas góticas, siguiendo la tradición que se había iniciado en el siglo XVII en que comenzaron a ampliarse considerablemente en número por la apertura al exterior y el reconocimiento de la valía de otros movimientos extranjeros, presentaba un prólogo a la novela, en su variedad de introducción, prolegómeno, advertencia o dedicatoria del traductor que se convierten en otros tantos corpus teóricos de la evolución del género, con el aval de haber sido elaborados por los propios autores y sirven de proclama de intenciones y de plan general de la nueva obra. Demuestran, más que ningún otro extracto del texto la evolución sufrida por el género gótico al traspasar nuestras fronteras y algunos de los preceptos que en ellos se desarrollan se convierten en motivos recurrentes y en dogma constitutivo de la novela gótica.

Es evidente que la importancia de los prólogos en el caso de la novela gótica trasciende los límites del mero estudio analítico, de la presentación de la obra o de la defensa del propio autor. Descubren la realidad del movimiento, su auténtico valor, su repercusión definitiva, aunque la misma aparezca solapada por las exigencias de la censura y de la preceptiva. Sin embargo, a pesar de ser manifiestos de la nueva novela, los prólogos parecían estar escritos más bien para los censores que para el público, aunque un lector inteligente siempre podía vislumbrar, más allá de la novela pura moral y de costumbres, una corriente nueva a la que respondía el cómputo global de la novela, distanciado de los presupuestos que se defienden a ultranza en estos prólogos, pero en consonancia con los mismos, no lo olvidemos. Esta aparente ambigüedad se debe a que los prólogos presentan intencionalmente dos niveles de lectura, opuestos pero necesarios al género, porque de la unión de ambos nacerá nuestra novela gótica, provista de nuevas propiedades. Son los prólogos los encargados de abrir el texto a una doble lectura, la pretendida desde el propio prólogo, más utilitaria y moralista y la conseguida con la lectura, apenas intuida en esta advertencia inicial, que se rastrea más fácilmente a través de una lectura concienciada del relato. Estos textos disponen, por una parte, de un nivel palmario y visible, destinado a los censores y necesario para pasar el filtro y, oculto tras este primero, aquel que tiene en el público general al destinatario último, un segundo nivel que se recrea en la esencia de la fórmula, en las particularidades del origen que siguen latentes para regocijo de los lectores; sin el primero el texto sería imposible, sin el segundo, la esencia de la novela gótica se difuminaría. En función de estos dos niveles se debe estudiar y comprender la riqueza de los prólogos y, por extensión, la de las propias novelas góticas.

El nivel externo descubre el prólogo como "advertencia", como llamada de atención y como modelo ejemplarizante de conducta. Se convierte en una declaración de intenciones al gusto de la época, de sus preceptos teóricos, con el propósito último de superar la censura y aclimatarse a los principios requeridos por esta. Sin la presencia de un prólogo de estas características, estas novelas no habrían podido llegar al público, porque se interpretarían como una blasfemia, contrarias a toda verosimilitud y profundamente enfrentadas al sentir hispano. Añadidos a las mismas, sin embargo, asumen el papel de guías, pues dirigen la lectura hasta tal punto que el relato es leído desde una perspectiva nueva, diferente a lo que pretendían sus creadores. El texto renace a los ojos del lector y adquiere nuevas lecturas, impensables en su origen, pero que, sin duda, enriquecen el género.

Previo a la defensa de la novela como instrumento apropiado de moralidad, los autores tratan de enaltecer un género en parte denostado por la preceptiva. La dignificación que necesitaba el género novelesco y los problemas que se asociaban ya de por sí a este movimiento, que no resultaban desconocidos para los traductores, obligaban a una defensa implacable, sin tregua, desde su inicio hasta las palabras finales. Era este apenas el primer paso para convencer a los censores pero, al propio tiempo, un guiño al público y a sus nuevas necesidades literarias, que no eran sino las de los propios autores: un deseo de búsqueda de nuevas formas, de nuevos lenguajes, aptos para amoldarse a las exigencias propias de la expresión estética innovadora que trata de reaccionar, en la medida que le sea posible, frente una tradición establecida e intentar superarla. El traductor de *El castillo negro o los trabajos de la joven Ofelia* abre su advertencia, a la temprana fecha de

1804, con una historia de la novela en un intento de justificación de la nueva estética que ofrece al público:

> Las novelas, dice un escritor que tiene voto en la materia, son unos pequeños romances, en los cuales, sin tanto enredo de aventuras y variedad de accidentes, se expone un solo hecho: y pueden considerarse respecto de los romances, como los dramas de un solo acto en comparación de una comedia completa. Los franceses del siglo doce y trece tuvieron particular complacencia en escribir novelas, y tomaron muchas de los árabes. Se ensalza tanto en el estilo y composición de ellas, que no puede comprenderse cómo los posteriores franceses, teniendo tantos ejemplares que imitar, decayeron tanto, y se dedicaron a un gusto rústico e informe, tan diverso del que usaron felizmente sus mayores. Poco después se aplicaron igualmente los italianos a las novelas y tenemos muchas de los primeros tiempos del esplendor de su lengua; pero la elegancia y delicadez de Boccaccio han oscurecido todas las otras, porque la conducta, el estilo, la exposición, y singularmente el lenguaje, son las prendas que hacen recomendables sus novelas. Sin embargo, la lentitud de los coloquios, lo incidente de los hechos y lo torpe de las ideas rebajan tanto el mérito de aquellas novelas, que las harían abandonar en la cultura de nuestros tiempos, si no las sostuviesen la agradable pureza y elegancia, y las inimitables gracias del lenguaje. Nuestro célebre e inimitable Cervantes desterró con la publicación de su D. Quijote los libros de Caballerías, y con la producción de sus novelas extinguió el esplendor de todas las otras. Los argumentos de estas novelas españolas no tienen tanto interés como los de algunos franceses modernos; pero la conducción de la fábula, la pintura de los caracteres, la expresión de los efectos, y la propiedad del estilo, es en todo tan superior en Cervantes, que de él se está siempre oyendo la voz de la naturaleza, y en los modernos se ve generalmente por todas partes la afectación y el estudio. A pesar de todo esto, y de los defectos que podemos encontrar en varios autores, tanto antiguos como modernos, se nos presentan a la vista muchos de estos últimos, ya desimpresionados de aquellas preocupaciones, que en lugar de levantar, derriban enteramente obras (1804: I-IV).

Los prólogos se abren, así, con una alabanza al género, tratando de igualar este a los denominados clásicos. Una de las opciones, la más común quizás, es, entre el número ingente de novelas que se producen en nuestro país, resaltar los logros que algunas de ellas han alcanzado en otros países europeos y que implica, los más de los casos, la condena de aquellas otras que, a su parecer, no hacen sino desacreditar al propio género. Autores como los que presentan u obras como las que lanzan al mercado, avaladas por sus críticas y por su rotundo éxito, contribuirían a dignificar el género y a ensalzarlo. Apuntan a la necesidad de las obras y al atraso que para España supondría no tener acceso a las mismas. Debido al aumento en el consumo de novelas, expresiones similares eran lugar común en textos sobre la creación narrativa, pero en estos prólogos se convierte en indicativo, en argumento imprescindible. El editor, como traductor, aunque sin especificar su nombre (el traductor de la misma es D. Manuel de Quevedo Bustamante), de *El subterráneo o las dos hermanas Matilde y Leonor*, "Novela compuesta en inglés por Mistiss Lee", (1819) atiende a la necesidad de su publicación pues pocas novelas en Europa merecen tantas alabanzas como la que él mismo presenta:

> Entre el prodigioso número de novelas que en estos últimos tiempos se han presentado al público en diversos países de Europa, pocas se encontrarán, o amado lector, que llenen el objeto a que se dirige este género de escritos como el Subterrá-neo, o Matilde, que nuevamente te presento. El acogimiento favorable, y aún extraordinario, que obtuvo en su primera edición, me hubiera sorprendido, si reflexionando sobre sus cualidades no hubiera llegado a convencerme que era un efecto necesario de su mérito singular (1819: 3).

El traductor de *El castillo negro o los trabajos de la joven Ofelia* (1804), oculto tras las iniciales D. J. J., continúa su argumentación justificando igualmente su novela frente a otras de lectura más ociosa:

> Es innegable que el número de novelas que tenemos hoy en España es casi infinito; pero las más están por nuestra desgracia tan desnudas de aquellos requisitos que deben hacerlas apreciables, que la aplicación a la lectura se mira como pueril y ociosa, si tal vez no se reputa por torpe y obscena (1804: IV).

La vinculación directa con autores de renombre y nada perniciosos era otra de las posibilidades que veían los traductores para justificar su defensa de la novela como género literario. *Óscar y Amanda o los descendientes de la abadía* (1818) "Obra escrita en inglés por Miss Regina-Maria Roche" y puesta al castellano por D. Carlos José Melcior, uno de los traductores más prolíficos de novela gótica, sabe que la defensa de la novela pasa por la exaltación inicial de su autora, reconocida y valorada por sus producciones:

> La que presento al público escrita en inglés por Miss Regina-Maria Roche tiene sin disputa todas las cualidades y circunstancias que la caracterizan por una de las mejores en su clase. [...] Todas las perfecciones que se ven en esta obra deben aumentar la fama inmortal que la Escritora se ha adquirido ya por otras producciones literarias; y es preciso confesar, al ver el plan tan bien trazado, y sus pasajes tan naturales, que tiene una imaginación y un caudal inagotable de imágenes, descripciones e ideas. [...] Dejo al lector por Juez de si son exageradas las perfecciones que ensalzo en la obra, que por consecuencia debe ser más imparcial que yo en su justicia. (Melcior, 1818: 6).

Idéntico procedimiento se encuentra en la advertencia del traductor (Teodoro Guerrero) al relato *El castillo de Nebelstein* (1843). La justificación de la obra se apoya precisamente en la celebridad de Ann Radcliffe que, como ya he indicado, no es la autora real del mismo. La identificación asegura su éxito, pero lo que es más importante, facilita la publicación al tratarse de una de las autoras consideradas como "recomendables". Episodios sobrenaturales como los que se hallan entre sus páginas no hubieran sido posibles si el relato no fuera avalado por el nombre de Ann Radcliffe[242]:

---

242 Los apócrifos de Ann Radcliffe solían por lo general insistir en las bondades de la autora, llegando incluso a mencio-

El cuento de *El castillo de Nebelstein* hace poco tiempo se publicó en París, debiendo a una casualidad el poder hoy traducir una obra digna de la pluma de la más célebre autora de *Los misterios de Udolfo*. Schiller había conocido a Rennberg en Munich: ocupado con sus dramas no quiso trasladar al papel la historia del joven médico y la contó a Miss Ana Radcliffe que lo escribió en inglés; Mad. Freind, amiga íntima de esta, lo tradujo sin darlo a la luz. Algunos años después de su muerte, M. Freind encontró entre los papeles de su esposa el cuento de *El castillo de Nebelstein*, y lo regaló a l'Artiste, de donde lo traducimos hoy sin hablar nada del mérito, porque creemos que el solo nombre de su autora es la mejor recomendación (Guerrero, 1843: 2-3).

En otros casos autores más desconocidos para el público español se promocionan a través de referencias a novelas de autores consagrados. En la novela *La abadesa o las intrigas inquisitoriales* (1837), la mención a la obra de Radcliffe *El confesionario o los penitentes negros* de temática anticlerical, justifica la edición de la novela; en este caso la reedición, aunque también otras novelas de autores reconocidos como *La Extranjera* o *El solitario*, también de temática próxima al género gótico:

> El año pasado tuve el gusto de presentar al público la primera edición de la *Abadesa*, y sin embargo de hallarse expurgada de algunas expresiones, tuvo una salida admirable; en pocos meses se han agotado mil quinientos ejemplares de aquella edición, y esto que otro impresor tuvo a bien reimprimirla; pero a pesar de ser su edición algo más bella, he tenido el gusto de que la mía se haya llevado la preferencia sin duda por ser de mayor carácter y contener más de cien páginas de más que aquella.
>
> Al lado de esta interesante novela figura con preferencia *El Italiano o el confesionario de los Penitentes Negros*, en 3 tomitos del mismo tamaño y es por deseos elogiar su mérito cuando el público ha agotado una numerosa edición: esta obra es una imitación de la Abadesa, solo que los lances son distintos y ambas obras acreedoras a la admiración de los corazones sensibles.
>
> Las bellas cualidades que acabamos de referir, las demás que el lector irá observando, y sobre todo la aceptación que la *Abadesa* ha tenido en las naciones más ilustradas, nos han obligado a unirla con *la Extranjera, el Solitario*, etc. Por el mismo estilo, igual belleza de impresión, láminas y demás iremos publicando con prontitud las mejores novelas que se conocen; y no dudamos en asegurar que la colección de que esta novela forma parte será la más rica, hermosa y selecta de cuantas hasta ahora se han dado a luz en el Reino (1837: sin paginar).

En estrecha relación con la necesidad de verter estas obras al mercado español se encuentra su declarada intención moralizante. La defensa general de la novela como género y de la ficción gótica como subgénero especialmente problemático nace de su necesaria voluntad moralizante que se muestra en los prólogos de las novelas como el principal precepto estructurador. La problemática moral había invadido el campo novelesco

---

nar sus otras novelas, las originales y fácilmente reconocibles por el público, en la portada de las mismas. Un claro ejemplo es el relato titulado *Las visiones del castillo de los Pirineos*. Junto al título el traductor añade "Por Ann Radcliffe, autora de *La Adelina*, del *Italiano*, etc".

y todos los temas se materializaban, por muy alejados que parecieran en un principio, en función de esta demostración. Pues, a pesar de que existían otras motivaciones, como el convencimiento personal o el insertarse dentro de una tradición ya establecida y sabedora de su éxito, eran secundarias y estos autores intentaban en realidad, con la máscara de la moralidad, sortear las muchas dificultades de la censura; aunque especialistas como Joaquín Marco (1966: 36) no consideran esta posibilidad ¿qué mejor manera de dar salida a aquellas novelas que justificando y enalteciendo sus principios morales, fueran o no estos evidenciables? La inclusión de estas indicaciones por parte de los traductores es mayor en los prólogos, aunque se dejarán notar de manera evidente en ciertos pasajes de las obras, por lo que parecen responder entonces más a una fórmula dedicada a tranquilizar a la censura y quizás a cierto sector del público que a una reducción objetiva de pasajes no aconsejables. Los autores esperaban que las lecciones morales de sus textos, basadas en la realidad verificable, pasaran por buenos ejemplos edificantes para sus lectores, especialmente los más jóvenes.

Con ese objetivo fijo, muchos prólogos se abren con una condena directa a las novelas subversivas, opuestas al decoro y especialmente nocivas para la juventud. El reconocimiento de la existencia de este tipo de novelas contribuye a enaltecer aquellas otras que, como las que presentan al público, se insertan en una línea pedagógica y de respeto a los principios morales. Dª Micaela Hesbitt de Percebal, traductora de *El campeón de la virtud o el barón inglés*. "Novela escrita en inglés, por la señorita Clara Revees" (1854) dedica un largo parlamento a justificar la novela como instrumento moral frente a opiniones faltas de criterio que, sin acercarse a ellas, sin una lectura concienciada de las mismas, las han censurado y desechado por considerarlas perniciosas y dañinas. Desde su condición de "devota" se adelanta a defender una novela de la vertiente racional, en la que los principios morales son fácilmente rastreables, aunque gótica y respetuosa con su fórmula, al fin y al cabo:

> Casi todas las personas devotas y que hacen alarde de una virtud austera y de una rígida moral han lanzado su anatema contra las novelas, como perniciosas y nocivas a la juventud; bien así, como si dijéramos altamente subversivas e incitadoras a los pronunciamientos de las pasiones.
>
> Yo me precio de tener tan buena moral como la persona más timorata, pero que procuro no se mezcle con ella ninguna idea exagerada, y tengo gran cuidado de no creer las cosas solo porque son muchos los que las dicen, que no he hecho escrúpulo de leer muchas novelas para formar mi juicio acerca de ellas; porque no quisiera que me incluyesen en el número demasiado crecido, por desgracia, de aquellos que después de reprobar un libro con horror, acusándole de herético o impío (su contenido se entiende), preguntándoles si le han leído para formar tal idea, responden, que ni por el forro le han visto jamás, pero que se la han oído decir á muchos. Digo, que, pues por no hacer ese papel, a mí parecer, tan ridículo, he leído, muchas novelas. He encontrado unas inmorales, otras insulsas y enteramente insignificantes, otras ins-

tructivas y amenas, otras satíricas y divertidas; y otras por fin edificantes, y que con solo mudar los nombres, podrían pasar por un curso completo de moral.

Resultado de esta lectura ha sido el convencimiento de que, siendo así que de todas las cosas puede hacerse abuso, y que aún de aquellas más sagradas se hace, no es extraño que de este ramo de literatura, que tanto se presta al giro que quiera dársele, se haya hecho también. Esto mismo se hace creer que puede sacarse de él grande utilidad, publicando novelas cuya moral sea pura, sin ser áspera ni aterradora, cuyas escenas sean otros tantos ejemplos de virtud y cuyos personajes puedan servir de modelo a los lectores, con ventaja de la sociedad y de las buenas costumbres. De esta clase es la que presento, traducida del inglés, y que á lo interesante de su argumento, reúne la pintura de costumbres que no hemos conocido, y los retratos de una clase de héroes que ya no existen sino en las historias (Hesbitt de Percebal 1854: I-IV).

De la lectura detenida confían estos autores que sabrán sacar los jóvenes importantes consejos para su vivir cotidiano, al mismo tiempo que los invitan a proceder de idéntica manera que lo hacen los protagonistas de la historia quienes consiguen frenar sus pasiones y continuar fieles a la virtud. El mal comportamiento sirve de llamada de atención mientras que los personajes virtuosos actúan como modelos a imitar, pero modelos concebidos en términos cristianos. La moralidad que busca ensalzar la virtud y condenar el vicio deja entrever motivos cristianos; es decir, la virtud se vincula al proceder de acuerdo a los dogmas de la fe católica, pues no será completa mientras no obre bajo la luz del Evangelio. En la novela *La familia de Vieland o Los prodigios* (1818), en traducción del Dr. Don Luis Monfor, el proceder y la actuación de los personajes se reprueba o condena en función de su respeto a los principios morales, que no son otros sino los cristianos. La novela, desprovista en el origen de cualquier referencia divina, se dibuja bajo impulsos religiosos que pueden ayudar a obtener lecciones de comportamiento. Dios siempre está presente; en cada pasaje de la historia, amparando a los personajes en los momentos difíciles, abriéndoles los ojos a la realidad de sus pecados o recompensando su virtud:

> Sin la ilustración del Evangelio y sin el freno dulce y firme con que la Religión dirige las acciones del hombre, ni basta para hacerle feliz toda la virtud que la naturaleza y la sociedad pueden darle, ni menos podrán hacerle verdaderamente virtuoso los más grandes talentos ni la más asombrosa sabiduría. Todas las felices disposiciones de un bello natural, la más cuidadosa educación, las lecciones vivas del ejemplo, todas las virtudes del trato, la sociedad y las costumbres públicas pueden inspirar al hombre, todo le será inútil, y todo acelerará tal vez su ruina, si la luz del Evangelio no viene a consolarle en medio de las desgracias. [...] El abatimiento o la desesperación, acompañarán todos sus pasos, y las desgracias, que no sabrá ni podrá evitar, abrirán antes de tiempo su sepulcro, y pondrán el sello a su desventura. Tal es el cuadro que nos presenta la desgraciada familia de Vieland en la novela que ahora se publica y esta es la primera lección moral que el autor de ella se propone dar a los hombres (1818: sin paginar).

En idénticos términos se manifiesta el traductor (J.M.P.) de *Julia o los subterráneos del castillo de Mazzini* (1818) quien retoma la palabra al final del relato para ofrecer al lector la lección edificante, a modo de moraleja, que no incluyó en el prólogo, y destinada a guiar la interpretación última del lector. La justicia divina entra en escena para recompensar la virtud y condenar el vicio.

> Aquí concluyó el manuscrito de esta historia, y si reflexionamos sobre los sucesos que en ella se refieren, veremos que nos ofrecen un ejemplo indudable de la justicia divina, que permite que las desgracias de los que cumplen exactamente sus obligaciones solo sirvan de pruebas de su virtud, que les confieren sagrados derechos para obtener la protección de Dios, al paso que los malvados concluyen siempre por ser víctimas de sus propios crímenes (J. M. P. 1818, II: 285-286).

En la línea del respeto a los principios cristianos incluye el traductor la novela ya mencionada *Óscar y Amanda* (1818). Apoyado en las historias sentimentales de sus protagonistas defiende el amor puro y virtuoso que se impone, frente al insano, y que es capaz de superar todas las barreras posibles. De hecho, esta interpretación a la española acaba por institucionalizarse y, a partir de la edición de 1868 de Enrique Villalpando de Cárdenas, se manifiesta explícitamente con un ligero cambio en el título de la misma: *Óscar y Amanda. Amor y virtud triunfantes.*

> La que presento al público escrita en inglés por Miss Regina-Maria Roche tiene sin disputa todas las cualidades y circunstancias que la caracterizan por una de las mejores en su clase. La moral es la más sublime y cristiana, la Religión brilla en ella como base principal de todas las virtudes (1818: sin paginar).

En el fondo late la idea ilustrada bien conocida de que los escritores creían en el poder de los libros para inspirar a los lectores a que hicieran actos virtuosos. El objetivo de controlar las pasiones era un tema común en la literatura y la manera de lograr el dominio sobre el sentimiento se lleva a cabo mediante el ejercicio consciente de la fe, pero también de la razón. Bajo el yugo de la censura, los traductores plantean los peligros que puede acarrear en la juventud un dibujo desmesurado de las pasiones, un exceso de sublimidad en los comportamientos de los personajes. Consideran necesario, por ello, una explícita explicación del objetivo al plantear la obra, para no conseguir precisamente lo que pretenden censurar. En la novela gótica *Alberto, o el Desierto de Strathnavern* de Elizabeth Helme (1808) se pone de manifiesto la importancia de la pedagogía en el sentido del papel que esta juega como freno de las pasiones. Una mala educación deja el camino abierto a la inmoralidad, al desenfreno, al vicio. Se debe, por tanto, cuidar la educación de los hijos, si se pretende hacer de ellos modelos de virtud. Interpretar el comportamiento de los personajes de las historias góticas, como consecuencias de una nefasta instrucción, habla del fuerte carácter ilustrado de estas obras y de la insistencia en muchos de sus principios básicos. Se trata de un motivo recurrente que habría salvado muchos episodios y muchas novelas góticas:

> El objeto de esta novela no es otro que el de hacer ver las funestas consecuen-
> cias que se deducen de la ligereza con que muchos padres proceden en la elección de
> preceptores para sus hijos, sin haber examinado antes escrupulosamente si el objeto
> a quien confían la educación de unas prendas tan interesantes, de la cual depende su
> felicidad, o infelicidad física o moral concurren todas aquellas delicadas circunstan-
> cias que se requieren para tan serio encargo, principalmente, temor de Dios y buenas
> costumbres, pues haber carecido de ellas precipitará a este en un abismo de horrores
> y desgracias, como se verá en el discurso de esta historia; y el bien natural de este
> joven, los contratiempos que experimentó por resultas de su extravíos y los avisos
> de una tía, una hermana y unos amigos virtuosos, lograron por último que volviera
> a su razón, después de haberse visto en tan desastrado que, como era regular, tuvo
> su perverso director. [...] Se encontrarán además en esta obra rasgos excelentes de
> humanidad, prudencia, discreción y gracia, por cuya razón no será inútil su lectura,
> sino de mucho provecho para todos (1808: II-IV).

Este impulso hacia la moralidad cristiana traducida en acción social (instrumento pedagógico) no viene sino a responder, como afirmé más arriba, a la teoría literaria de la época. No parece, a primera vista, que la declaración de intenciones de una de estas novelas góticas se distancie de una novela educativa pura; si comparamos los prólogos de los autores, las máximas siguen respondiendo a las exigencias de la época. Estanislao de Cosca Vayo, inserto en una tradición moralista y cultivador de una novela ejemplarizante, abre su novela con una defensa similar:

> El gusto y la ilustración de nuestro siglo han enseñado que así como una co-
> media no es otra cosa que la imitación de un suceso ocurrido en un lugar y en pocas
> horas entre personas particulares, por medio del cual, y de la oportuna expresión de
> afectos y caracteres, resultan opuestos en el ridículo los vicios y errores comunes en
> la sociedad, y recomendadas por consiguiente la verdad y la virtud; del mismo modo
> una novela sólo es una historia ficticia, que imita rigurosamente los sucesos que son
> asunto de la verdadera presentando lecciones morales, e inspirando por medio de
> su ingenioso desenlace, amor a la virtud y horror al vicio, disipando la ilusión de las
> pasiones, y corrigiendo los defectos menos graves, y aun las solas ridiculeces de los
> hombres (De Cosca Vayo 2007: 80).

Un análisis más detallado y en consonancia con aquella doble lectura, sin embargo, descubre impulsos diferentes. El moralismo que pretenden infundir es fuente constante de ambigüedad y conduce a interpretaciones diversas y hasta contradictorias. Frente a los preceptistas, que piensan en la moral en términos de buenas costumbres, para elogiar la virtud y despreciar el vicio, en estos autores encontramos una moralidad sujeta a matices, y obviamente derivada de los esfuerzos titánicos para convertir en un texto moral y educador las subversivas y azuzadoras de conciencias, las blasfemas e incorrectas novelas góticas. Los adaptadores de novelas góticas aprovecharon la teoría moralista y la aplicaron a sus novelas, pensando que no solo se aprende en contacto con los modelos dignos de imitación, sino también por el terrible impacto que causan en el ánimo las conductas deplorables. El adaptador de *El castillo misterioso o el huérfano heredero* (1830), Juan Manuel González Dávila, resalta en la obra que se dispone a traducir la presencia de la moralidad cristiana más pura. El lector debe encontrarla, no obstante, en los crímenes más horrorosos, en las pasiones más desenfrenadas que envuelven la novela en un halo de terror, que descubren un mundo perverso y dominado por el mal que solo apunta al equilibrio con el arrepentimiento final del personaje y el castigo divino al pecado. Frente al vicio, la virtud se alza triunfante, pero por el camino se han pintado las escenas más crueles y espantosas y se ha ensalzado el crimen hasta límites que en nada recuerdan a los principios moralistas de los que se consideran defensores:

> En cuanto a lo segundo, es decir a la parte moral, con dificultad se podría encontrar otra que abunde más en ella; pinta el crimen con los coloridos más horrorosos y cuales debe tener; representa escenas llenas de espanto, pero verosímiles; descripciones con la mayor exactitud del extravío peligroso de las pasiones que agitan el corazón humano, con especialidad la envidia y la avaricia, dos de las más funestas, y que por desgracia hacen conmover el edificio social hasta sus cimientos; y que están tan generalizadas en la especie humana: manifestando hasta qué punto puede llegar la depravación del corazón del hombre, luego que ha entrado en la carrera del crimen; pero representa después el cuadro más bien trazado del arrepentimiento más cristiano y religioso del criminal, acompañado de los crueles remordimientos de una conciencia ulcerada por el delito; y los medios admirables y desconocidos de que se vale el Omnipotente para descubrir crímenes más ocultos, y que no pueden quedar sin castigo (González Dávila 1830: VII-VIII).

La problemática, aunque elaborada en torno a una tesis moral que trata de demostrar los terribles efectos del vicio para escarmentar al lector o exponer la bondad de la sensibilidad virtuosa, no deja de ser un simple pretexto para pasar el filtro selectivo de la censura, a pesar de que los restos de esa moralidad cristiana permanezcan y pasen a enriquecer el género gótico. La propia novela *El subterráneo o las dos hermanas Matilde y Leonor* (1817) matiza aún más este procedimiento. Justifica la recreación en los detalles más oscuros y macabros, pues la condena del vicio será mayor cuanto mayores sean los colores con los que este se pinte, e invita a los demás autores a que sigan su ejemplo:

> Este es el empeño en que se constituye el que escribe novelas, comedias y cuentos. Finge sucesos: elige los más punzantes y capaces de excitar la sensibilidad del corazón: propónelos con viveza y energía: los acomoda a unos personajes fingidos, pero existentes en la naturaleza: pinta virtudes o sus vicios con los coloridos más fuertes o más oscuros, según le conviene para el fin que se propone: desecha todo episodio capaz de debilitar la acción y con un estilo dulce, correcto y franco forma un cuadro que es a un mismo tiempo el encanto de los ojos y la escuela del espíritu. El lector se advierte enseñando sin fatiga, aprende los grandes encuentros del trato humano sin necesidad de sufrirlos, ni de devorar volúmenes pesados; y finalmente bebe su instrucción sin fastidio ni enojo, y conoce de allí adelante los hombres, y el modo de huir de sus vicios, o de imitar sus virtudes.

Todos saben con cuánto placer son leídas las pequeñas historias que se refieren en las novelas, cuando la pluma de su autor es delicada, y los hechos que traza son sublimes, escogidos, y propios para excitar en el corazón sentimientos de nobleza, de honor, de virtud. El joven, el anciano, el sabio o el ignorante no pueden resistirse al encanto con que se le presentan los varios sucesos de la vida, concediéndoles lágrimas de compasión o movimientos de regocijo a medida que los ven ya favorables, ya adversos, y algunas veces trágicos. Mas no creo que todos reflexionan que semejantes resultados son puntualmente los que se proponen conseguir los sabios autores de tales producciones, y el objeto a que se encadenan sus trabajos. Esta es la pública instrucción, la formación del corazón humano, el acostumbrarse a los debidos sentimientos de virtud y de piedad a vista de las dichas o infortunios de nuestros semejantes, el iniciar saludablemente a los que comienzan la carrera de esta vida en los misterios de la intriga, del artificio, y de todos los resortes de la ambición y de los demás vicios para saber librarse de sus lazos, y precaverse contra sus efectos siempre funestos. Todo lo dicho no es, o amado lector, más que un pequeño bosquejo del subterráneo (1816: 6-7).

Cada vez que uno de los preceptistas repite que la novela pinta la vida y las costumbres de los hombres está entendiendo vida y costumbres en un sentido restringido y exclusivamente bueno, sin dar cabida al lado negativo de la realidad, pero no sucede así en la práctica de estas novelas góticas pues consideran que junto a las buenas costumbres, indudablemente, también existen las malas. En los prólogos se promete una moral que en una lectura de las obras no se reconoce. Encontramos un dibujo del vicio para manifestar después su destrucción final, cuando la realidad de la moral en la vida cotidiana no era desde luego tan virtuosa. Los novelistas, conscientes de este hecho y de que nunca los personajes son o totalmente buenos o totalmente malos, para salvar las trabas de la censura defienden en sus prólogos utilidad y moral, pero una lectura de la obra, e incluso de las advertencias iniciales, puede descubrir ese otro lado de la realidad, mucho más insano y, por ello, mucho más tenebroso. Así, no les quedó otra opción que, alegando una lucha contra los vicios que asolan al hombre y a la humanidad, esforzarse al máximo en sacar de las novelas más atroces, de los crímenes humanos más horrorosos y espeluznantes y hasta de las situaciones marcadamente fantásticas o sobrenaturales una edificable lección moral, una plausible enseñanza aplicable al vivir cotidiano.

Gran parte de los prólogos apoyan estas ideas que defienden a través de grabados o dibujos que abren las novelas. La mayor parte de los mismos incluyen bajo la estampa una sentencia moral clarificadora. Quizás los autores pretendían acentuar las ideas que defendían, para regocijo de los censores, o simplemente compensar la lectura de las advertencias iniciales que muchos lectores posiblemente habrían pasado por alto, ansiosos de enfrentarse a la novela. Una imagen impactante abriría los ojos a la nueva interpretación del texto, pues los grabados combinan magistralmente esta doble intención, esa especial moralidad. La novela *El sepulcro o el subterráneo* (1834), por ejemplo, se abre con un prolegómeno del autor que nos previene sobre los peligros que acarrea el amor:

"ofrece a su juventud una lección útil [...] las funestas impresiones del amor: haced que jamás conozca esta pasión fatal que pueda producir tantas desdichas y hacer cometer tantos crímenes"; lo acompaña una imagen de una mujer encerrada en una lóbrega y oscura prisión que pretende ser una advertencia directa a seguir por el sendero de la virtud y no sucumbir a las pasiones. Esta particular condena del vicio es el pretexto ideal para las novelas más perversas que ahondan en temas conflictivos y tremendamente difíciles de sostener sin aquel cambio de visión. Con el aval de este procedimiento queda abierto el camino para justificar la actuación de ciertos representantes del clero nada ejemplar, al mismo tiempo que abre una pequeña posibilidad al mantenimiento de determinados episodios sobrenaturales. Serán motivos de condena tajante y voraz, pero se emplean como pretextos para obtener lecciones morales y aleccionar a los lectores para que no incurran en vicios semejantes que no son sino la consecuencia de abandonar el camino fijado por la moral cristiana.

Temas anticlericales, tan populares en el seno de la novelística gótica, se reescriben desde este punto de vista. La Iglesia como institución permanece intacta, se elimina la condena general por sus prácticas ancestrales y su presión sobre el pueblo que anula la voluntad. El ataque directo sigue siendo a la debilidad humana, pues el abandono al vicio no es exclusivo del pueblo, los hombres de Iglesia también pueden sucumbir a la presión de Satanás, ejemplificada en este caso en un monje, un clérigo o una abadesa. En *La abadesa o las intrigas inquisitoriales* (1837), la moralidad se justifica por la condena de las pasiones exaltadas y exacerbadas. Adelanta un tema tópico en la fase definitiva, el del anticlericalismo, pero desde una perspectiva diferente; se trata únicamente de señalar a los malos religiosos, por lo que no es una condena general a la Iglesia. Una instrucción y una advertencia.

La maldad humana siempre da paso al triunfo de la virtud, a la recompensa a los buenos actos. Sin embargo, continúa latiendo esa doble moral que responde a aquella particular manera de obtener lecciones ejemplificantes. Se desplaza el centro de interés del novelista; del ensalzamiento de la virtud a la apología del vicio más deturpado:

> Persuadidos de la necesidad de que vean la luz pública y se propaguen entre los españoles aquellas obras sobresalientes que, por descubrir bárbaros abusos, han sido perseguidas por el despotismo, no hemos titubeado en continuar la abadesa en la colección que publicamos. Esta obrita revela los funestos efectos que las inclinaciones, votos y sacrificios que no nos hallamos en este estado de cumplir: no queda otro recurso que parecer de consunción, o acogerse a la hipocresía; y las pasiones en este caso comprimidas forman al fin seres corrompidos, que bajo la sombra del misterio y de la religión que desconocen y profanan cometen los crímenes más horribles. Es una pintura de los malos religiosos y de los hipócritas que solo abrazan la religión como un medio para alucinar a los demás y cometer en su nombre y a mansalva los mayores excesos.
>
> Al lado de las preferencias de la orgullosa y criminal abadesa y de la negra perversidad de Fr. Ubaldo, aparece más atractiva y más amable la virtud de la infeliz

Magdalena y de su desventurado amante, que entre los detestables horrores de un tribunal sanguinario sufren las pruebas terribles. Vense al fin premiados sus afanes; pues aunque el vicio pueda por algún tiempo hacer alarde de aparente victoria, solo sirve para hacer más glorioso el triunfo completo de la virtud (1838: sin paginar).

Intentan convencer al lector, que en el fondo no es otro sino el censor. Describen todo el mal del mundo y lo depravado del ser humano, todos sus pecados con toda la complacencia necesaria para suscitar una reacción hacia los mismos; mas para el lector hay otra sentencia: aquel mal lleva aparejado todo tipo de terrores en la obra que se presenta. La portada de la novela constata esta dualidad: el castigo al proceder contrario a la religión pintado con los colores más oscuros del terror gótico. Se trata de grabados con sentencias moralistas, pero en el sentido de amenaza, de prevención, por las consecuencias que tendrán sus actos, como sucederá con los personajes de la novela que se abandonan al vicio y descuidan el ejercicio de la virtud. Es decir, hay que pintar con vivos colores las pasiones que más se teman, con el fin de lograr el efecto deseado. Sin prólogo pero mucho más esclarecedora e impactante es la pretensión del traductor anónimo de *El fraile o historia del padre Ambrosio y de la bella Antonia* (1822). Los terribles actos de Ambrosio tendrán su castigo en la otra vida. Satanás se ha apoderado de su alma corrupta tras el respectivo pacto que habían formalizado con anterioridad. Los lectores desconocen el devenir de la historia pero el grabado ayudará a guiar la lectura de la novela. Un clérigo que es arrastrado por un ser diabólico en medio de una terrible tormenta.

La imagen se apoya en el epígrafe primero que no respeta el original de Lewis, frente a la tendencia general de la novela. El traductor cambia a Shakespeare[243] por un dicho popular. Un llamamiento a la virtud y una puesta en duda de lo que parece demasiado virtuoso, a través de una profecía de raigambre hispano, frente a las de autores extranjeros que adornan los capítulos siguientes. A falta de prólogo, epígrafe e imagen justifican y facilitan la publicación de la novela:

> Si alguno le parece a vmd. excesivamente virtuoso, si halla a un hombre, que ensañado contra los vicios de que él carece, quizá no se compadece de las flaquezas ajenas, acuérdese vmd. de mis palabras; y crea que este hombre, perfecto en apariencia, oculta bajo un exterior seductor un corazón hinchado de orgullo y lujuria (1822: 1).

En otra versión de *El Fraile*, en traducción de León Compte, bastante posterior a aquella primera, —no existen datos concretos de la fecha exacta de la edición— el impulso estructurador del relato continúa siendo el mismo. A pesar de que las dificultades de publicación iniciales habían sido suavizadas con el paso de tiempo y los cambios de gobierno y actitud, el motivo de condena inicial se sigue aprovechando como elemento aleccionador. De hecho, esta intención moralizante que busca una reacción en el público

---

243 M. G. Lewis abre *El Monje* con un fragmento de la escena IV del acto primero de Medida por Medida: "[…] Lord Angelo es meticuloso; / Permanece en guardia contra la envidia; apenas confiesa / Que su sangre, o que su apetito / Es más de pan que de piedra […]".

reorganiza la novela hasta tal punto que la segmentación primera de Lewis se ve afectada. Los diferentes capítulos se abren con títulos que demuestran claramente la pretensión adoctrinadora y que la alejan de la intención original del autor; "La Buenaventura", "Revelaciones", "La tentación", "La monja sangrienta", "La seducción", "Asesinato", "El calabozo", "El castigo" muestran en progresión el camino desde la virtud inicial de Ambrosio hasta el castigo por sucumbir al mal. Se denuncian ciertas actitudes del clero que se enmascaran con las falsas creencias religiosas, mas el traductor no olvida recrearse, en su reprobación, en toda la galería de barbaries y atrocidades:

> ¡No más hipocresía, no más farsa, no más mentira, frailes! El mundo os conoce y sabe ya lo que puede esperar de vuestra humildad y mansedumbre. Vuestros conventos, que convertisteis en moradas de holganza y rebeldía, serán derruidos para siempre y solo se conservará la memoria de vuestros hechos, para que en todos los tiempos caiga sobre vosotros el anatema de las gentes honradas y virtuosas. A este objetivo se dirige el presente libro. Leedlo, hijos del trabajo, esclavos del deber, mártires de la resignación; leedlo y veréis con espanto dramas horribles y los inauditos crímenes que oculta a veces el falso velo de la religión (Compte: 3-5).

La lección moral se halla igualmente vinculada a otro aspecto determinante de las novelas góticas pero especialmente conflictivo en el seno de nuestra literatura: el mantenimiento o supresión del elemento sobrenatural. Los títulos, aunque con evidentes modificaciones respecto del original que suavizaban su truculencia, continuaban remitiendo a aspectos oscuros y aterradores (*El confesionario de los penitentes negros*; *Los misterios de Udolfo, El sepulcro o el subterráneo, El castillo negro*), y si no ya, de manera definitiva, a elementos opuestos a la racionalidad, sí suponían una temática vinculante que diera cabida a los mismos; títulos como estos facilitaban la identificación por parte del público pero aumentaban, al mismo tiempo, el recelo de los censores. Este conflictivo elemento gótico importante, pero no fundamental, recordemos, para el desarrollo de las tramas, se aborda en los prólogos desde dos puntos de vista que justifican su presencia o ausencia en las novelas: la superstición como vicio y la creencia en seres sobrenaturales como quiebra fundamental de la verosimilitud.

La primera de ellas tiene que ver con la condena directa a la superstición como uno más de los vicios que pueden acaecer al ser humano, que le lleva a cometer crímenes atroces y a caer en una espiral sin fin de locura. Las introducciones que mencionan directamente esta idea no hacen sino justificar la aparición en las novelas de seres que, apoyados en simples pretensiones estéticas, no habrían conseguido pasar el filtro de la censura. Santiago de Alvarado y de la Peña, traductor de *Adelina o la abadía en la selva* en su edición de 1830, confiere a la Providencia un papel primordial en el momento de desvelar los misterios que una educación viciada habría conseguido convertir en terrores reales, demostrando no ser más que meras suposiciones infundadas; aunque comprende que los sucesos solo en apariencia sobrenaturales que en ella se narran, por localizarse en lugares propicios, puedan dar lugar a la confusión e interpretarse de manera errónea; la creencia firme en la religión ayudaría a la verdadera interpretación, explicitada en el texto por su tendencia racional, pero que debería ser compartida por los lectores apoyados en estas referencias iniciales:

> [...] encierra esa obra la moral más pura y cristiana, y es sumamente útil para desterrar los terrores vanos y ridículos que atormentan a ciertas personas cuya educación primera ha sido descuidada o llena de preocupaciones, hijas de la ignorancia; demostrándonos que a veces ciertos sucesos, al parecer sumamente extraordinarios e increíbles, que nos causan espanto, si los observamos a sangre fría y sin prevención, descubrimos que son en sí muy naturales y sencillos. Los que contiene esta Obra son de esta clase y tienen además la doble ventaja de manifestarnos los medios raros y desconocidos de que Dios se vale para arrancar el velo de la hipocresía y descubrir un crimen, un asesinato horroroso que parece ser impenetrable para siempre y debe quedar sepultado en las tinieblas de los subterráneos desconocidos de un edificio gótico, abandonado en medio de una vasta Selva. La providencia divina descubre, pues, a los malvados que le han cometido, y cuya vida es cadena no interrumpida de los más atroces delitos, entregándolos por medios incompensables en manos de la justicia humana para que los espíen (Alvarado y de la Peña 1830: V-VII).

Si el elemento sobrenatural que esconde el texto no es justificado dentro de la estructura interna del relato, si el devenir del discurso deja en suspenso esta intrusión de lo extraño en la realidad del mundo, el autor lo justifica desde el prólogo como producto de una falsa creencia, pero también del delirio o de una educación viciada. El objetivo, en pro de acercar las nuevas tendencias literarias a los lectores, es salvar, una vez más, la censura y hacer que el relato obedezca a los principios educativos; por ello, cualquier pretexto es suficiente. El hombre no debe dejarse dominar por las pasiones por ser deleznables y contrarias a la moral que ha de regir el comportamiento de los hombres y debe permanecer especialmente atento a una de las más irracionales y, por tanto, menos aceptables por el movimiento ilustrado, la creencia en todo tipo de supersticiones. La influencia de Ann Radcliffe, autora que racionaliza todos los elementos sobrenaturales que aparecen en las páginas de sus novelas, resulta el incentivo primero a esta cruzada antisupersticiosa. Construía siempre sus relatos con la mirada puesta en un final feliz que adelantara una lección moral para la vida y que suponía el triunfo absoluto del bien, sobre todo lo depravado del mundo, en especial sobre toda creencia infundada en seres y acontecimientos extraños o sobrenaturales.

El problema surge en aquellos textos en los que la presencia del elemento extraño queda sin explicar convenientemente. En *La familia de Vieland o los prodigios* (1826), el marcado carácter sobrenatural obliga a una doble justificación, no solo por parte del traductor sino por el propio editor, Mariano de Cabrerizo[244], quien se adelanta a de-

---

244 En la *Gaceta de Madrid* (30-1-1819) se anuncia la obra con idéntica intención moralizante. El problema que podía suponer la publicación de la misma era más que evidente a la luz de la reiterada insistencia: "El autor pinta en esta novela el lastimoso cuadro de las funestas consecuencias de una educación fanática y supersticiosa, como la de Vieland, privada de la ilustración del evangelio".

fender la condena al proceder de los personajes que guiados por el fanatismo acaban sucumbiendo a las pasiones y a destacar el papel decisivo de la religión a la hora de desterrarlas. Ambos giros interpretativos distancian la novela del original francés y le otorgan el estatus de nueva novela.

> El lastimoso cuadro de la desgracia de la familia de Vieland enseña a los hombres que sin la luz del Evangelio y sin el freno de la Religión, no pueden hacerlos felices la naturaleza y la sociedad, ni serán solidariamente virtuosos con los talentos y toda la humana sabiduría. Este objeto moral me hizo esperar que puesta en nuestra lengua sería bien recibida de los que aman la virtud, al paso que los prodigios que contiene embelesarían a los que gustan de una lectura que les embargue la imaginación y fomente la sensibilidad. A unos y a otros ha reunido sus votos una tercera clase de lectores que buscan para el entendimiento bellezas que no alcanzan todos, los cuales comparando el Vieland español con el Vieland francés han creído ver con sorpresa una novela casi original más bien que una mera visión y se han deleitado en adivinar las razones y clave de esta transformación (Cabrerizo 1826: V-VII).

El traductor D. Luis Monfort (Capellán Párroco del 2º Regimiento del Real Cuerpo de Artillerías y Secretario de la Subdelegación Castrense de Valencia) continúa la advertencia pero sin tanta permisividad como Cabrerizo. El autor defiende la obra amparándose en la distancia temporal que media entre aquellos tiempos oscuros de pervivencia de supersticiones y la nueva época ilustrada en la que con el amparo de la religión resulta sencillo no sucumbir al poder de las sombras. La interpretación de la novela, sin embargo, resultaría tan evidente para el público de la época que le exige ir más allá en su argumentación. Si los lectores siguen sus consejos y sus pautas de lectura obtendrán la "verdadera" lección que pretende descubrir el texto; una lección que se justifica en el patetismo y la sublimidad de las escenas, en la pintura más detallada de los actos más aterradores:

> Porque sin esta ayuda, o bien le hará caer en débil virtud en los sobresaltos y los extravíos de una fábula supersticiosa, o bien su orgulloso celo, como se ve en todos los sectarios, le arrebatará a los excesos y a las locuras del fanatismo. Víctima en uno y otro caso de su ignorancia, o de sus principios erróneos, en vano buscará en su estéril virtud o en las fuerzas imponentes de la naturaleza el remedio para sus males.
>
> Pero hay otra lección que darles, y más importante que esta, atendiendo al imperio actual de nuestras costumbres. Puede decirse que la época de los fanáticos ya ha esperado, y que la superstición ha perdido también su influjo en las vicisitudes y desgracias de la vida humana. Los espectros y los fantasmas apenas conservan nada de su antiguo crédito, y no es de temer que haya muchos Vielands que sacrifiquen a su mujer y a sus hijos engañados por una falsa voz de un ventrílocuo o atemorizados por los efectos de la fantasmagoría que ya nadie ignora. Pero es mucho temer que los espíritus fuertes, y los sabios de la naturaleza, sigan todavía en la ciega persuasión de que bastan los talentos y la sabiduría humana para encontrar y asegurar su felicidad. El autor de la novela les hace, pues, ver por el contrario, que el hombre, aunque posea

los talentos más sublimes, y haya adquirido los más profundos conocimientos de todas las ciencias que él ha formado, si no procura gobernarse por los principios benéficos y filantrópicos que dicta la Religión, no podrá menos de ser perjudicial a sus semejantes, como a sí mismo. Tirano de los otros, morirá necesariamente esclavo y víctima de sus pasiones. […] Se ha creído preciso dar a los lectores anticipadamente esa idea rápida de la novela, y del plan y objeto de su autor, para evitarles en su lectura todo tropiezo y para que no se den a sus expresiones otro valor que el que deban tener según la boca de quien salen (Monfort 1826: VIII- X).

Si se comparan ambos prólogos se advierte la enorme distancia que media entre los mismos y que responde a aquel conflicto perpetuo en este tipo de ficción entre sacrificar la problemática gótica o inscribirse en una tradición de defensa de las costumbres hispanas. Mientras la advertencia del traductor no deja lugar a duda al primar la intención moralizante, la tesis pedagógica de Cabrerizo parece perder fuerza desde el momento en que fija su atención en otro tipo de lectores, que buscan en la novela, no ya ejemplos de virtud y lecciones a extraer, sino, y en clara oposición con la postura del traductor Luis Monfort, el entretenimiento, la libertad imaginativa. Quizás sea la sentencia previa a ambos prólogos, que acompaña al título, la que parece manifestar el doble propósito del texto; la búsqueda de todo cuanto esta literatura tiene de ameno, que no es sino ese estremecimiento delicioso del terror sublime, pero sin perder de vista la realidad: "Leed y estremeceos; nada hay aquí de fabuloso".

Las afirmaciones de Cabrerizo en los prólogos, sin embargo, lejos de ser fijas varían entre los dos polos opuestos y si, en la *Familia de Vieland,* parecía haber abierto la puerta a un mundo literario novedoso representado por un nuevo público, en el prólogo a otra novela gótica, en este caso de Arlincourt, *La extranjera o la mujer misteriosa,* quizás ante el temor a una censura negativa, pero también influenciado por su fuerte carácter ilustrado, informa al lector de que:

> Nunca este escritor nos ha trazado en sus composiciones aquellos seres sobrenaturales ni aquellos espectros ni vampiros que desarreglan las ideas y la imaginación: todo en ellas es sublime; y si bien ha revestido alguno de sus héroes de un carácter entusiasta y quimérico, hartas penas y hartos sinsabores les hace sentir para atraerlos bajo del suave yugo de la razón y de la virtud (1831: 4-5).

Aunque pudiera resultar extraña y contradictoria la afirmación de Cabrerizo, pues una lectura de la novela revela que esta se encuentra poblada de apariciones extrañas sin aparente justificación, responde al mismo espíritu que las anteriores y manifiesta la enorme dificultad a la que se enfrentaron autores y editores para aunar en una misma novela impulsos tan opuestos. Estas advertencias tratan de luchar contra aquella credulidad y la ignorancia del pueblo por desterrar definitivamente las supersticiones del vivir cotidiano, pero acaban contribuyendo, sin embargo, con estos relatos, a avivar su llama más que a extinguirla definitivamente.

Los traductores saben que cualquier intrusión de lo sobrenatural en la realidad histórica de los textos debe ser justificada[245]. En la novela *Etelvina o la baronesa de Castle-Acre* (1806) hallo un giro sorprendente; el traductor anónimo, que ha optado por no abrir su adaptación con un prólogo, se ve impulsado a aclarar en una nota al pie (la única de todo el relato) una de las escenas que mayor impacto habría de provocar en el lector. Encerrada en una lúgubre torre del castillo, a manos del diabólico Leopoldo, por no acceder a su matrimonio y dispuesto a que pagara por su ofensa, ambos, villano y heroína, reciben la visita de un espectro que traspasa una de las paredes:

> Detente, bárbaro Leopoldo [...] el ruido tan terrible que resonó por todas aquellas galerías, hizo que volviese en sí la joven condesa, la cual estremeciéndose al verse tan cerca de Leopoldo, lucha con él. [...] una de las paredes de la pieza se abre al mismo tiempo y se presenta en medio de una nube un guerrero armado de todas las armas, y con una espada teñida de sangre en la mano. El culpable y temido Leopoldo tiembla a su espectro y agarrando a Etelvina de la mano, quiere arrastrarla consigo y llevarla lejos de este espectáculo (1806: 228-229).

No parece suficiente la explicación en el interior del texto y decide tomar la palabra en primera persona a fin de salvar la escena, sus explicaciones coinciden con el espíritu de la época y se insertan en la misma tradición que los autores anteriores:

---

245 Los escasos ejemplos que conservan un ser extraño ajeno a nuestro mundo que no se racionaliza se justifican, en la misma línea que sucediera en la etapa anterior, por sus vínculos con la religión. Pero ya no solo se encuentran seres fantasmales inofensivos que regresan con buenos propósitos y se salvan gracias a la intercesión de la Providencia. Satanás encuentra su sitio y no se sacrifica por ser un artificio más de la fe católica. El ejemplo más claro lo aporta *El fraile o historia del padre Ambrosio y de la bella Antonia*. Se suprime la historia fantasmal de Ramón de las Cisternas pero no el pacto con el diablo de Matilde. La historia del primero se simplifica en apenas dos líneas que no dejan paso a la superstición. Satán existe, pero los fantasmas no, parece querer decirnos el traductor de acuerdo a la filosofía de la época: "Mientras Lorenzo se ocupaba en quitar la máscara a las hipocresías religiosas, no sabía que pesadumbres le preparaba otro hipócrita" (1822: 215-216). El peso de la religión demuestra que la brujería, los ritos satánicos podían ser comprendidos mejor por los lectores y pertenecían a su horizonte de expectativas, por resultar más cercanos para producir el terror sublime. Los lances narrativos conservan toda la sublimidad que infundiera Lewis a sus textos y que alarmaron a la sociedad británica de la época, aunque aparecen despojados de cierta malignidad. En el episodio de la cripta, en palabras de Matilde, el terror se manifiesta igualmente, pero las escenas son mitigadas para relajar la impresión que infunden en el personaje y en el lector: "Se acuerda vmd. de aquella noche en que pasé a los subterráneos de Santa Clara; de aquella noche en que rodeada de horrorosas ruinas, me atreví a hacer la prueba de mi potestad y desempeñar aquellos misteriosos ritos que me llamaron en socorro mío a un ángel de tinieblas; figúrese vdm. cuál hubo de ser mi gozo, cuando descubrí que eran imaginarios mis terrores. Vi que el demonio obedecía a mis órdenes, y que temblaba cuando se fruncían mis cejas; y ví que en lugar de verme obligada a vender mi alma a un señor había conquistado con la fuerza de mi valor a un esclavo (1822: 198). Solo existe en la novela un único lance en el que los protagonistas tienen un encuentro con un ser espectral. La madre de Antonia, Elvira, aparece envuelta en una mortaja y le vaticina que en tres días estará a su lado. Considero que el traductor mantiene este episodio pues la exageración siguiente de la criada y la incredulidad de Ambrosio ante el relato de los acontecimientos por parte de esta última ponen en duda el lance; además en las páginas siguientes se declara con insistencia que "Antonia había cedido a las ilusiones de una imaginación acalorada por la melancolía que la dominaba entonces y natural propensión que su ánimo tenía a la superstición y cosas portentosas" (1822: 264), suponiendo que esta aparición pueda deberse a la turbación que siente la protagonista.

> Tal vez parecerá digna de crítica la aparición de este espectro, pero téngase
> presente que ficciones de esta naturaleza se hallan empleadas frecuentemente en las
> tragedias y poemas épicos más sublimes, y que todo el contenido de esta historia se
> refiere a usos y costumbres de los antiguos siglos (1806: 229).

Atacan fuertemente la creencia en lo sobrenatural y en todo aquello que no sea tangible, guiados por las indicaciones de los preceptistas y con la mirada fija en la censura. Sin embargo, los escritores juegan en dos bandas pues saben que las creencias, y en especial las más supersticiosas no son fáciles de desterrar del subconsciente colectivo y, de hecho, ante el hombre se abren siempre incógnitas no descifrables que escapan a su razón, por lo que el doble juego mantendrá el suspense del relato y potenciará el ansiado terror que estos buscan. En sus prólogos se plantea el sentimiento ambivalente que flotaba en el vivir cotidiano e incluso entre los propios neoclásicos; saben que se debe desterrar para siempre aquel pasado primitivo y que impide el avance de nuestro país, pero saben también que, si se trata de estimular al lector, angustiarlo y hacerle dudar de su propia realidad, remover viejas creencias podría resultar verdaderamente emocionante. Todas las épocas han convivido o conviven, según su mayor o menor grado de escepticismo, rodeadas de misterios no explicables por la razón, los cuales permiten una duda razonable sobre la existencia o no de realidades paralelas a la socialmente aceptada como tal. En los prólogos se aprecia esta dualidad que es empleada para satisfacer a censores y público al mismo tiempo y que salva la novela por ambos lados. Engañan a la censura, a través de la condena manifiesta del mundo supersticioso, pero invitan al lector a que participe de su juego. Esta actitud se aprecia especialmente en las palabras de *El campeón de la virtud o el barón inglés*:

> [...] En esta novela se encuentra alguno de sus retratos (lejanos guerreros);
> para ser exacto el parecido deben también tener los mismos lugares que los originales
> de que son copia; y así, que al través de su belleza, se deja ver media tinta de supers-
> tición y de ignorancia, de credulidad y de fanatismo, que lejos de afearlos, les da un
> cierto colorido de sencillez, que unido al brillo de sus virtudes aumenta el interés
> que inspiran, demostrándonos al mismo tiempo cuánto han variado las costumbres
> desde entonces y cuán grande es la revolución del pensamiento (1854: VII-VIII).

La novela gótica de fantasmas o seres y acontecimientos sobrenaturales presenta como uno de sus peligros el de fomentar la superstición, por eso, sea más o menos la carga supersticiosa se puede solventar con la advertencia del editor o del traductor y la insistencia de estos en las bondades de sus principios educativos.

La supresión de todo episodio sobrenatural se justifica, además de en la cruzada antisupersticiosa de los ilustrados, en la necesidad de respetar el principio de verosimilitud[246]. Es decir, el mantenimiento del elemento ajeno al mundo real y que entra en con-

---

246 De nuevo *El fraile* (1822) sirve a la perfección para ejemplificar este principio teórico. El proceso de adaptación se
demuestra sobre todo en la eliminación de tres de los capítulos; en concreto el capítulo III del volumen primero y
los dos primeros del volumen II. La eliminación está perfectamente justificada pues en los mismos se relata, como

flicto con él es rechazado no solo desde la exigencia moral de los censores, sino desde la teoría literaria y su concepto de novela. El traductor-autor de *El duque de Viseo*, Manuel José Quintana, era consciente de esta necesidad estructural y lo manifestó expresamente en los prólogos a todas sus ediciones. Aunque se trate de una pieza dramática, no deja de inscribirse en la tradición gótica y la advertencia inicial es especialmente explícita en cuanto a la dificultad que supone el componente sobrenatural, si se trata de mantener el principio de verosimilitud en el texto[247]:

> Pero hallarán al mismo tiempo que con unos mismos elementos la composición dramática es diversa. El público de Londres, acostumbrado a las mayores extravagancias en las obras sublimes y desatinadas del extraordinario Shakespeare, ha perdonado a Lewis, o, por mejor decir, ha aplaudido en él la mezcla absurda de las bellezas más trágicas y teatrales con las bufonadas más groseras, la verosimilitud y decencia corrompidas con apariciones y juegos de teatro pueriles, y la verdad y naturalidad de los diálogos rotos con una música inoportuna. Este conjunto de incoherencias ha dado lugar a que se diga que *El espectro del castillo* es un drama lírico – tragicómico con algunas puntas de farsa. Era, pues forzoso abandonarlas, tratando de hacer una obra regular. Y, por lo mismo, dar otra marcha a la acción, ponerla en movimiento por otros medios, y alterar algunos caracteres que o no están bastante bien desenvueltos en la obra inglesa o no se presentan con la nobleza y dignidad correspondiente (Quintana 1801: sin paginar).

Este texto nos adelanta otra idea fundamental. Los traductores saben que la preceptiva exigía una novela que mantuviera un contacto constante con la realidad por lo que la insistencia en la misma se convertía en mucho más que una necesidad textual. La calidad de la novela, su prestigio era directamente proporcional a su grado de verosimilitud: cuanto más fiel a la realidad factible, más verosímil y cuanto más verosímil, más digna de respeto, de admiración y, en definitiva, más susceptible de imitación. D. J. J. no olvida mencionar, entre los elogios que caracterizan a la novela *El castillo negro o los trabajos de la joven Ofelia* (1804), el del respeto a la verosimilitud, a pesar de que las novelas que se emplazan en tiempos remotos puedan parecer que quiebran dicho principio:

> La Marquesa de Ortinmar San-Just, que dio a la imprenta, habrá cuatro años, los Trabajos de la joven Ofelia, nos da una idea nada equívoca del buen gusto del día,

---

hemos señalado, la historia de Ramón de las Cisternas y su enamorada. El elemento sobrenatural personificado en la figura de la Monja ensangrentada es el causante. El traductor opta por suprimir toda la historia, lo que resulta menos complicado, en lugar de adaptarla para racionalizar el componente extraordinario. Los personajes de este episodio que habían aparecido mencionados en anteriores capítulos quedan en suspenso y no se justifica su entrada en escena. El traductor parece que olvidó este asunto en aras de mantener la verosimilitud y de no perder el vínculo con la realidad. El terror, como todo el texto, debe ser verosímil, debe apoyarse en hechos fundados.

247 Nigel Glendinning (1994: 112) sostiene esta misma idea: "Manuel José Quitana modificó bastante el original adaptándolo a las tendencias españolas; evita las exageraciones más extremadas y sustituye la aparecida por sueños y pesadillas porque creía que los efectos tremendistas de la tradición gótica eran compatibles con la difusión de ideas serias".

escribiendo la presente novela. En ella hallamos naturalidad, verosimilitud, invención ingeniosa, conducción regulada y una sana y pura moral. […]

La invención de las novelas antiguas está comúnmente llena de extraños e inverosímiles accidentes, pero la naturaleza se halla bien expuesta, desenvolviendo espontáneamente las circunstancias oportunas y haciéndolas más agradables y verosímiles (D. J. J. 1804: IV-V).

La verosimilitud se vincula a la moral por el particular concepto de realidad que se materializa en estas novelas. Moralidad en el sentido que apunta Álvarez Barrientos (1995: 903), como "el estudio y conocimiento de las costumbres, de los usos, de la forma de vida y de los modelos". La idea de realidad que encontramos en los textos, como todos los elementos narratológicos, aparece pasada por el tamiz de la moralidad, resultando una realidad lo más próxima posible al sentir y a las costumbres nacionales, que no son otras sino, de nuevo, las buenas costumbres, pero junto a las malas, censuradas por su carácter reprobable. La búsqueda incesante de la verosimilitud trae como consecuencia que la técnica empleada en los prólogos y continuada en el interior de los textos sea la constante comparación con ejemplos de la vida real: amores desgraciados, padres virtuosos, villanos abominables, monjes libidinosos, que el público podía vincular, sin dificultad, con personas de su vida cotidiana. Así continúa el traductor de *El castillo negro* presentándonos a los actores y los diferentes episodios de la historia, descritos atendiendo a las nuevas características que adquieren en su traspaso a nuestra literatura y siempre con la mirada puesta en el respeto a la verosimilitud:

> En ella no da suficiente campo para manifestar a los lectores el mérito de su obra. Sabia y prudentemente nos pinta en Ofelia una joven delicada, virtuosa, bella, extremadamente apasionada, pero honesta y religiosa. Perseguida por la inflexible tiranía de su madrastra, se ve próxima a desposarse con un hombre, cuya conducta, edad y figura le causaban una aversión implacable. Engañada, da por escrito fatal sí, y no sabe huir del terrible lazo que la tenían preparado, impelida de la obediencia filial, a que se sacrifica leyendo una supuesta carta de su padre. Viéndose imposibilitada de remediar tanto mal, vencida del más constante amor, cae en un terrible delirio que le duró por espacio de siete años. En este estado de demencia, en que disfrutaba a veces de alguna tranquilidad, nos la pinta con la mayor firmeza en su amor, pero con unos colores tan vivos, que su lectura es más interesante, imprimiéndonos en el corazón una tierna compasión, y grabándonos en el alma un sentimiento muy duradero.
>
> El conde de Eloncourt, su amante, está retratado como un caballero extremadamente amoroso, pero que respeta la inocencia y la pureza de Ofelia; y si tal vez se deja llevar algún tanto de la violencia de su pasión, su misma virtud le da voces, llamándolo a que sea contenido. Nos manifiesta a madama de Pelverde celosa, loca y ambiciosa, cuyos perversos designios solo tiran a realizar sus codiciosos proyectos, precisando a su hijastra a contraer un desigual y fastidioso matrimonio, valiéndose para ello de las intrigas más viles, de que puede ser capaz el corrompido corazón de la más mala mujer.

En Mr. De Pnor reconocemos a un viejo rico y seductor, que se persuade ganar con el oro el corazón de la joven Ofelia. Y en fin, observamos en Laura toda la fidelidad y lealtad que podemos desear en una buena criada.

El robo y asesinatos de la casa de Mr. De Beval están tan bien detallados, tan circunstanciados y referidos con tanta viveza, que parece que el que los lee se halla presente al funesto trance: sus hechos son tan verosímiles, que el corazón retiene por largo tiempo la impresión que le hicieron semejantes atrocidades, compeliéndolo su leyenda a que tome las precauciones regulares si pudo o no ser efectivo el referido asalto, porque no quiero caer en un anacronismo; pero lo cierto es que esta novela se escribió en el año séptimo de la república francesa, y es evidente que en este tiempo hubo en Francia una porción de ladrones que llamaban Los Calentadores, porque usaban de un brasero de fuego para abrasar las plantas de los pies de aquellas infelices víctimas que robaban, para hacerles confesar por este medio el lugar en que paraban sus codiciados tesoros: estos, como que hicieron varias correrías por la Francia hasta que fueron exterminados, pudieron haberlas verificado en casa de Mr. De Belval (D. J. J 1804: V-VIII).

La misma técnica emplea el traductor D. Manuel de Quevedo Bustamante de *El subterráneo o las dos hermanas Matilde y Leonor* a la hora de describir a los personajes y sus actuaciones como "naturales":

Los personajes son interesantes por su nacimiento, y por el heroísmo que manifiestan en las mayores adversidades; al paso que hay otros, que ofuscados con los brillos de una corte turbulenta de víctimas de su ceguedad y de la ambición que produce.

Las situaciones son siempre críticas y apuradas; pero con desenlace natural e imprevisto, aunque bien preparado. Los hechos aparecen nuevos a primera vista, no obstante que muchos de ellos tienen por base la funesta historia desgraciada de la Reina María Estuardo, víctima de la rivalidad y de los celos de otra Reina, que habiendo sabido parecer grande con reyes poderosos, se manifestó con una inocencia cautiva, mezquina, nada generosa y aun cruel y despiadada (1819: 7-8).

Los prólogos nos anticipan las características y comportamientos de los personajes, al tiempo que reflejan sus modos de vida; esta declaración, superficial en principio, por su carácter generalista y meramente temático, resulta de gran valor en las novelas pues, de nuevo, una lectura pausada descubre que estos personajes difieren considerablemente de los originales. Es una técnica que adelanta el procedimiento general de la novela. La búsqueda de la verosimilitud textual "españoliza" a los actores que aparecen en la novela, matizando, exaltando o cambiando algunas de sus características primordiales. Lo mismo sucede con determinadas situaciones o lances de la historia; se suprimen o ajustan en virtud de su proximidad a nuestras costumbres, de lo aceptable o no para la cultura española de la época de referencia, pero también de aquello que no pudiera ser comprendido con facilidad por el lector[248]. Se trata de modificaciones que, aunque

---

248 Este procedimiento general se aprecia con más detalle en la lectura de las obras. Aunque lo analizaré a propósito de

vinculadas con la censura por el carácter moral que se pretende para todo el relato (caso de los episodios eróticos u obscenos[249]), son responsabilidad primera de los traductores y tienen que ver sobre todo con la intención de adaptar los textos, más allá de la fórmula primera, a las costumbres y modos de nuestro país pensando siempre en el público, en primera instancia, no ya en los censores. D. Luis Monfort no vacila al afirmar sobre la novela que traduce, *La familia de Vieland o los prodigios*, que "Pigault-Maubaillacq, miembro corresponsal de la Sociedad Filotécnica, dispuso esta novela al gusto y costumbres de su país, y yo he debido acomodarla a las del nuestro; esto es, el autor francés escribía entre los suyos, y yo traduzco esta obra para los españoles", y ello a pesar de ser consciente de la crítica que iba a recibir del lado de los "conservadores":

> Debo por último hacer una advertencia, y es, que en esta traducción se encontrarán de menos muchas expresiones y cláusulas, y aún capítulos enteros del original. Los gramáticos y tradicionistas mirarán esta licencia como un crimen; pero

---

la *Galería Fúnebre*, destaco dos ejemplos dignos de mención por las dificultades que acarrea su adaptación a nuestras costumbres. En el caso concreto de *El fraile* (1822) se produce en dicha adaptación un cambio en la orden religiosa de Ambrosio. Lewis lo hacía depender de la orden de los Capuchinos, que poseían en Madrid dos conventos, mientras que el adaptador al español opta por la orden de los Dominicos. Evidentemente la elección no puede ser arbitraria. Aparte de que la orden de los Capuchinos era menos conocida en nuestro país, al convento de Santo Domingo se le asociaban varias leyendas de fantasmas y aparecidos, especialmente dos: "La leyenda de la enterrada viva": en el año de 1478 tiene lugar en el convento de Santo Domingo un episodio que mantiene consternadas a las hermanas, creen que un fantasma las visita y no es sino Doña María de Cárdenas, vecina del convento, que sufría ataques en los cuales parecía que estaba muerta. También la "Leyenda del Ser de piedra", emplazada en el mismo lugar, en torno a la muerte de Pedro I el Cruel. Se cuenta que dicho monarca había dado muerte en este monasterio a un sacerdote, en una de sus muchas aventuras amorosas, y que siempre que pasaba por aquel sitio se le aparecía una sombra notificándole que había un ser de piedra en Madrid e invitándole a que, para saber quién era, se acercara con ella a un pozo que había cercano a esta iglesia. Allí le declaró que era el clérigo asesinado (recogida por Tirso de Molina en su comedia *El rey D. Pedro en Madrid*). Lo importante no eran las leyendas en sí, que fomentarían la superstición, sino el hecho de que a esta orden se asociaran episodios oscuros y truculentos que pertenecían al horizonte de expectativas del lector. Una orden más cercana que daría mayor realismo y verosimilitud a la novela, si esta se emplazaba en nuestro país.

249 Estos episodios no se encuentran, lógicamente, explicitados en los prólogos, pero sí pueden rastrearse con facilidad en la lectura de las novelas. De nuevo en *El Fraile*, en *La abadesa* y en *El confesionario de los penitentes negros*, las tres con un fuerte carácter anticlerical, se pueden encontrar numerosos ejemplos de esta adaptación a las costumbres españolas pasadas por el filtro de la moralidad cristiana.
Las declaraciones de amor carnal de Matilde a Ambrosio en *El fraile* (1822) se suavizan, cuando no hay erotismo sino sexualidad. Mientras que los deseos de Ambrosio y su apetito son dibujados con semejantes colores que empleara Lewis, no sucede lo mismo en el caso de la mujer; esta no debía, según las leyes del decoro mostrar tan abiertamente sus sentimientos, en la adecuación a las costumbres y pensando en el público lector femenino: "Le quiero a vmd. no ya con la devoción que es debida a un santo, ni tampoco por las solas virtudes de su alma de vmd. sino por las gracias de su persona. No soy más que una mujer flaca y entregada a la más impetuosa pasión" (1822: 131). Se eliminan las escenas tortuosas y de sexo explícito, todos temas tabú y son sustituidas por un terror más psicológico que se recrea en el tormento que sufren los personajes ante el dolor y la muerte: "El tribunal lo condenó a sufrir los tormentos más crueles que se conocían en la historia de sus atrocidades y le condujeron al teatro de estas escenas. […] la puerta del calabozo se abrió y los familiares que otras veces temblaban como esclavos a su vista entraron llamando sobre él todas las maldiciones del cielo […] Delante de la procesión iba la terrible cruz verde y la lúgubre campana. […] el altar mayor estaba cubierto de negro y seis cirios verdes ardían en él […] el verdugo puso fuego a la hoguera" (1922: 349).

> yo sé que la gente sensata no dejará de conocer los justos motivos que para ello he
> tenido, y que aplaudirá la rectitud de mi intención (Monfort 1826: X).

Este contacto intensifica la sensación de realidad, de aquella realidad del período de entresiglos español, por lo que la historia narrada pierde parte de ese halo misterioso y legendario que envolvía las novelas góticas en el origen, pero no del todo, por lo que la verosimilitud textual continúa corriendo el riesgo de quebrarse a cada paso de la novela. Tampoco la intransigente oposición a los sucesos inverosímiles los lleva, ni mucho menos, al realismo que se pretende. Ante esta situación no les queda otra opción a los traductores que dar un nuevo giro interpretativo y vincular estas ficciones a la novela histórica, como se pudo advertir en la lectura final de los dos textos anteriores.

Esta insistencia de haber reproducido solo lo que se ha podido ver en el mundo real demuestra la intención de vincular el texto con la historia y distanciarlo de aquellas épocas remotas dominadas por la vaguedad temporal. El prestigio que acarreaba este género salvaría la censura de las obras y favorecería la idea de realidad. Si ya había hecho referencia a cambios sustanciales en los títulos de las novelas, una vez más se convierten en indicativo de la intención del traductor. Desde Horace Walpole fueron muchos los góticos que en un intento de distanciarse de corrientes literarias contemporáneas determinaron el género de la obra con un sencillo pero amenazante para la época, incluso en Inglaterra, *A Gothic Tale*. Ninguna de las traducciones a las que he tenido acceso incluye tal sentencia, en cambio son muchas las que acompañan al título con un subtítulo del todo revelador *Novela histórica*; *Adelina o la abadía en la Selva*, *Herman de Unna*, *El castillo misterioso o el huérfano heredero* o *Saint-Clair de las Islas o los desterrados a la Isla de barra*[250], son los ejemplos más significativos.

Los vínculos con la historia se aprecian especialmente en estas novelas catalogadas de nuevo por sus traductores españoles, pero también en aquellas otras a las que no se hace referencia expresa en el título, lo que apunta a una nueva característica de nuestra novela gótica. Carlos José Melcior, apoyándose en un referente clásico insiste, en su prólogo a *Óscar y Amanda o los descendientes de la abadía* (1818), en los beneficios de la historia, como la verdad misma, que entiende que debe acompañarse, en la misma línea de "instruir deleitando", de ciertos artificios para resultar atractiva. En la novela histórica se materializa la unión perfecta de ambos componentes:

> [...] "si pudiésemos gustar de la verdad desnuda (dice Mr. De Ramsay en el discurso sobre el Poema épico, y excelencias del Telémaco) no tendrían necesidad para hacerse amar por los ornatos que le presta la imaginación; pero su luz pura y delicada no lisonjea bastante lo que el hombre tiene de sensible, pues exige una atención que sujeta demasiado su natural inconstancia: para instruirle es preciso darle, no solamente ideas puras que le iluminen, sino también imágenes sensibles que hagan impresión a sus sentidos, y mantengan su vista fija sobre la verdad" iguales

---

250 Se trata esta de una tendencia novedosa en nuestro país. Las traducciones de novelas góticas al francés y al alemán de aquella época no vinculan en sus títulos la ficción gótica al género histórico.

resultados instructivos y de diversión darán todas las composiciones ficticias, que van ordenadas según el precepto de Horacio: Utile duci; pero no los tendrán aquellas fábulas llenas de inverosimilitud e inconexiones, tanto en describir el carácter de las personas, como indecorosas por su herrada moral, no solo extravagantes en el plan de ellas, sino violentas en el orden de los sucesos.

Los sucesos están tan bien enlazados y, con tanta propiedad que solamente les falta el carácter de verdad para reputarse como historia: los episodios son tan hermosos y naturales como la acción principal, y colocados tan oportunamente que redoblan el gusto del lector: el contraste de los caracteres y acciones en los Personajes que presenta la obra, es necesario admirar la sublime virtud de unos, y detestar el horrible crimen de los otros (1918: 3-6).

Similares opiniones sobre la historia y los vínculos con la literatura aporta en su prólogo el traductor de *El subterráneo o las dos hermanas Matilde y Leonor*:

La historia es el verdadero teatro donde se aprenden las máximas seguras de la vida, y en donde con los ejemplos ve el joven claramente los senderos que guían a la felicidad o al precipicio; pero ¿cuántos son los que leen la historia? Pesados y gruesos volúmenes en folio lastiman las manos delicadas y solo pueden sostener su aspecto horrible a quien aquel sabio desdichado miró desdeñosamente la fortuna. Sin embargo es una ley dura y amarga, pero inviolable que para saber es necesario estudiar, y para estudiar es necesario leer, y leer mucho. El poder y las riquezas se heredan, y son muchas veces un regalo caprichoso de la fortuna; pero saber es la recompensa del sudor y del trabajo. He aquí por que un sabio fue en todos los tiempos tan superior a un poderoso. ¿Cómo superas tamañas dificultades? ¿Qué medio para saber estudiando poco? (1819: 5-6).

Las novelas catalogadas como históricas, no obstante, defienden la bonanza del género apoyándose en el texto mismo como documento histórico. El teniente coronel D. Bernardo María de la Calzada infunde desde el prólogo este carácter histórico a la novela gótica alemana *Herman de Unna: rasgo historial de Alemania*. La identifica como una obra propiamente histórica, de sucesos verídicos y personajes reales, que trata de justificar en las páginas iniciales a través de una serie de referencias fácilmente rastreables en la historia; sin embargo, los lances del relato están cargados de episodios terribles, emplazamientos lúgubres y sombríos e imágenes tenebrosas y espeluznantes:

Es una novela historial, que puede colocarse en la clase de libros útiles porque nos da, sobre una institución singularísima, las únicas instrucciones que han llegado a nuestros días. Se ve el extraordinario procedimiento de dicha institución, las formalidades que observaba, los terrores que infundía, y el cómo hacia temblar al potentado en su palacio, y al pastor en su choza. Una cadena invisible, compuesta de más de cien mil individuos, que se conocían entre ellos por ciertas señales, y que de nadie eran conocidos, circundaba entonces la mayor parte de los pueblos de Europa. Les precisaba obedecer a una potencia, cuyas operaciones, visto el impenetrable misterio que las cubría, más los atemorizaban como efectos de una venganza divina, que como ejercicio de algún poder humano.

Esta obra contiene curiosísimas noticias del carácter y aventuras del Emperador Winceslao, de la Emperatriz Sofía, de su hermano Segismundo, Rey de Hungría y de la Reina Bárbara, esposa de este último; sobre las de Subinsko, Arzobispo de Bohemia y de Hungría; y sobre los monjes, monjas y ciudadanos de aquel tiempo. Todos los retratos son parecidos y conformes a lo que de ellos dice la historia.

No quisiera propasarme diciendo que la obra es de un género totalmente nuevo; que contiene hechos totalmente ignorados; y que es digna de fijar la atención, así de los que procuran instruirse, como de los que solo aspiran a recrearse (1807: sin paginar).

Lo mismo sucede con la novela *El castillo misterioso o el huérfano heredero. Novela histórica inglesa* (1830). Aunque el traductor insiste en la veracidad de los hechos pues la novela se emplaza en una época reconocible y se cubre de personajes reales, no es el dibujo de la historia el objetivo primero; esta es un mero telón de fondo, un pretexto literario para dignificar el relato y para defender su verosimilitud:

La presente Novela que pongo a la vista del público, titulada *El Castillo misterioso, o el huérfano heredero*, es de las más interesantes que han dado la luz hasta el día, pues se debe mirar bajo puntos diferentes, uno por la parte histórica y el otro por la mucha moralidad que encierra; en cuanto al primero se patentizan en ella, no solo las ocurrencias de los reinados de Guillermo I llamado el Conquistador, y de su hijo menor Guillermo titulado el Rojo, sino la época memorable de las Cruzadas, que tanto han llamado y llaman en el día atención de toda clase de lectores; añadiéndose a esto estar sumamente ligada a aquella época de la historia de Inglaterra que comprende desde el año 1066 de la era cristiana en que principió su reinado Guillermo I, hasta después del año 1089. Los personajes que en ella se citan han existido todos, y aunque algunos tengan nombres supuestos, los principales tiene los suyos propios; cosa tanto agradable cuanto que se habla de seres imaginarios. (González Dávila 1830: V-VI).

Adelina o la abadía en la selva (1830), adscrita por el traductor, de igual manera, al género de la *Novela histórica* en el título de la misma, continúa resaltando la veracidad de sus acontecimientos en la advertencia inicial.

Ofrezco al público una novela o más bien una Historia verdadera de las más célebres y singulares que se han escrito hasta ahora por su argumento, y de las que más pueden interesar a los lectores, teniendo siempre en suspenso su imaginación esperando un prodigioso desenlace, y presentando a cada página un nuevo suceso extraordinario que no puede adivinar en lo que vendrá a parar (Alvarado y de la Peña 1830: V).

Estos vínculos son un adelanto de la tendencia general que se impondrá entre los autores nacionales que se aventuren en la compleja tarea de elaborar una novela gótica. Los traductores apenas sentaron los cimientos, aunque fueron estos imprescindibles para que brotasen las escogidas novelas escritas por españoles que aún se conservan.

En realidad, la visión gótica del pasado se halla fuertemente mediatizada y, en consecuencia, no se ajusta a la realidad. A estos novelistas, aunque preludien de alguna manera el advenimiento de la novela histórica en nuestro país, no les interesa el rigor histórico, sino la imagen que ellos mismos recrean del pasado, desde la propia visión de su tiempo y de su realidad contextual, puesto que escriben, no desde una perspectiva histórica, sino pseudohistórica. Sus evocaciones se encuentran más o menos mediatizadas y sirven de marco a las tramas, con la visión siempre fija en el mantenimiento de la verosimilitud textual. El pretendido "historicismo" que se avanza en los prólogos no deja de ser incipiente y tan sui generis y rudimentario que apenas es detectado en una primera lectura de la novela, donde en la mayoría de las ocasiones los contactos con la realidad histórica se realizan a través de las escasas notas al pie en las que el traductor toma la palabra más allá del texto y en una clara manipulación del mismo. En efecto, el pasado es desvirtuado en función de los intereses de la narración y se reduce a una mera actitud hacia la historia, amparada en esa tendencia a la evocación del pasado, lejos aún de la Historia, con mayúsculas, trasformada en forma narrativa de la novela a la manera de Walter Scott. No obstante, siendo o no del todo conscientes de esta doble consideración, el vínculo en los prólogos es tan fuerte que les conduce hasta una asociación directa con el creador e impulsor del género. Los propios autores saben que parte del éxito dependerá de los contactos con géneros paralelos, que si ya se habían producido en la génesis de la novela en Inglaterra, se intensifican en nuestro país. Ramón de Ugena además de insistir en la moral de la novela, también enfatiza su realismo, apoyándose en referencias a autores extranjeros e insistiendo en sus vínculos con la novela histórica. Relaciona la novela de Elizabeth Helme *El peregrino o Cristabela de Mowbray* (1832) con el género histórico y, en concreto con la figura de Walter Scott, en un intento de salvar la verosimilitud que se tambalea en el tiempo lejano y remoto en el que se emplazan los acontecimientos narrativos:

> En la presente acertó (Elizabet Helme) a pintar con unos colores muy semejantes a los de Walter Scott las escenas de los tiempos caballerescos que tanto se prestan a deliciosos vuelos de la imaginación y que llevan siempre cierto carácter de dignidad y de costumbres urbanas y piadosas. El gusto del día propende a ver reunidos el interés histórico o de la verdad, con los atractivos del adorno poético y bajo estos dos aspectos me atrevo a decir que llena el objeto que se propuso; y si es dado juzgar por las sensaciones de las ajenas (Ugena 1832: V-VII).

Aunque sea cierto que la mezcla genérica que se vivió en la literatura española de aquellos años puede llevar a catalogar estas novelas como históricas, apoyándome en las propias palabras de los autores que hacen referencia al pretendido realismo y a la buscada verosimilitud de sus autores en prólogos y subtítulos, la lectura de las mismas, sin embargo, conduce a reflexiones diferentes; siguen siendo novelas góticas, con una mayor pretensión de realismo y de búsqueda constante de referentes en el mundo real, es cierto, pero novelas góticas, al fin y al cabo. La recreación del pasado no esconde una verdadera historicidad. Las novelas góticas recurren a la historia pero asistimos a una idealización de la misma que busca por encima de ella lo que esta supone de misterioso, de inquietante, pues la pretensión última continúa asentándose en la búsqueda incesante del placer estético del terror.

Lo mismo se puede sostener de los contactos de las traducciones góticas con otros subgéneros como el de la novela sentimental. La dificultad evidente para trazar una línea divisoria entre estas novelas puede ser complicada; muchos de los autores, ingleses sobre todo, eran mujeres que comenzaron su carrera narrativa cultivando la novela sentimental, añadiendo paulatinamente elementos góticos hasta decantarse por estos últimos y convertirse en verdaderas representantes del nuevo movimiento literario. Las novelas, no obstante, a modo de herencia, adolecen de un fuerte carácter melodramático; se insiste en el dibujo de los sentimientos exaltados, en las historias de amor enfrentadas y en la recompensa final al amor virtuoso, frente al insano y viciado. Los propios autores en sus prólogos confirman esta dificultad, que como en el caso de la novela histórica, más que perjudicar, beneficia, y he aquí la clave, la publicación de la traducción; algunas de estas novelas como *Óscar y Amanda*, *El subterráneo o las dos hermanas Matilde y Leonor*, *Julia o los subterráneos del castillo de Mazzini* o *Saint-Claire de las Islas* aparecen tan cargadas de reflexiones morales, de creencias religiosas, pero sobre todo de historias amorosas desbordadas de separación, pruebas y encuentros entre los amantes que lo terrorífico puede parecer secundario.

Es más, no solo los títulos dobles remiten a su estructura, sino que, incluso, en sus prólogos los autores mencionan de manera intencional novelas de este subgénero tratando de establecer conexiones que resulten fáciles de identificar por el público, pero sobre todo por el censor de turno. D. G. A J. C. F. alude en la introducción a *Luisa o la cabaña en el valle* a "*La Clarissa*, *La Amelia*, *El Expósito*" en un intento de hacer ver la línea temática de la novela que presenta. Los autores y traductores, conociendo las dificultades de la estética gótica y para evitar la rigidez de la censura, juegan continuamente con esta confusión, más si se tiene en cuenta que están destinadas a un mismo público, que no es otro sino el lectorado juvenil y sobre todo femenino el que se apasiona por las historias de amor elevadas y truculentas, al propio tiempo que con mayor facilidad se conmueve y sobrecoge con las escenas más sublimes, con los acontecimientos más espantosos y aterradores. Los autores, sin embargo, son conscientes de las diferencias que separan ambos tipos de novelas. Mientras la problemática de la novela sentimental se recrea exclusivamente en las inclinaciones o sentimientos de la heroína, las reelaboradas novelas góticas a la española, aun acentuando este carácter sentimental, casi melodramático, enfatizan por encima de la historia y las desgracias que les suceden a los protagonistas, la crueldad desmedida y los efectos diabólicos. Es decir, a pesar de que las implicaciones de estas novelas sean melodramáticas o, incluso, trágicas, y su intención sea revelar el poder de la luz y de la redención, insistir en que la virtud, aunque no prospere en todos los casos, al menos acaba siempre por triunfar, el principal empeño sigue siendo, trascendiendo el necesario final feliz y edificante, describir el terrible poder que ejercen en el mundo las tinieblas. La sensibilidad deja de ser sentimental para volverse aterradora, en un intento por todos los medios de estremecer al lector, hasta el éxtasis. El traductor de la novela de "Mis Ana de Radcliff", *Adelina o la abadía en la selva*, constata este empeño que debe aparecer soslayado bajo el triunfo de la virtud en la historia de amores e infortunios:

> También vemos en esta Obra dos jóvenes virtuosos y sensibles, Adelina y Teodoro, perseguidos por cuantos medios están al alcance del vicio unido al poder y a la intriga. El lector desde luego, no puede menos de interesarse vivamente en su suerte, compadecer sus desgracias y temblar a cada momento por ellos, viéndolos próximos a ser víctimas de sus infames perseguidores.
>
> ¡Pero qué consuelo, qué alegría no recibe cuando al fin ve triunfar su virtud, recibiendo la recompensa debida a la constancia y a sus infortunios, quedando sus enemigos castigados y confundidos, y ellos en la más completa felicidad! (Alvarado y de la Peña 1830: VII).

Aunque el peso de la moralidad y la insistencia en la verosimilitud, junto con todos sus matices, se trasladaron a la obra determinándola al tiempo que la distanciaban del origen, seguían fomentando estas el entretenimiento, el deleite, más allá del carácter pedagógico. Será una lectura detenida la que demostrará que el verdadero propósito no es sino ensalzar y recrearse en los episodios sublimes de abandono de la virtud y recreación desmesurada de las pasiones en busca de los efectos catárticos que estas pudieran provocar en los lectores.

Los ilustrados habían sido, por el peso del neoclasicismo, los primeros en percatarse de que el éxito de la labor pedagógica de la novela residía en su enorme capacidad para deleitar al público. En estos prólogos se refleja esta realidad de conseguir la tan perseguida premisa neoclásica de "instruir deleitando", lo que las sigue vinculando a los preceptos de la Ilustración, al tiempo que la aleja de los nuevos principios del Romanticismo. Don J. y Don T. L. M. definen a la perfección en el "prólogo del autor" de la novela *Alejo o la casita en los bosques* este dogma neoclásico de nuestra literatura: "Para que divierta una novela es menester que sus incidentes tengan variedad e interés, pero para que instruya y sea útil, necesita ser moral". D. J. J, traductor de la ya mencionada *El castillo negro o los trabajos de la joven Ofelia* (1827), se posiciona en la misma dirección aunque se atisba cuál de los dos postulados cobra mayor peso en la novela:

> Finalmente nos parece haber hallado en esta novela el particular mérito de instruir y deleitar a la juventud, inclinando su corazón a la virtud y distrayéndola del vicio, por cuyo motivo quise darla al público traducida, habiendo omitido, por ciertos respetos, algunas particularidades que no son esenciales de la obra (D. J. J. 1827: VIII).

Con la mirada puesta en el nuevo público, devorador de novelas, los textos acabaron por deleitar más que instruir aunque esta premisa estuviera presente en muchos de los prólogos, por exigencias de preceptistas y censores. J. M., adaptador de la novela gótica *Saint-Clair de las Islas o los desterrados a la Isla de barra* (1830), se inserta dentro de la misma tradición, demostrando que el verdadero triunfo entre el público debe buscarse en las emociones desbordadas, en los sentimientos sublimes que pueden provocar determinadas actitudes, personajes o lances de la historia. Las continuas alusiones a las nuevas sensaciones que el lector experimentará con la lectura de estas novelas se convierten en llamada de atención y guiños a la nueva estética:

> Fácilmente se perdonan a los traductores las alabanzas que dan a los originales que son el empeño de su cariño; pero hablando del Saint-Clair debemos confesar que no pueden parecer parciales los elogios que se le tributan. Pocas novelas pueden merecer como la presente la aplicación de aquella máxima de los antiguos «instruir deleitando». Sí es un mérito que los caracteres estén bien trazados y sostenidos; sí lo es que el interés esté constantemente afectándonos, ya de una manera grata, ya dramatizados los acontecimientos hasta el punto de excitar nuestro entusiasmo; sí lo es asimismo que la trama despierte en nosotros a cada momento sensaciones agradables, y toque en nuestra alma las fibras más delicadas: sin duda es Saint-Clair una preciosa novela. Distíngase entre las demás novelas inglesas por unos toques francos, vigorosos, enérgicos, que dan a las situaciones unos tintes admirables. Descuellan entre los personajes las figuras de Ambrosina y Zina, que nos atraen desde luego y nos embelesan. Zina es una joven candorosa y tímida, que apenas se atreve a preguntarle a su propio corazón si ama a quien ama. Ambrosina es el reverso de la medalla. Llena de una resolución varonil, solo le pregunta a su conciencia si ha obrado bien, y con tal guía no vacila en dar cabida en su pecho a sentimientos nobles. Nada más atractivo que el contraste que resulta entre estos dos personajes Saint-Clair, por otra parte, tipo de hidalguía, Randolfo, el amante de Zina, y la bella cuanto violenta Leonor, completan el cuadro, le animan, excitan en alto grado la curiosidad y arrancan a los lectores un aplauso. Pocos hay que principien la lectura de la obra de Isabel Helme, y no sientan tener que abandonarla.
>
> Si, como deseo, llena el objeto que me propongo corregir las costumbres deleitando, y el público imparcial e ilustrado la acoge con la misma benignidad que lo ha hecho en otras obras mías, así de esta especie como de otras ciencias, me creeré bien recompensado en mis tareas (1830: V-VIII).

La sentencia final del traductor de *La familia de Vieland o los prodigios* es bastante reveladora de esta doble intención y ayuda a comprender mejor qué se escondía detrás de aquella pedagogía moral de los autores: sacudir y atemorizar al público:

> Por lo demás el autor no escribió una trágica fábula para divertir, ni para hacer reír, como el mismo dice, sino para hacer llorar, y para atemorizar a los hombres con los sucesos que les presenta. Sus lecciones son terribles, pero son útiles, y aún me atrevo a decir, que absolutamente necesarias. Los hombres parece que se han hecho ya insensibles a las presiones suaves de la verdad, y de la virtud. Para despertarlos,

pues del sueño de la ignorancia o del letargo de las pasiones, es menester hacerles sentir el golpe terrible del castigo, y de las desgracias a que los conducen sus extravíos. De aquí es que el autor para que fuese más horrorosa la catástrofe de la novela, no quiso debilitarla con pinturas halagüeñas, ni con episodios risueños opuestos a su principal objeto. El desaliño mismo, y la dureza de estilo, no carecen de filosofía (Monfort 1826 VII-XVII).

Los autores esperaban producir en los lectores actos virtuosos, pero sobre todo, aspiraban a remover viejas emociones y provocar sensaciones desconocidas. Saben que la novela no puede perder su carácter de obra de entretenimiento que envuelva al lector, que debe despertar un interés en este, de lo contrario, la obra no resultaría factible. "Aunque las razones de carácter moral primaban, lo cierto es que las de tono artístico y estético también tuvieron su peso" (Álvarez Barrientos 1994: 100), pues como todos sabemos "a los hombres siempre les ha resultado difícil renunciar al placer".

Se trata de engañar con la lección ejemplarizante y así disimular el contenido terrorífico y macabro de los relatos, las verdaderas atrocidades que recorren sus páginas y que no vienen sino a reafirmar el hecho de que la censura era completamente caprichosa y en muy pocas ocasiones habría pasado de la lectura del prólogo o advertencia, de ahí que los autores y traductores se esmeren especialmente en "ofrecer" a estos lo que buscan: una edificante lección moral. Instruir deleitando se traduce en estas novelas en un equilibrio entre la lección moralizante y el placer estético del miedo y el horror. Son conscientes entonces de que el deleite del horror es el verdadero hilo conductor del relato y debe aclararse también en el prólogo, para el público general al que se dirige la obra, aquel de todas las edades, pero especialmente la juventud, la que se sentía atraída por este conjunto de emociones aterradoras y espeluznantes.

De este modo, incluso filtrada por la moralidad y la verosimilitud, la novela sigue conservando su esencia: el placer del terror, su característica primordial, lo que identifica al género y lo individualiza. El conflicto no deja de estar presente aunque la finalidad sea diferente a los textos en origen y aparezca motivado por la censura y la teoría literaria. Con o sin lección moral, respetando o quebrando el principio de verosimilitud, el texto consigue el objetivo que se plantearon los primeros góticos, la experimentación con el terror, el juego, la complicidad con el público. Su verdadera pretensión, hacia la que preparan el segundo nivel de lectura del texto, aquella escondida bajo la lección edificante, era deleitar al lector con los nuevos placeres que ofrecía la literatura, mostrarle una atmósfera de terror y, aun respetando la verosimilitud, en la medida que era posible y la pretensión documental y costumbrista fruto de su exigido vínculo con la novela histórica, adentrarse en el campo de lo esotérico, de la maldad humana, en el que la oscuridad se convertía en la tónica dominante. El fin entonces no es sino sacudir los resortes anímicos del lector, provocar en él respuestas estéticas, psicológicas y emocionales, más allá de dichas lecciones que no hacen sino esconder las exigencias impuestas por el régimen, ahondando en nuestros propios miedos y angustias, en nuestros deseos ocultos más febriles y en nuestros temores más atávicos.

En definitiva, la etapa de las traducciones determinará las características de nuestra novela gótica: el mal del hombre y del mundo permanece, pero se justifica desde una actitud moralizante como prevención y comportamiento no imitable; lo sobrenatural se diluye en justificaciones de todo tipo o simplemente se evita; la novela se aproxima a la realidad y, en su búsqueda de la verosimilitud, abandona parte de su carácter legendario y se envuelve en los modos de vida y las costumbres hispanas, mas sin perder de vista en ningún momento el miedo como hilo conductor del relato y como sentimiento evocador de emociones en el público lector.

B) Un caso concreto de adaptación: la *Galería fúnebre*

Ces doux frémissements de la terreur
Cuisin, *Les Ombres sanglantes, galerie funèbre de prodiges* [...], 1820

La *Galería Fúnebre* de Agustín Pérez Zaragoza y Godínez[251] constituye el ejemplo cumbre de adaptación de una novela gótica a nuestras letras[252]. Las maniobras e intrigas de aquel aventurero y transgresor consiguieron salvar, a pesar de todo y de todos, complicaciones y trabas, descalificaciones y críticas, incomprensiones y reproches, desde su misma publicación hasta nuestros días. Más de dos siglos después de ver la luz, el trabajo de Pérez Zaragoza se ha perpetuado en el tiempo como una obra original, bajo el emblema de única representante del género de la novela gótica en nuestro país. Sin embargo, aunque trataré de desvelar la verdad tras el mito, no seré quien niegue su derecho y autoría, pues a pesar de ser estudiada desde otro punto de vista, opuesto al anterior, sostengo una idea similar, pero bajo supuestos diferentes. Se trata de una obra transformada, reelaborada y refundida como original por Pérez Zaragoza, su indiscutible autor. La asimilación de su homónima y su adaptación fue tan meticulosa, sus pasos, para nada casuales, y su éxito tan contundente y abrumador que en el proceso sembró la ira de sus contemporáneos, celosos ante una maniobra hasta entonces del todo impensable, en un

---

251 Para un análisis exhaustivo de la vida y la obra de Agustín Pérez Zaragoza, véanse los diferentes estudios que ha publicado al respecto Luis Alberto de Cuenca (1977; 1985; 1995; 1999). Esta ha sido actualizada en una edición, (en prensa) López Santos y García Gutiérrez, en la que se ofrecen datos sobre su nacimiento y muerte, sus cargos políticos y textos que no han sido estudiados, como dos historias trágicas más que se encuentran en manuscrito.

252 Clark Gallaher (1949: 8) fue el primero en afirmar el origen francés de la Galería Fúnebre de Pérez Zaragoza: "Pérez Zaragoza, a contemporary reports, «hit the jackpot» with his *Galería fúnebre*. «The work is terrible» he adds, «but who doubts the efficacy of the mustard when it's a question of the sauce being hot. This curious and stupid work in twelve volumes, which enjoyed an incredible popularity through most of the nineteenth century, borrowed its introduction and most of its horror-drenched histories from a similar French publication, *Les Ombres sanglantes* of Cuisin».

momento histórico en el que el oficio de traductor no estaba reconocido ni sus pautas regladas ni establecidas.

Les ombres sanglantes, Galerie funèbre (1820) y su continuación, *Les fantômes nocturnes* (1821), dos colecciones de cuentos del escritor francés Cuisin habían conocido una edición anterior a la fecha en la que salió al mercado directamente desde los talleres de la Imprenta Palacios, la obra de Pérez Zaragoza. Bajo un título menos explícito y más acorde al espíritu ilustrado de la literatura de este período, que continuaba la tendencia general de la mayor parte de los traductores de novelas góticas y que habría de ser uno de los motivos, sino el primero que ensombreció sus méritos, se editó: *La poderosa Themis o Los remordimientos de los malvados.* (1830), una traducción de Basilio S. Castellanos[253] y Julián Anento, con falsa atribución de autor original, "Monsieur David". Frente a esta, aunque bebiendo directamente en la misma obra francesa, nuestro Agustín, ansioso de éxito, buscó el amparo de la Reina María Cristina, a quien dedica la obra, no lo olvidemos[254], y se apoyó, en el impacto del título francés, pero también en la capacidad de autofinanciación y en la publicidad, gracias sobre todo a los numerosos anuncios en prensa y al esfuerzo económico que supuso el *Prospecto*, avances que resultaron fundamentales. No solo entendió a la perfección el papel de traductor en un período aún confuso como el de entresiglos sino que supo llevarlo a sus últimas consecuencias. Adaptó aquella colección de cuentos franceses, menor y desconocida para el gran público español, a las costumbres, modos de vida, pensamiento y preferencias literarias del público, sin perder de vista a censores y preceptistas, y sin olvidar tampoco su formación neoclásica, defendió su concepción de la literatura, por encima de ataques y polémicas. Una de aquellas polémicas ha sido curiosamente recuperada en los últimos tiempos por Mª José Alonso Seoane (2007) y es aquella que le enfrentó a los primeros traductores de la misma colección. Esta polémica explica, por otro lado, a la perfección, el proceso que habían seguido todos aquellos valientes traductores que se lanzaron a la aventura de trasladar a nuestra lengua una literatura licenciosa, perversa y altamente abyecta.

Cuando salta la querella en julio de 1831 ya se habían publicado tres de los cuatro volúmenes que finalmente constituyeron la colección *La poderosa Themis*, aunque, en

---

253 Existe una biografía de Basilio Sebastián Castellano de Losada bastante amplia que vio la luz cuando aún le quedaban al autor bastantes años de vida *Biografía de D. Basilio Sebastián Castellano de Losada* (1848).

254 La dedicatoria a la reina le permitió ganarse el favor de esta y salvar una traba más, sino la fundamental, para la publicación definitiva. Paz Macías-Fernández (1997: 265-277) sostiene, por el contrario, que con dicha dedicatoria pretendía, sobre todo, recuperar una condición y una posición social que había perdido con su expulsión del país tras la vuelta de Fernando VII: "Pérez Zaragoza dedicated this Collection of Gothic fiction to Queen María Cristina of Bourbon, the fourth wife of Fernando VII and the mother of the future Queen Isabel II. […] The *Galeria's* fascination with terror and its dedication to Queen Maria Cristina are best understood when read together with the author's autobiographical account of his times in a pamphlet entitled *El fruto de la religion en la desgracia, o Reflexiones filosófico-morales de un español expatriado, víctima de opinions políticas* (1820). This pamphlet, where Perez Zaragoza recalls his experience of «terror pánico» under Fernando's counterrevolutionary regime, makes it clear that the author's dedication of the *Galeria* to María Cristina documents an *afrancesado* and former exile's effort to win the favour of the absolutist court for the advancement of his own literary career through the Queen."

un principio, esta se había anunciado como compuesta únicamente por tres[255]. A mediados del mes de diciembre de 1830 había comenzado, al parecer, la impresión de la misma[256] y en una fecha de tan solo 15 días más tarde, Agustín Pérez Zaragoza lanzó a la calle su *Prospecto a la obra singular titulada Galería Fúnebre de Espectros y Sombras ensangrentadas o sea el historiador trágico de las catástrofes del linaje humano*. Hasta el momento en que los traductores de *La Poderosa Themis* denuncian la situación ya se había extendido sin remedio entre el público dicho *Prospecto* y se abría la suscripción en un más que abundante número de librerías a lo largo y ancho de todo el territorio español: Madrid, Badajoz, Barcelona, Bilbao, Cádiz, Coruña, Málaga, Murcia, Salamanca, Santiago, Sevilla, Valencia, Valladolid y Zaragoza. El folleto contenía toda una declaración de intenciones, demostrada desde la portada, a través del grabado elegido ("hijo salva a tu padre de un asesino") y de su título y subtítulo: *Prospecto a la obra singular titulada Galería Fúnebre de Espectros y Sombras ensangrentadas o sea el historiador trágico de las catástrofes del linaje humano. Colección curiosa, instructiva y divertida de prodigios, acontecimientos maravillosos, apariciones nocturnas, sueños espantosos, delitos misteriosos, fenómenos terribles, crímenes históricos y fabulosos, cadáveres ambulantes, cabezas ensangrentadas, venganzas atroces, casos sorprendentes; y en fin, un cuadro histórico de los tristes efectos de las pasiones humanas, para lograr las fuertes emociones del terror, que son las que inspiran horror al crimen.*

No puedo hallar en la ficción de aquellos años unas palabras que resuman con mayor claridad y precisión el proceso de adaptación que sufrió el género de la novela gótica en su trasferencia genérica a nuestro país: "cuadro histórico de los tristes efectos de las pasiones humanas, para lograr las fuertes emociones del terror"; historia, pedagogía y terror. Imposible que la obra no levantara pasiones entre público y preceptistas, para bien o para mal. Aquel "horror que instruye" con el que tantos otros autores y traductores habían experimentado en el pasado y con el que seguirían experimentando en años venideros, Pérez Zaragoza lo había conseguido en un golpe de efecto ya desde el propio título y de manera brillante. El éxito estaba asegurado. El impacto del subtítulo necesitaba ser paliado con algún adjetivo, "instructiva", y con la sentencia final, clave para salvar la novela de la censura y que evidentemente no aparecía en el original francés[257]. La galería de horrores se mantiene en la traducción del título para captar al mayor número de lectores sedientos de oscuridad. El original francés cita *Galerie Funèbre de Prodiges,* événements *merveilleux, Apparitions nocturnes, Songes* épouvantables, *Délits mystérieux,*

---

255 Mª Alonso Seoane recoge estas reseñas en anuncios de la época, en concreto el 11 y el 13 de diciembre de 1830, en la *Gaceta de Madrid* y en el *Diario de Madrid*.

256 Sin embargo, para Alonso Seoane (2007) la misma habría comenzado en marzo de 1831: "según aparece en la entrega correspondiente de las *Cartas Españolas* de Carnerero (I, 191)".

257 La producción literaria de Pérez Zaragoza anterior a la publicación de la *Galería Fúnebre* comprendía, según ha catalogado Luis Alberto de Cuenca (1977: 23-35), manuales que ahondaban en aspectos didácticos y moralizantes –*El remedio de la melancolía. La Floresta del año de 1821 o Colección de recreaciones jocosas e instructivas* (1821) o *Enciclopedia de la juventud* (1826)– y que sin duda le ayudaron a forjar una reputación que posibilitaría la publicación de una obra de estas características.

Phénomènes terribles, Forfaits historiques, Cadavres mobiles, Têtes ensanglantées et animées, Vengeances atroces et combinaisons du crime, puisés dans des sources réelles; con un único objetivo, anunciado también desde la misma portada, lo que lo aleja, a priori, de toda pretensión pedagógica: "*Recueil propre a causer les fortes émotions de la terreur*".

Desde el mismo prospecto, antes de comenzar a trasladar la obra francesa a nuestra lengua, tenemos una colección de cuentos nueva. El *Prospecto* básicamente reproduce y adelanta lo que será "El prolegómeno del autor a los lectores" y la "Introducción analítica". Insiste, sin embargo, en aspectos educativos y en la veracidad de las historias que narra, pilares fundamentales para atraer a lectores ávidos del nuevo gusto por lo gótico y congraciarse con ellos; cabe asimismo citar su deseo de salvar las posibles trabas de la censura, siempre acechante a cualquier obra peligrosa y mucho más en aquellos años finales de un régimen denostado que se resistía a perecer. Pérez Zaragoza comienza por justificar las fuentes, a los efectos de disuadir toda posibilidad de su interpretación como acontecimientos sobrenaturales:

> El galvanismo que produce tantos fenómenos eléctricos, la imaginación tantas ilusiones y la historia que nos ofrece tantos sucesos, son los tres elementos de los que se ha valido el autor de esta obra para ofrecer al público una colección de historias trágicas que llamen su curiosidad y halle en ellas instrucción y recreo bajo el título que aparece. Toda se compone de casos horrorosos y verídicos, enlazados de las ficciones, de la óptica y de las ilusiones de la imaginación, para fijar más la atención de los lectores; y que estos verán que bajo el velo de la historia se envuelven lecciones de la más austera moral, y la prueba del influjo que tiene el bello sexo en todos los males y desgracias de la sociedad (Pérez Zaragoza 1831: 1).

El folleto se cierra con una alusión a los diferentes personajes que protagonizarán las historias de sus cuentos, todos ellos justificados desde el punto de vista de la virtud triunfadora por encima del vicio. Defiende sus principios amparándose en la vieja idea de que el fin justifica los medios:

> Todos los medios son buenos, cuando se encaminan a purificar las costumbres, presentando el crimen bajo el odioso colorido, que pueda influir en el ánimo de las criaturas para reprimir sus pasiones, meditar juiciosamente sobre ellas, y prevenir en fin las catástrofes inevitables que ocasionan después su perdición (Pérez Zaragoza 1831: 4).

Ello supone una defensa a ultranza de los beneficios de su obra, amparándose en la referencia constante de Dios en las historias y llegando a comparar sus bondades con obras de Jurisprudencia y de religión:

> Entonces será logrado mi intento; pues con el dulce arrepentimiento podrá todo criminal refugiarse en el seno misericordioso de la Divinidad, y yo esperar con fundamento haber inspirado a mis semejantes meditaciones tan saludables y profun-

das, como las que producen los tratados más serios de la religión y la jurisprudencia (Pérez de Zaragoza 1831: 4).

Pero volviendo al debate de la traducción ajustada o no al original y sobre la necesidad de adaptación de la misma a nuestros hábitos sociales y literarios se puede constatar, eso sí, la rabia de los unos, los primeros adaptadores, por haber perdido la gloria y haberse visto ensombrecidos por la pujanza de un autor experimentado en aquellas lides; de otro lado, resalta la satisfacción de otro, Agustín Pérez Zaragoza, por el éxito abrumador y sin precedentes de su colección. Sin embargo, me interesa dicha polémica, más que desde el punto de vista de la *Galería Fúnebre* como una obra traducida, desde la originalidad desde la que esta debe de ser analizada y desde la verdadera autoría, ya que la adaptación sufrida por la misma es más que evidente.

El 8 de julio de 1831, pocos días después de que aparecieran en los diarios las primeras referencias a la *Galería Fúnebre*, se hace público, en la sección "Correspondencia crítica" y en forma de carta al "Señor editor", un comunicado de Anento y Castellanos en "el que consideran un atropello de Pérez Zaragoza publicar la misma obra que ellos estaban haciendo con *La poderosa Themis*" (Alonso Seoane 2007: 10). En el fondo, sin embargo, los nuevos y pretendidos padres esconden y ningunean la autoría original de sus respectivas obras; los traductores de *La poderosa Themis* bajo la engañifa de un autor inexistente, "monsieur David". Pérez Zaragoza va más lejos aún puesto que ni siquiera cita autor alguno, atribuyéndose él los méritos. En realidad, el autor no interesa, importa únicamente la obra que renace renovada de las plumas de sus traductores y, en aquellos años, unos y otros eran conscientes de ello. Aquellos que alzaban sus voces críticas contra el supuesto plagiador confirman, no obstante, a través de sus palabras, que su intento no es sino una adaptación de una colección de cuentos extranjera, de dos en concreto, *Les ombres sanglantes* y *Les fantômes nocturnes*, de cuyo último cuento toma el título la colección española: "Le Galérien repentant ou La puissance divine de Thémis et de la religion. Nouvelle française" aumentada y añadida:

> En vista de estas razones podrá el público juzgar si es o no justa la reclamación de los traductores de *La poderosa Themis*, mayormente cuando además de verter las ideas de las dos obras que les han servido de original, han hecho una porción de reformas, la han aumentado con tres de su propio caudal, y añadido con acierto tantas notas geográficas, históricas y mitológicas (Anento y Castellanos 1831).

Su mayor sorpresa y consternación ocurrirá tras la publicación del *Prospecto* en el que se publicita una "colección curiosa, instructiva y divertida" de la que según estos traductores Pérez Zaragoza "tiene la gracia de llamarse autor" y la consideran un fraude, pues con unos meses de antelación había visto la luz su colección de relatos: "la obra que se está publicando con el modesto y más adecuado título de *La poderosa Themis o Los remordimientos de los malvados* es la misma". La referencia al título, clave del éxito en el caso del denunciado y punto inicial de la polémica, como se ha visto, vuelve a ser fundamental. El título neoclásico, en la línea de aquellas otras traducciones referidas, parecía paliar el impacto del título original francés, por el que se había decantado Pérez Zaragoza, quien, precisamente, justifica, en respuesta pública, su labor de traductor amparándose en el título elegido, y dando un golpe de efecto a sus rivales. No ha pretendido, en modo alguno, disimular su condición de obra traducida puesto que utiliza, no solo el mismo título del original, sino incluso una de sus láminas, la que abre, en concreto, el segundo tomo:

> Si hubiese tenido la osadía de intentar apropiarme una producción ajena, no soy tan estúpido ni tan insensato que hubiese conservado en la traducción el mismo título del original y la lámina del siguiente tomo, que mandé copiar y grabar exactamente, pues hubiera sido un borrico hurtado con las orejas de fuera para hacer más patente mi delito (Pérez Zaragoza 1831).

Señala, a este propósito, Alonso Seoane que "no parece verosímil que Pérez Zaragoza no conociera la colección de sus oponentes hasta el momento de leer su comunicado en el *Correo*, aunque sí parece posible que, en un primer momento, el cartel indujera a pensar, como refleja Zaragoza, que se trataba de una obra jurídica, recordando, seguramente, la conocida publicación periódica *Thémis, ou Bibliothèque du jurisconsulte* (Paris, 1810-1820)". También resulta evidente que Pérez Zaragoza conocía la obra original francesa con fecha anterior a la publicación de Anento y Castellanos, con toda seguridad, de su época de exiliado en Francia; por su condición de afrancesado, tras la Guerra de la Independencia, vencido Napoleón, fue expatriado del otro lado de los Pirineos. Se trata, por otro lado, de un acontecimiento desagradable en su vida, del que las circunstancias del destino le llevarán a sacar partido años después y de regreso a España, con la publicación de esta obra.

Al mismo tiempo, en su contestación, Pérez Zaragoza recuerda a sus oponentes que ellos mismos habían eludido el título original escondiéndolo tras uno de sus cuentos, el último de la segunda colección; lo que supondría, de igual modo, una apropiación indebida. Sobre el título elegido, precisamente para su obra, afirma que:

> *Galería fúnebre* se llama la obra francesa, y o me hubiera sido imposible inventar otro título diferente y otra lámina siguiendo el ejemplo de los articulistas, y acaso más adecuado que el suyo: con este disfraz hubiera conseguido ocultar mi robo a la penetración de estos señores, así como a mí ni aún me pasó por la imaginación, hasta que he visto su fino y modesto artículo, que las novelas de que se compone *La poderosa Themis* fuesen las mismas que yo pongo en la *Galería*, pues al ver un cartel me figuré, como algunos se figuraron, sería una obra de jurisprudencia (Pérez Zaragoza 1831).

En un alarde de seguridad en sí mismo y como nuevo argumento de autoridad frente al ataque de aquellos encarnizados envidiosos, exhibe, en la propia librería, la lámina que había sido objeto de polémica:

> He dispuesto que desde este día se halle también de manifiesto al público en un cuadro a la puerta de la librería de la viuda de Cruz la estampa original por la que mando sacar el diseño y lámina para la historia de Bristol con la misma exactitud que se verá. De este modo podrá enterarse todo el que pase, sin necesidad de pedirla ni aún de acordarse de ella, pues anunciándola los articulistas como un fenómeno raro y cuerpo de un delito soñado por su buen deseo no es justo quede sin cumplimiento esta sorprendente resolución sofística, convirtiéndose en prueba a favor del agraviado. (Pérez Zaragoza 1831).

Esta lámina reproduce la original de Cuisin con bastante fidelidad. Recoge el momento en que los asesinos se reparten el botín mientras la joven sobrina de Bristol, que les denunciará más adelante, aparece en la cama, en primer plano en la parte superior, sobrepuesta, procurando parecer dormida mientras el bandido ilumina su rostro. En la parte inferior, se mantiene la escena del ataque al carruaje, en el que viajan lady Hewort y su hija, aunque con menor dosis de crueldad. Hay que señalar, asimismo, que, en un intento de reafirmar su autoría, Pérez Zaragoza comienza cada una de las historias con una lámina. Mientras, la edición francesa tan solo recoge dos ilustraciones a lo largo de toda la obra. Se distancia, también de esta manera, del modelo francés ya que, dando un paso más en la adaptación a nuestros usos literarios, introduce cada historia con un grabado especialmente significativo del contenido de la misma. Basándose en esta lámina inicial explota el efectismo y busca el impacto en el lector, de acuerdo con la tendencia general imperante a recrear lo macabro en el texto y apoyarlo a través de grabados e imágenes, terroríficas y sangrientas. Los grabados demuestran, además, el vínculo con la época de referencia en la sentencia neoclásica que recrea el momento del crimen, el punto álgido, y de la que debe extraerse la consiguiente lección moral; lección moral que favorece el terror y al mismo tiempo guía la lectura, por eso abundan los asesinatos, los villanos crueles, las venganzas o los suicidios, eludiendo cualquier escena sobrenatural que contribuyera a exaltar ánimos y removiera conciencias supersticiosas. Los grabados deben impactar pero siempre con el objetivo fijo de favorecer la lección edificante y continuar educando al público en la misma línea que pretende para el texto, en la adaptación a la que lo somete[258].

---

258 María Luisa Vicente Galán (2003: 260-268) analiza en su trabajo *Las ilustraciones románticas literarias. Revistas y novelas (1830-50)* las veintiocho láminas que recoge en su colección Agustín Pérez Zaragoza. Clasifica las láminas, por su contenido como "1) las que expresan una escena de violencia: cadáveres, asesinatos. Son diecisiete láminas que recogen, con mayor o menor truculencia, el momento del golpe fatal o el previo, mostrando el espanto de la víctima, el grito de horror, cuando sabe que va a morir [...]. 2) en otro grupo hemos seleccionado las láminas que ilustran los tres tomos que comprende la novela *El judío bienhechor* [...] muestran también escenas de violencia, asaltos, tensión que reflejan de forma literal las aventuras de los personajes y los avatares que sufren [...] 3) Por último, encontramos cuatro láminas con escenas no violentas, tres de ellas ilustran unas novelitas banales de carácter moral y, la cuarta trágica. Las tres primeras son, una escena de amor, un baile en un salón aristocrático y, una de ambientación morisca".
Concluye su estudio afirmando que "en conjunto manifiestan una ingenuidad expresiva, [...] la iconografía se mueve en unos parámetros de un cierto clasicismo, creando estereotipos que corresponden a una sociedad aristocrática o de alta burguesía [...] en cuanto a la truculencia patente, abundan las cabezas cortadas, los cadáveres, ahorcados".

Dejando a un lado el debate sobre título y lámina y adentrándose en el contenido de la colección, Anento y Castellanos pretenden dejar patentes, una vez más, sus aportaciones personales a la obra francesa ya que "nos vemos como verdaderos traductores y legítimos autores de tres novelas aumentadas en dicha obra"; en concreto:

> En los dos tomos publicados hasta ahora de la *Fúnebre Galería* se comprenden cinco novelas de las que están ya publicadas en *La poderosa Themis*, que son: Brisol o el carnicero asesino con el nombre de El carnicero inglés o La lámpara pavorosa; La morada de un parricida con el de El parricida; La princesa de Lipno con el de La morada del asesino, y La bohemiana de Trebisonda está ya impresa en el tomo cuarto y el último de nuestra obra, que va a publicarse en breves días con el mismo (Anento y Castellanos 1831).

Se adelantan incluso a la posible publicación futura de Pérez Zaragoza, según se anuncia en el *Prospecto* y previenen sobre otras posibles historias que ellos, teniendo en cuenta los condicionantes culturales y religiosos españoles y pensando sobre todo en una posible censura, ni traducen ni justifican:

> Acaso la anunciada para el tomo tercero con el nombre de *La duquesa de Marfi*, será, según es de esperar, alguna como las anteriores, pero por lo menos previnimos al público que *Las catacumbas españolas* aunque se halla en el original francés no nos pareció decorosa traducirla, por ser un cuadro ridículo de horrorosos excesos supuestos en la gloriosa Guerra de la Independencia contra los franceses, cometidos por los partidarios que en aquella época fueron héroes defensores de la Península y de nuestro amado Soberano, pues aunque algunos de ellos hayan posteriormente desmentido de sus intentos, en aquellos tiempos no por eso los deja de citar la historia como beneméritos en el año de 1808; y aunque, como supone el autor francés de la *Galería*, fuesen verdaderos sus crímenes, no estaba en nosotros sino desmentirlos: esta razón, y lo poco que favorece a la religión este escrito, es lo que nos movió a no hacerlo tampoco de la denominada *La guérite de la religieuse ou La vestale prévaricatrice*, la cual ofendería a nuestros religiosos lectores, pues por mucho que ambas se disfracen no puede ser tanto que no ofendan a nuestras sanas costumbres.

De hecho, el propio Pérez Zaragoza también desestimaría esta historia *La guérite de la religieuse*, no solo por la insistencia en la veracidad del autor francés sino por la exigencia del contacto con la realidad de nuestra literatura. En cambio, sí traducirá la nombrada "las catacumbas españolas", de la que será capaz, en giro sorprendente, de extraer una lección ejemplarizante. El autor justifica la traducción de este relato y de otros semejantes amparándose en los deseos del público, el destinatario primero y el que debe seleccionar los textos que mejor se adapten a sus gustos y preferencias: "En cuanto a traducir tengo el mismo derecho que los señores articulistas, antes, después o al mismo tiempo: aprovéchense de la ventaja que me llevan en su publicación, y no pretendan privar al público de tomar lo que más les acomode" (Zaragoza 1831).

Los comentarios extractados a lo largo de los últimos párrafos forman parte de la pronta respuesta de Pérez Zaragoza a sus enemigos literarios y aparecieron en *El Correo Literario y Mercantil* a través de una exhaustiva "Contestación de D. Agustín Pérez de Zaragoza al artículo inserto en el número 468", publicada bajo el epígrafe "Correspondencia" el 15 de julio. En esta contestación, dirigida como carta al "Señor Editor del *Correo*", en la que muestra su habilidad y su altivez por saberse ganador de la batalla, y de los beneficios, por tanto, señala que ya había avisado de la condición de traducción tanto en el *Prospecto* como en el prólogo, que demuestran la nueva interpretación que ha dado a la colección y que ha terminado por convertirla en una obra nueva. Pérez Zaragoza no es sino uno más de aquellos traductores que muestran su carácter de autor; sin embargo, él va más allá, al intentar convertir su obra en un auténtico negocio sin ni siquiera reconocer las fuentes empleadas. Simplemente, en su caso, no se nombra el original y, desde el principio, suprimirá y alterará cuanto le parezca pertinente para alcanzar su objetivo principal que no era otro que el de hacerlo suyo y distribuirlo como tal[259].

Con ironía defiende su colección de relatos, confirmando que se trata de traducciones, pero en el sentido de los tiempos, es decir, verdaderas adaptaciones que mantienen el principio de "les belles infideles". Una verdadera traducción, en el marco de la época de referencia, exige la modificación, la asimilación a la nueva realidad que se convierte en receptora de la misma. Por ello, su mérito es mucho mayor, es autor, y precisamente porque es un buen traductor: "no por traducciones literales que necesiten después para entenderse un nuevo diccionario, sino por traducciones algo castellanas, inteligibles, libres a veces, reformadas o modificadas según me ha parecido conveniente" (Pérez Zaragoza 1831). De hecho confirma él mismo que, de las cuarenta[260] historias que pretende publicar, algunas de ellas responden más a objetos de su personal creación y tienen, por lo demás, un contenido y una disposición bien diferente a las originales. Se trata asimismo, y de acuerdo con sus propias confesiones, de novelas morales, en las que "apenas hay contenido de violencia o terror", como bien apuntara David Roas (2006: 98). La primera de esas historias, la titulada *El pescador o rasgo de nobleza de Mansor, rey de Marruecos*, es "una moralísima historia sobre la virtud recompensada" (Ferreras 1973: 254). El propio autor, considera esta novela como una distracción y un respiro a los horrores de las historias trágicas cuando afirma: "Volvemos a tomar las trágicas que habíamos suspendido para dar un desahogo al espíritu afligido con los horrorosos casos y crueldades de las anteriores" (Pérez Zaragoza 1831, IV: 154).

Trasciende el papel de mero traductor gracias a su labor de adaptación cultural que consiste en mezclar, refundir y ampliar, actuaciones que acaban por conferirle una autoridad editorial. Sorprende también su reiterada insistencia en el uso del "Yo" o el

---

259 Álvarez Barrientos (1991: 206) señala cómo esta práctica ya llevaba aplicándose durante décadas al teatro y por lo tanto era perfectamente aceptado tanto por la crítica como por el público.

260 Estas cuarenta historias a las que se refiere en el artículo contrastan con las "treinta, interpoladas de algunas novelas", con que había intentado vender la colección en el *Prospecto*, tan solo unos meses antes, aunque fueron finalmente 21 historias y tres novelas.

"Nosotros", tanto en el *Prospect*o, "el prolegómeno" y "la introducción analítica" como en diferentes momentos de la colección. En ello no se separa, he de convenir, de la línea utilizada por sus predecesores; sin embargo, valora, juzga o anticipa los hechos que relata. Que se siente autor y dueño de su obra final acaba por confirmarlo la advertencia que añade a cada uno de los tomos que salen de imprenta: "Los ejemplares que no lleven las marcas que aquí aparecen serán recogidos, y conducido ante la ley su expendedor como usurpador del derecho de propiedad", su convicción le lleva a defender sus derechos editoriales lo que rubrica con un sello de la Empresa Literaria "Obras de Zaragoza" con sus correspondientes firmas. Más allá de los objetivos económicos, o precisamente por ellos, está convencido de que está creando una nueva obra, observada desde otro punto de vista y con unos objetivos claramente diferentes a aquellos por los que fue concebida.

Este simple escrito supuso el fin de la polémica entre Anento y Castellanos y Pérez Zaragoza; o estos primeros no encontraron mejores argumentos o había sido una simple tormenta en un vaso de agua.

El proceso de adaptación existe en las dos colecciones (Pédeflous, 2013) y trasciende, a mi entender, la tesis que sostiene Alonso Seoane quien considera, basándose únicamente en la polémica y no habiendo comprobado directamente los textos, que *La poderosa Themis o los remordimientos de los malvados* demuestra un mayor esfuerzo creativo que la *Galería Fúnebre*. Esta última "procede de las colecciones francesas [...] de modo más directo, como se encargará de hacer notar el mismo Pérez Zaragoza", y añade al final de su argumentación que "en *La poderosa Themis*, probablemente, prevalece el impulso creativo sobre las conveniencias de promoción comercial en el caso del joven Castellanos, a quien sin duda atraía, con mejor o peor fortuna, la creación literaria" (Alonso Seoane 2007: 15).

Es cierto que existen diferentes grados en la adaptación de la obra en sus dos versiones, pero ambas son adaptaciones desde el momento en que la original de Cuisin se escribió con un único y claro objetivo: la parodia del género[261]. Una tendencia que, aunque también tuvo resultados interesantes en Inglaterra, comenzó a extenderse por Francia desde 1790 y se multiplicó en el decenio de 1810 a 1820, precisamente el momento en el que ve la luz esta colección. Dicho movimiento perdurará hasta la segunda mitad del siglo XIX y supondrá una nueva trasferencia, diametralmente opuesta a la que triunfará en España; una línea más que sigue revelando la riqueza intrínseca del género denominado novela gótica[262]. Y aunque algunos críticos españoles supieron ver

---

261 Levy (1915) o Killen (1968) y más recientemente Prungnaud (2004) se refieren a esta colección de cuentos como una parodia : "Cuisin, qui parodie ce «genre noir» dans ses Ombres sanglantes et ses Fantômes nocturnes, y résume tout ce qu'il y a d'effrayant dans le roman de cette époque. Les tigres seuls de ces romans sont significatifs [...]. L'introduction, non moins que le titre, découvre l'intention plaisante de l'auteur". (Lévy 1967: 168-169).

262 Joëlle Prongnaud (2004: 199) analiza en profundidad este fenómeno, desde el punto de vista del castillo como arquitectura parodiada y sostiene que sorprende por su precocidad, su amplitud y su permanencia y que no se limita solo a obras originales sino también a traducciones. Se debe a la masiva importación de novelas terroríficas inglesas que estimulaban en Francia el talento satírico y no esconde sino una nueva forma de desmarcarse de la tradición

esta exageración, según se puede observar por las críticas que conservamos, los autores las adaptaron como novelas góticas respetando la estructura clásica.

El papel de la parodia consiste en seleccionar los elementos constitutivos del relato para ridiculizarlos, a la vez que mantiene motivos especialmente recurrentes para identificar el género y permitir esa trasgresión. El juego de este autor francés consistió en acomodar los ingredientes con bastante humor como para ser capaz de ofrecer al lector un antídoto contra el tedio diario. Más que sobre recuerdos de lectura precisos, la parodia se funda en los estereotipos hechos propios por la memoria colectiva, y de manera especial se apoya en la figura de un lector parodiado. El grabado que abre la novela es un claro ejemplo de esta intencionalidad paródica. Una dama, destinataria primera y primordial de la ficción gótica, lee durante la noche en su aposento, bastante lujoso por otra parte, lo que es un indicativo de su posición social, una novela, mientras sobrevuela la escena y la acecha la misma muerte representada con una guadaña; todo ello, sancionado bajo la sentencia: "Fuit spectre épouvantable, porte ou fond des tombeaux ton aspect redoutable".

Este grabado se corresponde con una larga disertación de carácter burlesco que encontramos en la introducción a la colección. Una parodia del lector común de novelas góticas: las mujeres jóvenes. En su contexto, y con los objetivos perfectamente definidos, adquiere una explicación comprensible, no como ocurre en la adaptación de Pérez Zaragoza[263]. Cuisin nos presenta a una joven irremisiblemente histérica, con un lenguaje entrecortado y plagado de exclamaciones y puntos suspensivos, que cree ver, en la deformación patética de los objetos que se encuentran en su habitación, mezclando esta distorsión con unos necesarios ribetes cómicos, los monstruos y fantasmas que la invaden a causa de la lectura de la novela, lo que supone, al fin y al cabo, el descrédito de una imaginería de lo sobrenatural demasiado tópica:

> Malheur donc à la Jeune femme imprudente qui, seule dans un des appartements de son vaste château bâti au milieu d'une dangereuse forêt, et n'ayant d'autres musiques que le cri lamentable des chouettes qui habitent les créneaux des tourelles, aurait la témérité de lire *La galerie funèbre*!!! Je vois déjà ses cheveux se hérisser; son sein palpite d'une affreuse oppression ; ses yeux, image de la terreur, voient soudain des fantômes voltiger derrière son fauteuil…; l'alcôve contient un spectre épouvantable, les plis rideaux, des farfadets, et la cheminée retentit déjà du bruit déchirant de chaînes bruyantes… Dans ce moment douloureux, Jasmin, le domestique, apporte-t-il le souper;… Joséphine, la femme-de-chambre, tient-elle dans ses mains toute la toilette de nuit,… Ah! Les traîtres! Ah! Les monstres! Madame a pris le premier pour un magicien malfaisant, et Joséphine pour une de ces apparitions fa-

---

novelesca de la que brotó y afirmarse en el nuevo país receptor como género específico.

263 Por este motivo, críticos actuales como Santiago A. López Navia (1998), ven la escena, frente a lo que sostiene el autor en otros momentos, como una anécdota divertida: "Por eso mismo nosotros, lectores […], sin embargo, sin olvidar que ya al mismo Mesonero Romanos le parecían divertidas las historias de Pérez Zaragoza, nos producen cierta risa amable las peripecias de la joven de la 'Introducción analítica', enfrentada a sus propias ilusiones".

tales qui font le supplice éternel d'un assassin…-Dans sa fausse frayeur, notre lectrice s'est jetée sur le cordon de sa sonnette; elle appelle à grands cris ses gens, elle tressaille d'épouvante, et toutes les ombres de son appartement sont pour son imagination des corps animés, son chat même devient pour elle quelque enchanteur suspect, quand Jasmin et Joséphine, s'efforçant de la faire revenir de son erreur, parviennent enfin à se faire reconnaître. Telle sera sans doute la terreur délicieuse qu'inspirera ce livre.

Quelle sera encontre la situation piquante de cette jeune personne que, passionnée pour les féeries effrayantes, aura mystérieusement caché cette œuvre sous la traversine de son lit! –il est minuit… Heure fatale du crime et du silence!!!... et c'est le précieux moment qu'elle a choisi pour nous lire à l'insu de sa mère : elle est à peine au cinquième feuillet, et déjà sa respiration est gênée ; elle commence à jeter des yeux inquiets sur toutes les parties de sa chambre ; un frisson pénible s'empare de tous ses sens, et ses robes pendues au porte-manteau deviennent, dans son esprit timoré, des objets fantastiques dont les regards la menacent ; son chapeau orné de guirlandes de fleurs, à travers les ombres de la lumière, prend la figure d'un dragon volant, et harpe dans l'obscurité grossissant ses cordes, revêt celle d'une horrible prison à épais verrous. Plût à Dieu que son effroi imaginaire se bornât là! Hélas! La domestique a oublié de desservir, et la tête bien innocente de la perdrix qui sert d'enseigne au pâté, maintenant revêtue de toutes les couleurs de la prévention, est devenue, aux yeux de notre jeune personne, une tête livide, une tête sanglante tombée la veille sous le glaive d'un bourreau! Et pour comble de malheur, le vent que vient agiter sa porte lui fait soupçonner une troupe de meurtriers qui conspirent sourdement sur l'escalier… Dans ce danger pressant, son premier sentiment est de se précipiter hors du lit : en effet elle s'élance ; mais dans la brusquerie et la vivacité de ses mouvements, la lumière a été renversée, et une partie de son canezou arrêtée près du lit, ne lui laisse pas douter qu'une main homicide ne la retient que pour l'égorger. … Ce n'est donc qu'au petit jour, après avoir trembloté toute la nuit, qu'elle a la force d'examiner les acteurs chimériques de ses visions, et qu'elle rit elle-même de sa pusillanimité (Cuisin 1820: 20-24).

Cuisin invita a sus lectores a burlarse de los amantes del género, que acaban por ser las verdaderas víctimas, y no de hipotéticos malvados, sino de los artificios del género denostados por el desgaste de su fórmula. La caída narrativa subraya el ridículo de este "«effroi imaginaire», raillé par Cuisin et qui affecte outrageusement les natures trop sensibles" (Prungnaud 2004: 2008).

Lo fundamental es que el autor no entiende el texto como adoctrinador, no da lecciones, solo pretende divertir y emplea los elementos recurrentes del mundo gótico como elementos lúdicos y cómicos, pues parte de una inversión del tópico; en lugar de atemorizar, pretende hacer reír burlándose del mismo. Aquello que había sido concebido para dar miedo es motivo ahora de diversión, trascendiendo el mero deleite. Cuando Cuisin propone a su lector dejarse guiar en su "galería fúnebre", entiende perfectamente que su tarea consistirá en intensificar el placer mismo del terror y del espanto, en la misma línea que la gótica Radcliffe, pero, y he aquí el matiz que supone la trasgresión, con el solo objetivo de divertir al lector; así lo manifiesta en las palabras finales que, a modo de conclusión, cierran el segundo tomo y con él la colección de "Ombres Sanglantes":

> Mais, d'un autre côté le lecteur, se rappelant mon *Introduction*, me fera peut-être observer qu'il semble que je n'ai eu d'abord d'autre dessein que celui de produire les fortes émotions de la terreur, et de faire résulter le plaisir même de l'effroi et de l'épouvante [...] que j'ai quelquefois empruntés à la célèbre Radcliffe, pour effrayer davantage le voyageur dans mes châteaux isolés, ou mes galeries à éternels corridors et semées de cadavres livides et sanglants ; ... et, pour peu qu'on ne souffle pas trop fort sur mon théâtre composé de vapeurs éphémères, il est possible qu'il ait produit l'illusion que je m'en étais promise sous le seul rapport de l'amusement (Cuisin 1820, I:251-252)

La parodia supone el triunfo del exceso en la obra de Cuisin; la exageración, por el contrario, en la obra de Pérez Zaragoza, favorece la lección ejemplarizante[264]; se intensifica la crueldad, se remarcan las situaciones repulsivas, el crimen y la sangre; cuanto más colorido, mayor justificación de este, cuanto más vivas y exaltadas sean las pasiones que se dibujan, mejor contribuirán al objetivo final de la instrucción llevada a la vida cotidiana y trasladada desde el texto: el incesto, el parricidio, el crimen salvaje, toda una Galería de crueldades inenarrables desfilan sin solución de continuidad. Una exageración, esta, que se manifiesta desde el propio título, del que ya se distancia en la traducción Pérez Zaragoza, como he puesto de manifiesto anteriormente. La intención moralizante es el punto de partida y la contraprestación a la truculencia y a la exposición directa del título lo cual mitiga, sin duda alguna, el impacto del mismo[265]. Por ello evita el repetitivo "ombres", en alusión al repulsivo "ombres sanglantes" del título y lo sustituya por un simple y más plano "historias trágicas", que le permite defender la veracidad de lo narrado, en la línea de búsqueda de verosimilitud que exige la preceptiva española y acudir, al propio tiempo, al patetismo y la compasión a través del apelativo *trágicas,* en una llamada directa al público.

Los relatos llevan una notable carga moral y una intención educativa que pretende inculcar el rechazo al vicio, además de despertar los sensibles efectos del morbo social que han tenido siempre los sucesos sangrientos y espantosos. El terror, que no puede ser sobrenatural, se inserta en la tradición de la novela gótica más repulsiva y terrorífica, en la que los temas más denigrantes y lascivos, de nuevo respondiendo a ese ya abusivo

---

264 Apunta Llopis (1972: 93) que Agustín Pérez Zaragoza añade a su obra "colección curiosa e instructiva de sucesos trágicos para producir las fuertes emociones de terror, inspirado en horror al crimen, que es el freno poderoso de las pasiones". Estas palabras actúan como llave maestra y, por la puerta abierta de la censura, se cuelan las cabezas ensangrentadas, los delitos, las pasiones y demás defensores de la pureza moral".

265 Pura Fernández (2006: 17) ve en la *Galería Fúnebre* una síntesis personal de la novela gótica con la tradición popular española: "El compilador de la *Galería Fúnebre* idea una fórmula personal que concilia una tradición popular, el gusto alimentado por los pliegos de cordel y las aleluyas –donde se dan cita los anales del crimen, las leyendas maravillosas transmitidas secularmente, los episodios extraordinarios de la naturaleza (catástrofes, bestiarios)– con el aroma del *gothic tale*".

"exceso" que busca la parodia, se emplean como fuente de una lección moralizante; "A menudo la monstruosidad exhibida por Pérez Zaragoza responde a una tipología de la criminalidad social, movida por intereses crematísticos o por desviaciones del individuo sometido a las pasiones enfermas" (Fernández 2006: 18).

La colección de relatos de Agustín Pérez Zaragoza se inserta definitivamente en la tradición moralista que se hace manifiesta, como vengo afirmando, a través de las introducciones a las obras. En este caso, disponemos, en concreto, de dos, especialmente representativas: por un lado, el "prolegómeno del autor a los lectores", justificación escrita por completo por el propio Pérez Zaragoza y, en menor medida, la "introducción analítica", que genera cierta confusión por entrar en conflicto algunas afirmaciones con otras, puesto que es punto menos que exclusiva del autor francés y simplemente ha sido adaptada por aquel a sus pretensiones.

Entrando en el comentario concreto a este aludido "Prolegómeno", diré, en un principio, que el mismo fue concebido como una exposición y justificación de su obra, asociándola por entero a este objetivo señalado más arriba: el de la instrucción moral de la juventud a través de la exposición directa de los más horrendos vicios:

> "La historia, dice un sabio, es el tratado más excelente que tenemos de moral". Partiendo, pues, de este principio, y proponiéndome escribir una obra útil y grata a mis lectores, emprendí hace tres años la que hoy les ofrezco respetuosamente [...]. Toda ella se compone de sucesos horrorosos y verídicos, y la escrupulosa atención que procuré emplear en su elección, el cuidado con que envuelve, bajo el velo de la historia, lecciones de la más austera moral, y la sinceridad con que la presento, me hacen esperar que el público ilustrado e indulgente la mirará como una colección interesante, amena e instructiva.
>
> [...] Si algunas novelas fundadas en la sana moral suelen producir efectos saludables en las criaturas, con mayor causa deberán lograrse estos presentándolas acontecimientos verídicos, horrorosos y sorprendentes, como los que en esta obra se consagran a la virtud contra el vicio [...] Es de esperar produzcan, en las almas nobles y sensibles, un odio irreconciliable al crimen con el propósito de sujetar sus inclinaciones, cuando no sean conformes con los consejos de la razón y los gritos de la conciencia.
>
> Persuadido pues de que hace un servicio singular a sus semejantes todo el que escribe contra el crimen y el error, me propuse publicar esta obra que abrazase los dos objetos y sirviese de freno, cuando no de remedio al error y a las consecuencias de una exaltada pasión. [...] Si logro estos resultados, dará mi *Galería Fúnebre* un nuevo realce a la virtud, produciendo un justo horror al vicio (Pérez Zaragoza 1831, I: 5-20).

El autor se dirige incluso directamente, desde un papel de justiciero y representante del bien y la moralidad, a aquellos ingenuos que se han visto arrastrados por su excesiva credulidad y a aquellos culpables de perpetrar un crimen en cualquiera de sus múltiples variedades, que son las que recogerá la colección. La lectura de su obra permitirá que los remordimientos afloren en ellos y que confiesen sus delitos, y hasta puedan disuadir a alguien de perpetrarlos, pues les parecerá sufrir, en su propia piel, los castigos que padecen los culpables de las diferentes historias:

> Con esta obra el crédulo es desengañado e ilustrado para salir del error; el vicioso, el inmoral, el hombre relajado detiene sus criminales pasos al verse acaso bosquejado en alguno de estos ejemplos; y últimamente, el incestuoso, el impostor, el parricida, el ciego enamorado, el ladrón, el asesino, en una palabra todo culpable de cualquier delito que fuere, recorrerá mis cavernas, mis horrorosos encierros, mis subterráneos, los cementerios de víctimas inocentes, de mártires inmolados por el furor inhumano de las pasiones, y no podrá menos de experimentar los más crueles cargos de sus remordimientos (Pérez Zaragoza 1831, I: 19).

La asimismo referida "introducción analítica" se conserva sorprendentemente en el texto final, aunque el objetivo principal de la obra se hubiera logrado mejor suprimiéndola; se mantiene, quizás por la adscripción inicial de la misma al género de la novela gótica, por su carácter introductorio como resumen de los contenidos que se presentarán y por los interesantes episodios que en ella se recogen, a pesar de que hubieran sido concebidos con otra finalidad diametralmente opuesta. Las palabras del propio autor lo delatan y resultan más bien una justificación a una opción de la que este parece no estar demasiado convencido y que sabe le acarreará importantes conflictos de compleja resolución:

> Sin embargo de que el prolegómeno que antecede pudiera suplir a esta introducción, voy a dar una idea más exacta de la obra, para que el público pueda formar su concepto y recrearse un momento sin dispendio alguno, leyendo solamente el análisis que le pretendo con algunas cortas digresiones que le amenicen dictadas por la experiencia. Y si por el deseo de orientarle me encontrase algo prolijo, no dudo que, teniendo en consideración el motivo que me impele a ser difuso, me dispensará su indulgencia por premio de mi sinceridad, pues ninguno podrá decirse engañado conociendo lo que compra (Pérez Zaragoza 1831, I: 21).

Esta sinceridad de la que hace gala se relaciona de manera directa con el proceder general de Pérez Zaragoza, a la hora de "recomponer" esta introducción; consiste en añadir a parlamentos especialmente complicados de mantener, una justificación apropiada al neoclasicismo español al que pretende adscribir su obra. Pretende identificarse, inequívocamente, con sus preceptos, aunque, en su pretensión, sacrifique a sus lectores (lectoras), la estructura, y su discurso adolezca de cierta convicción. El inicio de la citada "introducción" difiere considerablemente, por ello, del texto origen, y, aunque por momentos la literalidad parezca mantenerse, no existe, en modo alguno, una identificación en las ideas y menos aún en los objetivos, como se desprende de la cita arriba mencionada, "si por el deseo de orientarle me encontrase algo prolijo, no dudo que, teniendo en consideración el motivo que me impele a ser difuso, me dispensará su indulgencia por premio a mi sinceridad…".

Ambos autores, es cierto, escriben para:

> [...] las personas de gusto relajado, de una instrucción escasa, y poco codiciosas de adquirirla, se ocupan comúnmente de composiciones superficiales y estériles, ya sea en literatura, ya en espectáculos; mas no así las almas bien organizadas, de carácter reflexivo y sensible, que buscan con anhelo las emociones interesantes y aquellos golpes vigorosos que, dirigiéndose al momento a los resortes del corazón, le causan aquellos estremecimientos repentinos que los poetas llaman dulces temblores del terror. [...] Partiendo, pues, de este principio, escribiré solo para las personas de una imaginación viva y exaltada por las impresiones fuertes, y de un alma sensible. Pretendo fijar su atención presentando cuadros terribles y combinaciones espantosas: trato de reunir bajo ciertos casos históricos todo lo que el prodigio de la magia, todo lo que los prestigios de lo maravilloso pueden ofrecer de singular y extraordinario a los ojos de los hombres (Pérez Zaragoza 1831, I: 22-24).

Cuisin, sin embargo, tenía un interés especial en insistir más en el aspecto lúdico de la literatura y así, tomando como referente a Boileau, en su *Ars Poétique*, Canto III, nos recuerda que "Le secret est d'abord de plaire et de toucher".

En estas primeras páginas de la "introducción", Pérez Zaragoza intenta seguir justificando su objetivo que no es otro sino el de perseguir el fin moral e instruir deleitando. Ensalza las bondades de una obra amena y útil que, además de inspirar horror al crimen, se acomoda a las directrices gubernativas al no pecar de contenido inmoral, libertino y al no caer en lo infecto o lo prohibido por la norma y el decoro. El autor sabe que su éxito, después de observar atentamente la evolución del género en nuestro país y de valerse como conocedor de sus entramados, pasa por reconvertir a sus lectores con máximas morales, extraídas de los crímenes recreados más vivamente, aunque en el fondo siga latiendo el poder de las tinieblas en la galería de los lances más escandalosos, truculentos y sanguinarios.

Ataca y desacredita la superchería y apela al buen juicio y al raciocinio del lector para que sepa discernir y extraer de los textos las consiguientes lecciones morales y no se vea atrapado por cualquier atisbo de superstición que pueda insinuar el relato. Una llamada de atención para las mujeres en especial: "el sexo débil", por su "imaginación exaltada" y por su tendencia a creer en los fenómenos sobrenaturales, fomentados, de acuerdo con la tradición, por "los criados y nodrizas":

> Su lectura será útil a la juventud, y más al débil que al sexo fuerte, para despreciar las necias aprensiones que desde la cuna producen el error y la timidez por la torpe credulidad de los criados y nodrizas, transmitiéndosela a los niños en sus cuentos de brujas, duendes, fantasmas y muertos resucitados, pues por este miedo se convencerán de ser en su mayor parte una ficción de la óptica, sostenida por la ignorancia, que supone verdaderas las ilusiones de su imaginación (Pérez Zaragoza 1831: 53).

Incluso el episodio jocoso, previamente referido, y fundamental para la adscripción de la obra de Cuisin al género de la parodia de la novela gótica, Pérez Zaragoza es capaz de adecuarlo, aunque de manera harto forzada, a sus pretensiones moralizantes y censurar, en su papel de autor, el proceder exaltado de estas "señoritas":

> "Vamos, dirá una señorita literata que se digne a tomar esta obra en sus manos, yo conozco la idea del autor: este quiere poner a prueba el valor y la sensibilidad de los lectores". Y, en efecto, no es otra mi intención al proponerme divertirlos y a la vez instruirlos con hechos históricos de los tristes efectos de una pasión desordenada (Pérez Zaragoza 1831: 41-49).

Y continúa: a la referida "señorita" le embriagará un terror "saludable", entendido este como sinónimo de edificante (que no delicioso, "délicieux", únicamente asociable a placentero), pero solo el suficiente tiempo para comprender que su situación es fruto de una imaginación exaltada y de unas creencias infundadas. La diversión, la risa, será una reacción a un estado de alteración no el objetivo primero y primordial de la lectura de la obra:

> Causándole después la risa más deliciosa el mismo convencimiento de sus ilusiones, quedando enteramente persuadido de los efectos que produce una imaginación exaltada por el miedo y el terror, contra los que escribimos, envolviendo la historia con los casos verdaderos que hemos sacado de ella; y mayor será el placer y diversión de una tertulia cuando se miren unos a otros las caras macilentas, desencajadas y pintados en ellas el asombro y el espanto, haciendo en voz alta su lectura (Pérez Zaragoza 1831: 44-45).

Sabedor Pérez Zaragoza del efecto que esta introducción pudiera causar en unos lectores que, aun razonando su comportamiento como lección a aprender, son atacados de manera directa e indiscriminada, al haber trasladado sin filtro alguno las palabras de Cuisin, trata de justificarla, amparándose en su "buena fe" y sinceridad, a la hora de presentar en toda su complejidad el contenido y los efectos que este puede causar en el público:

> Pero… ¡vaya una introducción!, dirán algunos al ver estas digresiones: mas no es intempestivo lo que ilustra sobre la materia y los efectos que debe producir una obra; y en caso de ser demasiado prolijo un autor en sus prólogos, siempre merecerá la indulgencia de sus lectores, cuando su profusión se dirija a manifestar su buena fe y sinceridad, y darles la muestra del paño que compran. He concluido (Pérez Zaragoza 1831:49).

El autor opta, en definitiva, por conservar estos episodios, en lugar de eliminarlos, aunque no le queda otra opción que paliar el efecto que provocan, atacando la supuesta credulidad femenina e invitando a estas mujeres, de nuevo, a sacar una lección de sus comportamientos y de su excesiva imaginación. La mirada directa a las mujeres como víctimas del género es un elemento, acaso el más importante, como he comentado, de la parodia gótica; por esta razón, acapara gran parte del protagonismo de la "Introducción analítica". Cuisin refiere los acontecimientos jocosos en aras de esta intencionalidad, su mantenimiento en la obra de Pérez Zaragoza, por contra, no solo requiere una justificación sino que será el epicentro causante de críticas posteriores. Este es el caso de la reseñada en *Cartas Españolas*, cuyo responsable, Carnerero, es capaz de leer entre líneas y percibir aquella otra lectura que proponía Cuisin y que Pérez Zaragoza trató de oscurecer bajo una apariencia de lectura moral.

Las palabras finales de la "Introducción analítica" recuperan esta esencia e incluso, y apoyándose en la misma, se atreve el autor a hablar de una nueva obra, pues, en efecto, se trata de una colección renacida y renovada a partir de la ya existente y a la que el lector debe enfrentarse, no desde una actitud burlesca o irónica, sino desde la "seriedad" que infunde lo histórico, lo veraz o lo verosímil:

> Preparemos la seriedad: reuniremos los ceños y sobrecejos, cadavéricos, los patíbulos, los suplicios, los tormentos y todos los ardides de la ficción, como cuevas, subterráneos y demás asilos del crimen. Venga la historia a ilustrarnos, y concurra todo a darnos una idea capaz de llenar nuestro objeto. Con estos elementos podremos ofrecer a nuestros lectores una *obra nueva en su clase*, que envuelva la ficción con la verdad y que no solo divierta, sino que instruya de lo que ha sido y es capaz la debilidad humana. [...] y últimamente con la parte histórica verán (lectores) en acción, su sensibilidad para huir y detestar el crimen, reprimir sus pasiones y evitar se repitan delitos y catástrofes que tanto afligen a la humanidad (Pérez Zaragoza 1831, I: 52-53).

Sirva de contrapunto a esta idea tan arraigada en la mente de Pérez Zaragoza, aquella otra, harto elocuente a la hora de comparar objetivos, que se encuentra repetida en el prolegómeno de Cuisin; en él, pretendiendo ilustrarnos, una vez más, sobre sus verdaderas intenciones, limita incluso el campo de los lectores, haciéndonos saber que se dirige, casi de manera exclusiva, a personas no de alma sensible, sino fuerte, a un lector nuevo, quizás, cansado de tópicos y fórmulas ya gastadas, y capaz de apreciar el deleite que subyace tras un exceso de elementos terroríficos:

> Ouvrons nos morgues cadavéreuses; que les gibets et tous les cabinets noirs, asiles du crime, ne nous dérobent rien de leurs affreux secrets ! A défaut de ces horreurs, empruntons de toutes les pythonisses de la Grèce leurs terribles évocations, leurs sanglants stratagèmes, et portant au comble l'aspect hideux de nos peintures anecdotiques, répandons dans l'âme de nos lecteurs titillés d'effroi ces doux frémissements de la terreur, qui, comme nous l'avons déjà dit, sont les délices des âmes fortes (Cuisin 1820, I: 26).

En resumen, el proceso de adaptación se manifiesta desde el prólogo y viene a representar una especie de guía de lectura, por lo que la obra renace en la pluma de Pérez Zaragoza. La elección de los relatos posteriores y las modificaciones o añadidos que en ellos se produzcan obedecerán siempre a aquel objetivo primario del "instruir deleitando". La autoría se sustenta además de en dicho prólogo, en la originalidad del propio texto a través de tres técnicas narrativas: los relatos adaptados del original francés, los relatos suprimidos del original francés y las novelas y relatos añadidos que no se encontraban en el mencionado original francés.

La profunda distancia que se establece entre las pretensiones de la obra origen y las de la obra destino provocaría, al menos de acuerdo a lo esperable, profundos cambios en esta última. Sin embargo, las trasformaciones que se vislumbran en los ocho relatos que Pérez Zaragoza traslada de la obra de Cuisin (*Premières ombres : La demeure d'un parricide ou le triomphe du remords; Secondes ombres : Les catacombes espagnoles; Quatrièmes ombres : Le boudoir de la volupté assassine; Sixièmes ombres : La femme de cire; Septièmes ombres : Le faux capucin ou la tête sanglante et mobile; Huitième ombres : Les victimes sanglantes de Bellone ou la mort glorieuse du prince Poniatowski; Neuvièmes ombres : La bohémienne de Trébisonde ou un sequin par tête de chrétien; Onzièmes ombres : Le boucher anglais ou la lampe effrayante*) no son especialmente significativas, al menos en la mayoría de estos. El cambio de perspectiva viene dado desde las páginas primeras y las alteraciones, por ello, son más bien puntuales y obedecen a motivos concretos relacionados con la adecuación a las costumbres, en sintonía con la tendencia general. El relato, en su conjunto, permanece inalterado y fiel al texto original. Los temas, aunque escabrosos, truculentos y "ensangrentados", en el sentido de paródicos, no parecen oponerse en demasía al decoro y la moralidad que implora el autor, y la exageración de las escenas, previamente referida, es tratada como condena a los vicios que en las historias se recrean, a pesar de que el llamamiento a la virtud final es prácticamente inexistente en la mayoría de dichos relatos. En otros, como la *Historia Trágica 10ª : El falso capuchino* o la *Historia Trágica 12ª : Dompareli Bocanegra*, el final feliz que restablece el orden perdido facilita aquella pretensión moralizante que en otras historias se omite. Ambiente y escenario propicios: lección edificante asegurada, al menos desde la particular visión de nuestro autor.

Dejando al margen las modificaciones que tienen que ver con el estilo o que aparecen motivadas por la mala o incorrecta traducción y que no nos interesan en este momento[266], destaco, en primer lugar, el cambio de perspectiva y de visión del autor-narrador. Cuisin escribe, como es lógico, desde su condición de francés, por lo que el texto origen está saturado de referencias a Francia y de elogios y glorificaciones a sus triunfos y sus logros, sus avances y progresos, su racionalidad y su mesura. Este procedimiento que se aprecia con especial claridad en el relato *Las catacumbas españolas* es común a todas las narraciones. El primer paso para asimilar una obra a otro autor y a otras circunstancias es cambiar el punto de vista. Los continuos comentarios o acotaciones a Francia se diluyen

---

266 Las equivocaciones de Agustín Pérez Zaragoza llegan a tal punto que traslada las que ya aparecían en el original francés. Así en la *Historia Trágica 3ª: La princesa de Lipno o el retrete del placer criminal*, llama Dobieski a quien antes había llamado Beniski, reproduciendo un error que ya estaba en el texto de Cuisin –Beniski por Dobieski– (1820: 177 y 197) y del que parece no haberse percatado, quizás por las prisas en la traducción. Este "lapsus" es anotado también por Luis Alberto de Cuenca en su edición a la *Galería Fúnebre* (1977: 121).

en reflexiones generalistas, se sustituyen por alusiones forzadas a España o se eliminan sin más. Uno de tantos ejemplos lo encontramos en la *Historia Trágica 9ª: Las víctimas de Belona o la muerte gloriosa del príncipe Poniatowski*. Pérez Zaragoza, despistado en muchas ocasiones, presta especial atención a estas referencias a los franceses. Mientras relata las hazañas del protagonista, Poniatowski, Cuisin alude continuamente a Francia: "[...] la fatigue du bivouac, les privations de la faim, rien n'est capable d'attiédir la valeur française, et, por bien se battre, nos régimens n'ont besoin que de forces morales". (Cuisin 1820, II: 115). Una técnica similar sigue en la *Historia Trágica 12ª : Dompareli Bocanegra*, cuando omite el pasado masón del héroe, quien se había educado en "[...] tous les mystères de la franc-maçonnerie" (Cuisin 1820, II: 6) o las referencias a futuras relaciones con otro tipo de organizaciones sectarias: "et la tactique secrète des rose-croix" (Cuisin 1820, II: 7). Todas estas referencias son modificadas en busca de una armonía que despersonalice el texto primero y lo vincule a nuestro país después.

Tras el cambio de perspectiva, las supresiones esconden, en la mayoría de los casos, una vinculación con lo explícito del sexo. De acuerdo con la tendencia española a suavizar este tipo de fragmentos que pudieran ofender o alarmar al lectorado femenino, Pérez Zaragoza opta por eliminar determinados episodios que no alteran el devenir de la historia, sino que la agilizan y restan una truculencia que roza lo indecoroso. Esta técnica, aunque es común en el conjunto de los relatos —*Historia Trágica 2ª: La morada de un parricida o el triunfo del remordimiento* o *Historia Trágica 1ª: Milady Herwort y miss Clarisa o Brisol y el carnicero asesino*—, se aprecia especialmente en la *Historia Trágica 5ª: La bohemiana de Trebisonda o un sequín por cabeza de cristiano*. En la narración de las costumbres de los musulmanes, Pérez Zaragoza elimina una larga y detallada disertación sobre las ablaciones como práctica abominable, ejecutada sobre la protagonista sin contemplación alguna y sin pudor en la descripción:

> Le lecteur est probablement curieux de connaître la nature de cette opération au moyen de laquelle les Arabes, les Musulmans et les Egyptiens s'assurent des prémices d'une jolie femme avant d'en faire l'acquisition ; il désire indubitablement savoir comment il est possible, ne se fiant en aucune manière à la vertu (peut-être un peu fragile) du beau-sexe, d'acquérir la certitude, par des preuves matérielles et irréfragables, que les baisers de Zéphire n'ont jamais effeuillé le bouton virginal... Quelle imagination assez bizarre, assez recherchée aura pu, se dit-il déjà, trouver le moyen de conserver intact ce trésor idéal auquel les peuples de l'Asie attachent tant de prix, et dont les habitants des rives de la Seine font d'ailleurs si peu de cas ?... En vérité, j'ignore moi-même la manière de le lui apprendre, ce secret voluptueux, ce pretium virginei floris, dont la pudeur de ma plume ne sait encore en quelles expressions gazées faire ici la singulière révélation... Quel biais vais-je employer ? – Voyons, essayons ce tour de force littéraire, et sacrifions quelques bienséances enfantines à l'intérêt de cette histoire.
>
> Talmir avait donc à peine atteint sa cinquième année que, pendant une nuit qu'elle était plongée dans un profond sommeil, sa mère, accompagnée d'un praticien, lui lia d'abord ses petites mains innocentes, et portant une aiguille meurtrière au

trône imparfait de la pudeur, tous deux ils en fermèrent l'entrée au moyen d'une soie gommée et préparée dont les hommes de l'art se servent pour toutes les coutures de ce genre, en ayant soin toutefois de laisser un étroit passage aux besoins naturels. C'est ainsi qu'en Asie on s'assure de la chasteté des femmes ; et leur honneur y est, dès l'enfance, sous la sauve-garde d'un fil tutélaire, qu'il faut nécessairement trancher au moment où l'Amour veut jouir de tous ses droits (Cuisin 1820, I: 145-147).

Un caso similar encontramos en la *Historia Trágica 10ª : El falso capuchino*. Pérez Zaragoza al recrear el pasado terrible y diabólico de su protagonista, Desuyten, opta por resumirlo evitando las escenas altamente impúdicas y escandalosas. La exaltación del detalle morboso es evidente en el texto francés:

> D'abord, à force d'or, il trouve des prostituées qui ont l'infamie, suicides de leurs attraits, de trafiquer de la quantité de leurs blessures et de leurs cicatrices, et un tarif à la main, stipulent pour le nombre de gouttes de sang qui doivent sortir de leurs contours les plus délicats... Car cet horrible marché de la prostitution s'est fait mille fois, et ne se fait que trop souvent encore malheureusement... ! Desuyten se livrant donc au vice en vicieux désordonné, ne connaissait plus de frein, et ne faisait que renchérir chaque jour sur ses recherches monstrueuses. [...] il avait fait tendre un de ses appartements tout en noir, qu'il avait appelé la *chambre ardente* ; on y voyait un cercueil entouré de longs cierges, placé sur un superbe lit de parade garni de franges d'argent et investi d'urnes lacrymatoires. C'est dans ce cercueil que Desuyten plaçait, nue, l'actrice déhontée qui avait souscrit au marché [...]. Alors il se précipitait en furieux sur celle qui évoquait le dieu d'amour du sein de sa tombe, et il profanait aussi la dernière demeure de l'homme par ses baisers sacrilèges ; [...] Une vive nuance, se dit-il un jour, manque à ce magnifique tableau, c'est un beau carmin... Le monstre eut donc la scélératesse de frapper d'un stylet meurtrier les infortunées qui, ne s'étant confiées qu'à son libertinage, n'avaient jamais soupçonné qu'elles ne traitaient qu'avec un assassin... Depuis cette époque, Desuyten, entraîné dans l'abîme des monstruosités, distribua la mort au milieu de ses odieuses caresses, et, pour éviter l'échafaud, condamna au silence de la tombe les malheureuses qu'il avait séduites et entraînées dans sa *chambre ardente*. [...] Cette perversité de goût qui le portait à immoler pour éprouver des sensations extraordinaires, emportant avec elle mille dangers, l'infâme ne songea plus désormais qu'à commettre des assassinats furtifs sous le voile de l'adresse et du mystère (Cuisin 1820, I: 72-76).

Los añadidos se relacionan más con la insistencia en el objetivo primero: la lección edificante, y se basan en el mantenimiento del contacto directo autor-lector, en la presencia constante de Dios y en la adjetivación desmedida buscando hacer más terrorífico lo que traduce, experimentando con el miedo y alejándose de la parodia. Este último procedimiento es utilizado especialmente a lo largo de toda la *Historia Trágica 9ª: Las víctimas de Belona o la muerte gloriosa del príncipe Poniatowski*, que peca en exceso de paródica, aunque se constata de igual modo en el resto de relatos. Importantes para la interpretación última de las historias son también las constantes intervenciones de la divinidad que apelan a la prudencia y la mesura y que intentan gratificar al lector asediado por un panorama profundamente desolador. Suponen el anuncio del triunfo del bien sobre el mal y una llamada a la virtud, aunque en muchos relatos no se produzca. Estas alusiones se aprecian en la *Historia Trágica 12ª : Dompareli Bocanegra* —"y el cielo no tardó en disparar sobre sus manos homicidas el rayo vengador" (Pérez Zaragoza 1831, V: 167)—, una novelita más extensa que el resto de narraciones, en la que apenas introduce modificaciones. La razón es evidente: se adecua a la perfección a sus intereses, incluso los prodigios y encantamientos permanecen en el texto resultado, por ser consecuencia estos de un pacto con el diablo, perfectamente lícito a la altura del siglo, no lo olvidemos. Final feliz, virtud recompensada y lección edificante que Cuisin no duda en catalogar como "Nouvelle allégorique".

En cambio, frente al proceder general de nuestro autor, existe un relato especialmente problemático y revelador, tal y como anunciaran los anteriores traductores Anento y Castellanos en la polémica que mantuvieron con este en la prensa[267]. Hablo, en concreto, de la *Historia Trágica 7ª: Las catacumbas españolas*; en el original francés, *Secondes ombres: Les catacombes espagnoles*, catalogado desde el título como "faits historiques". El tema español y la perspectiva desde la que es abordada por Cuisin obligaron a Pérez Zaragoza a modificar, suprimir y añadir diferentes y significativos fragmentos de la historia. El traductor se lanza a la ardua tarea de la adaptación aun a sabiendas de que el relato resultará complicado de sostener, lo que le obligará a esfuerzos continuados, mayores que los anteriores, y pecará en determinados momentos de falta de consistencia y de constantes contradicciones.

Cuisin, sin perder de vista la intención paródica de su obra, incluye una historia que viene a ser un alegato de la posición razonable de Francia y, al mismo tiempo, una condena de las barbaridades cometidas por los españoles durante la Guerra de la Independencia, su extrema crueldad y su salvajismo. Tras la dureza de sus descripciones y la acumulación de tópicos que buscan la ironía, Francia se alza como vencedora moral del conflicto y su condición de víctima se desprende, desde el prolegómeno hasta las palabras finales, y se confirma en la propia crudeza del antihéroe, "Tchaleco". Resulta indudable pensar que su visión de los hechos, como buen francés, le llevará a posicionarse de tal modo y a ocupar tales "trincheras" argumentales en la defensa de su patria, en una guerra que había sido motivada por el patriotismo desmedido de unos españoles anclados en costumbres ancestrales y que aún no habían recibido las luces del Siglo de la Razón.

Ante semejante situación, a Pérez Zaragoza no le queda, para mantener el relato y seguir una línea argumental más o menos sólida, sino justificar los argumentos que refiere como venganza a las barbaridades y atropellos que previamente habían cometido dentro de nuestras fronteras los franceses. El punto de vista desde el que son observados y juzgados los hechos cambia de los franceses, "notre glorie nationale" (Cuisin 1820, I:

---

267 Precisamente fueron los dos relatos de temática española, catalogados como hechos o historias verdaderas, los que decidieron evitar en su traducción Anento y Castellanos, el mencionado *Secondes ombres : Les catacombes espagnoles* y *Dixièmes ombres : La guérite de la religieuse ou la vestale prévaricatrice. Fait historique.*

80), a los españoles, por lo que las referencias a Francia se sustituyen por el impersonal "los enemigos", "nuestros enemigos", adornado con todos los adjetivos posibles para ensombrecer esa condición de víctima que sigue desprendiéndose de la lectura. Junto a este cambio de perspectiva se eliminan fragmentos que alaban a Francia y son sustituidos por cantos patrióticos y nacionalistas. Las disertaciones de Cuisin en las que glorifica a los franceses como magnánimos en la victoria, aunque el relato narre la historia de una derrota, se eliminan en el texto receptor:

> […] souvent le sexe, l'âge ni le rang ne trouvèrent grâce devant l'épée du vainqueur, si ce n'est le Français, qui, dans sa bouillante valeur, sut toujours se laisser désarmer par les larmes d'une jeune beauté. Il est vrai que l'aspect de nos victimes mutilées le fit quelquefois agir de représailles, et que les vastes bûchers de la Galice, province dans laquelle les Espagnols eurent aussi leurs vêpres galiciennes, vengèrent d'une manière éclatante nos escadrons d'hussards égorgés… Mais rejetant sur la fatalité d'aussi horribles catastrophes ; n'accusons personne, et poursuivons le tableau de nos Ombres Sanglantes (Cuisin 1831, I: 90).

Contrastan estos fragmentos con los cambios que introduce Pérez Zaragoza. Cuando el discurso de Cuisin tiende al nacionalismo exaltado y a la censura desmedida, el de nuestro Agustín reivindica las glorias de su nación al mismo tiempo que justifica los sucesos que se dispone a narrar. Además, unos fragmentos iniciales que recuerden al lector el drama de la guerra y la ferocidad del enemigo e invasor francés, ayudarán a comprender mejor el motivo de la historia. El inicio del relato es una confirmación palmaria de tal afirmación:

> Mas el furor de las pasiones, las atrocidades del enemigo y la justa causa que defendían los excusaba, y aún autorizaba, a imitar un proceder tan sanguinario como el que tuvieron los generales y soldados de Napoleón; […] en fin, el desorden inherente a la guerra, luego que acabó de inflamar los resentimientos de un pueblo demasiado dispuesto a irritarse, no produjo sino los tristes y horrorosos efectos de una anarquía desoladora, a pesar de las sabias patrióticas disposiciones que dictara una Junta suprema representante de la nación, y ya no hubo desde aquel momento otro lenguaje, no solo con el enemigo, sino español con español, ni resonaba otro eco de voz humana en el campo ni en las poblaciones, que el del dolor que causaba por todas partes el acero y el fuego, sin hallar el hombre honrado, el pudiente, las vírgenes consagradas a Dios, asilo ni humanidad en unos y en otros, y viéndose muchos infelices forzados a la fuga, a la expatriación, abandonando por salvar la vida sus hogares, sus bienes, sus familias y su patria siempre querida. […] Guerra a muerte en el campo y en el lecho fue la divisa de los combatientes, y hasta el pacífico habitante vio en su albergue el estrago y la persecución (Pérez Zaragoza 1831, III: 140-143).

Especialmente significativo resulta el grabado que acompaña al relato de los acontecimientos que recrea un momento de la Guerra de la Independencia, aunque no el de la historia misma, sino el de los antecedentes relatados en el párrafo anterior. Un resumen de la crueldad del enemigo.

El discurso se desdibuja totalmente en la figura de personajes sin determinar, que restan veracidad histórica al hecho; recordemos que, incluso, evita tal consideración en el título, a diferencia del relato de Cuisin. S... y N[268]... son en el original francés nombres reconocibles y documentados históricamente: el referido "Tchaleco", Francisco Abad Moreno[269], y Rafaela, la amante de un francés. Las hazañas no parecen tan terribles si no reconocemos al verdadero autor tras las mismas, debió pensar Pérez Zaragoza, y la censura podría ser más benévola, si el acontecimiento pasaba por ser mera ficción y no un relato, presumiblemente, documentado en la historia de aquella sanguinaria guerra calificada de total. A pesar de ello, justifica, antes de este, la actitud del héroe-guerrillero: "Era un hombre de buena figura, se hallaba entonces en la fuerza de la edad; pero la desgracia referida sin duda le había hecho tomar un carácter áspero y de una ferocidad sin ejemplo" (Pérez Zaragoza 1831, III: 152) y elimina aquellos rasgos del carácter que lo denigran, prestándose a la burla, —que aparecían en el original francés en la búsqueda de la parodia—: "quelquefois, dérogeant à cet usage philosophique, il brûla plus d'une fois la cervelle aux malheureux que le courage avait trahis; mais alors il regrettait sa poudre, et avait une sorte de repentir de ce défaut de suite et de tenue dans sa conduite et ses opérations" (Cuisin 1831, I: 92-93).

El final del ejemplar español intenta restar crueldad a los acontecimientos, aunque resulte ya del todo imposible. Apela a su Majestad el Rey Fernando VII y a las glorias mismas de nuestra nación en el ámbito europeo a través de un discurso profundamente nacionalista, que traiciona un marcado sentimiento romántico: "[...] y convengamos en que la Europa entera la es deudora del incomparable bien de haber sido derrocado el colosal poder que la tenía ya encadenada, hasta que la Hesperia invencible, a costa de su sangre y con el auxilio divino, logró su independencia y rescató a su Rey". (Pérez Zaragoza 1831, III: 192). Un relato, en mi opinión, difícil de sostener y por momentos incluso incomprensible.

En definitiva, salvo el caso previamente referido, los cambios de Pérez Zaragoza a los relatos de Cuisin son mínimos y puntuales. Con la intención de "españolizar el texto" y adaptarlo a las normas del decoro; suprime fragmentos explícitos, intensifica el terror o cambia el punto de vista del narrador, especialmente. Considera entonces que las indicaciones previas, las referidas en el "Prolegómeno" y la "Introducción Analítica" son suficientes para dar un giro interpretativo a la colección, buscando siempre el final edificante y el disfrute entendido como deleite, no como mera distracción.

---

268 Como bien apreció Luis Alberto de Cuenca (1977: 265), olvida esconder en un momento de la acción a Rafaela tras la inicial N.

269 Francisco Abad Moreno (Valdepeñas, 24 de abril de 1788 - Granada, 21 de septiembre de 1827) fue un famoso guerrillero de la Guerra de la Independencia Española y coronel del ejército regular, apodado el "Chaleco".

Los relatos que decide no traducir ayudan a confirmar, por otro lado, el proceso de adaptación que ha sufrido la obra francesa en manos de Pérez Zaragoza. Son en concreto tres: *Troisièmes ombres: Niobé ou l'élève de la nature, Cinquièmes ombres: L'infanticide ou la fausse vertu démasquée* y *Dixièmes ombres: La guérite de la religieuse ou la vestale prévaricatrice. Fait historique.* Resumo sus argumentos para comprender mejor la negativa del autor a la traslación de los mismos a nuestra lengua en aras del nuevo texto resultado.

La historia de *Niobé*, bajo el sobrenombre de «costumbres parisinas», narra las peripecias del caballero de Saint Hilaire quien, tras una juventud bastante disoluta, se casa con una señora de buena posición; entre otras razones porque, en sus palabras, "hay que probarlo todo" y, en cierto modo también, porque su futura aporta una buena dote al matrimonio. Sin embargo, en su depravación, oculta otras razones bastante más inconfesables. En efecto, cuando, como fruto del citado matrimonio, nace una hija, Niobé, esta es apartada de inmediato de su madre y entregada a un ama de cría. Poco tiempo después, Saint Hilaire convencerá a su mujer de que el bebé ha muerto, lo que no es, en absoluto, verdad. Este monstruo, ayudado por un amigo y confidente, Florimont, construye bajo una casa que ha adquirido en una calle muy desierta de París, un subterráneo donde encierra a la niña para, llegado el día, convertirla en víctima, no solo de sus experimentos en lo que se podría denominar "la teoría del buen salvaje", sino de sus abusos más perversos. Para evitar las miradas ajenas, ese malvado metódico había hecho correr el rumor de que algunos espíritus se manifestaban en el jardín de su casa, y además, para aprovecharse de la credulidad de las buenas gentes, en este sentido, él mismo con Florimont, había maquinado varias apariciones fantasmagóricas. He aquí la parodia.

Pasan los años, el incesto se consuma y del mismo se nos informa por medio de unas cartas que estos dos despreciables personajes se intercambian; mas, como el mal no triunfa siempre, el ama de cría, viendo su fin próximo, confiesa ante un sacerdote sus temores y denuncia lo que sospecha con respecto a Niobé. Muerta esta mujer, el sacerdote, temiendo lo peor, rompe el secreto de confesión y denuncia los hechos a la policía que, tras ardua investigación, consigue detener a los dos libertinos. Estos, sin embargo, no colaboran de buen grado, por lo que la policía tardará varios días en dar con el escondite donde Niobé está a punto de morir de hambre cuando consiguen llegar hasta ella. De nuevo integrada en la sociedad constata, quizá con pesadumbre, su dificultad para soportar todo tipo de comentarios y harta de ser objeto de todas las miradas, la joven se recluye en un monasterio. Otro relato de complicado argumento y de temática indecorosa se esconde tras la sombra quinta: *L'infanticide.* La historia es como sigue: Clotilde Dorlanges, bella, rica y de extraordinaria reputación comienza a ser frecuentada por el Señor de Merville, coronel de húsares y hábil conquistador. Poco a poco Clotilde se siente atraída por él aunque trataba de disimularlo. Adivinando su actitud, Merville, después de haber sobornado a la criada, trepa por el muro del jardín hasta llegar a la habitación de Clotilde donde comienza el juego de la seducción y ella termina cediendo. Los sucesivos encuentros traen como resultado un bebé que la madre da a luz, apartada de la familia y excusada por sucesivas migrañas. Sin embargo, el mantenimiento de la virtud la obliga a terminar con su hijo y le entierra vivo en el jardín. Comienzan al pronto los remordimientos y, además, al día siguiente, el jardinero descubre un colgante, que había regalado Merville a Clotilde, y que sobresalía en el lugar donde estaba enterrado el bebé. Ella entonces intenta suicidarse y, a pesar de la oposición de varios hombres, consigue infringirse tales heridas que muere a los once días. Es enterrada en secreto y su madre, que había huido de París así como Merville, no le sobrevivió mucho tiempo.

La exigencia del título "espectros y sombras ensangrentadas" así como las pretensiones del autor quedan plasmadas en los últimos retazos de la historia. Cuando el recuerdo de los hechos se perdió ya en el tiempo, comienzan los rumores de algunos acontecimientos fantásticos; en el lugar de la tumba aparece todos los años una flor de lis que tiñe de sangre su tallo y, según cuentan, la sombra inconsolable de Clotilde sigue vagando por aquellos lugares. La historia, sin embargo, termina con una "consideración moral", que se dirige, de manera especial, a las jóvenes, sobre el infanticidio y los castigos que el mismo conlleva.

Un argumento algo dispar se recrea en el tercero de los relatos que no están presentes en la colección de Pérez Zaragoza: *La guérite de la religieuse*, con un cambio en el escenario y en la temática. La narración nos sitúa, en este caso, en la España de 1770, durante y después de las guerras entre nuestro país y Portugal. El autor nos va a contar "la conducta criminal", con grandes dosis de humor, que tuvo Doña Palmira Monte Hermoso, recluida en un convento, con su amante, el coronel Don Fernando Dourvina. Sucesivos encuentros, naranjas con mensajes secretos, cartas varias e intento de secuestro incluido. El momento álgido llega con el asalto al convento. Un fantasma con los símbolos de la pureza en una mano y una espada en la otra, detiene su paso pero Lermès, el barbero confidente, se burla de él y lo interpreta como una quimera o como fruto de su imaginación exaltada; es esta una sombra que se interpondrá entre los amantes en continuadas intervenciones y que recurre en su propósito a numerosos tópicos del terror. El aparente final feliz, tras conseguir librarse del mencionado fantasma, es truncado por un nuevo golpe del destino adornado con la forma de la parodia: Dourvina decide sacar a su amada, embarazada, del convento, para lo que compra al centinela de una torre que domina los lugares, pero este se emborracha con el dinero recibido y es sustituido por otro que no sabe nada del pacto. Cuando Palmira intenta salir del convento el centinela le da el alto, pero esta no obedece, por lo que es herida de muerte de un disparo desde la torre. Douvina solo tiene el tiempo de recoger su último suspiro y, temeroso, huye del país de manera inmediata.

El final recupera la estructura en una última burla al proceder tópico de las narraciones góticas. El autor mismo afirma haber recogido estas memorias de los lugares donde se produjeron los hechos al tiempo que nos informa de que corren rumores sobre acontecimientos como que, en los aniversarios del hecho luctuoso, se producen apariciones misteriosas, gritos agudos y signos de la ira de Dios ante esta violación de las leyes y reglas divinas.

La postura de Pérez Zaragoza contrasta con la de los traductores de *La Poderosa Themis* quienes se atrevieron con dos de estos relatos: *El infanticidio* y *Niobe o la joven educada por la naturaleza*. Estos supieron aprovechar las supuestas "moralejas" finales con las que Cuisin cerró sus historias, a través de un complejo proceso de adaptación. La decisión tomada por Pérez Zaragoza puede responder a dos aspectos, vinculados uno al otro. Los temas que recoge habrían sido especialmente escabrosos y no habrían pasado o al menos habrían tenido grandes dificultades frente a la censura moral: el infanticidio y los amores incestuosos. Más si se tiene en cuenta que sobre los dos acecha la sombra de lo sobrenatural, elementos que se eliminan, por otra parte, en las historias traducidas de *La poderosa Themis*. Aquello que roza el decoro, que traspasa los límites de la moral social, pero también textual, es posible, en cierta manera, si se justifica como condena a los vicios, pero resulta imposible si se hace vincular a un acontecimiento extraño que fomente la superstición. La tercera de las historias se justifica por sí misma. La quiebra de la castidad, la ambientación española y sobre todo las enormes dosis de parodia en torno a la figura de un fantasma obligarían a una adaptación demasiado exigente, que tal vez no compensara en términos económicos. La mayor traba a la adaptación de estos tres relatos habría sido precisamente, y frente a la temática y los motivos tabú, la estructura paródica y el exceso de ironía.

Por último, me refiero a aquellas historias que incluye en la colección y que no adapta del original que da nombre a la misma. Aunque en la mayoría de los casos se tratará, de nuevo, de traducciones de otros relatos o novelas extranjeras[270], no nos interesan estas por la obra de la que proceden ni por la fidelidad o distanciamiento con respecto a sus originales, sino por insertarse en una colección, *Galería Fúnebre*, y configurar así una obra que se aparta de aquel original y resurge renovada de la pluma de Agustín Pérez Zaragoza. La variedad en los temas, y el tratamiento de los mismos, aunque también el tono y el estilo, resulta más que evidente y, asumidas las diferentes fuentes de procedencia, pueden explicar el contraste que se establece entre unos y otros relatos. El apelativo de trágicas, en lugar de "sombras" (*Ombres*) le permite incluir, junto a las historias góticas, estos relatos morales, algunos de ellos con abundantes elementos góticos, pero otros, los más carentes por completo de cualquier referencia a dicho universo, pues se insertan en la tradición del melodrama.

---

270 Este es el caso de la *Historia Trágica 6ª: La duquesa de Malfi*. Señala Luis Alberto de Cuenca (1977: 201) que "Este tema ya está en las *Novelle*, de Matteo Bandello (1485-1561)- Es el relato 26 del libro I. Fue incluido, a través de la versión francesa de Belledorest, en el *Palace of Pleasure* (1556), de William Peinter. De ahí lo tomó John Webster para su *The Duchess of Marfi*, tragedia publicada en 1623, pero estrenada en 1614 [...] cf. También *El mayordomo de la duquesa de Amalfi* (1618)".

Apunta asimismo Juan Ignacio Ferreras (1973: 256) que *El esclavo moro o crueldad sobre crueldad* coincide con la historia titulada *El negro Juan Latino o cuidado con los maestros*, recogida por Vicente Rodríguez de Arellano en el *Decamerón Español*, aunque no señala la procedencia original.

Entre los primeros, el elemento gótico está presente en la exaltación del crimen, las elevadas dosis de crueldad y la constante recreación en la sangre, aunque en diferente grado. Estos episodios son protagonizados por seres vengativos y envilecidos por una pasión que ciega su raciocinio y les conduce, en su destrucción moral, al sacrificio de aquellos que cree responsables de su situación. Las historias abandonan la acumulación excesiva de tópicos de los relatos de Cuisin y siguen una línea más española, presentando historias trágicas de amores desengañados y sufrimientos producidos por las pasiones enfermas del amor, que finalizan en tragedia y que invitan al lector a extraer lecciones de los actos exaltados de aquellos. Cree necesario una justificación a este cambio de registro y así lo hace en la historia trágica decimoquinta:

> Habrá muchos que crean que no tengo otro argumento de que tratar más que de amores desgraciados o temerarios, de aquellos amantes locos y ciegos que se precipitan al través de todo riesgo, olvidando los deberes del honor y de la grandeza de los antiguos; y a estos diré que tomo de intento esta materia en mis historias trágicas no por referir las astucias de un hombre lascivo, las intrigas de una mujer pública, ni los ardiles y fingimientos de un malvado seductor, pues esto lo dejo a los cómicos que son en la escena, sino [...] ese vicio tan común al género humano.
>
> Este mal (la pasión), esta funesta enfermedad es el argumento de mis discursos, no para tratar del amor o deducir los medios de emprenderle como suceso, sino más bien para advertir a la juventud que no abuse tanto de sus inclinaciones amorosas, ni se fíe en promesas de un amante embriagado (Pérez Zaragoza 1831, VIII: 75-76).

Dentro de este grupo incluyo: *El Alcalde de Nóchera o Nicolo, señor de Forliño, La Duquesa de Marfi, Camila y Lirio o los efectos de un amor desgraciado, Blanca-María o la Condesa de Celán, La bella mantuana o Julia de Gazola, Emilia y Fabio o tristes efectos del amor, Carmosina y Maximino, Los dos crímenes, Varinka o los efectos de la mala educación, El esclavo moro o crueldad sobre crueldad.*

No todas encierran el mismo grado de crueldad, efectismo y escenas aterradoras. En algunas solo aparece en las escenas finales que dejan, sin embargo, una sensación de angustia y desolación ante un mundo dominado por la oscuridad en el que el mal acaba por triunfar. Se aprecia en la *Historia trágica 8º: Camila y Lirio o los efectos de un amor desgraciado,* en donde se condena el suicidio y a los suicidas a través de una narración que comienza con la técnica del melodrama, por el ardor de los amantes, el llanto fácil y los constantes desmayos que anuncian la muerte, pero que termina con un canto a la violencia que poco tiene de comedia lacrimógena: muere Livio, "fue tal el gozo interior de Livio que, al tomar la mano de Camila y oírla pronunciar el sí que había causado tantas ansiedades, perdió el sentido y cayó muerto a sus pies" (Pérez Zaragoza 1831, IV: 96); Camila, ante tal situación, opta por el suicidio: "Camila viendo a su esposo inmóvil y sin dar muestras de vida, se encuentra desfallecida [...] tomó las pistolas que su esposo llevaba en la cintura y las disparó sobre su pecho" (Pérez Zaragoza 1831, IV: 97-98); la exaltación de la muerte finaliza con una escena de un marcado carácter macabro: llega el padre y asesina a la criada, cómplice, "dándola cuatro cuchilladas con su espada y diciendo: ¡Muere tú también, infame!" (Pérez Zaragoza 1831, IV: 100).

Un amor finalmente truncado por una episodio violento aparece también en la *Historia trágica 16º: Carmosina y Maximino*; una novelita de profundo calado moral –se inicia incluso con un largo y tedioso discurso preliminar que llama al decoro y la mesura– de amores desencontrados, que aun logrando finalmente celebrar su matrimonio, sufren durante la noche nupcial una horrible tragedia que acaba con sus esperanzas, y con ellas las del lector, tras soportar, sin intervención humana alguna y como en un capricho del destino, el impacto de un rayo; una escena que recoge todo el efectismo a través, una vez más, del grabado que antecede a la historia.

En los restantes relatos que yo encuadro en este grupo, el mundo gótico se percibe ya desde las primeras páginas, aunque sea desde la temática. Junto a las largas disertaciones iniciales que abogan por la virtud de las damas, en clara alusión al lectorado femenino, queda evidenciada la recurrencia del crimen y la perseverancia de la maldad humana que se abandona por completo al vicio sin pensar en las consecuencias que este comportamiento puede acarrear. Es lo que sucede en la *Historia Trágica 14ª: La bella mantuana o Julia de Gazola*. Pérez Zaragoza advierte a las lectoras del riesgo que encierra un amor desmedido y una actitud crédula. Tras este se encuentra una vez más un tema muy del gusto español y especialmente recurrente en estas novelas como es el del honor: "Grabad jóvenes doncellas este cuadro en vuestros corazones, para imitar la castidad de la que os presento […] y procurad vivir prevenidas contra los engaños y pérfidas sugestiones de esos falsos amigos […] que a la sombra de un inocente amor hacen la guerra a vuestro pudor". (Pérez Zaragoza 1831, VII: 15). Para dibujar esta situación acude a la violación de la protagonista, Julia, y su posterior suicidio, aunque basado más en la sugerencia que en la plasmación directa, lo que la aproxima a la novela sentimental y la aleja de la ficción gótica.

La *Historia Trágica 4ª: El Alcalde de Nóchera o Nicolo, señor de Forliño* recrea de nuevo el tema del honor, pero ahora en medio de una historia de adulterio, en nada consentido, que termina con una serie de escenas al más puro estilo gótico en su exaltación del asesinato y de la muerte violenta, bañada esta de sangre y de miembros despedazados, como corrobora además el grabado. El alcalde descuartiza a Nicolo, su hermano, tras corroborar que mantenía una historia de amor con su mujer y en nombre de su honor ultrajado; se describe un escenario bañado de sangre cual carnicería humana:

> A media noche, pues, cuando todo el mundo se hallaba entregado al reposo, […] fue el alcaide al cuarto de Nicolo con la mayor parte de la guardia y, encerrando a sus criados, le ató de pies y manos, y empezó su venganza por punzarle con un puñal los muslos y los brazos, y después de haberle martirizado […] No contento con esta crueldad, practicó con el resto del cuerpo lo que la fugitiva Medea con el

de su inocente hermano Jasón [...] pues le hizo mil pedazos llenando a cada uno de improperios y de puñaladas (Pérez Zaragoza 1831, II: 117-118).

A esta escena se suman los actos de venganza contra el villano, salpicados por tales dosis de crueldad que finalizan con la mujer adúltera lanzada desde la torre del castillo y este en llamas, incendiado por el pueblo enfurecido. La barbarie desmedida es detenida por el narrador en un punto determinado. Conoce Pérez Zaragoza que entraría quizás demasiado en conflicto con el decoro y las supuestas pretensiones edificantes de su obra. El peligro de traspasar ciertos límites le obliga a detener la descripción. El alcalde, iracundo ante el adulterio, y convertido en un verdadero antihéroe gótico, envilecido por el acto que han cometido contra él, "le hizo (a Nicolo) una operación cruel que el pudor me obliga a callar". Tras el silencio sigue la explicación: "Algún temerario quizás aprobará la muerte de Nicolo; pero el castigo de una ofensa nunca debe ejecutarse por mano propia, no menos ser mayor la injuria". (Pérez Zaragoza 1831, II: 117-118). La extrema crueldad y el elevado componente macabro obligan al autor a concluir con una sentencia moral que salve la misma de la censura y que le permita continuar con su colección. Las referencias a un castigo divino son constantes: una llamada a la prudencia y al raciocinio.

> Tal fue el fin de estos desgraciados amores que pueden servir de ejemplo a todas las mujeres para no exponerse a semejantes consecuencias por faltar a sus deberes y a su honor, convenciéndose de que no hay placer, por grande que sea, que, dando sus vueltas la rueda de la fortuna, no cause sinsabores, no estando fundado en el honor y en la virtud. Y vosotros maridos aprended a ser prudentes y moderados para no tomar nunca la venganza por vuestra mano y de vuestra autoridad, sin temer las consecuencias tristes y escandalosas que el furor y el alucinamiento pueden acarrearos. Vuestro dolor es justo, pero es preciso que la razón sea vuestra guía para reprimir vuestras pasiones y evitar el dolor de tener que caer en el arrepentimiento, como sucedió a este loco alcaide, que por tomar satisfacción de su agravio, labró su desgracia y, de crimen en crimen, ya ciego, se arrojó él mismo al abismo, viendo inevitable su perdición; y, últimamente, tengamos siempre presente que jamás la ira implacable ni la cólera desenfrenada dejaron de producir la ruina completa del hombre, cuando se deja llevar de las pasiones sin hacer uso de la razón y de la conciencia, que es la que nos reprime y consuela de las aflicciones, teniendo un santo temor de Dios (Pérez Zaragoza 1831, II: 155-156).

Otra de estas historias, que sigue una línea similar, es la *Historia trágica 19ª, El esclavo moro, o crueldad sobre crueldad*. Alerta sobre la actitud de ciertos esclavos para con sus amos – aunque sea esta fruto de una venganza a un proceder tiránico–, en una de tantas expresiones del conflicto entre civilización y barbarie representado respectivamente en españoles y africanos que se convierte en motivo gótico por ensalzar el exotismo en lo que este tiene de aterrador, así como la violencia y la brutalidad de lo desconocido. En esta ocasión no detiene la relación de los hechos acontecidos y los detalla en toda su crueldad, desde la violación de la dama en presencia de sus hijos perpetrada por el "moro", descrito como un ser diabólico: "atándola por medio del cuerpo a una de las columnas que había en la sala [...] y teniéndola ya sin acción, fue atropellada por aquel bárbaro" (Pérez Zaragoza 1831, VIII: 111-114); o la escena en que el caballero se amputa su propia nariz a petición del esclavo hasta el sacrificio de los propios hijos: "cogió por los pies a los inocentes y estrellándolos contra la muralla hasta saltarles los sesos, los arrojó después por la ventana con un furor detestable" (Pérez Zaragoza 1831, VIII: 139) o el villano precipitándose contra las rocas. Todas estas escenas, que no dan respiro al lector, pues se suceden una tras otra, solo interrumpidas por breves disertaciones moralizantes, siguen descubriéndonos un mundo perverso originado en la misma naturaleza de los hombres.

En otras historias como la *Historia Trágica 20ª: Clotilde y Lirinio*, aún dentro de la misma estética que privilegia la oscuridad y la muerte, predomina, más que un ambiente macabro y sangriento, una atmósfera tétrica y fantasmal que aprovecha Pérez Zaragoza para condenar la magia y las supersticiones: "la magia o la nigromancia es la cosa que los hombres supersticiosos han pretendido hacer admirable con sus ayunos, abstinencias y otros ejercicios de santidad, en atención a que el ángel de las tinieblas se transforma frecuentemente en el de la luz, para engañar a los inocentes" (Pérez Zaragoza 1831, VIII: 160). Una historia que resume con sus palabras iniciales el propio narrador: "Un estudiante en Bolonia, creyendo que hacía un encantamiento, murió de miedo estando dentro de un sepulcro en el cementerio" (Pérez Zaragoza 1831, VIII: 163). Amor, magia y encantamientos, contextualizados en un ambiente sublime que celebra los cementerios y la oscuridad, aparecen en esta historia como recursos góticos, al mismo tiempo que son empleados por el autor como gérmenes de vicios, motivo de locura y ejemplos de conductas nada aconsejables para los lectores de la colección, de las que deberán extraer, como es esperable, la consiguiente lección edificante.

Junto a las historias ya no adaptadas de la obra de Cuisin, pero sí con abundantes tintes góticos, incluye otras tantas, para nada trágicas, a pesar del apelativo que las continúa calificando y que solo sirve para dar unidad a la colección, perdidas, por otro lado, con las diversas novelas que intercala entre las veintiuna historias y que rompen la estructura. Sabe además que el éxito de su publicación responde a los relatos tomados directamente de la fuente francesa, y para mantener el interés del público, que había recibido en las primeras entregas buenas dosis de aquellos anunciados "espectros y sombras ensangrentadas", opta por mantener dicho calificativo, aunque no responda al objetivo primero y sepa que este público perderá paulatinamente el interés inicial que le movía al consumo masivo. Quizás fue esta circunstancia la que le llevó a reducir el número de historias que previamente había anunciado en el *Prospecto*, de 30 a 21, como he señalado previamente. Historias que recompensan la virtud y que finalizan con el restablecimiento del orden perdido al principio del relato. Es lo que sucede con la *Historia trágica 11ª: Cornelio y Camila o locuras de amor* y el extenso relato que cierra la colección, extendido a lo largo de los tres últimos tomos, adelantando la técnica del folletín, *Historia Trágica 21ª: El Judío bienhechor o Elvira y Teodoro.*

Las novelas continúan esta línea sentimental, melodramática y moralizante; de estas dos últimas historias trágicas: *El pescador o rasgo de nobleza de Mansor, rey de Marruecos, Angélica o los salimbenes y Montanes* y *Los castillos en el aire*; historias de amor, que giran en torno al tema de la virtud recompensada. Son necesarias para que la moral pueda al menos aparecer al nivel del terror y dan una sensación de instrucción al texto salvando lo explicitado en el "prolegómeno" y en "la introducción analítica". "Estas novelitas actúan de relajado entremés editorial destinado a aliviar al público que transita por "el asilo del crimen", por una Galería trasmutada en el museo de los horrores de la humanidad" (Fernández 2006: 12) y responden a una tradición muy arraigada, que entronca con las primeras novelas y colecciones en las que comenzó a manifestarse el género en nuestro país y que hacía las delicias en especial del público femenino.

Entiendo, en resumen, que la popular *Galería Fúnebre*, de Agustín Pérez Zaragoza, debe pasar a englobar, por derecho propio, el elenco de novelas góticas españolas, aunque desde nuevos parámetros y asumidas sus particularidades. A pesar de fundamentarse en una novela origen de otro autor y producida con otros objetivos, traspasa, como sucediera con las restantes traducciones de novelas góticas de este período literario, los límites de aquella, en aras de una nueva pretensión y con el convencimiento de saberse autor de la misma.

1.3. Las novelas góticas españolas: consolidación y ocaso del género

Las traducciones adaptadas expandieron y popularizaron el género en nuestro país, pero sobre todo asentaron su fórmula y le otorgaron autonomía, facilitando un tercer paso harto complicado no solo por el compendio de especiales circunstancias extratextuales que envolvían nuestro quehacer literario, sino por la dificultad que entrañaba de por sí la propia labor de escritura de una novela gótica salida de la pluma de los novelistas españoles. Los principios estructurales nuevos se encontraban ya fijados y tanto autores como público conocían y reconocían a la perfección, a la altura de la segunda y tercera década del siglo XIX sobre todo, sus peculiaridades y su estética.

Fue este un cambio que pudo apreciarse de manera global en el cómputo de la producción novelística de aquellos años, concretamente, y así lo ha sostenido la crítica, "A partir del año 26" (Brown, 1953: 26), fecha aproximada en la que, sin perder de vista el debilitamiento de los últimos años del régimen, comienza a producirse el tránsito de la novela tradicional a la moderna, gracias, por un lado, a "la repentina actividad cosmopolita de las casas editoriales de las novelas" y, por otro, a "la publicación dentro de España de una serie de obras de autores españoles" (Brown, 1953: 26) que rompían con el prolongado letargo en el que yacía la vieja novela y que incidían en los aspectos tomados de las corrientes importadas. Era esta, añade Brown (1953: 26) "una novela prerromántica, más violenta, más audaz, de más subidos colores y más desenfrenadas pasiones [...]. A las doncellas de salón las han venido a sustituir piratas, apóstatas, brujas, aparecidos y huérfanos"[271]. Este giro en la narrativa implicaba, al mismo tiempo, un desplazamiento del "centro de interés del novelista desde la virtud que triunfa sobre el vicio al vicio más estragado y exagerado, siempre en acecho de la poco interesante virtud" (Brown, 1953: 26). La producción nacional podría más fácilmente abrirse a la nueva temática de la noche si conseguía, ya no abandonar, tarea ardua complicada y del todo impensable, sino, distanciarse al menos del enorme peso de la intención moralizante y reemplazar el ensalzamiento de la virtud dejando paso a la apología del vicio más exagerado, en el que la moralidad apenas tenía ya peso para mitigar la fuerza arrebatada de la oscuridad, de las tinieblas, pero también de la depravada y perversa condición humana.

Olvida Reginald Brown un dato fundamental; este cambio en la consideración de la novela no puede explicarse sin el peso social y editorial de un género: la novela gótica. Es cierto que los ejemplos concretos podrían parecer escasos en número, si se comparan con otras literaturas e incluso con otros subgéneros contemporáneos a este, y quizás por ello evita este crítico cualquier referencia explícita. Las necesidades de los lectores debieron saciarse con toda seguridad con la abundancia de traducciones, adaptaciones en realidad, no lo olvidemos, en las que el límite entre lo propio y lo ajeno, entre la originalidad y la imitación era demasiado difuso como para que los lectores, pero también los propios traductores, pudieran percibir las diferencias, lo que complicaba aún más a nuestros escritores el salto a la publicación en medio de un mercado tan competitivo. Adaptar una novela debía ser más cómodo y mucho más rentable, desde luego; esto fue lo que debieron pensar quizás muchos de estos autores, el propio Agustín Pérez Zaragoza entre ellos, que ha conseguido mantener engañados a lectores y crítica aun casi dos siglos más tarde de que saliera a la luz su célebre colección.

Si las traducciones complicaron la tarea de escritura no menos tuvo que ver en su escasez los intensos contactos que se establecieron con otros subgéneros. Sus peculiares y abyectas características se diluyeron, por otra parte, en otros géneros, a la espera del movimiento, de llegada inminente, que aunaría todas aquellas intenciones que palpitaban en el ambiente literario: el Romanticismo. La novela gótica se comenzó a cultivar tarde, por el largo, costoso y complejo proceso de adaptación que sufrió y cuando nuestros autores se lanzaron a la aventura, llegó en tromba un nuevo movimiento que diseminó los rasgos y que impidió su total desarrollo; los temas gustaban y supieron aprovecharlos, pero con la explosión del Romanticismo llegó el término de su reinado; su época dorada tocaba a su fin cuando apenas había dado comienzo. Aquella estética se trasladó a la nueva literatura más prestigiosa, más asentada y radicalmente opuesta al ya viejo régimen ilustrado.

---

271 Brown (1953:29) incluso da más datos y encuentra una diferencia cualitativa entre la narrativa catalana y la madrileña. Los escritores catalanes, señala, "se complacen infinitamente más que los castellanos en escenas de sangre, horror y violencia y en argumentos que explotan más despiadadamente la intriga amorosa subterránea, los procesos tenebrosos de sectas secretas, las venganzas, las opresiones, los suicidios y el colorido más exótico e impresionante".

Esta complejidad, ya apuntada en varias ocasiones, es la que habría conducido a clasificaciones erróneas[272]. Existen otras novelas contemporáneas a las aquí incluidas que presentaban parte de la estética, incluso de la problemática; sin embargo, los vínculos con la fórmula gótica son muy limitados, circunstanciales, más aún que los de la primera etapa de contacto con el género. Se trata en realidad de novelas adscritas a otros subgéneros, sobre todo al histórico, aunque haya interferencias, pues los autores no pudieron resistir la tentación de incluir ciertas pinceladas góticas, en un guiño al abundante público consumidor de este tipo de relatos.

Sin embargo, la escasez no es tan pronunciada como ha observado la crítica. Al mismo tiempo que vieron la luz estas novelas se publicaron otras tantas, menores en número, pero de enorme trascendencia al ser escritas por ciertos valientes que se enfrentaron a censores y preceptistas, pero también a ellos mismos y a sus propias convicciones y que responden a la perfección a la estructura de la fórmula gótica. La historia literaria no ha sabido valorar en su justa medida aquel esfuerzo titánico al negar su verdadero impulso estético. Su valiente acto ha sido empañado y oscurecido por una clasificación que goza de bastante imprecisión y que adolece de criterios más serios. Esta serie de novelas pueden adscribirse con todo el derecho a este subgénero y son dignas merecedoras de tal consideración. Mas, aunque debieran rescatarse por lo que significaron, tampoco debemos arrebatarles lo que fueron y lo que pueden llegar a ser. Su calidad es considerable y la trama ciertamente interesante, algunas de las mismas al menos. Encuentro en ellos los

---

272 Juan Ignacio Ferreras (1991: 193-194) confecciona una lista de autores y obras nacionales susceptibles de ser consideradas como góticas pues "de alguna manera cubren el tema que tratamos". La selección es, sin embargo, apenas un compendio de obras sin atender a la publicación, al autor o época en que se insertan o a la verdadera estructura de la misma. Muchas de ellas no son relatos ni novelas góticas sino más bien novelitas sentimentales, otros mantienen tintes de novela histórica, en las que no hay atisbo de terror alguno. *La máscara de hierro o fatales consecuencias de una pasión* (1830), *El solitario desgraciado o amor e infortunio* (1831), *Un testamento parcial y una muerte supuesta o la religiosa* (1834), *Las grutas de Lindental y el castillo de Tolberg* (1836) y *Elisa y Teodoro, o las víctimas del orgullo y el crimen* (1837) reproducen todas ellas el esquema sentimental de sucesivos contratiempos e infortunios que acontecen a los protagonistas, la condena del vicio y la exaltación de la virtud hasta el desenlace feliz. La idea del terror sublime como elemento estético que organiza y estructura el relato se encuentra del todo ausente. Personajes malvados y héroes distanciados por los infortunios del destino engarzan más bien con el melodrama y apuntan ya en lo exacerbado de las escenas al primer Romanticismo. *El incógnito en el subterráneo, o sean las persecuciones* (1833), a medio camino entre el panfleto político y los primeros ecos del Romanticismo, relata la injusticia de las leyes y la opresión de los recintos carcelarios, pero alejado ya de aquellos ecos góticos. Otras escapan a la época de referencia (*La espantosa y maravillosa vida de Roberto el Diablo*, 1509) y se insertan algunas en pleno Romanticismo, dejando atrás las convenciones del género como *El fraile y el bandido o las pasiones del claustro* (1843), *Las Brujas de Barahona y la castellana de Arbaizal* (1848), *Un reo en capilla, o sea últimos momentos de un ajusticiado* (1839), *El purgatorio de San Patricio, El fraile* -de 1869 y que nada tiene que ver con el de Lewis-, o *Narraciones inverosímiles* (1896). Además, salvo algunas excepciones, la mayor parte de las obras que sí pueden considerarse góticas son traducciones de novelas inglesas o francesas, incluidas en colecciones o como novelas independientes, y aunque en algunas de ellas lo matiza, parece que no lo comprueba como en *Los capuchinos o el secreto del gabinete oscuro* de Mme. Guénard, *El sepulcro o el subterráneo* o la propia *Galería Fúnebre*. No le queda sino concluir: "poco podemos destacar de la relación que queda escrita y que, en la mayoría de los casos, ni siquiera podemos comprobar. Hay que admitir, a pesar de todo, que la novela de terror se intentó en España, en la mitad del siglo XIX, y que estos intentos de alguna manera influyeron, o al menos tienen concomitancia, y a veces íntima relación, con otras estructuras novelescas que aparecieron posteriormente" (Ferreras, 1989: 194).

dos impulsos que escindieron el género en dos vertientes opuestas pero complementarias en su origen: *la racional terrorífica* que busca el miedo, escondido tras los pliegues de la veracidad histórica y *la irracionalista* que abandona el componente sobrenatural, que se recrea en el placer del horror, que da rienda suelta a la monstruosidad y que juega con la angustia y el sufrimiento a través de una lección moral bastante debilitada.

A) LA NOVELA GÓTICA ESPAÑOLA DE IMPULSO RACIONAL

Hay momentos de la vida en que parece el hombre arrastrado por alguna fuerza sobrenatural e irresistible a peligros inminentes y obedecer a una ley forzosa que le señala la senda por donde debe caminar sin desviarse, aunque esté interrumpida con profundas simas y espantosos precipicios.

Pascual Pérez y Rodríguez, *La urna sangrienta o el panteón de Scianella* (1834).

Tres son las novelas que adscribiría en este impulso: *La torre gótica o el Espectro de Limberg*, *El Hombre invisible o Las ruinas de Munsterhall* y *La urna sangrienta o El panteón de Scianella*[273], las tres editadas en la misma franja temporal, a la altura de 1830, las tres impulsadas por una estética similar y las tres atribuidas, en un principio, al mismo escritor: Pascual Pérez y Rodríguez[274]. Previa lectura del relato, una mirada a la portada, descubre lo aventurado de su empresa, las pretensiones de éxito, pero también revela los miedos ocultos, las inseguridades y la falta de determinación de su autor, que se traduce en los errores de catalogación que se han trasmitido hasta nuestros días. Los títulos, así como las anotaciones que el escritor añade a estos en cada una de las mismas

---

273 Véanse las ediciones publicadas y anotadas por la autora respectivamente en Ártica Editorial (2015) y en la editorial de Siruela en 2010.

274 Pascual Pérez y Rodríguez (Valencia 1804-1868) fue uno de aquellos grandes personajes de la primera mitad del siglo XIX que contribuyó a mejorar el estado de nuestras letras. Su condición de sacerdote escolapio no le impidió desarrollar una fructífera labor como impulsor de las nuevas ideas literarias; en los lugares donde ejerció su ministerio, en Peralta de la Sal, en Zaragoza (1823) y en la propia Valencia (1827), en los que formó numerosos discípulos escritores como profesor de Humanidades; sin embargo, este entusiasmo, en esta última faceta, perjudicó a su profesión y le obligó a abandonar la orden. A partir de este momento su contacto con este mundo se intensifica. Junto a la publicación de obras de diversa temática *Los Valencianos, pintados por sí mismos, obra de interés y lujo, escrita por varios distinguidos escritores* (1859), donde ejerció una participación activa, *La amnistía Cristina o el solitario de los Pirineos* (1833), funda *El Diario Mercantil* (1833-1844) con el padre Juan Arolas y Pedro Sabater, siendo incluso su primer director, entre 1834 y 1844, su primer número vio la luz en la Imprenta de López. Fue también uno de los fundadores, junto al mismo padre Juan Arolas, de *Psiquis*, periódico del bello sexo, que tuvo una corta vida, entre las fechas de 2-III-1840 y 25-XI-1840. Una labor que compaginó con la afición por la fotografía, de ahí que sea considerado por muchos como el primer fotógrafo valenciano.
Con un conocimiento y un contacto tan fuerte con estos nuevos movimientos, un pensamiento liberal y reformista y un deseo de éxito amparado por la diversidad y el número de obras publicadas, no resulta para nada extraño que este autor se decidiera por el cultivo de la novela gótica.
Para una comprensión más exhaustiva de la vida y la obra del autor véase *Biografía de Don Pascual Pérez y Rodríguez*, incluida como advertencia (1869: 5-13) en *Obras en prosa y en verso de D. Pascual Pérez Rodríguez*, publicado en Valencia (Imprenta de los Dos Reinos) tan solo un año después su muerte, en 1870.

se convierten en un indicativo del deseo de adscribirse al exitoso género importado de la novela gótica. Los tres títulos son especialmente esclarecedores y parecen no dejar lugar a la duda de ante qué subgénero literario nos encontramos; ruinas, torres, espectros, panteones, sangre, son expresiones que pertenecen al ideario y a la arquitectura gótica, que ayudan a configurar su estructura y que favorecen la identificación de una fórmula fija. Mientras los traductores trataban de mitigar el impacto del título con adaptaciones al más puro estilo neoclásico y acordes a la novela moral o sentimental, Pérez y Rodríguez, en una declaración expresa de intenciones, opta por marcar, desde el título, la línea temática de la novela. La adscripción inmediata a un género, ocultado de manera intencional pero avivado por la demanda del público, suponía un peligro y un riesgo. Más aún si se tiene en cuenta que su acto de valentía se acrecentaba a través de una nueva sentencia que acompaña al propio título: *novela original*. Frente a la proliferación de novelas que adaptaban un texto ya establecido, Pérez y Rodríguez, apoyado en aquellas, que ahora se convierten en fuentes literarias, busca la misma fórmula, aunque desde lo novedoso de la originalidad, y quiere hacerlo manifiesto en el propio relato[275], recalcando que lo que el lector tiene entre manos es, en realidad, una obra original y no una más de aquellas traducciones adaptadas sin nombre de autor. Y así lo confirma en el prólogo a *El Hombre invisible,* que se convierte en un manifiesto de defensa de la producción nacional sin que ello conlleve un ataque a los novelistas extranjeros, los que sin duda deben servir de ejemplo y punto de partida para el escritor:

> En la universal inundación de novelas que cubre actualmente la Europa, han quedado tan agotados los recursos, en especial desde la aparición de los sublimes genios del romance D'Arlincourt, Fenimore Cooper y Walter-Scott, que parece extraño haya quien se atreva a repetir malamente lo que está bien escrito. Mas a la turba de autores adocenados nos queda el único medio de evitar a los lectores el fastidio de leer segunda y tercera vez un mismo romance cubierto con distinto traje, y es introducir personajes incógnitos, y valernos del atractivo del misterio. El que acostumbrado a hojear novelas emprenda la presente, tal vez no sentirá el tedio de tres o cuatro horas de lectura con el ansia de llegar al desenlace, y al conocimiento del personaje misterioso que figura en ella; pues tal creemos será el habitante de las *Ruinas de Munsterhall* (Pérez y Rodríguez 1833: VII-IX).

La originalidad, añadida a lo explícito del título, complicaba la difusión y aumentaba el peligro. Eso mismo debió pensar Pascual Pérez y Rodríguez en el momento en que decidió no incluir su nombre en la portada de ninguna de estas tres novelas. La falta de autoría de las obras –la primera se oculta bajo las siglas P. J. P. y las otras dos aparecen

---

275 Era esta una opción bastante común en las novelas de aquel período literario (*Aventuras de un elegante o Las costumbres de Hogaño. Novela original* (1832); *La Leandra. Novela original* (1797-1807); *El castillo de Saniverto y la cabaña hospitalaria. Novela original* (1832), entre otras muchas). La ingente cantidad de novelas traducidas, de todos los subgéneros, llevó a los autores que se decantaron por la originalidad a manifestarlo abiertamente en el título. Sabían acerca de la polémica que se estaba produciendo en el seno de la preceptiva entre imitación y originalidad, el deseo de esta de impulsar una novela nacional y se suman de esta manera a la batalla que aquellos habían emprendido previamente.

sin nombre de autor–, evidencia los temores a las represalias desde la censura y las dudas crecientes ante lo que se proponía escribir.

La torre gótica (Valencia, oficina de López, Agosto 1831) aparece firmada por las iniciales "P. J. P"[276]. Reginald Brown (1953: 91) considera que su autor es Pascual Pérez y Rodríguez, pues aunque no coincidan las siglas, "en la portadilla del ejemplar en mi poder, único que conozco, hay escrito: "esta novela es original de P. Pascual Pérez, escolapio"[277]. Montesinos advierte que pudo haber ocultado su identidad bajo dichas iniciales por su condición de sacerdote y apunta también que Blanco García fue el primero en atribuir a Pérez y Rodríguez la autoría de esta obra, así como la de las otras dos incluidas en este apartado[278].

En *El Hombre invisible* y *La urna sangrienta* ni siquiera encontramos estas iniciales falseadas. Ningún rasgo sugiere su autoría, si dejamos, de momento, a un lado, la vinculación y los contactos evidentes entre los diferentes textos; el autor esconde por completo su identidad; quizás se aventuró con *La torre gótica*, de menor difusión, pero las siguientes, publicadas en los años posteriores, 1833 y 1834 respectivamente, se promocionarían por sí mismas, pues salieron de los talleres de la prestigiosa imprenta de Cabrerizo y pasaron a formar parte de su *Colección de novelas*, como sabemos; quizás fue el consejo de este, buen conocedor de las trabas de la censura a las novelas demasiado "inadecuadas", o un acuerdo mutuo; se movían en ambientes similares, tenían intereses análogos y compartían los deseos de renovación, lo que condujo a que las tres novelas se publicaran sin nombre de autor.

Como representante declarado de las nuevas ideas estéticas que llegaban desde Europa, quería arriesgase con algo nuevo y exitoso, pero sus reticencias se manifiestan más allá de la autoría, en la propia adscripción de sus obras, siguiendo la tendencia iniciada en la etapa anterior, al subgénero de la *novela histórica*, en una vinculación forzada, discordante, que huele a paradoja. (*La torre gótica o el Espectro de Limberg. Novela histórica del siglo XVI; El Hombre invisible o Las ruinas de Munsterhall. Novela histórica del tiempo de las cruzadas*). La novedad en el estudio de estas obras es entonces la adscripción a otro género diferente del que lo hace el propio autor, por lo que considero necesa-

---

276 En una novela contemporánea a *La torre gótica o El espectro de Limberg, El pirata de Colombia* (1832), se anuncia, en la relación de obras disponibles en las mismas librerías que cita, dicha novela y se atribuye a Don Carlos Pelaz. Enrique Rubio Cremades (1999: 381) quizás por tomar como referencia esta obra de López Soler también la atribuye al tal "Don Carlos Pelaz".

277 Los ejemplares consultados en la Biblioteca Nacional de Madrid, en el Seminario Conciliar de Madrid y en la Biblioteca de Cataluña, los únicos que he encontrado y no completos, incluyen esta misma anotación a lápiz y debajo de las siglas.

278 Es cierto que en la antología previamente referida no incluye el autor ninguna de estas tres novelas, sin embargo basta con leer su prólogo, "Examen de las obras de Pascual Pérez y Rodríguez" (1870: 15- 27), para corroborar el dato. En el mismo, a cargo de su amigo José María Bonilla, aparecen mencionadas. "D. Pascual Pérez había publicado en 1831 su novela de dos tomos *La torre gótica*; publicó en 1833 *La Amnistía Cristiana o el Solitario del Pirineo*, con la expansión literaria que le inspiraban los primeros albores de la libertad, y en el mismo año *El hombre invisible o las Ruinas de Munsterhall*, novela en dos tomos. En 1834 publicó *La Urna sangrienta*".

rio comenzar por distanciar estas novelas de la corriente histórica antes de adscribirlas al género de la novela gótica, al que deben pertenecer sin duda por la pureza de la fórmula.

Las tres novelas se abren, como justificación de este apelativo que se añade al título, planteando el vínculo con la historia, se emplazan en una época concreta y el autor las hace depender de un acontecimiento histórico reconocible, y lo suficientemente turbulento como para poder desarrollar una trama que mantenga el interés del lector y el suspense del relato. No obstante, aunque las tres partan de la historia, la abordan desde perspectivas diferentes y empleando motivos argumentales diversos. *La torre gótica* aparece encabezada por una introducción en la que justifica la elección del personaje y de la época:

> La elección que hemos hecho del reinado de Venceslao VI, Emperador de Alemania, para formar la presente novela, no ha sido fortuita, o efecto de menor capricho. Aunque la época fue verdaderamente fecunda en sucesos raros y acontecimientos novelescos; poca ventaja fuera para obtener nuestra preferencia, abundando en igual o mayor copia de materiales para formar una divertida novela con las historias de otros impresos y de otros siglos. Por otra parte se ofrecía un inconveniente no pequeño a nuestro juicio. Realmente presentar a que figure en la escena como principal personaje insigne perverso y no ofrecer al lector sino el repugnante cuadro de maldades sobre maldades, inspira natural disgusto y este engendra el fastidio; y puntualmente la historia de Venceslao no describe sino la horrorosa serie de excesos y delitos que componen la vida de un monstruo. Pero singular acaecimiento que forma el enlace e intriga de la novela se refiere a la época de su reinado, y no podíamos desentendernos de enlazarle con la historia de aquella edad, sin incurrir en el más grosero anacronismo (Pérez y Rodríguez 1831: V-VII).

Sin embargo, la novela propiamente dicha se inicia envuelta en una vaguedad especial y temporal que no se determina hasta el capítulo II, en el que el narrador pasa a detallar la figura histórica de Venceslao VI, el rey que condena por ambición la vida de su hija. Más que un retrato histórico se trata en realidad, y tal como se adelanta en la introducción, de una nómina de sus crueldades y vicios, de su perversidad y de sus actos malvados, en función de la pretensión última: el terror.

Las notas al pie que aparecen en determinados momentos de la novela, sobre todo al final, contribuyen a mantener los vínculos con la historia que se ha ido desdibujando desde este capítulo segundo hasta llegar a ser prácticamente inexistente. Diez páginas adjuntadas a la historia en la que la mayoría de las referencias son a emplazamientos que se mencionan en el texto desde Bohemia a Beraun, pasando por diferentes nombres de personajes históricos, como Juan Hus o Gonthier. Estas notas tratan de relacionar, en muchas ocasiones de manera bastante forzada, la ficción con la historia, detallando un acontecimiento o aclarando ciertas referencias a personajes que recorren la novela y que tienen una existencia real; sin embargo, la realidad del texto, es bien diferente, discurre sin referencias directas y deja todo el peso de la trama al relato de misterio y terror:

"Hemos seguido en esta novela nuestro gusto particular. Una serie de sucesos maravillosos y llenos de misterios; un conjunto de enigmas, cuya solución no se verifica hasta las últimas páginas de la obra; una agradable suspensión que haga dejar con sentimiento su lectura antes de finalizarla". La mención a Ann Radcliffe en el prólogo ayuda a esta consideración; nos sitúa en un tipo de producción muy concreta: la novela gótica que se recrea en el enigma de lo explicable:

> La célebre Ann Radcliffe ha logrado, según el parecer de inteligentes, unir en alto grado el arte de suspender agradablemente, o interesar la curiosidad del lector, la naturalidad de los desenlaces y en la aclaración de los enigmas; y en la mayor parte de sus interesantes producciones ve estos acaecimientos portentosos y arcanos ocultos, sin que salgan del orden de la naturaleza (Pérez y Rodríguez 1831, XII).

De hecho, se demuestra que conoce el género gótico en la oposición que lleva a cabo entre las novelas que justifican los hechos sobrenaturales y no pierden verosimilitud, como la que presenta al público, y las que recrean una serie de sucesos extraños y sorprendentes que el autor deja en suspenso sin explicación alguna, como *Etelvina o Historia de la baronesa de Castle Acre* o *El Castillo de Clostern*, cuyos argumentos describe con bastante detalle, también en la pretensión de vincular su relato a la veracidad y el realismo que aporta la historia:

> Hemos procurado observar la mayor verosimilitud posible en los lances al parecer sobrenaturales y prodigiosos, sin recurrir en su desenlace a agente extraordinario ni a potencia milagrosa. Desvanece todo el prestigio y placer del lector una narración inverosímil, o un personaje sin relación con los que figuran en la historia, creado únicamente por la caprichosa fantasía del escritor. Las antiguas novelas de Etelvina y el castillo de Clostern, suministran una prueba de lo que decimos: las apariciones y los espectros de la primera y los lances de la Dueña sangrienta y el Gran Turco de la segunda suspenden por el momento, pero al fin las apariciones y espectros quedan por verdaderas apariciones y espectros, porque así lo quiso el autor; y la Dueña sangrienta es una verdadera sombra que sale una vez al año del castillo, asustando a todos sus habitantes, habiendo muerto hacía un siglo y sin querer decir que sus huesos estaban insepultos, hasta que el Gran Turco su marido, quien a pesar de estar algunos centenares de años enterrado, vivía y bebía y corría por el mundo, le obligó a declarar su voluntad, cumplida la cual, volvieron ambos tranquilamente a tenderse en el sepulcro. Esto no puede menos de inspirar tedio, sin satisfacer la curiosidad, que aunque se ceba con la preferencia en lo maravilloso, pero jamás en lo inverosímil y descabellado (Pérez y Rodríguez 1831, XI-XII).

En *El Hombre invisible o Las ruinas de Munsterhall* el historicismo se plantea ya desde el prólogo. Como motivo recurrente que era, se ensalza el valor de la historia, de una historia vinculada al sentir nacional y a la religión cristiana: las cruzadas y en concreto la VI:

> Entrar elogiando una obra en principio es necia e insufrible vanidad; alabar el asunto de ella, creo se podrá hacer sin incurrir en la nota de presuntuoso. Hay mérito en los asuntos y lo hay también creo en el modo de tratarlos. El escritor puede recomendar los primeros al paso que decidir del segundo queda al inteligente lector.
>
> El asunto de la presente novela es recomendable en sí mismo pues versa sobre los hechos y épocas que interesan la curiosidad, por los rasgos de las hazañas ilustres y caballerescas de que abundan, cuales son los tiempos de las CRUZADAS.
>
> […] Últimamente para los aficionados a la historia se reservan los detalles de la sexta Cruzada que comprende el sitio y la toma de Damieta; advirtiendo que aunque intervengan en ella personajes supuestos, en nada se ha alterado la verdad de los hechos, en cuanto creí digno de prevención (Pérez y Rodríguez 1833: V-IX).

Desde el prólogo, el autor hace partícipe al lector de su pretensión de veracidad e historicismo que se concretará a lo largo del relato en una serie de disertaciones, casi siempre en boca de los personajes secundarios, que acompañarán el devenir de los acontecimientos y que no los interrumpen nunca como sucesos principales, sino a modo de relatos anecdóticos de hazañas pasadas; personajes que entran y salen y recuerdan los hechos, pero que apenas contribuyen al esclarecimiento de los verdaderos misterios que desde un principio se plantean en la novela. En el capítulo tercero es posible hallar un ejemplo que ilustra esta técnica: Evarando entra en la sala en la que Margarita habla con su padre sobre las circunstancias que envolvieron la desaparición de su enamorado, Adolfo, mientras luchaba en la cruzada; su intención es narrarle precisamente el sitio y la toma de Damieta, el lugar en el que se vio por última vez a Adolfo. Se relatan con cierto detalle los acontecimientos históricos, pero la narración se detiene repentinamente por el desmayo de la propia Margarita, que no es capaz de soportar el dolor por la pérdida del ser amado. La relación sigue pero en segundo plano pues la acción se traslada ya a la dama, restando trascendencia a la narración de los acontecimientos históricos que quedan en suspenso sin parecer importarle demasiado al narrador:

> Iba Evarando a proseguir su historia y complacer al barón, pero entró a la sazón Gertrudis pidiéndole de parte de su hija tuviese la bondad de verla un momento. El Barón se levantó pausadamente de la silla y fue a ver lo que tenía que comunicarle Margarita acompañado de Evarando a quien durante el corto espacio que mediaba hasta el lecho de su hija refirió casi todo el sitio de Constantinopla parando a cada momento y durando casi media hora el viaje hasta la habitación de Margarita (Pérez y Rodríguez 1833: V-IX).

El historicismo de esta novela puede parecer, a primera vista, mucho más acusado, pues desde el principio el vínculo es más constante, y no solo a través de las notas históricas que se añaden al pie de página y el relato de diferentes lances de las batallas, sino porque se amalgama toda una serie de elementos morales e históricos y se adelanta una perceptible interpretación de los mismos (En dicho episodio se refieren las luchas entre cruzados y musulmanes descritas desde la perspectiva cristiana. La verdadera fe y el sincero deseo de liberar la Tierra Santa posibilitó el éxito de la empresa). Además el elevado número de personajes de la época dibujados con unas buenas dosis de elementos históricos, lo acerca a la novela histórica, pero no es suficiente para encuadrarla dentro de la misma, y parece que en el prólogo, junto con la defensa de la historia, también se deja entrever, a pesar de sus temores, su verdadera pretensión. La estructura argumental que plantea para su novela, más allá de la historia como protagonista, es la de Chateaubriand y sobre todo la de Ann Radcliffe, aunque no la nombre directamente, y su técnica del suspense envuelto en fuertes dosis de terror:

> He notado leerse con preferencia los romances sacados de las historias de la edad media, y cebarse los lectores con mayor placer en las temerosas descripciones de subterráneos, misterios y edificios góticos, que en las que versan sobre distintas materias; y aunque esta casi general aprobación del gusto no fuera suficiente a inclinarse a este género de romance, bastaría a decirme el juicio de Chateaubriand en su *Genio del Cristianismo*. Es muy digno de notar, dice este célebre escritor, que nuestros poetas y romanceros por un retorno natural a las costumbres de nuestros mayores, se complacen en introducir en sus ficciones espectros y fantasmas, un subterráneo, un templo gótico, etc. Tanto encanto hay en las cosas que dicen relación con las costumbres antiguas y con la religión (Pérez y Rodríguez 1833: XXII-XXIII).

En *La urna sangrienta* las conexiones con la historia resultan aún más difíciles de sostener. El prólogo del autor es sustituido por una introducción que justifica el relato de los acontecimientos. Se trata de una contextualización histórica que opera a modo de introducción y nos sitúa en la Verona de 1822, en la que un anciano del lugar le refiere al señor Smith, un inglés de viaje por esta ciudad italiana en busca del pasado ancestral y exótico, la historia de la urna sangrienta que se conserva en el monasterio, en un manuscrito, y que remite a tiempos oscuros de crímenes y muertes. El texto narra una historia verídica sobre unos sucesos extraños y terribles que envolvieron en tiempos pasados aquellas tierras. A pesar de la pretendida veracidad acompañada por la respectiva lección ejemplarizante a extraer del relato, -la recurrente "el abandono de la virtud trae horribles consecuencias"-, el motivo del manuscrito encontrado no remite tanto a la novela histórica como a la gótica. Es uno de los recursos más empleados dentro de esta ficción y estaba presente en obras de Radcliffe, bien conocidas por autores y lectores, como *Julia o los subterráneos del castillo de Mazzini* o *Adelina o La abadía en la Selva*, aunque también en otras como *Alejo o la casita en los bosques*.

Se nos inserta el mismo tópico del manuscrito mohoso conservado en un monasterio a lo largo de siglos y siglos, que relata una historia, en realidad, sin contextualizar temporalmente. El recurso literario de la "introducción" es un juego, y la historia se desvanece más allá de esta. Ni siquiera se fija la fecha concreta de los acontecimientos ni el período histórico, solo las escasas notas al pie de página tratan de no romper el vínculo. El final, sin embargo, debe certificar la veracidad de la historia, que se encuentra totalmente anulada, y se recuperan los personajes de la introducción. Es decir, el final remite igualmente a la técnica del manuscrito encontrado al que se une la tendencia a la verosimilitud que buscan los autores españoles. Una carta añadida al manuscrito prueba la existencia real de los personajes que sobrevivieron a los fatídicos acontecimientos; no obstante, el viajero inglés toma la palabra para poner fin al relato:

> Ignoro el motivo que tuvo el franciscano para exagerar la antigüedad del presente manuscrito, cuando de la última advertencia se infiere pueden vivir muy bien en el día de hoy los personajes que figuran en la historia [...] y esto me hace creer que el autor del manuscrito sustituyó al verdadero apellido de la familia, el fingido de Scianella, por respeto a los individuos de la misma que aún existen (Pérez y Rodríguez, 1834, II: 337- 338).

Como en las novelas góticas inglesas, la historia previa del manuscrito encontrado no forma parte de la intriga y no solicita directamente la participación del lector. La novela se desarrolla lejos del espacio y el tiempo, allí donde la sensación de opresión es máxima por la falta de referentes en la realidad. De este modo, el lector habrá relacionado los acontecimientos que se relatan, a medida que avanza la narración, a pesar de las palabras finales, con antiguas épocas de oscuridad, tiempos convulsos, de costumbres ancestrales y terrores irracionales.

Esta introducción que trata, sin éxito, de vincular el texto con la historia se convierte, en realidad, en un alegato, como en las anteriores novelas del autor, en favor de un tipo de novela gótica que, aun sin ser nombrada, resulta fácilmente reconocible por el detalle con el que es descrita. Es el propio Pascual Pérez, a través del anciano del monasterio, el que, al adelantar la misteriosa historia de la urna sangrienta, deslinda su relato del género histórico y lo adscribe al de la novela gótica, racional en este caso:

> Este magnífico edificio quedó desierto aún en vida de sus poseedores, y fue morada de espíritus aéreos por largo tiempo, hasta que una lastimosa catástrofe puso fin a las misteriosas apariciones, y convirtió el palacio en un monte de escombros [...] concibo cuanto pasa en vuestro pecho al oírme hablar con formalidad de apariciones y espíritus, y calificaréis mi historia de fábula sin fundamento; pero si conocéis al hombre, nada os vendrá nuevo; y los terribles efectos de las pasiones, puestas en movimiento al impulso de la malignidad y ambición, os convencerán de que no hay prodigio de que no pueda ser agente el hombre (Pérez y Rodríguez 1834, I: XXII-XXIII).

Esta adscripción se corrobora con la dedicatoria que Pascual Pérez dirige a Carlos Melcior, prolijo traductor de novelas góticas y por lo tanto sumo conocedor del género. Se define fiel seguidor y continuador de su obra y aspira a que sus protagonistas estén a la altura de los personajes principales de los de otra de las grandes damas del gótico racional, Regina Maria Roche, cuya edición española de su novela *Oscar y Amanda o los descendientes de la abadía* fue traducida precisamente por Carlos José Melcior:

> No he vacilado un momento en la elección. La justicia y el afecto dirigen mi pluma al colocar en el principio de esta obrita el nombre del que fue el primero

en excitar con su ejemplo y palabras aquel agradable entusiasmo, creador del genio sublime, de quien Escocia se envanece.

V. fue el primer depositario de los débiles y nacientes esfuerzos de mi imaginación, y Carlos José Mercior se complació en dirigir mis primeros pasos en esta espinosa al par que florida senda.

Aumente V. pues los motivos de mi gratitud, constituyéndose protector de los desgraciados jóvenes Eugenio y Abandina, y que recordando el lector con el nombre de

V. los célebres Oscar y Amanda, sea recuerdo el talismán que defienda de la severa é indigesta crítica estos borrones hallando en el crédito de su Mecenas derechos a la indulgencia; y entonces a los beneficios de la amistad unirá el tributo del reconocimiento más puro, su sincero y cordial amigo.

Pero, si hay algún componente argumental que se distancia tajantemente del procedimiento de la novela histórica, ese es el de los actores del relato. Si al rigor histórico, como queda dicho, no se le confiere un carácter primordial, la consecuencia será que el héroe o el malvado aparecerán rodeados de un aura fantástica, mítica e idealizada. El héroe gótico, sea un personaje histórico, como el caso de Venceslao VI, en *La torre gótica*, o un personaje del mundo de la ficción, como Adolfo o Ambrosio, y adquiera rasgos demoníacos, profundamente malvados o quiméricos, se desliga de la realidad contemporánea y pierde fuerza al convertirse en un ideal estético, que sobrevalorando al individuo y acentuando su perversidad o sus bondades, que llegan a resultar exageradas, se olvida del mundo circundante. El lector se enfrenta una y otra vez a fuerzas de tono profundamente misterioso que destruyen el germen del héroe coherente y construido de acuerdo al objetivismo y la veracidad exigidos por la novela histórica. El carácter y la aureola mágica que envuelve al personaje, sea justificada o no, provoca la ruptura de este género con el personaje de carne y hueso de la gran tradición realista, de la que parte la novela histórica para su configuración. La visión del héroe sufre los efectos deformadores que atormentan al hombre de finales del siglo XVIII y comienzos del XIX español, alejándose del personaje y del tiempo histórico.

La historia es simplemente una estrategia narratológica. A pesar de que existe una intención manifiesta por parte del autor de vincular estas novelas a la historia, esta es siempre forzada y no es primordial para el devenir de la acción, sino que aparece supeditada a otros elementos. Aun nubladas por el excesivo realismo y la pretendida conexión con la novela histórica, que las dignifica, al tiempo que purga los miedos ocultos de su autor, no consiguen reflejar en ella la Historia en su totalidad, en su complejidad. En estas novelas se encuentra el mismo procedimiento de escritura que en las inglesas, aunque en apariencia el historicismo sea más acusado. El emplazamiento histórico de los hechos resultaba fundamental en la novela gótica inglesa, pero no para enfrentarse a él desde una perspectiva de veracidad histórica, sino como medio idóneo para situar las tramas; se dan ciertos datos para asociarlo con un mundo oscuro, ciertas referencias que apunten a una época histórica truculenta y terrible, pero esta será solo el marco, el pretexto, una necesidad estructural de realismo para producir el efecto del terror. Considero, por ello, que no se debe confundir la sensación de realidad con la veracidad histórica, pues, aunque los contactos con la realidad sean intensos -el lector debe percibir una sensación de realismo en lo narrado-, nada tiene que ver esto con la Historia, con mayúsculas. La pretensión de realismo no las vuelve históricas. La importancia de esta demostración radica en la plausibilidad de lo que cuentan, tratando de imprimir verosimilitud a los textos. No logran plenamente desprenderse de la fábula fantástico-moral como para que se puedan clasificar como históricas, ni articulan un auténtico diálogo literario capaz de producir personajes convincentes, a pesar del marco histórico y de cierto factor psicológico en la caracterización de estos. Estos vínculos con la "historia", aun manipulada e idealizada y al servicio de otros intereses, primordiales y definitorios, es lo que ha llevado a críticos como Frank (1987) o Botting (1996) a hablar de *Gótico histórico*, que sería el que habría derivado en la novela histórica al asumir esta como dogma lo que en aquella eran meras intuiciones.

Más allá de las intuiciones y las pretensiones ocultadas en los títulos, advertencias, prólogos o dedicatorias, el motivo central del relato, el hilo conductor que hace avanzar los acontecimientos es sin duda el enigma, el misterio con el que se abren cada uno de estos tres relatos, vinculado a la existencia de un ser extraño, pintado con los colores más vivos del terror, y que da lugar al conflicto tópico entre la fe en la razón y el triunfo del irracionalismo. A este misterio le acompañan otros pequeños enigmas, desvinculados, en inicio del principal, pero dependientes, en realidad, de este y que contribuyen a complicar la estructura y a mantener el suspense que irá desvelándose progresivamente hasta el impacto final.

La torre gótica plantea, desde la primera página, al héroe, un caballero misterioso y aparentemente forastero en la región, un secreto que este se propondrá resolver. Un aldeano le informa al comienzo de que se está celebrando un funeral por los restos de la hija del Barón Conrado de Limberg; sin embargo, no puede informarle de nada más y, a través de sus palabras, emerge el primer enigma, un enigma inquietante: "El Rey Venceslao... pero más vale callar; porque al cabo el hombre no es hombre, si no guarda un secreto. Digo pues... [...] por ser yo guardador del secreto" (Pérez y Rodríguez 1831: 7). Más tarde el misterio se irá complicando, pues en el castillo de Limberg, tras la muerte de la hija del barón y la desaparición repentina de su amante, comienzan a producirse extraños y sorprendentes acontecimientos: aterradores ruidos que proceden de los subterráneos y una luz que aparece y se desvanece en la torre del ala deshabitada del castillo. El misterio girará entonces alrededor de la figura de un fantasma que parece ser el responsable de los sucesos extraños del castillo y que tiene atemorizados a todos sus habitantes y, por extensión, a la región entera.

> La noche que llegaron los conductores con el féretro desde Beraun, se hallaba el castillo de Limberg lleno de espanto y confusión. En los rostros de sus habitantes se veía pintado el terror, y mirándose unos a otros silenciosamente, parece no se atre-

vían a proferir una palabra, embargados de alguna fuerza desconocida.[…] al conserje del castillo le pareció divisar entre los escombros una sombra que desapareció al momento[…] Contó a su mujer y demás de la casa la súbita aparición del espectro, pintándola con los vivos y exagerados colores que da el temor y la preocupación Aunque no se inclinaron a darle crédito, atribuyéndolo a la exaltación de fantasía o engaño de la vista, les quedó no obstante algún recelo, y resolvieron de común acuerdo registrar al día siguiente las ruinas (Pérez y Rodríguez 1831: 93).

Las apariciones del fantasma se asocian a la justicia divina, en un mecanismo adquirido en el trasvase genérico a nuestra literatura. Así lo manifiesta al barón una de sus criadas: "Tengo para mí ser permisión del cielo en venganza de la muerte de nuestra señorita, y no dudéis que hasta quedar satisfecha la justicia divina, no habrá sosiego en esta casa" (Pérez y Rodríguez 1831: 159). Creen que son los pecados de los vivos los que atormentan a los muertos y les hacen vagar por los castillos, por ello, el barón "quizás no saldría vivo de las manos de los aparecidos; y más teniendo, como él tiene, tanta culpa en la muerte de la hija" (Pérez y Rodríguez 1831: 16). Estos mismos criados del castillo temen incluso que Dios pueda extender su castigo divino sobre ellos por continuar en aquel lugar de muerte y no saldar la deuda con la señorita: "No dudaban que Dios quisiera tomar venganza de la muerte de la bella Ana [...] se contaban ya comprendidos en el castigo, y rodeados de vengadores espectros que jamás abandonarían la tumba de la infeliz víctima, y atormentarían a sus verdugos y a los guardianes de su sepulcro" (Pérez y Rodríguez 1831: 109-10).

El hombre invisible se abre con una sentencia clarificadora del verdadero eje argumental de la novela "¡un conjunto de misterios encierra este lugar!" (Pérez y Rodríguez 1834, I: 9). En efecto, sucesos extraños y sobrecogedores tienen lugar en la zona, desde que un misterioso ser, con el don de la invisibilidad, mora en las inmediaciones de las ruinas góticas de Munsterhall, impidiendo que nadie se atreva siquiera a aproximarse al lugar; algunos forasteros, impulsados por los atemorizados aldeanos, decidirán examinar la zona en busca de pruebas que ofrezcan luz sobre la procedencia humana o fantasmal de este ser extraordinario. Una carta misteriosa primero, cerca de las ruinas, advierte a una pareja de cruzados, de regreso a casa, de que no se acerquen al castillo con el fin de que "evitasen los efectos de un paso que debía causar males, calamidades, y hasta la muerte" (Pérez y Rodríguez 1833: 54). Esta carta parece confirmar, junto con las extrañas voces que salen de las profundidades del bosque, que también tratan de prevenir acerca de los misterios que envuelven al lugar, que no solo estas ruinas, sino la región entera, se hallan encantadas. No es, sin embargo, de acuerdo a la compleja estructura argumental de estas novelas, el único secreto. La pareja de cruzados que vaga por el bosque en busca del castillo parece, además de querer resolver el misterio, esconder bastantes enigmas. Llegan a un castillo en medio del bosque inaccesible, que parece habitado aunque nadie responde a sus llamadas, y les sorprende una figura blanca que recorre los aposentos y desaparece vertiginosamente.

Más truculento y complicado que los anteriores es el enigma que guarda *La urna sangrienta*. Un terrible secreto esconde el castillo de Scianella, en el que las muertes, desapariciones y crímenes espantosos, pero también una larga serie de acontecimientos sobrenaturales, se suceden unos tras otros sin aparente fin, siempre vinculados al panteón y a una extraña urna que se esconde en él. El motivo central de la trama, responsable de las situaciones más aterradoras y de los momentos de mayor tensión dramática, es el elemento sobrenatural. El fantasma, que en las novelas anteriores solo se sentía, se intuía o se oía a lo lejos, se manifiesta en toda su complejidad y valiéndose de todo el artificio de terror en esta tercera novela de Pascual Pérez y Rodríguez. Por sus propias palabras sabemos que se trata en realidad de una Sílfida:

> No puedo dejarme ver pero mi situación […] no está circunscrita a ningún lugar; estoy aquí, estaré en otro sitio, estaré donde quieras, y donde… […] soy un ser superior al orden de la naturaleza […] soy una Sílfida. ¡Necio! […] creíste hallar falsedad en quien ignora la mentira y tratas de ofender a quien te hace bien. Soy Sílfida, repito y es mi morada este palacio desierto, a donde tu fortuna te ha conducido. Te ha franqueado mi hospitalidad informada de tu peligro, y aún me preparo a hacerte más señalados favores, movida únicamente del impulso de beneficencia que forma mi carácter (Pérez y Rodríguez 1834, I: 16-18).

Aparece bajo la forma de un ser espectral de color blanco que se comporta como un verdadero fantasma, ante la incredulidad del protagonista cuya sola pretensión es desenmascararla. Desde la racionalidad, el personaje acusa a su imaginación o al peso de la superstición su encuentro con el ser misterioso; sin embargo, su proceder y su vaticinio le convencen, como al lector, de que acaba de presenciar un hecho que ha transgredido las leyes de su mundo, que al fin y al cabo no deja de ser el nuestro. Siguiendo la fórmula hispánica, aunque se trate de elementos dispuestos en el texto para infundir terror, sus apariciones van acompañadas de buenos propósitos. Se muestra a diferentes personajes, a algunos para advertirles de lo que puede ocurrirles y a otros para disuadirles de determinados actos malvados que pretenden cometer. Ofreciéndole su protección, vaticina a Eusebio el futuro, manchado de crimen y muerte, y le sugiere que será mejor que se aleje para siempre de aquel lugar espantoso:

> Mañana parecerás lo que no eres y serás lo que no pareces. Antes de que la aurora bañe de cristalino rocío las fértiles orillas del lago, auséntate de este sitio, y no amanezca el sol en ti en esta habitación del crimen. Tiembla sobre todo de saber más. La muerte ha desplegado sus alas, y la tierra ha bebido la sangre inocente. Tú estás igualmente destinado al sacrificio, y la medida del crimen se llenaría, si no velase sobre tus días el amor, y la más tierna y afectuosa previsión acompañada del poder. Que no se borre de tu pecho la palabra que vas a oír. Hay quien anda sediento de tu sangre. La ambición, los celos, esos monstruos que desfiguran en los mortales el corazón más bello, el alma más hermosa, son el móvil de tu persecución. Tu nobleza no concibe cómo sea posible despojarse de los sentimientos de la naturaleza, y sacrificar cuanto tiene de más sagrado ante el ídolo de la pasión. Hay sin embargo

quien ocultamente maquina tu destrucción, y madurando el proyecto, solo faltaba a su cumplimiento la elección del instante fatal. El genio destinado a velar en tu conservación te ha conducido a este lugar de seguridad y vida, a fin de sustraerte al execrable atentado, y evitar un crimen a tu perseguidor. Conserva en tu memoria cuanto voy a decirte. Aunque es criminal tu enemigo, es no obstante acreedor a miramientos cuya razón el tiempo revelará a tus ojos. Mientras sus amenazas se contengan en los límites de un mal que no atente a tu vida, mantente en defensa, procurando eludir los golpes por los medios que tu nobleza y tu generosidad te sugieran contra tu desgraciado enemigo; mas si es inminente el riesgo, si la prudencia y previsión no son suficientes para librarte de su furor y ves indubitablemente vas a ser víctima del delito más horroroso, dile estas misteriosas palabras: acuérdate de la urna sangrienta: y no dudes, esta terrible alusión será el más poderoso talismán y ahuyentará a tu enemigo. Mas que el deseo de tu conservación no te haga culpable de algún exceso contra él. Tal conducta sería parte para obligarme a retirar de ti mi protección. Jamás el malvado llega a tan horroroso punto de depravación que no se pueda esperar de él la mudanza. Mi estado de perfecta calma, libre de pasiones humanas y preocupaciones de espíritu, presenta a mi entendimiento el hombre sin sombras, y conozco cuán fácil es excederse, y degenerar en venganza el instinto de la propia conservación. Aunque criminal, su existencia me es amable y necesaria, y su perversidad no debe hacerse olvidar las leyes de la moderación y dulzura (Pérez y Rodríguez 1834, I: 18).

Como en toda novela racional, los misterios, relacionados todos con la existencia de un ser en apariencia sobrenatural, enfrentan a todos los personajes de la novela. Cada una de sus apariciones en escena, manifiesta o intuida, va acompañada por la respectiva reticencia o credulidad de los personajes que la sufren. Aquello que en la novela gótica inglesa era una necesidad estructural en la que se sustentaba el conflicto racionalismo/irracionalidad, en estas novelas se convierte además en un alegato directo, en una propaganda del régimen contra las creencias supersticiosas, de acuerdo con la tarea emprendida desde las altas esferas del movimiento ilustrado. Unas creencias que, como apunté, estaban aún latentes entre la población en este período final del reinado de Fernando VII e incluso en los prolegómenos del Nuevo Régimen. Las palabras del narrador parecen destinadas no solo a los personajes sino, desde un punto de vista pedagógico y como llamada de atención, al lector. Como si aquel le reprochara a este último su pretensión inicial, el entusiasmo que le llevó a abrir las páginas de la novela: tú que leíste esta obra, parece decirle, buscando fantasmas, hombres invisibles y urnas sangrantes, te has percatado estupefacto de que no eran sino meras ilusiones fomentadas por la superstición. La intención instructiva provoca que escenas de este tipo sean más que frecuentes en estas novelas españolas y que las discusiones entre los implicados en el conflicto se extiendan a lo largo de varias páginas pues, junto con la creencia supersticiosa, se denuncia el progresivo alejamiento de la fe cristiana y los terribles efectos de una mala educación.

En *El hombre invisible* la controversia se centra, más allá de los aldeanos crédulos, entre los dos cruzados que buscan explicaciones en las ruinas a la invisibilidad de aquel ser extraño; el escudero es el que duda constantemente y siente una profunda e irracional angustia ante posibles intromisiones en la vida ordinaria de elencos que transgredan sus límites. Buscando estancia para dormir, el escudero confiesa a su señor que "Yo siento un miedo terrible solo de pensar que puede ser alguna bruja o hada; pues según veo todo este bosque está lleno de gente de esta calaña" (Pérez y Rodríguez 1833: 49). El cruzado, sin embargo, no cede en su empresa de destapar la verdad y "llegaron no sin temor de Astolfo preocupado con la representación de fantasmas y espectros domiciliados, según creencia supersticiosa, en casas y monasterios arruinados" (Pérez y Rodríguez 1833: 51). La primera impresión de las ruinas góticas vuelve a despertar los impulsos supersticiosos: "Parece que hayamos sido transportados al país de los encantamientos, dijo a poco de haber comenzado a caminar, y ya estoy impaciente por saber quién será ese hombre invisible" (Pérez y Rodríguez 1833: 43). Frente a esta actitud encontramos la del cruzado en boca del narrador: "No creyó el cruzado ser real la invisibilidad, sino destreza en evitar la vista y sustraerse a las pesquisas de los que o por curiosidad o por otra causa tuvieran interés en reconocerle" (Pérez y Rodríguez, 1833: 52) o "no crea el invisible que temo a las fantasmas escondidas como búhos a la sombra de las sepulturas" (Pérez y Rodríguez 1833: 58). Mientras el cruzado registra las ruinas en nombre del valor y en la búsqueda de alguna pista que pudiera delatar al hombre invisible y resolviera al fin el misterio, su escudero espera en las inmediaciones del monasterio, "Astolfo, cuya imaginación más preocupada con la idea de espectros y fantasmas, temía a cada paso verse en frente de algún individuo de esta raza maligna" (Pérez y Rodríguez 1833: 111). Ni tan siquiera la advertencia final del hombre invisible a "Adolfo" le convence de sus propiedades sobrenaturales y se mantiene impasible a la espera de acontecimientos: "oyeron dar las doce muy cerca del castillo. Los pausados y lúgubres sonidos del bronce los aterraron como si escucharan la campana de la muerte. Solo Adolfo se mantenía sereno al parecer, y veía con indiferencia sucederse los terribles acontecimientos de aquella noche" (Pérez y Rodríguez 1833: 229).

El conflicto racionalidad-irracionalismo está presente a un nivel semejante, aunque con particularidades, en *La torre gótica o el espectro de Limberg*, donde el papel del escudero crédulo lo asumen ciertos criados del propio castillo. Aunque el barón de Limberg, que había abandonado el pueblo para instalarse de nuevo en estas propiedades a pesar de las advertencias de los habitantes, protagoniza algunos episodios, la mayoría se desarrolla entre los mismos criados. En una de las múltiples apariciones del espectro en las inmediaciones del castillo y en la oscuridad de la noche, los siervos y criados comienzan entre ellos mismos una discusión en la que se percibe la burla y la ironía de aquellos personajes que se muestran más reticentes a creer los hechos que los otros les narran:

> Asustados cuentan la visión de que habían sido testigos; pero Muller se les burló, y Eulero atribuyó a su exaltada fantasía la vista del espectro [...].
>
> — [...] Decid, ¿Por dónde habría de subir, si la escalera no tenía un geme de ancha y las paredes nos prestaban los brazos.
>
> —Yo no sé, contestó Uberto, sino que mis ojos vieron al espectro bien claro paseando entre las alamedas.

—Decid, pues, compadre, ¿qué cara tenía el espectro?

—No se la vi, porque iba al parecer armado de hierro de pies a cabeza.

¡Ola! Esto ya es una cosa más seria, y se conoce que el tal duende gasta malas pulgas. (Pérez y Rodríguez 1831: 154).

Esta tendencia de criados crédulos y señores racionalistas, producto de una necesaria educación, se mantiene en *La urna sangrienta,* aunque tan solo al principio de los hechos. A medida que avanza el relato se quiebra pues los mismos protagonistas, personajes mucho más complejos, ante la visión dudan sobre su existencia, se atormentan e incluso llegan a admitirla como probable y verosímil con lo que el lector dudará también hasta las últimas páginas de la novela. La creencia irracional del villano Ambrosio la asocia el narrador, como era previsible, a la falta de una educación basada en los principios y dogmas de la Iglesia. "Convencida por experiencia propia de que por una contradicción muy común en los hombres formaba su carácter la superstición más pueril unida a la irreligión más completa, fruto todo del magisterio de Coscia, pensó valerse de este franco para sacar el partido posible" (Pérez y Rodríguez 1834 II: 294). Ambrosio está tan confuso que pierde la perspectiva de su mundo. La realidad y la ficción se diseminan y nos encontramos con una confusión de planos: "Se veía por decirlo así en medio de una región misteriosa y no sabía distinguir los lances y sucesos naturales de los portentos y maravillas" (Pérez y Rodríguez 1834: 213).

La dialéctica que se establece entre caballeros y escuderos, señores y siervos se amplía, de tal manera que no solo responde, siguiendo el modelo inglés, a la idea de confirmación del poder social de una clase sobre la otra, sino que buscará otras alternativas. A diferencia de la novela gótica en origen, la crítica se realiza desde la existencia de un pueblo anegado por la superstición, anclado en tiempos de oscuridad que no deja paso al dominio de la razón y a la práctica de la educación y que prefiere abandonarse a la creencia infundada en seres fantasmales y aterradores que buscar ayuda en la fe. La condena a la superstición tiene, por lo tanto, una base constructiva; el carácter didáctico deriva siempre de la necesidad de educar al pueblo, a su juventud; de una manera integral, se presentan unos principios morales y filosóficos, que son los que se defienden y tratan de inculcar.

Aun a pesar de que las opiniones en contra de la creencia en estos espectros parezcan más factibles y la condena a la superstición sea tajante, el texto parece querer demostrar, por momentos, todo lo contrario, de acuerdo con la lógica argumentativa, y el lector se deja dominar por el temor, a la espera del final del misterio. Además la verosimilitud con la que son descritas las apariciones parece querer convencernos de que no existe una justificación racional a estos sucesos extraños y espeluznantes. Sin embargo, nada puede demostrarse, ni que existan ni que sean fingidos. En realidad, el narrador, siguiendo el modelo de Radcliffe, trata de crear a lo largo de la narración una serie de dudas, entre la pertinencia de una explicación sobrenatural de los acontecimientos que narra y la de otra psicológica y meditada que los rechaza, hasta resultar todos ellos finalmente susceptibles de recibir una justificación racional, siendo el enrevesamiento de la trama y sus especiales circunstancias, admisibles, por otra parte; lo único sobre cuya verosimilitud se deja al lector el trabajo de decidir.

Solo el final del relato entonces resuelve el misterio del fantasma. Lo aparentemente sobrenatural es en realidad algo natural mal interpretado por obra de un error, una falta de información o un malentendido, como sucede con el hombre que habita en las ruinas, o una táctica de alguno de los personajes hacia otros, según sucede con el espectro del castillo de Limberg y con la Sílfida que se aparece a los habitantes de Scianella. Todo lo supuestamente sobrenatural queda así explicado y corregido por la revelación de alguno de los personajes, en concreto los que habían provocado la situación; como vengo señalando, la explicación racional de los acontecimientos no niega a las novelas su derecho de ser consideradas como góticas, en concreto pertenecientes a lo gótico racional. La incorporación de lo sobrenatural colabora con los asuntos humanos para restaurar la justicia y el orden frente a las novelas irracionales en las que pasan a ocuparse progresivamente de problemas internos de los personajes, usados para dramatizar la incertidumbre y los conflictos del sujeto individual frente a una situación vital compleja.

La Sílfida, en *La urna sangrienta*, es en realidad Lucrecia, la esposa de Ambrosio, que horrorizada por la escena de profanación de la tumba del marqués y por los horribles asesinatos que a lo largo de los años este había cometido, intenta disuadirle de futuros actos atroces, producto de su enajenación. Reconocemos cómo la urna manaba sangre y cómo la Sílfida era capaz de vagar de un espacio a otro, aparecer de la nada y esfumarse con la misma facilidad a diferentes miembros de la familia aun estando recluida en una cabaña a instancias de su cruel esposo. La explicación racional, pero inverosímil, para el lector e incluso para el resto de personajes de la obra, se añade a la declaración de los hechos a la que fueron sometidos los acusados. El narrador, que conocía de antemano todas estas disposiciones, pero que vuelve a engañar al lector para mantenerlo en suspenso hasta el final del relato, nos desvela los enigmas solo en apariencia sobrenaturales. Así, descubrimos que la urna no manaba sangre de forma misteriosa sino que la matanza que sobre la misma tuvo lugar provocó que esta fuera salpicada por sangre de manera tan abundante que era casi imposible de limpiar. Lo mismo sucede con las peripecias de la Sílfida. El narrador nos descubre la trampa llevada a cabo por el personaje:

> Para imitar la invisibilidad de la Sílfida, o ser aéreo, eran necesarias algunas medidas, cuya ejecución salió con la mayor facilidad. Siendo las paredes de las habitaciones del palacio de bastante espesor, se trató de taladrarlas y formar un conducto angosto a lo largo de todas ellas, dentro del cual hablando una persona pareciese que su voz penetraba el muro y era el órgano de algún ser invisible y sobrenatural. Para que en algún modo fuera sensible su presencia al mortal a quien se dignara comunicarse, las esencias y los olores más exquisitos debían esparcirse en el momento por la habitación, lo cual no ofrecía dificultad alguna.
>
> A media noche entraban por la puerta falsa del jardín crecido número de trabajadores destinados al efecto subiendo por el ala oriental del palacio a las desiertas

habitaciones del difunto marqués, empleaban una o dos horas en taladrar el muro de algunas piezas principales hasta que en pocos días quedó corriente el conducto secreto para las misteriosas apariciones de la Sílfida (Pérez y Rodríguez 1834, II: 205-206).

El secreto que envolvía al hombre invisible y a las ruinas de Munsterhall se resuelve de igual manera al término de la historia. Adolfo no era sino su amigo Alberto que habiéndose hecho pasar por él había pretendido casarse con su enamorada Margarita, y el hombre invisible era el propio Adolfo que se había escondido en las ruinas a la espera de desvelar el secreto y delatar a los farsantes a su debido tiempo. Sus intervenciones, que habían sido narradas con todos los elementos del terror sublime, son justificadas finalmente por el mismo personaje, aunque confiese que su única pretensión era advertir y ayudar, nunca atemorizar. Tras salvar milagrosamente su vida en Tierra Santa, se retira a las ruinas. Una justificación similar reciben los acontecimientos extraños que sucedían en la torre deshabitada y en las inmediaciones del castillo de Limberg, que alcanzan una explicación del todo racional con el final de la novela y el restablecimiento del orden quebrado al comienzo de la misma.

El uso de lo sobrenatural tenía que someterse a los límites de lo probable, de lo aceptable o incluso de lo recomendable. Estimulan de manera edificante al lector en una versión del gótico más conservadora, ajustada al decoro del sentido común y, ¿cómo olvidarlo?, a los dogmas de la Iglesia. En los vínculos con la historia, en la necesidad de realismo, pero también en la presencia constante de Dios, es donde debe buscarse este especial tratamiento del componente sobrenatural.

Como en las propias novelas en las que se basa su construcción argumental, la racionalización de todos los elementos sobrenaturales de la obra, se traduce en un relato marcadamente inverosímil, al menos en el plano textual. Es decir, el relato de los acontecimientos quiebra la verosimilitud textual, al igual que sucediera en las novelas de Radcliffe y sus seguidoras. Ningún ser espectral se escondía tras las ruinas de Munsterhall, ningún prodigio asediaba a los habitantes del castillo de Limberg y ninguna Sílfida vagaba por las propiedades de Scianella; todo recibe una explicación racional, acorde en este caso a las exigencias de la novela española y en virtud de la censura, pero profundamente inverosímil. El narrador había insistido de forma continua en el carácter ancestral de estos seres, en su arte para desaparecer y aparecer de la nada, en su fuerza prodigiosa, en sus dimensiones gigantescas y hasta monstruosas y en su carácter marcadamente terrorífico. La pérdida de esta verosimilitud textual y posiblemente la decepción e incredulidad de los lectores obliga al autor a tomar de nuevo la palabra y aclarar las situaciones que acaba de exponer. El mejor ejemplo de este procedimiento lo apreciamos en *El hombre invisible*; es el de incluir una nota al pie (casualmente la única con la que cuenta la novela) destinada a la justificación de dicha verosimilitud: "En las historias de la Edad Media y en especial de las Cruzadas se leen votos semejantes, hechos con bastante frecuencia; así que este que es el principio y ocasión de los misterios de esta novela, se funda en un hecho que no es sino muy verosímil" (Pérez Rodríguez 1833: 267). La justificación le confiere la suficiente libertad para explicar todo proceder que tuvo lugar en aquel espacio apartado y temible a lo largo de cinco páginas incansables que desvelan todo el misterio:

> Vine al sitio que me había destinado para mi retiro y fueron las ruinas de Munsterhall [...] viéndome por casualidad algunos (aldeanos) en las inmediaciones creyeron ver el confidente y dispensador de un ser a quien llamaban el invisible. Efectivamente cuantas veces intentaron sorprenderme quedaron burladas sus esperanzas; pues teniendo bien conocidas las comunicaciones del arruinado monasterio, érame muy fácil ocultarme (Pérez Rodríguez 1833: 267).

Continúa su relato explicando cada una de las escenas de terror que acaecieron en el subterráneo de Munsterhall: la llegada de la joven María y de Salah, la confusión, producto del cansancio, con espectros en el panteón del subterráneo, el estruendo de la capilla, las notas misteriosas que advertían y amenazaban a Alberto, la presencia del hombre que irrumpe en la capilla para interrumpir la boda.

El efecto que se ha producido a lo largo de los diferentes textos en los personajes que han sufrido estas experiencias y en el lector, por extensión, no desaparece, no pierde su carácter una vez explicado satisfactoriamente, porque tan misteriosa es una concatenación singular y peregrina de acontecimientos verosímiles como el misterio mismo de lo inexplicable; la sensación de terror se mantiene, se cultiva y se fomenta también por lo terrorífico que resulta de conocer que lo extraño y espeluznante puede formar parte de nuestro mundo y puede surgir a cada paso, de cada situación, aunque más tarde sea justificado. Lo terrorífico nace de una enrevesada trama de acontecimientos verosímiles y hasta cotidianos a los que los seres humanos habían atribuido al principio y, sin fundamento alguno, solo apoyándose en creencias supersticiosas y ancestrales, carácter de irrealidad, pero que demuestran lo inquietante y perturbador de aquel mundo, de nuestro mundo, en definitiva.

Sin embargo, lo terrorífico se manifiesta a través de toda la arquitectura lúgubre y tétrica en la que se apoyan estas historias. El escenario del terror sublime que ya penetra en nuestra literatura con los inicios del subgénero gótico, se intensifica, como era de esperar, en esta etapa de consolidación del género y se aprecia una insistencia que se inicia en las primeras páginas y no decae en el manejo del artificio en ningún momento a lo largo de la novela. El dibujo detallado de los escenarios contribuye a aumentar la sensación de terror y asistimos a un paisaje sublimado con todos los ingredientes del mundo gótico. Las devastadas ruinas, los castillos de vetustos torreones a punto de desplomarse con subterráneos surcados por galerías y pasadizos, emblemas absolutos de lo gótico, no son nunca en estas novelas refugio de acogida, sino los edificios depositarios y responsables de este terror: espacios de pesadilla, ámbitos donde reina la desolación y el miedo y donde se llevan a cabo todo el repertorio de torturas y actos maléficos, símbolo de ceremonias diabólicas, del señor del castillo. *La torre habitada o el espectro de Limberg* se inicia con una descripción del paisaje que refleja la desolación que sufre la comarca ante la repentina y misteriosa muerte de la hija del barón. La abadía primero, en la que se realizan los actos fúnebres, y el castillo de Limberg, a continuación, lugar donde los personajes sufren las extrañas apariciones, circunscriben el escenario y reducen sus límites:

> Alumbran los primeros rayos de un día triste de Enero los helados pantanos y nevados montes de Bohemia. La blancura monótona y lúgubre del país, interrumpida solamente por los cortes perpendiculares de los peñascos, donde no había podido hacer asiento la nieve, y por las espesas selvas, de que está lleno, comunicaba a la naturaleza un aspecto de melancolía y disgusto, y producía en el alma sensaciones desagradables. Habían desaparecido hasta las señales de la vegetación, y la erizada perspectiva de nieves y hielos ofrecía a la vista la silenciosa y terrible pompa del invierno en las regiones boreales. Sobre las copas también nevadas descollaban las pirámides góticas del campanario de la Abadía de Beraun, formando armonía sus desnudas puntas con los esqueletos de los árboles sembrados de trecho en trecho al otro lado de la selva y poco visibles a causa de la distancia [...] el eco sonoro, prolongado y repetido hasta distancias considerables por las montañas vecinas infundía pavor [...] los golpes pausados y tristes anunciaban un funeral (Pérez y Rodríguez, 1831: 1-2).

> El frontispicio gótico de esta se hallaba entapizado de negro en toda su extensión. Una simple franja de oro dibujaba sobre el tapiz los arcos, ventanas y demás adornos de la fachada que cubría. La expresión terrible y majestuosa producida por aquel velo negro, suspendido al parecer en la región del aire, crecía al divisarse el arco puntiagudo que formaba la puerta, donde al entrar la comitiva, parecía abrirse el oscuro seno de la eternidad para tragarse las generaciones [...] la claridad de las antorchas solo alumbraba objetos funestos. Las delgadas columnas salomónicas vestidas de negro, las paredes, bóvedas y altares igualmente cubiertos de adornos negros, respiraban pavor, y hasta la luz del día penetrando por las pintadas vidrieras del crucero y claraboyas de las capillas, contribuía a aumentar el grandiosos efecto de aquel vasto panteón; pues no se podía dar otro nombre a aquel soberbio monumento revestido en toda su extensión de los trofeos de la muerte (Pérez y Rodríguez 1831: 20-25).

El terror aumenta paulatinamente con la primera visión del propio castillo de Limberg, encerrado por una naturaleza impenetrable, inaccesible, casi asfixiante, que se describe, como en un plano general que se acerca hasta el detalle más insignificante, desde su exterior gótico a su interior decadente y tétrico. El castillo cerrado contribuye a crear la ansiada atmósfera de suspense y oscurantismo al recrearse como una auténtica cárcel para sus moradores: un lugar aislado del mundo, perdido entre selvas y bosques y en el que cualquier acontecimiento extraño y sorprendente puede tener lugar:

> En medio de las ásperas montañas de Reisen al norte de Bohemia se eleva un edificio aislado. Su arquitectura manifiesta más bien una fortaleza o castillo que un palacio. La situación fuerte por naturaleza lo es mucho más por el arte: se halla construido en la cima de un inmenso peñasco o monte de piedra viva, que domina un vallecito de cerca de dos mil pasos de circuito. A este monte le cercan otros muchos más elevados y cubiertos de espesos bosques [...] el ala izquierda de la fachada

la compone un simple lienzo de muralla con algunas aspilleras de trecho a trecho, en cuyo extremo sobresale una altísima torre gótica destinada sin duda a servir de atalaya. […] Todo allí respira tristeza y melancolía. El agua que llena el foso […] sobre la cual está fundado el castillo, se precipita con espantoso ruido hasta el valle por una cascada perpendicular y a lo lejos retumban las montañas como un trueno; en invierno se ven suspendidas en el aire las prodigiosas masas de hielo, cuyas erizadas puntas infunden tanto pavor como el estrépito del agua cuando cesan los fríos […] y a lo lejos viniendo de Praga se asemeja el castillo de Limberg a la habitación del dolor en el imperio de la soledad. […] El interior del castillo de Limberg no desdice de su exterior apariencia. Vastos salones, inmensas crujías de aposentos, habitaciones destinadas al parecer para colosos, anchas galerías, todo manifiesta más la altivez y soberbia, que la molicie del hombre (Pérez y Rodríguez 1831: 87-90).

El paisaje lúgubre, intensificado por la oscuridad de la noche, vaticina la aparición del ser espectral y contribuye a intensificar la sensación de terror en la que se ve envuelta la escena:

> […] en esto ya las tinieblas de la noche habían envuelto en su pavoroso frío y velo la naturaleza dormida; pero la luna se dejaba ver en todo su melancólico brillo y silenciosa majestad. Plateaban sus rayos las elevadas almenas del castillo y la torre, y esta sobre el fondo oscuro del cielo, se asemejaba a aquellos fabulosos edificios de las hadas situados en una isla desierta, destinados a ser el terror de la comarca, y las habitaciones de vampiros y sombras encantadas y teatro de nocturnas correrías. En efecto esto era la torre gótica del castillo de Limberg, y el suceso manifestaba no haberse extinguido la raza maléfica de espectros y fantasmas (Pérez y Rodríguez 1831: 157-158).

En *El hombre invisible*, se insiste de nuevo en la recreación estética de estos dos escenarios de terror. La descripción pormenorizada de ambos recintos responde, una vez más, a los rasgos que Edmund Burke y Emanuel Kant defendieran en su teorización de lo sublime y que Pascual Pérez y Rodríguez explota al máximo en sus novelas. El castillo de Steenhausen se presenta aislado e inaccesible rodeado de montañas de espesas arboledas y lindante con un rocoso acantilado. Sobre su interior se habla de "salones góticos" (Pérez y Rodríguez, 1833: 7-8) y de "altas ventanas góticas" (Pérez y Rodríguez, 1833: 19). Junto al castillo, a lo lejos, se alzaban "los restos de un monasterio gótico situado en las entrañas del bosque. El trascurso de los tiempos hacinando escombros sobre escombros, había elevado el suelo hasta el capitel de las columnas delgadas que se miraban hundidas en parte, y en parte cubiertas por hiedras que subían a quedarse en los delicados y prolijos relieves de las cornisas y ventanas" (Pérez y Rodríguez, 1833: 30). Las ruinas de Munsterhall no aparecen solamente como un marco estético; el narrador nos confirma el sentimiento que producen en quien se acerca a contemplarlas, guiando nuestra lectura hacia los acontecimientos que pueden producirse en aquel lugar; "infundía un religioso pavor la inmovilidad de aquellas ruinas, interrumpida a veces por el silbido de los vientos en los abetos del bosque y claustros del monasterio, o por el misterioso y triste murmullo de las aves nocturnas que anidaban en las abandonadas habitaciones" (Pérez y Rodríguez 1833: 31). Así lo confirma la primera impresión que los cruzados tienen de las ruinas del monasterio y del paisaje que las alberga, una experiencia sobrecogedora, inquietante y aterradora:

> Astolfo llevaba la luz que tomaron de la cabaña del hombre invisible, y la sombra gigantesca proyectada a sus espaldas contra sólidas paredes de sillería comunicaba mayor sublimidad a esta escena de pavor y misterios. Descubríanse a trechos al través de las bóvedas del cielo estrellado, aumentado la ilusión óptica la elevación del edificio. Aves nocturnas cruzaban de un lado a otro deslumbradas por el desacostumbrado resplandor de la linterna, y el ruido sordo de las alas interrumpía tan profunda calma de un modo horroroso, corriendo a guarecerse en sus agujeros de tropel, y dejando oír tal vez sus lúgubres ayes (Pérez y Rodríguez 1833: 108).

De igual modo, el palacio de Scianella, tras la muerte de los marqueses, la desaparición inesperada de Eugenio y la ocupación definitiva de Ambrosio como único heredero de las propiedades, queda sumido en un estado de tristeza que lo torna lúgubre, inquietante y amenazador. La imagen del castillo ha mudado este estado:

> El palacio de Scianella mirado siempre como el techo hospitalario de la comarca, llegó a quedar aislado, sin atreverse ninguno a aproximarse, como si lo habitase un encantador maléfico, y fuese la oficina y laboratorio infernal de sus filtros y hechicerías. Hasta los vasallos fijaban en él su vista con temor y recelo […] la masa enorme del edificio situado en una montañuela, con todas las ventanas cerradas, y sin alma viviente, inspiraba la triste idea de la soledad más horrorosa y se asemejaba al cadáver de un coloso abandonado en la llanura, añadiéndose el contraste producido por el movimiento, espíritu y actividad que reinaba en torno a él (Pérez y Rodríguez 1834, II: 162-163).

El poder de evocar reacciones emocionales se reconoce como una de las prerrogativas de la arquitectura góticas. Esta arquitectura de las ruinas, que adquirirá su momento álgido en la etapa romántica, se distinguía de las demás fundamentalmente por una fuerte atracción emocional. Al acceder al espacio que conforma la ruina, el personaje, como el lector, se inspira en el misterio y la melancolía que estas le confieren y visiona las ruinas a través de la nebulosa de sus propias reacciones emocionales. El claroscuro que provoca la luna entrando por el techo caído conforma un paisaje profundamente aterrador que reaviva miedos y angustias adormecidas por el peso de la razón. La pareja de cruzados, como la gran mayoría de los personajes de la ficción gótica que se adentran en estos escenarios, caen víctimas del hechizo que ejercen en ellos las ruinas[279] y les transportan a un mundo de seres espectrales y sombras de ultratumba que la luz de la razón difícilmente consigue disolver.

---

279 En relación al empleo de las ruinas en la literatura española y su valoración estética véase Marchán Fiz (1985).

Se emplea el escenario a la manera de Radcliffe, para quien en muchas ocasiones eran más importantes las emociones que este provoca en los personajes que el paisaje en sí que describe, en el objetivo de captar la emoción del lector, para sacarlo de su entorno hacia el pensamiento y los sentimientos de sus personajes; el paisaje como elemento evocador y como creador de una atmósfera determinada[280]. Un escenario terrorífico y dañino pero atrayente por lo desconocido. El paisaje y la magnificencia de los monumentos hacen reflexionar a todos estos personajes sobre la naturaleza humana, sobre el lugar del hombre en el conjunto del universo, y sobre los terribles peligros que esta puede engendrar. El autor usa la descripción del castillo y sus abruptos alrededores para impresionar y producir pavor en el lector.

En *La urna sangrienta*, sin embargo, encuentro, además del procedimiento general, un ejercicio descriptivo que se distancia de las novelas anteriores. Lo sublime se manifiesta más allá de lo lúgubre, oscuro y sombrío, en lo tétrico, en lo macabro; el terror de la naturaleza deja paso a un horror más profundo, el generado por el propio ser humano y el que sufre y padece este, al mismo tiempo. Sin embargo, es posible encontrar ejemplos que aproximan esta obra a las novelas anteriores y aunque no es la tónica general de la novela, sabe el autor, por sus experiencias previas, que este aspecto debe estar presente como parte del artificio gótico. Sin marca espacial ni temporal, la narración de la historia se abre al lector con un hombre que camina en medio de un paisaje desolado, yermo y sublimemente siniestro. Comienza el viaje a través de las sinuosas laderas de un bosque que podría estar determinado geográficamente o podría ser cualquiera:

> Al pálido resplandor de las exhalaciones y relámpagos caminaba por las orillas del antiguo Benaco un viajero, a quien la noche había sorprendido en aquel sitio para él entonces desconocido. Bramaban las ondas del encrespado lago, y mezclado su espantoso ruido con el ronco y prolongado estrépito de los truenos, parecía una catástrofe. La horrible oscuridad que envolvía en su denso velo la naturaleza impedía al viajero fijar pie con seguridad pues el momentáneo brillo de los meteoros celestes, alumbrando un instante la atmósfera, sepultábale cada vez en tinieblas más profundas. Vertían las nubes de su seno torrentes de agua, que penetraban los vestidos del fatigado caminante, sin que la no interrumpida marcha le deparase algún abrigo contra el furor de la tempestad (Pérez y Rodríguez 1834, I: 2).

La tormenta embravecida le empuja a guarecerse en un castillo desolado e inhóspito, pero su peregrinar no ha finalizado aún. La peligrosidad de este viaje es acentuada por una nueva descripción del paisaje, para sugerir una atmósfera específica de tenebrosidad y en definitiva, para provocar el terror en los lectores. Se puede observar la polaridad de placer y peligro que trasmite la visualización de diferentes escenarios contiguos en

---

280 Este procedimiento, explotado por el Romanticismo, pero impulsado entre otros, al menos dentro de la ficción gótica, por Ann Radcliffe, atiende no en exclusiva al paisaje reflejo de la muerte y el terror, el que más peso tiene evidentemente con el objetivo primero del miedo, sino que este cambia con el desenlace feliz de los acontecimientos. Desde las noticias de Adolfo "todo mudó de aspecto en Steenhausen, y todo respiraba el aire de la felicidad y satisfacción: la naturaleza recobró todos sus encantos a los ojos de la dichosa amante" (Pérez Rodríguez 1833: 139).

la relación de los hechos, sin aparecer aún una descripción exacta del lugar en el que se encuentra el personaje. El terror que infunde el escenario emana, en realidad, más que de un dibujo estático, de la superposición de espacios, que corre paralela a la superposición de historias. En ninguno se recrea en el dibujo, pero en todos sentimos ese desasosiego que deja sin respiración. Los espacios del terror se multiplican (cárcel de Padua, panteón de Scianella, habitación de Ambrosio, estancia perdida en el bosque, subterráneo que comunica la ciudad con el castillo), creando una sensación de caos que genera una atmósfera de angustia sin límites, un terror infinito; desde el principio de la novela, el protagonista cambia continuamente de escenario; un espacio sigue a otro, sin respiro alguno, la turbación es constante y en todos ellos la misma sensación de pérdida de la libertad, de confinamiento y de inaccesibilidad al mundo real. No sabemos de dónde viene, pero tampoco sabemos a dónde se dirige, cuál es su destino, ni siquiera su propósito en el discurrir de la historia; tan solo tenemos constancia, por experimentarlo a su lado, de que siente pánico, que huye y que algo más terrible aún le acecha a cada paso que avanza en el camino[281].

En este espacio de terror, los lugares que se privilegian siguen siendo las torres deshabitadas y sobre todo los subterráneos, criptas o panteones, especialmente recurrentes. En ellos se enmarcan las apariciones, pero también se emplean como lugares de muerte, de horror y como espacios de coacción de las libertades del individuo. Así, mientras en *La torre gótica y el espectro de Limberg* y en *El hombre invisible y las ruinas de Munsterhall*, torre y subterráneo en la primera y cripta en la segunda recogen las escenas de terror "sobrenatural", en *La urna sangrienta o el panteón de Scianella* se emplean como cárceles y prisiones que dejan al individuo a solas con los elementos de terror externo, con la iconografía al más puro estilo gótico, pero al mismo tiempo, con sus miedos ocultos más ignominiosos y con la experiencia de sufrimiento y de dolor más insoportable.

En la tarea de desvelar el misterio del espectro, los criados del castillo de Limberg descienden a los subterráneos: "A mano derecha vieron otra muy pequeña que conectaba con los subterráneos del castillo [...] no pudieron evitar un movimiento de terror al verse en aquellos lóbregos calabozos, cuyo horror aumentaba más que disminuía la humosa llama de las teas que los alumbraban" (Pérez y Rodríguez 1831: 126-127). Allí, inesperados destellos de luz, relámpagos, truenos y estruendosos desprendimientos de tierra, así como un insoportable olor fétido dificultan su viaje y aumentan su pavor; "respondiole el trueno más espantoso que jamás había oído, y en un momento se vieron cercados por un volcán de chispas por todos lados" (Pérez y Rodríguez 1831: 181). De igual modo, en *El hombre invisible y las ruinas de Munsterhall*, al descender en busca del misterio, el cruzado y Astolfo descubren que en la iglesia existe una escalera oculta que da entrada

---

281 Natalia Álvarez, en su interesante trabajo *Espacios narrativos* (2002), establece una serie de tipologías del espacio entre las que se encuentran algunas a las que hago referencia en estas páginas. Véase también mi estudio: "Ampliación de los horizontes cronotópicos de la novela gótica" (2010: 273-293).

a un subterráneo que sirve de sepulcro, donde hallan un ser gigantesco que confunden con el hombre invisible:

> Hacia aquel lado se dirigían para recorrer las habitaciones superiores cuando habiendo advertido una escalera abierta en el pavimento que se perdía en la oscuridad, bajaron por ella persuadidos de que era en realidad la del panteón. Mas un nuevo accidente suspendió al cruzado y llenó de pavor a Astolfo. Pocos escalones faltaban para llegar a lo más hondo del subterráneo, cuando al reflejo de la luz que llevaba el escudero descubrieron ambos un guerrero inmóvil de estatura gigantesca y procera y puesta la lanza en ristre en ademán de defender la bajada contra el temerario que osase profanar con curiosa o sacrílega planta la región de los sepulcros (Pérez y Rodríguez 1833: 112).

En *La urna sangrienta*, aunque en los subterráneos tiene lugar alguna de las apariciones de la Sílfida, estas varían de estancia, y se emplazan especialmente en los pasillos y diversos aposentos del palacio de Scianella y en el edificio en ruinas perdido en las profundidades del bosque. Los subterráneos se reservan como lugares destinados a otro tipo de horror, no ya un terror "sobrenatural", sino un horror más efectivo y palpable. Siven de habitáculo para dramáticas intrusiones al servicio del ejercicio de control absoluto sobre las víctimas; son cámaras de tortura, altares profanados por las abyectas prácticas sacrílegas, al servicio del sadismo más arbitrario, del oscurantismo y de la depravación. La cárcel donde encierran a los dos forasteros (Eusebio, uno de los hijos del marqués de Scianella y Claudio Verville, su escudero) y a la dama (su enamorada Angélica), acusados ambos, en diferentes momentos, de la muerte del marido de esta, así como el Panteón familiar de Scianella se sitúan en una estancia subterránea. La prisión en la que se encuentran retenidos Eusebio y Claudio es descrita con grandes dosis de plasticidad que permiten trasladar al lector la sensación de angustia sufrida por estos personajes:

> Las más espantosas tinieblas y horrible oscuridad reinaban en el estrecho calabozo donde gemían los dos infortunados amigos, y un agujero pequeño abierto en el muro de la prisión daba entrada al aire y a un débil y penado resplandor, para hacer más sensible el horror de aquella infeliz mansión. Un vapor craso y una hedionda humedad, y las más asquerosas sabandijas acrecentaban la incomodidad del lugar, y nuestros dos prisioneros no tenían otro lecho para descansar que el desnudo suelo y dos piedras enormes colocadas en un rincón. Pasaron aquel día en la incertidumbre penosa de la suerte que les aguardaba y en la ignorancia más completa de lo que les incriminaban (Pérez y Rodríguez 1834, I: 56-57).

Insiste Pascual Pérez en el carácter sepulcral del calabozo, que constituye el mayor tormento del alma y de los sentidos. Con un sentido teatral se destaca el efecto terrorífico del no poder ver y del mayor horror producido por la luz insuficiente. Gran parte del espanto procede de la imposibilidad de orientarse en las profundidades de estas cárceles oscuras y de su disposición laberíntica (la cárcel de Padua conecta a través de unos laberintos subterráneos con el propio panteón del castillo). Los pasadizos y laberintos subterráneos ajenos a la libertad del individuo se insertan en secuencias narrativas dominadas por el horror de verse privado de libertad. En estos términos describe su situación Eusebio, encerrado y condenado por error en la cárcel de Padua:

> El horror de esta situación y la distancia que se considera de todo viviente por lo mucho que había andado desde la primera antesala, excitan en su imaginación las ideas más tristes y espantosas; y cuando el testimonio de su conciencia trata de aliviar su aflicción, la incerteza del éxito y la absoluta ignorancia de lo futuro ponen en nueva tortura su afligido corazón. Tímido e irresoluto va palpando en contorno las murallas del cuadrado que forra aquella estrecha y horrenda cavidad. En un ángulo de él reconoce un jergón de paja, sobre una tarima de piedra de cantería más firme que la muralla en que está incrustada, y a poca distancia una roída mesa, únicos muebles de aquel lugar. Suspira por la luz del día, sin saber que los rayos de luz son inaccesibles a aquel lugar, aplica de cuando en cuando el oído para experimentar un ruido que le figura su imaginación exaltada, y cada vez experimenta más funesto el silencio que preside.
>
> Cansado de pensar, meditar, combinar y deducir consecuencias y nada adelanta en sus discursos, trata de acostarse para ver si el sueño pone fin a su tormento; y en el momento que cierra los ojos es nuevamente asaltado de funestas ilusiones. Levántase despavorido, torna a acostarse, para volver a levantarse, pasea, suspira, gime; y si algún ligero movimiento le parece más moderado que otro, es aquel en que derramando torrentes de lágrimas llora su impensada desgracia (Pérez y Rodríguez 1834, I: 35-37).

En esta novela, como en las de la etapa siguiente, se recurre constantemente a imágenes que acrecientan la sensación de terror, así como la angustia y la opresión que sufren y padecen los personajes atrapados en estos ambientes de sufrimiento. Los tormentos son insoportables y se acentúan las sensaciones opresivas. El horror en su interior es evidente, creíble, intenso y crudo como la vida real. Las imágenes de dolor y muerte pretenden convulsionar al lector, se centran en la tortura y el dolor físico y psíquico que estas ejercen en el individuo. Si las reflexiones de Eusebio giran en torno a la privación de la libertad, a la culpa infundada, las de Angélica se centran en uno de los motivos literarios más del gusto español que se adaptaron a la temática gótica: la pérdida de la honra.

En el Panteón familiar de Scianella se desarrollan algunas de las escenas de horror sublime más brillantes de la novela. Su profundidad, inaccesibilidad y oscuridad lo presentan como la misma antesala del infierno: un lugar de horror y de muerte en el que el villano Ambrosio ejecuta gran parte de sus planes diabólicos. El momento en el que Coscia y Ambrosio descienden al panteón decididos a profanar la urna sangrienta y con ella desvelar el secreto que envuelve la narración está bañado con todos los tintes del horror. Su propósito es deshacerse del cuerpo sin vida que yace en ese sepulcro maldito:

> Coscia arrima a un lado la cubierta; saca del sepulcro un cadáver ya corrompido o más bien un esqueleto; vuelve a mirar al fondo del sepulcro […] a este tiempo brillando en la atmósfera una encendida exhalación acompañada del más espantoso

trueno, penetrando un resplandor por las pintadas vidrieras de la cúpula de la capilla, y pasando a iluminar con pálida claridad el panteón al través de una rejilla abierta en el pavimento de la misma, la luz del astro maléfico que presidía aquella escena de horror y abominación (Pérez y Rodríguez 1834, II: 85).

La imagen de Ambrosio enajenado a su entrada en el panteón es contemplada por Coscia como un auténtico escenario de terror, y siente vivir junto a su discípulo un descenso a los infiernos:

La sombra gigantesca y horrorosa dibujada en el techo y las paredes de los anchurosos corredores y desiertas galerías de Scianella; los rayos pálidos y resplandor triangular de la linterna, asemejaba al infeliz Ambrosio a un espectro del Tártaro, escapado de la cárcel infernal para difundir en las habitaciones de los mortales el pavor y el espanto (Pérez y Rodríguez 1834, II: 220-221).

Tras huir de la cárcel, escondido para que no puedan percatarse, Ambrosio y su maestro de su presencia, Eusebio contempla horrorizado una de estas secuencias que acontecen en el panteón. Sus impresiones resultan similares a las de Coscia:

Con un puñal ensangrentado en la diestra y una moribunda linterna en la izquierda, el rostro pálido y desfigurado, la boca abierta, los ojos errantes y desencajados, el aire feroz, los cabellos erizados, sale un hombre por la puerta colocada frente a la capilla del subterráneo. Tan horroroso espectáculo heló de pavor al desgraciado Eusebio, representándole uno de los dañados del Tártaro, condenados a andar errantes por el lugar donde cometieron el crimen. El misterioso atraviesa el panteón murmurando voces ininteligibles con acento ronco y entra en la capilla. Allí permanece en silencio algunos instantes y vuelve a salir. Viole Eusebio acercar la fúnebre linterna a cada uno de los sepulcros progresivamente y después de haberlos reconocido, hacer un gesto de alegría insensata, y dar estrepitosas carcajadas. Eusebio creía soñar; mas un momento de reflexión le convencía de la terrible realidad de aquella espantosa escena (Pérez y Rodríguez 1834, I: 2002-203).

El espacio ya no es empleado para inspirar piedad ni tampoco para teorizar o reflexionar, solo para infundir terror, el más extremo posible. Aunque trata de ser el punto de arranque para una reflexión moral, esta se difumina, se desvirtúa, y en ese aspecto es precisamente donde más se aprecia la distancia con la novela edificante y sentimental; el espacio gótico será el lugar donde impere la muerte y donde el dolor, la inquietud, el desasosiego, se pueden sentir, palpar a cada instante; se introduce por la piel y se aferra al alma. Un paisaje que turba los sentidos.

El terror procede a veces del mundo físico, pero en otros casos, como vemos, de las personas de siniestra naturaleza, de maldad sin límite, como el propio Ambrosio y los villanos Venceslao VI, en *La torre gótica o el espectro de Limberg*, y Alberto, en *El hombre invisible o las ruinas de Munsterhall*. El miedo se produce debido al estado psicológico inducido por el temor a algún mal indefinible que el personaje presiente como inminente, pero también producto de la materialización final de ese mal y de sus consecuencias inmediatas. El lector experimenta la misma sensación que sus heroínas, quienes son las destinatarias primeras de estas experiencias; viven en constante condición de terror delicioso y siempre se encaminan hacia situaciones que aumentan más ese terror, pero su papel es siempre secundario, relegado a un segundo plano en favor del poder absoluto del villano, que monopoliza la trama argumental.

Sin embargo, para perfilar el carácter del antihéroe, realizaré unas aclaraciones sobre los personajes femeninos, sobre los que recaen, en primera instancia, los actos del villano: Mandina-Angélica y Lucrecia en *La urna sangrienta*, Margarita en *El hombre invisible* y Ana y Sofía en *La torre gótica*. Se aproximan a las damas perseguidas de las novelas en origen, pero con un papel más secundario y unas características adecuadas y adaptadas a la sociedad española y a las exigencias cristianas que matizan sus virtudes: junto a la belleza suprema, el amor puro que sienten hacia el caballero y su extrema bondad; destacan especialmente por su firmeza en la fe y por su empeño en mantener la honra. En estas historias, jóvenes huérfanas y desvalidas, sin figura paterna de referencia, caen en manos de los villanos, aunque, como merece su virtuosa resistencia, y de acuerdo con las convenciones genéricas que establece la novela gótica española, nada consiguen y su virtud se eleva por encima del mal al que pretenden someterlas. La presión es fuerte y las amenazas constantes, con seducción (Mandina) y rapto (Lucrecia o Margarita) incluidos que demuestra que el mal triunfa en determinados momentos de la novela haciendo que el antihéroe consiga sus fines perversos. Además, se definen por una hipersensibilidad, que revela los fuertes lazos con la novela sentimental. Los rasgos de sentimentalidad adquieren por momentos dimensiones patéticas, sobre todo cuando se pide la participación afectiva del lector en los sufrimientos o estados de ánimo de los personajes o se apela a su sensibilidad para despreciar las vejaciones a las que son sometidas las víctimas por parte de los villanos.

Puede resultar extraño que, si la vertiente que predominó en España fue la conservadora, apta para el público femenino y que se estructuraba en torno a esta doncella perseguida y ultrajada, que evita a toda costa la victoria del mal, los protagonistas indiscutibles sean los hombres y, no el héroe enamorado que acude a su rescate —que también pierde relevancia—, sino el antihéroe villano, en todo el abanico de maldad, enajenación y abandono a las pasiones más inconfesables. Este aspecto supone que en la novela gótica española se dio una fusión entre el conservadurismo de Radcliffe y el horror gótico de Lewis. Esta situación es fácilmente explicable por la influencia del elemento macabro que tiende a recrearse en situaciones del todo desagradables y, vinculado con este, por la obsesión de obtener una lección moralizante. Si el paisaje se reserva únicamente como arquitectura de terror, sobre las acciones de estos personajes recae el peso de la reflexión moral, pues supuestamente el impacto será más fuerte, y más válida, por ello, será dicha lección, cuanto mayor sea la intensidad con que se pinten las pasiones; toda la galería de atrocidades de un hombre maligno sería entonces el mejor punto de partida, y la justificación de su maldad en la errónea y desviada educación recibida, el mejor argumento de acuerdo a sus principios pedagógicos.

Los tres protagonistas son hombres terribles, aunque, dentro de esta maldad existen matices en su caracterización. El autor destina el capítulo II a la descripción de las perversidades de Venceslao IV que son interpretadas como lógica consecuencia de la educación recibida: "Una buena educación hubiera podido precaver muchos de los funestos efectos de estas vergonzosas tachas" (Pérez y Rodríguez 1831: 46). Su condición de gobernante de Praga le permite además extender su maldad a toda la región que vive atemorizada por sus actuaciones:

> Así como la naturaleza se complace de tiempo en tiempo en producir héroes y almas grandes [...] así deja a veces escapar de su seno algunos abortos, que a manera de astros maléficos llevan consigo la destrucción y el oprobio del género humano. Tal fue Venceslao VI [...] Los sobrenombres de ebrio y holgazán, servían para calificar sus vicios más dominantes, pero no los más enormes. Dotado de un carácter feroz y sanguinario [...] un insigne malvado enviado por el cielo para castigo de los pueblos [...] En una índole cruel y bárbara, en su corazón nacido para la tiranía no hay términos medios. Así este monstruo debía ser o tirano o esclavo o verdugo y con sus manos sostener la cadena que las sujetara o la cuchilla con que vertiesen la sangre humana (Pérez y Rodríguez 1831: 32-37).

Sin embargo, sus intenciones primeras se dirigen a las hijas del barón de Limberg, su aliado, para quienes pretende sendos matrimonios basados en intereses políticos y estratégicos. La negación de ambas, que aspiran a otros hombres de los que se declaran enamoradas, provoca la muerte de una, Ana, y la persecución y rapto de la otra, Sofía.

Diferente estrategia sigue Pascual Pérez y Rodríguez en su segunda novela *El hombre invisible o las ruinas de Munsterhall*. No es hasta el final, al recapacitar y volver sobre la lectura, cuando salen a la luz los terribles actos ejecutados por el villano Alberto, que habían quedado diluidos gracias a la confusión y los misterios que envolvían al relato. El propio Alberto es quien relata a los presentes sus atrocidades; había fingido ser el verdadero Adolfo, que había sometido a su enamorada Margarita, e incluso la había obligado a casarse después y a pesar de la advertencia del hombre invisible de no llevar a cabo la boda.

El personaje principal de *La Urna sangrienta* es, sin duda, el de Ambrosio. El terror que evoca su presencia y que emana de sus actuaciones es abrumador y domina toda la novela. Las escenas de la cripta, anteriormente descritas, contribuyen a crear una imagen aproximada de su maldad y el narrador insistirá continuamente en esta condición, en su carácter malvado y en las atrocidades que es capaz de perpetrar, desde los primeros años de la infancia en que comienza a apreciarse su inclinación hacia el mal, apoyado en las directrices de Coscia y, precisamente por ellas -"Tenía dieciséis años y de ellos había pasado trece bajo la [...] tiranía de Coscia, y se había familiarizado con las máximas de una moral corrompida" -, y hasta la misma muerte: "La altanería y el orgullo de Ambrosio no podían sufrir la más mínima reconversión en su desarreglada conducta" (Pérez y Rodríguez 1834, II: 108-110).

Por la extensa y detallada narración de Lucrecia confirmamos, al final del relato, la magnitud de su maldad: mató a su padre y al criado de este, hizo enfermar y dejó morir a su madre, engañó a Mandina y a su hermano Eugenio con cartas falsas que los alejaron, se aprovechó de Olimpia Tossi, encerró a su esposa Lucrecia en una cabaña abandonada, intentó retener en contra de su voluntad e incluso abusar de la propia Mandina y asesinó, poco antes de su muerte, a su maquiavélico maestro Coscia.

Es un ser enorme, perturbado e inquietante con un destino marcado desde su nacimiento y con un objetivo fijo. Ambrosio es capaz de las atrocidades más inimaginables para conseguir su fin: seducir a la heroína, la bella e inocente Mandina. El satanismo, el sadismo y el sexo no son tan evidentes como en *El Monje*, pero sí pueden deducirse de una lectura más profunda y de hecho las referencias son más que abundantes. Demonología y sexualidad son mundos en perpetua comunicación, dependientes, pertenecientes a un mismo universo, como nos recuerda Iris Zavala (1984: 21), impulsos que se manifiestan continuamente en las descripciones de los brotes de locura, los impulsos satánicos y la necesidad imperiosa en Ambrosio de derramar sangre que sufre tras el recuerdo de la mujer que no puede poseer: "La imagen de Mandina se le representaba con todos los atractivos de la belleza y la juventud, y sus desdenes habían inflamado sus lascivos y criminales deseos hasta el término de proponerse a todo trance poseer o de grado o por la fuerza las gracias de la inocente doncella" (Pérez y Rodríguez 1834, II: 11).

Al final de la narración se descubre que la propia Olimpia Tossi era, en realidad, la responsable última de todos los males: su amor por Ambrosio y los celos por el deseo que este sentía hacia Mandina le hicieron trazar un plan de venganza. Despechada, juró venganza en Coscia y vio en la figura de Mandina el medio perfecto para sembrar el odio, la discordia, la desesperación y la división, al fin y al cabo, en la familia de Scianella. La maldad en ella es absoluta y el narrador insiste en su sed de venganza y en sus nulos remordimientos. Sin embargo, una vez que queda explicado el origen del mal, su culpa queda desdibujada y es relegada a un segundo plano, como el resto de mujeres, a lo largo de toda la novela; lo perverso de sus planes se desvanece en los que los ejecutan, en Coscia, por un lado, pero sobre todo, en Ambrosio Scianella.

No obstante, la maldad sin límites de este personaje precisa, cuanto menos, de ciertos matices, lo que le conduce a superar en complejidad a sus antecesores; en Ambrosio renace el verdadero antihéroe, aquel protagonista de las novelas irracionales, semejante en actuaciones a su homónimo en Lewis. Le mueven idénticas intenciones lascivas, pero le asaltan también semejantes pesares y angustias. Un personaje complejo en el que se debaten sus dudas internas entre los deseos irrefrenables hacia Mandina y los remordimientos por sus pecados inconfesos, y en el que se materializa un vínculo directo con el mal y el demonio y, al mismo tiempo, un deseo de volver la mirada a Dios. Los remordimientos atormentan continuamente su alma:

> La terrible mano de los remordimientos había trazado en el pálido y cadavérico rostro del infortunado Ambrosio los espantosos rasgos de una desesperación tranquila y concentrada. Los músculos de la cara visiblemente contraídos anunciaban la eterna tortura de aquella alma abrumada con el peso del crimen. Sus ojos vagaban sin fijarse en objeto alguno por las órbitas desencajadas y sus labios articulaban palabras insignificantes al parecer e ininteligibles (Pérez y Rodríguez 1834, II: 95).

El dolor del espíritu se torna, por momentos, insufrible: "los tormentos del infierno son más soportables que los de tu alma" (Pérez y Rodríguez, 1834b: 57) –la influencia de M. G. Lewis es más que evidente–. Los pecados cometidos y los continuos remordimientos provocan un cambio en él momentáneo. La lucha constante que se produce en su interior entre estas dos fuerzas opuestas, la búsqueda del verdadero camino, junto al acertado consejo de su criado Cenón, que supone el otro contrapunto positivo, la complementación al malvado Coscia, guían sus pasos hacia un ermitaño que vive alejado de la civilización y al que decide acudir para aliviar su alma cansada. La figura del ermitaño, en estas novelas racionales, es la de un hombre amable y paciente, fruto de la experiencia del sufrimiento personal y uno de los personajes católicos que siempre es tratado con benevolencia en la ficción gótica. Tras la visita parece que se ha confirmado la transformación de Ambrosio y con ella el arrepentimiento y la purga de sus pecados: "Yo os lo juro, dijo Ambrosio anegado en llanto: resarciré cuantos daños he causado: ojalá mi reparación sirva para aplacar la justicia celestial y mitigar la atrocidad de mis tormentos" (Pérez y Rodríguez 1834, II: 58). No obstante, la balanza parece cambiar de lado y los instintos sexuales y su carácter completamente corrompido acaban por reprimir sus remordimientos y solo parece arrepentirse una vez que conoce la sentencia final por la que es condenado a muerte en el cadalso.

Se debilita así el esquema maniqueísta sobre el que se estructuraba la novela gótica racional, un mundo de héroes y villanos en el que cada uno tiene su recompensa. Esta novela, como las irracionales, describe un mundo menos compasivo y quizás más real, en el que los héroes o antihéroes se debaten entre el bien y el mal y fluctúan continuamente de un extremo al otro. Entramos en el terreno de la ambigüedad moral: Ambrosio es un hombre de unas extraordinarias virtudes, de una genética predispuesta al bien, a quienes las circunstancias vitales y sobre todo el peso de una educación desviada empujan a propósitos malvados. No es un mero monstruo como puede apreciarse en una lectura superficial, se revela como un ser más complejo.

Las atrocidades y los actos malvados de estos villanos son los responsables primeros de la aparición en escena del elemento sobrenatural. El peso de la religión en estas novelas, característica fundamental que adopta el género en su trasferencia a nuestras letras, afecta al resto de componentes. Los personajes, en especial, serán los que adopten mayores matices. La heroína, que padece las vilezas del malvado, ya no sufrirá, sin embargo, persecuciones sobrenaturales. Sobre su personaje ya no recaerá el peso de las apariciones de estos seres, pues el villano es también quien asume este rol y padecerá una constante persecución, en un intento de disuadirle de sus actos, para devolverle la cordura perdida y para restablecer el orden quebrado al principio de la novela. Su persecución se vuelve asfixiante, al igual que la que él somete a la dama.

En *El espectro de Limberg*, el caballero del esqueleto, llega dispuesto a devolver al rey la cordura que le faltaba y alejarle del vicio que le consumía "Es un antídoto. [...] Habéis sido envenenado; no he llegado a tiempo de evitarlo, pero sí de precaver los funestos efectos del veneno. Bebed, señor, bebed..." (Pérez y Rodríguez 1831: 197). Sin obedecer las recomendaciones del espectro de Limberg, el rey sale, sin embargo, de su palacio y es tomado prisionero por la multitud exaltada que no permite ya más tiranía.: "[...] fue encerrado en el calabozo más oscuro y cargado de grillos y cadenas; se le intimó esperase el premio debido a su tiranía y crueldad en el suplicio más atroz y horroroso que pudiera inventar" (Pérez y Rodríguez 1831: 211). Sus advertencias no son suficientes y la desaparición repentina de este ser espectral tiene un efecto inmediato en la intensificación de las atrocidades: "Libre de este modo Venceslao por la protección del cielo y diligencia del espectro de Limberg, no por eso se hizo más cauto; ni con la conducta propia de un soberano procuró quitar la ocasión de exponerse a semejante peligro. Abandonándose a todos los excesos de su carácter feroz y despótico" (Pérez y Rodríguez 1831: 203) y multiplicando de este modo los horrores: "Praga fue inundada de sangre; los nobles iban en tropas al cadalso; pesquisas, rapiñas, hurtos, confiscaciones pero cubramos un velo sobre tal repugnantes escenas" (Pérez y Rodríguez 1831: 224).

En *El hombre invisible*, a pesar del enorme poder del ser misterioso, sus en apariencia "buenas acciones" hacen variar su consideración, desde espectro o ser infernal hasta enviado de Dios. Se dirige al falso Adolfo en tono amenazante para disuadirle de unas pretensiones que este ser conoce a la perfección. Le perseguirá hasta que confiese: "Esta media hora es la que te queda. [...] Tiembla... el invisible te habla por última vez..." (Pérez Rodríguez 1833: 227). Su objetivo no es otro sino que declare su verdadera identidad y los intentos malvados que pretendía llevar a término.

No olvidemos que, en *La urna sangrienta*, la Sílfida, Lucrecia, la esposa recluida de Ambrosio, atormentaba a este para "ablandar aquel pecho de bronce" (Pérez y Rodríguez 1834, II: 5). "Las terribles palabras que le recordaban la Urna sangrienta no solo le enajenaban sino llegaban a veces a trasportarle al último grado de delirio". Sus apariciones generan en el personaje sensaciones contradictorias, y del temor y el rechazo, pasamos a la dependencia y la necesidad. Los tormentos a los que el villano es sometido por parte del ser espectral evidencian parte de la complejidad de este, su ambigüedad, su constante balanceo entre el bien y el mal, pero sobre todo descubren el enorme peso de la religión y la presencia constante de Dios. En efecto, los tres seres sobrenaturales engañan al resto de personajes y adoptan el papel de hombres invisibles, espectros o Sílfidas, con el único propósito de acabar con las atrocidades del villano. Se trata de personajes que representan al bien y que, en nombre de Dios, deben ejercerlo desde el principio para devolver el orden quebrado, aunque su condición de fantasma les reste protagonismo como personajes reales.

Y por último, menciono otros dos aspectos potenciados en la recepción de la novela y que ya adelanté: el vínculo entre lo macabro y la lección moralizante, que se intensifica en las últimas páginas de la novela. Junto al suspense, la atención del lectorado se mantiene también gracias a continuas situaciones que lo conmocionan y lo perturban, pues se amontonan una sucesión de horrores frente a los cuales el lector no puede evadirse fácilmente. He aquí otra de las aportaciones de nuestras letras a la ficción gótica. La efectividad se basa en el asesinato, en los horrores de la muerte, la tortura sobre todo psíquica, y difícilmente la violación, aunque esta se intuye y se evidencia sobre todo en *La urna sangrienta* y en diferentes lances de la misma. En esta, a diferencia de las dos anteriores y como anticipo de las siguientes, se complace el autor en la descripción de los detalles macabros, de la sangre y de las muertes violentas, que unas veces se corresponden con los efectos de ira cegada por la pasión del villano y otras proceden de desgracias naturales, aunque todas ellas obedecen a una lección moral. La crueldad alcanza sus límites más intensos. La violencia y sus consecuencias aparecen en todas estas novelas, aunque en diferente grado, dependiendo si nos hallamos más próximos al cultivo de la novela gótica racional o irracional; descripciones terribles con una intención moralizante oculta u ocultada: la exposición directa al lector de las pasiones más exaltadas. El componente macabro domina la escena, con el propósito de horrorizar, sobresaltar, disgustar y entretener a la audiencia. Las descripciones llenas de plasticidad pretenden reflejar el efecto portentoso del mal, de lo desagradable, de lo infecto; si sucumbimos al mal, si abandonamos el camino de la virtud, estas serán las consecuencias.

El dibujo de estos sucesos violentos va acompañado de la estructura del melodrama y de la morbosidad tan del gusto español. Junto a las escenas del panteón y a las atrocidades cometidas por Ambrosio, cualquier episodio en el que la muerte esté presente se recrea en toda su morbosidad. La escena primera ya adelanta la línea que seguirá el resto de la novela. El componente macabro de la muerte se vincula, en este momento, al erotismo. M. G. Lewis y su saga habían potenciado estas relaciones, aunque, por lo general, eran minuciosamente explícitas. Pascual Pérez y Rodríguez, por su parte, opta por un erotismo tímido en un nivel de leves y sugerentes pistas, a la manera de la escuela femenina, en situaciones especialmente delicadas, donde los límites entre la muerte, lo macabro de esta y el erotismo que emana de la condenada se aproximan peligrosamente, al menos desde el punto de vista de la censura y, sobre todo, del decoro. Se acerca la fatídica hora de la ejecución de Angélica (Mandina), acusada de asesinato, mientras la multitud fanática, enaltecida, pero espantada y horrorizada al propio tiempo por el espectáculo de la muerte, espera en la plaza pública. Una serie de sensaciones envuelven la escena: la sublimidad, la atracción, la repulsión. Un erotismo muy proclive a la depravación, y su clara consecuencia en la práctica de lo macabro, lo cual da forma a una belleza tan exquisita como infernal, teniendo esta su núcleo en algo enfermizo y hasta detestable. Angélica se acerca al cadalso; la descripción, sin embargo, va acompañada de tintes eróticos. El desconocido (Eugenio-Antonio) no solo la compadece sino que siente atracción por la escena:

> Las hermosas y largas pestañas caídas e inclinadas sombreaban dos bellos ojos medio cerrados y dejaban escapar alguna lágrima fugitiva; tributo innegable a la debilidad humana. Bajaban a descansar en su hombro y caer por la espalda largos bucles de cabellos negros contrastando con la blancura de un cuello de alabastro; estremeciéndose la sensibilidad con la terrible representación de la acerada cuchilla hendiendo la hermosa garganta y de la sangre violando con púrpura la nieve de tan mórbida y delicada tez. Una linda boca medio abierta con la triste sonrisa de la resignación, dejando ver por entre labios rosas marchitas el terso marfil que la adornaba (Pérez y Rodríguez 1834, II: 15).

Nos hallamos, en realidad, ante lo innombrable, lo prohibido, lo oculto desde las esferas del decoro y la autocensura y de todo aquello que en materia sexual forma parte del imaginario popular. En esta estampa se afirma la naturaleza marcadamente sexual, el énfasis puesto en la expresión de los más íntimos placeres y la apología de los prohibidos, junto con la presencia de una sensualidad levemente esbozada. La mujer es la incitadora de los deseos del ojo que la disecciona. Se nos muestra el cuerpo femenino de forma fragmentaria, pero aquí sin límites y obstáculos que marquen el decoro y el pudor. El cuerpo de la mujer es aprehendido en términos de posesión y de idolatría desde una visión exclusivamente masculina.

La sucesión de muertes violentas que acontece al final, sin embargo, supone el clímax de la novela; primero, el criado Camilo: "El desgraciado Camilo tendido en el suelo con las agonías de la muerte [...] la sangre brotaba de dos heridas que [...] tenía en el lado y en la garganta" (Pérez y Rodríguez 1834, II: 41-42); a continuación, el pueblo enfurecido decide acabar con el terror y prender fuego al castillo: "[...] tenían a su palacio por habitación de espíritus infernales, y a él mismo (Ambrosio) por uno de los más íntimos y familiares amigos [...] No veían pues la hora de mirar arrasado por el suelo aquel edificio, que llamaban comúnmente la cámara de Satanás" (Pérez y Rodríguez 1834, II: 253). El fin del confinamiento se traduce además simbólicamente en la destrucción de los lugares de terror y muerte, generalmente a manos del fuego, considerado como elemento purificador; un episodio aterrador que coincide con el final de la novela, el castillo arde por la cólera del pueblo supersticioso. El primer sacrificio del castillo en llamas será Olimpia, que escondida en él, muere al desplomarse la torre desde la que pedía auxilio al pueblo enfurecido y aterrorizado, "envuelta en llamas y escombros"; la descripción de su muerte lleva aparejada una lección moral: "¡Terrible ejemplo para los excesos a que conduce una pasión celosa, y del desastrado fin que comúnmente les espera!". La segunda implicada será Lucrecia, quien permanecía prisionera en el castillo; es rescatada de las llamas, pero las quemaduras resultan ser mortales y tan solo la permiten vivir lo suficiente para no asistir a la condena y la muerte de su esposo. A aquellos otros personajes que se salvan del incendio les esperan muertes similares. Coscia, por ejemplo, es cruelmente asesinado a manos de su discípulo Ambrosio en un arrebato de violencia:

> Sacó del seno una pequeña daga que llevaba oculta: empuñola con ambas manos sujetas con esposas; precipitose contra su preceptor, que estaba inmediato, y antes que alguno pudiera socorrerle, la hundió dos veces en su pecho, dejándola clavada en él la segunda [...] Cayó Coscia y vomitó entre ríos de negra sangre su inmunda alma, recibiendo el condigno castigo de sus delitos de la mano misma que él armara contra otros (Pérez y Rodríguez 1834, II: 267-268).

Y, por último, el propio Ambrosio, con cuya muerte se cierra la novela; tras haber confesado ante el tribunal sus delitos: "Tras haber envenenado a su padre, asesinado a su criado Gaudencio y dado puñaladas a Coscia, fue condenado al último suplicio, cuya ejecución debía verificarse en el lugar acostumbrado, entre las dos columnas de la plaza de San Marcos" (Pérez y Rodríguez 1834, II: 270).

La muerte es percibida en su relación más violenta como un acontecimiento macabro, precedida de una dolorosa agonía y su intensidad y crueldad será equivalente a las maldades de los actos de estos personajes en vida. En palabras de Lucrecia conocemos el terrible, pero fascinante efecto, que provoca la contemplación de escenas de muerte llenas de pavor, que sería el mismo que habría de provocar en los lectores y que, a mi entender, se convertirá en la clave de la ficción gótica al modo español:

> Llena de inexplicable agonía y sin fuerzas para moverse se hallaba como petrificada y su situación era semejante a la de aquellos sueños espantosos, en que la imaginación representa al hombre escenas horribles, y le tiene como encadenada y fija la vista en aquellos pavorosos objetos, sin que le sea posible apartarla por más violencia y esfuerzos que haga (Pérez y Rodríguez 1834, II: 285).

Idéntico sentimiento que experimentan el resto de personajes que asisten horrorizados a estas situaciones: "Fácil es concebir la terrible impresión que produjo en los presentes tan horrenda catástrofe: el terror y el espanto les anudó las lenguas e inmóviles contemplaban aquel cuadro de muerte y destrucción" (Pérez y Rodríguez, 1834: 42).

La moraleja final aparece expuesta y una vez más en términos de moralidad cristiana: el bien será premiado y el mal recibirá su castigo. En *La torre habitada o el espectro de Limberg* se adelanta el propósito en el prólogo de la novela, el restablecimiento del orden se traducirá en la recompensa a los personajes virtuosos y el castigo a los que hayan cometido actos viles y malvados:

> Ofrece la parte moral de esta obrita lecciones terribles que convencen de cuán poco sirven los cuidados de una educación sólida y cristiana, cuando la vil adulación y un perverso natural echan a perder el más bello cultivo.

> Un príncipe ebrio, feroz, estúpido y holgazán; un favorito ambicioso; un advenedizo cobarde, vil y envidioso; en oposición con las virtudes de un hijo amable, generoso y valiente, de un padre sabio y recto, ambos fieles a su Rey; siendo ambos el blanco de una injusta persecución, y de la envidia del favorito, con las dos hermosas y amables jóvenes, cuya invencible constancia es expuesta a las más duras y crueles pruebas (Pérez y Rodríguez 1831: VIII).

En *El hombre invisible o las ruinas de Munsterhall*, Margarita y Adolfo, personajes virtuosos y constantes en su amor, reciben su recompensa en forma del enlace que tanto habían ansiado. Alberto, que se arrepiente con sinceridad de sus actos malvados y viles, es perdonado por su esposa, pero también por Dios, que le salva de una vida deshonrosa, de persecuciones y de muerte violenta. Sin embargo, aunque en *La urna sangrienta* el mal se castiga, no siempre las buenas acciones reciben la recompensa esperable. En esta novela se muestra el mal como castigo del cielo: aquellos que han sido tentados por Satán y han sucumbido a él recibirán su merecido. A medida que se acerca el final, la lección moralizante se va apropiando de la narración. Cada personaje es sometido al juicio del narrador, que no es sino el juicio de Dios. Ambrosio, Olimpia y Coscia perecerán, como hemos visto, víctimas de sus crímenes y Eugenio, Mandina o Eusebio, recibirán el premio a su valor, tesón y virtud. Mas, siguiendo el esquema de Lewis, personajes bondadosos, como Lucrecia, el contrapunto a su esposo, son sacrificados poniendo en duda la justicia divina; su muerte se justifica en función de la monstruosidad y el efecto terrorífico del relato. Esto es, la virtud no siempre es recompensada y los personajes representantes del bien son sacrificados en ocasiones, demostrando el enorme poder de las tinieblas y el verdadero propósito de las novelas, esté o no oculto o implícito: el terror.

En definitiva, nos encontramos ante novelas góticas que responden a todas y cada una de las claves de la vertiente racional cultivada por Radcliffe, aunque se acuda a determinados motivos recurrentes de la tendencia irracional: héroes virtuosos, damas sometidas a las crueldades de un villano, dibujado como un ser diabólico, paisajes sublimes, espacios dobles (abadía-castillo), secretos guardados que poco a poco se descubren, historias de aparecidos y espectros que resultan, gracias a giros del todo inverosímiles, mero producto de la ilusión, o creencias infundadas que terminan por justificarse; además a estos elementos se añaden todos aquellos otros componentes que el mundo de la novela gótica adoptó al trasladarse a nuestra literatura: la búsqueda de la verosimilitud y del realismo histórico, la presencia constante de Dios, la lección ejemplarizante como justificación a la perversión o el enorme peso del elemento macabro. Y por encima de ellos, adornando la novela a modo de aderezo una estética del terror, un regusto por conducir a los lectores hacia esas regiones del alma donde anidan los más ocultos deseos y donde, a modo de extremos que se tocan, emergen el bien y el mal en su eterna e incesante lucha.

B) LA NOVELA GÓTICA ESPAÑOLA Y "LO IRRACIONAL"

Digo que soy un hombre, pero ¿quién es el otro que se oculta en mí?
Arthur Machen, *El dios Pan*

Aunque este epígrafe pueda parecer contradictorio con la tendencia imperante en nuestro país se justifica en las propiedades intrínsecas que defendí para esta otra vertiente de lo gótico. Lo irracional se manifiesta en lo sobrenatural pero también en todo aquello que, aun siendo real y tangible, traspasa los confines de lo permitido, de lo aceptable, de lo asumible socialmente, en definitiva. En la búsqueda del miedo, nuestros autores supieron aprovechar el bagaje del horror gótico, aunarlo con lo macabro hispánico y sostener ambos gracias a una historia de tintes melodramáticos o a una ejemplar lección moralizante; el resultado sería una novela que aunque carente de la experiencia de lo sobrenatural conserva el deseo y la necesidad de transgredir las normas establecidas, las humanas y las divinas, polemizar y sembrar el terror, el desasosiego, el pánico en los lectores. Se abandona el debate sobrenatural, es cierto, el conflicto se difumina y lo fantástico se desvanece en apenas unos cuantos intentos frustrados; sin embargo, el irracionalismo se mantiene en la práctica del horror que va más allá de lo razonable y estipulado, de los límites del decoro y que ahonda en lo prohibido, en lo tabú, para reflexionar sobre la maldad más plausible y manifiesta, la que nace en el hombre mismo y busca en el propio hombre a su destinatario primero.

Y dentro del campo asociativo del miedo, el terror se aparca y se reivindica el horror de la naturaleza humana en toda su complejidad y variedad de matices y perspectivas. El centro de atención se desplaza de lo terrorífico arquitectónico y del terror "sobrenatural" al horror humano; es decir, del terror intangible, insinuado, apenas perceptible, conseguido a través de la técnica del suspense, pasamos al horror real, palpable, asfixiante y demoledor. Del castillo al villano, a la heroína ultrajada y al héroe enamorado en apuros, allí donde los personajes recuperan el protagonismo perdido en detrimento del aderezo estético que queda reducido a la mínima expresión. Este terror se basa en la premisa de que el lector, abrumado, cerrará su mente, dejará el libro horrorizado ante las escenas macabras y sublimes que afloren, debido a la mezcla entre placer y dolor que el miedo induce. El horror gótico que mueve estas novelas y campa en las mismas asume que son los hechos los que tienen consistencia psicológica, no el escenario, de tal manera que incluso en situaciones repulsivas, y precisamente por ellas, el lector se verá totalmente envuelto en la trama, algo que probablemente producirá un cambio en la concepción del bien y del mal, a pesar de los esfuerzos finales de sus autores para que no sea así.

Este horror gótico dependerá en primera instancia de la opresión continuada que sufrirán sus protagonistas. En efecto, el motivo principal que hace avanzar los acontecimientos ya no será la resolución del misterio, la justificación de los episodios sobrenaturales, sino la situación de constante peligro que sufren los personajes a manos de villanos completamente deshumanizados que adquieren propiedades diabólicas, características estas que ya fueron apuntadas en aquellas novelas anteriores, pero que se convertirán en eje dominante de esta otra vertiente de la ficción gótica. Por ello, he optado por continuar con este apelativo, de novela gótica "irracional", en lugar de formular uno nuevo y aunque realice una distinción argumentativa, no temática, en el seno de la misma; macabra, horrífica o incluso hasta anticlerical, son conceptos más restrictivos, en algunos casos, y aún equívocos y carentes de perspectiva universal y generalizadora en otros. Las novelas que hemos agrupado bajo este epígrafe no forman un grupo excesivamente numeroso, de acuerdo a la tendencia general, pero sí resultan especialmente significativas, no solo por, como en el caso anterior, suponer intentos nacionales a tener en cuenta en un campo en el que primaban las producciones importadas, sino por resultar, en muchos casos, excesivamente oscuras, provocadoras y subversivas; por un lado, distingo *Las calaveras o la cueva de Benidoleig* (1832) que aparece sin nombre de autor, *Virtud, constancia, amor y desinterés aparecen en el bello sexo* (1834) de Narciso Torre López y Ruedas*²⁸²*, *El Subterráneo Habitado o los Letingbergs o sea Timancio y Adela* (1830)²⁸³ de Manuel Benito Aguirre, *Carlota Creyston o la víctima de su virtud* de Basilio Castellanos de Losada (1829), *La catedral de Sevilla* de Ramón López Soler (1834) y *El hombre de Tempul* (1836) y *Alejo y Guiomar* (1836) de José Miguel Hué y Camacho, novelas en que las situaciones de peligro que sufren los personajes aparecen dibujadas con todos los colores del horror más macabro, vinculadas a una lección moralizante y con un claro propósito adoctrinador, y, por otro lado, *Cornelia Bororquia* (1801) de Luis Gutiérrez, *Viaje al mundo subterráneo o secretos de la Inquisición revelados a los españoles* (1820) de Joaquín Clararrosa, *La bruja o cuadro de la Corte de Roma* (1821) de Vicente Salvá y *El ferí de Benastepar o los moros de Sierra Bermeja*, de José Miguel Hué y Camacho²⁸⁴, centradas en la tiranía que ejercen, sobre los protagonistas, determinados representantes de la Iglesia católica y alguna de sus instituciones y en las atrocidades que son capaces de perpetrar; todo ello desde una actitud crítica, censora y en la línea anticlerical de Lewis, Ireland o Maturin.

Inicio el análisis con la novela anónima *Las calaveras o la cueva de Benidoleig* por suponer el vínculo perfecto entre la tendencia racional y la irracionalista. La estructura

---

282 Narciso Torre López y Ruedas escribió otra novela, de temática similar, titulada *El archivo de Madama Estagfex* (1835) que, según Ferreras, (1973: 261) había sido prohibida por la Censura Gubernativa en fecha anterior a la que refleja la presente edición, a juicio del censor, por contener "una reunión monstruosa de horribles asesinatos, crueles tormentos y lances horrorosos". Sin embargo, dudo de que realmente llegase a publicarse, pues no existe referencia alguna a dicha novela en ninguno de los numerosos catálogos bibliográficos que he consultado y si consiguió finalmente ser publicada, la escasa tirada que sin duda habría tenido la ha hecho desaparecer incluso de las bibliotecas privadas.

283 He tenido acceso a la novela a pesar de que ni Reginald Brown (1953: 88), que apoyándose en los catálogos habla de dos novelas diferentes, ni Juan Ignacio Ferreras (1973: 236-237), ofrecen datos claros sobre la misma, incluso este último sentencia que no puede afirmar que se trate de una novela de terror porque "De todo modos la o las novelas se han perdido".

284 Se ha publicado recientemente en una edición anotada de Javier Muñoz de Morales Galiana y Daniel Muñoz Sempere (2023). Junto con esta obra, también se han editado las anteriores de este autor por parte del investigador Javier Muñoz de Morales Galiana que verán la luz a lo largo del 2024.

externa, el marco que encuadra la novela, vincula esta al proceder general y clásico de las novelas racionales, mientras que la estructura interna, el relato de los acontecimientos que conserva el manuscrito, reproduce otro tipo de terror, alejado del horror sobrenatural: la presencia amenazante y opresiva de unos hombres que persiguen a los protagonistas de manera insistente y que son los responsables últimos de las penalidades que estos sufren, desde el comienzo hasta el final de los sucesos que se narran. La novela se abre con un planteamiento ya recurrente en el seno de la ficción gótica que busca la conexión con la historia, la verosimilitud y la sensación de realidad[285]. Un viajero inglés llega a la región de Benidoleig, alertado por la situación de horror extremo que vive el pueblo; sus creencias supersticiosas les empujan a asegurar que un terrible misterio de tintes sobrenaturales envuelve la cueva y las calaveras que se encuentran en su interior son la prueba palmaria de lo que sostienen. La cueva se describe, por ello, como un lugar oscuro, un subterráneo recóndito que puede albergar no solo bandidos o ladrones, sino secretos mucho más inquietantes y terroríficos: "La celebridad, la situación y el rico manantial de esta cueva, la hacen frecuentar de día por los forasteros y los naturales del país, y una especie de terror infundado cierra sus puertas a los vivientes durante las horas tenebrosas de la noche" (1832: 4).

El investigador inglés, desde una perspectiva empírica, confía, sin embargo, en que el enigma no esconda más que un suceso real, suceso que él se propone desvelar ayudado por un manuscrito mohoso escrito en una lengua antigua y apenas legible que encuentra en el interior de la propia cavidad. Hasta aquí el marco de la novela, en el que el misterio, en apariencia sobrenatural, los aldeanos atemorizados y unos restos humanos apuntan a sucesos extraordinarios de un tiempo pasado y remoto que pudieron haber acontecido en aquel lugar. La realidad del relato es bien diferente y aunque emplazado en el pasado medieval, en concreto en la época de la Reconquista, dibujará una historia, no ya de fantasmas, sino de amores desencontrados entre dos personajes, Antonio y María, que sufren el horror interminable de una constante persecución, que son apresados, torturados y acaban muriendo mientras buscaban la libertad. El eje impulsor de los acontecimientos conecta la novela definitivamente con esta otra vertiente de la ficción gótica, aunque sea la menos conseguida de todas las incluidas en este grupo, pues no todos los motivos señalan a la novela gótica como la inspiradora de su estética y el tratamiento de la historia es más importante en el peso global de la misma, al apoyarse en un hecho documentado. El suceso que narra, aunque leyenda, podría ser real, y de hecho resulta más que verosímil; pero lo realmente importante, de acuerdo a este análisis, es que recrea una historia estremecedora y horrible. Estos personajes, como los de las otras novelas, son acosados y sometidos, asisten a espectáculos atroces, viven situaciones de horror asfixiante y sucumben o son arrastrados por el poder que ejercen sobre ellos seres abominables que arrebatan sus libertades y anulan su voluntad.

---

285 De hecho, el acontecimiento histórico al que hace referencia la novela es fácilmente documentable. Existe un yacimiento arqueológico con restos óseos en La Cova de les Calaveres en la localidad de Benidoleig, en Valencia.

El relato comienza insistiendo en esa sensación de peligro, de inseguridad, de horror, que experimentan los personajes, que no abandonarán en ningún momento y que se traslada al lector desde el inicio de la narración. La indeterminación y la vaguedad espacial y temporal contribuyen a ello. No sabemos quiénes son los personajes que nos presenta el narrador, qué hacen allí, de qué o de quiénes huyen, solo sentimos su pavor a medida que avanzan por los recovecos subterráneos de una cueva, sin salida, sin posibilidad de volver sobre sus pasos, condenados por el destino a un final de muerte y pesadilla. Más adelante, conocemos que Zorbohihe, el villano de *Las calaveras o la cueva de Benidoleig*, es el responsable de aquella situación inicial; en una España dividida entre cristianos y musulmanes, pierde la cordura y comienza la persecución tras el rechazo que sufre por parte de la mujer que desea, María (Zulema, convertida al cristianismo); los celos y los instintos lascivos del personaje le conducen a una enajenación que acabará en tragedia. Si María no accede a sus pretensiones por propia voluntad, será obligada, y el primer sacrificado será su enamorado, Antonio, que es apresado en una cárcel subterránea que alberga todo el horror gótico y en la que se aprecia el sufrimiento y dolor del personaje. El lector se contagia de la sublimidad de la escena, padece y sufre junto al protagonista; un anticipo a la tortura, más que del cuerpo, del alma que experimentan los personajes y que será descrita en profundidad en las novelas siguientes:

> Pasan un largo y húmedo corredor, llegan al pie de la estrecha y penosa escalera, le cogen en alto a fin de que no pierda a tanto golpe una vida que preservar para saciar el placer de su venganza. Recorren después un vasto subterráneo, penetran por una puerta muy semejante a la que cerraba el calabozo, bajan cuatro escalones, se hallan en un recinto semicircular e iluminado. La pared recta que se ofrecía al frente presentaba una superficie lúcida, la que contrastaba con el tosco y negro muro que formaba la bóveda. Al pie de la primera se veía un sepulcro, cuya mitad parecía embebida dentro de la pared. [...] A los dos lados, y en un paso antes de llegar al sepulcro, estaban ardiendo dos piras y en medio de ellas se notaba un recio pilón de madera, que mantenía encima un alfanje desnudo (1832: 126-127).

En los subterráneos que conforman las prisiones es en donde se producen las escenas de mayor brutalidad y sadismo. Se abandona el castillo, con su aderezo estético, y la acción, en su mayor parte, se traslada a un espacio vacío, inhóspito en el que el personaje sufre a solas con sus pensamientos la experiencia del dolor y de la muerte. Allí donde el miedo al sufrimiento, a los tormentos del espíritu, es mayor que el miedo a la muerte misma. La crueldad del villano alcanza sus mayores cotas en este escenario, pues en él ostenta un poder absoluto sobre el preso y se erige como dueño absoluto de sus destinos. En *Las calaveras o la cueva de Benidoleig*, Antonio no solo sufre su propio encierro sino que asiste aterrorizado a la muerte de otra de las víctimas del malvado Zorbohihe:

> Le quitaron los hierros y atándole al cuerpo unas cuerdas y tirando de ellas, descubrimos un infeliz que no daba más señales de vida que sus débiles gemidos. Sus vestidos, si podían llamarse así, estaban cubiertos de cienos, y despedían un olor

insoportable, como el que salía de la abertura de aquella horrorosa mazmorra; su larga y estrecha barba cubría un pecho descarnado; su cuello ofrecía las dolorosas huellas de la cadena enorme que le había sujetado; sus miembros no parecían tener movimiento alguno, y sus lánguidos y moribundos ojos, después de tanta oscuridad, no podían resistir el menor resplandor [...] parecía más bien un espectro (1832: 170-177).

En el propio subterráneo, además, se produce la lucha, sobre las tumbas, entre los dos aspirantes a la dama, héroe y villano; un combate a muerte entre dos fuerzas opuestas, en una escena que se presenta como una verdadera profanación de tumbas. Los cuchillos, las espadas, la sangre que salta y tiñe los sepulcros. La macabra escena es interrumpida, sin embargo, por unos atronadores ruidos en el momento mismo en que Antonio iba a cortar la cabeza y derramar la sangre de Zorbohihe sobre una de aquellas sepulturas. El asalto al castillo posibilita el rescate del preso y la posterior fuga. Una vez en libertad huyen sin saber que la aparente salvación iba a ser el último de los tormentos en vida. Se adentran en una cueva y un estrepitoso torrente de agua que obstaculiza la salida provoca la muerte a todos aquellos que se habían guarecido en la misma. Este es el relato final del supuesto manuscrito encontrado; allí padecieron todos los protagonistas de la historia que sufrieron una muerte horrible tras una vida de penalidades y sufrimientos extremos. No mueren a manos de sus perseguidores, pero son ellos los que les obligan a resguardarse en la cavidad, lo que, a fin de cuentas, supondrá el desencadenante de su muerte.

El infortunio también acompaña, ahora desde el nacimiento mismo, a la protagonista de la novela de Narciso Torre López y Ruedas *Virtud, constancia, amor y desinterés, aparecen en el bello sexo*, Atelia; en primera persona comienza la novela narrando sus desgracias:

> Nací en Florencia; mi madre murió sin tener yo la dicha de conocerla, mi padre era militar; al cumplir yo los cinco años murió: ¡cuánto ha llorado Atelia su muerte! Seis años estuve al cargo de una tía mía, la que me sostenía en un colegio; esta murió y tuve que salir de él; me vi sola y sin auxilio, pues a nadie conocía [...] al considerarme en tal estado, me angustiaba; mi corazón se despedazaba, pues llegó el caso de no encontrar donde refugiarme (Torre López y Ruedas 1834: 4).

No obstante, la situación empeorará con la entrada en escena del villano. "Cansada de vivir en la populosa Florencia, salgo al fértil campo para encontrar algún alivio en mis pesares, y lejos de hallarle, veo desgracias, ayes, tormentos, sustos, sorpresas y terrores" (Torre López y Ruedas 1834: 9). El bosque, de nuevo, tampoco será un espacio romántico y placentero sino un lugar de terror y turbulencias. Este componente da un giro y se transforma en un lugar demoníaco, violentamente erótico y cruelmente degradante. Deambulando sola por este escenario, desamparada y sin rumbo fijo, encuentra a un joven en apuros que llora desconsolado por los horrorosos acontecimientos de los que ha sido testigo, Narciso. Un hombre despiadado y cruel, Liurfo, familiar querido y antaño confidente, es el responsable de la muerte violenta de sus padres, Albino y Clarissa. "Quince días habían transcurrido hasta aquella noche, que estando mi padre sentado al lado de mi madre, ¡ay cielos, qué martirio! se agolparon repentinamente sobre él aquellos feroces [...] cuando aquellos bárbaros rompieron su pecho con los crueles puñales: ábrenle el costado, inflexibles a sus alaridos, lograron arrancar su lastimado corazón" (Torre López y Ruedas 1834: 22). Él es el último que falta por morir, huye de su verdugo y de sus hombres que lo buscan; sin embargo, antes de exhalar el último suspiro le espera un repugnante espectáculo que viene a ser el aviso de la técnica que empleará el autor a lo largo de toda la obra: la búsqueda incesante de la imagen más macabra y subversiva:

> A este tiempo nos vimos rodeados de tres hombres más, cuyos semblantes causaban terror. El joven tiembla y enmudece, yo me horrorizo, los asesinos nos hacen que les sigamos, y llegamos a un sitio solo y pavoroso: aquellos impíos nos muestran a Albino difunto, ensangrentado, el rostro deshecho, y el pecho traspasado con tres crueles heridas: toda aquella ladera estaba cubierta de su inocente sangre. Lleno de espanto y horror parecía estar el universo en medio de aquel espectáculo. [...] ¿Hasta qué extremo os conduce vuestra barbarie? ¿Sois hombre o sois monstruo? [...] parecía que de carnívoro lobo se había transformado en manso cordero. [...] vuelve la cabeza, y ve a su padre con mil bocas abiertas a la violencia del acero y vuelve a desmayarse: examino todo aquel sitio ¡y qué es lo que se presenta a mi vista! ¡Otro espectáculo más horroroso veo!... ¡tiemblo al acordarme! Veo una mujer cosida a puñaladas, y encima de su ensangrentado cuerpo, un papel con una inscripción que decía: ya no existe Clarissa (Torre López y Ruedas 1834: 7-9).

La plasticidad invade lo puramente verbal en imágenes figurativas y en la plasmación de conjuntos y detalles del más puro gusto "negro" que se repetirán de manera insistente a lo largo del relato: concreciones gráficas macabras, sangre, amputación de miembros, cuerpos inertes.

La aparición repentina de Atelia disuade a los asesinos de sus propósitos y le perdonan la vida, no sin antes solicitar algo a cambio, que siguiendo la fórmula más clásica de la novela gótica, no podría ser otra cosa sino los favores de la dama. Una proposición que será indudablemente rechazada y que desencadena el inicio de nuevas penalidades, mayores incluso que las que antes había sufrido:

> Vuestro oro no puede conquistar el corazón de Atelia; antes la veréis exhalar el último suspiro [...] Todo cuanto decís, repuso Atelia, me horroriza: vuestro cariño, vuestros tesoros y todo vuestro Fausto me es odioso; ¿qué queréis que ame a un tirano?
>
> ¿Queréis acepte vuestra oferta cuando me arrancáis con violencia del lado del que más amo? ¿Queréis que mi corazón se una al que se deleita en ver correr la sangre de su hermana?" (Torre López y Ruedas 1834: 26).

El conflicto amoroso y la cadena sin aparente fin de adversidades que tienen lugar tras esta tregua y que soportan sus personajes principales se alejan de la novela sentimental en el momento en que estas aparecen descritas con todo el colorido del horror gótico; el sadismo y la sexualidad se buscan de manera insistente en el dibujo de las escenas que pierden toda la inocencia que pudieran sugerir las expresiones del título: amor, constancia, desinterés o virtud. El dulce sufrimiento de los enamorados es abandonado y todo el protagonismo descansa en los episodios que ahondan en lo execrable, con la sola intención de producir nuevas sensaciones en los protagonistas que serán trasladadas de inmediato al lector. A partir de este momento la novela continúa en una lucha por huir del villano que será inútil. De los bosques florentinos a la frontera con España, donde serán apresados y conducidos a los dominios de Liurfo. Liurfo es el prototípico villano, un tirano de ambición desmedida cuyos excéntricos caprichos atemorizan la existencia cotidiana de sus súbditos. La magnanimidad de este personaje se torna en crueldad, la soberbia le lleva al envanecimiento y el desequilibrio mental le induce a la perversidad. Como sus predecesores, gracias a los que se configura este personaje, es un ser repulsivo y abominable que se convierte en un auténtico monstruo que roza lo paranormal, lo demoníaco.

Ya en sus dominios, el villano ejercerá una fuerte presión sobre la dama, presión que no impide que esta se mantenga firme en su decisión primera. El continuo asedio y los tormentos a los que Atelia es sometida durante un período de cinco meses recuerdan, en la crueldad de sus descripciones y en el sufrimiento que se desprende de sus palabras, a las que los villanos de la novela gótica inglesa de vertiente irracional ejecutaran sobre sus indefensas víctimas. Después de repetidos encierros en habitaciones del castillo, la enclaustran en un calabozo subterráneo en el que la mantienen ocho años sin contacto alguno con el opresor:

> La agitación de mi alma es superior a mis fuerzas; espero con impaciencia ver la claridad del hermoso día; pero ¡qué horror! Cuando principiaba a alumbrar el horizonte el más hermoso astro, veo que la anciana no estaba en su lecho. ¡Ay cuál fue mi terror al verme ensangrentadas las manos y gran parte de mi ropa! [...] encontraron entre los colchones un puñal, y después sin decirme una palabra me conducen a un calabozo subterráneo, rodeándome una gruesa cadena, la que me atormentaba sobre manera (Torre López y Ruedas 1834: 32).

La continuada situación de horror extremo a la que es sometida la protagonista se manifiesta en el texto no solo en las descripciones de las escenas, sino en los efectos que las mismas tienen sobre la virtuosa dama. En un intento del autor por exagerar las penalidades se recurre a instantes excesivamente lacrimógenos protagonizados por la dama, que suscitaran piedad, inquietud y temor. Atelia, cae desmayada, grita despavorida, llora desconsolada, implora piedad al villano:

> Conocí la traición y caí desmayada. No me es posible marcar el tiempo que permanecí en aquel estado. Cuando volví en mi sentido (me acongoja el acordarme) me vi en un cuarto espacioso cubierto de bayetas, una mesa, sobre la cual había

una cadena y grillos, un canastillo con preciosas galas y ricos anillos (Torre López y Ruedas 1834: 32).

La facilidad de aturdimiento se repite tras cada episodio de terror, intensificando los vínculos que la novela gótica española establece en su trasferencia genérica con el melodrama: "[...] repentinamente (oí) un eco de un lastimoso suspiro, dejándome tan atemorizada, que no me atreví a dar un paso" (Torre López y Ruedas 1834: 4).

En una línea similar a la novela anterior y de acuerdo con las siguientes, el sufrimiento que experimentan los personajes llega a su punto más álgido como consecuencia de la privación de la libertad. Son encerrados en subterráneos o criptas que simulan prisiones o cárceles en las que el horror aparece reforzado por la soledad, el desasosiego y el tormento que experimenta el personaje, por un lado, y por otro, por la intensificación de las maldades del villano al ser capaz de cometer semejantes actos y no sentir piedad alguna hacia sus presos, incluso cuando siente algún tipo de sentimiento hacia ellos, como en el caso de Atelia:

> ¡Qué espectáculo se me presenta más horroroso! Los cabellos se me erizan al acordarme. Veo con sobresalto tres cadáveres, en los que había hecho el fiero puñal el estrago que la mano airada le obligó a ejecutar. Observé que cada cuerpo tenía una inscripción: [...] este es Narciso, [...] Albino y la esposa de Albino (Torre López y Ruedas 1834: 42).

La dama se mantiene firme y no se doblega ante Liurfo, incluso al contemplar el cadáver degollado de Narciso a sus pies. Las únicas fuerzas que parecen quedarle las emplea en llevar a término la venganza, que se materializará en el asesinato de su verdugo. Atelia, desesperada tomará un cuchillo y acabará con la vida del monstruo: "[...] con el mayor heroísmo arranqué el puñal de su cinto y traspasé con él su fementido pecho. El alboroto se propagaba; yo hecha un basilisco y vomitando fuego por mis ojos, abrí su costado y con la más terrible desesperación arranqué de él el corazón" (Torre López y Ruedas 1834: 45). En un mundo geocéntrico el hombre no puede aspirar a violar las leyes universales y, si lo hace, el castigo por tan osado intento puede ser terrible: Liurfo perece degollado a manos de la mujer que torturó y asedió de manera tan desesperada.

El rechazo, que ya existiera en la narrativa inglesa, se hace depender de un motivo empleado con frecuencia en la ficción española y que se añadirá a la novela gótica como nuevo componente de su fórmula y nuevo instrumento de terror, por tanto: la pérdida de la virtud. El mayor de los tormentos que doblegan el alma de las damas en apuros, protagonistas de estas historias, es la posibilidad de que su virtud pueda quedar dañada o herida. Constituye esta obsesión un reflejo palmario de la realidad del período de entresiglos y, precisamente por tratarse de una posibilidad real, tangible y más que verosímil, es capaz de infundir miedos mayores y más intensos. Viven su encierro con esta obsesión siempre presente, prefieren la muerte a una vida deshonrosa y son capaces de cometer actos atroces en su defensa: "¿Qué es esto, amada Atelia? ¿Qué furor os arrebata a tan horrorosa acción? Todo lo que veis, le contesté, estar ejecutado por mí, está bien hecho. En esta acción he librado mi honor, he liberado al universo de un monstruo y he vengado el criminal atentado que ejecutó con Albino, su esposa e hijo" (Torre López y Ruedas 1834: 45). Ahora se entiende la elección del título por parte del autor, quien pretende convertir la novela en un instrumento pedagógico para el público femenino. Los elementos a los que recurre para lograr esta empresa pueden resultar discutibles e, incluso, contradictorios; y sería así si la novela se adscribiera a la corriente sentimental; la alargada mano de la censura, en este caso sufrida en su anterior novela, también gótica, encuentra en este motivo literario la mejor coraza para pintar la depravación del hombre y del mundo. Esconde tras la virtud, el amor, la constancia y el desinterés que se refleja en las acciones de los protagonistas, una insistencia en la atrocidad humana, que aparecerá teñida del horror gótico más clásico. Lo macabro, que abunda en la novela, se convierte en un instrumento perfecto que contribuye a intensificar las pretensiones educativas. La recompensa a la virtud será directamente proporcional a los sufrimientos padecidos y los horrores experimentados. En clave pedagógica se refiere directamente a sus lectoras la virtuosa Atelia, una vez que ha concluido la narración de su historia y como justificación a las atrocidades que ha relatado:

> Logré por fin el placer de vivir apartada de la sociedad, en donde escribo mi vida, para que los malévolos se convenzan cómo ni las riquezas ni los tormentos son capaces de rendir a nuestros corazones aunque estos estén marcados de débiles. […] Apreciad, amada juventud, al virtuoso mancebo, y despreciad al que solo aspire a la destrucción de la cándida doncella. Imitad a Atelia y triunfareis como ella, pudiendo decir que en mi sexo no ha desaparecido *Virtud, Constancia, Amor y Desinterés* (Torre López y Ruedas 1834: 65-66).

Una conclusión que recupera las palabras iniciales de la novela. A falta de prólogo del autor, ella misma manifiesta en primera persona las pretensiones que le han llevado a relatar la trágica historia de su vida:

> De esta suerte decía la incomparable Atelia: ¡Oh bello sexo! Resiste a las riquezas, resiste al vil seductor y ama al joven inocente; huye del que con halagüeñas palabras hace alarde de sus tesoros, presentándoos ese vil oro, cadenas con que aprisionar corazones sencillos; tomad, jóvenes de mi sexo, ejemplo de un pecho como el mío, que ha sabido despreciar las riquezas con que pretendían hacerme infeliz; no, mi amor era puro y no podía apartarse del que consideraba ingenuo y sencillo. Escuchad, amada juventud, las exposiciones de mis desgracias (Torre López y Ruedas 1834: 3-4).

El final de la novela recupera el orden perdido en la condena o la recompensa que reciben los personajes de acuerdo con sus actuaciones. Narciso, tras liberar a Atelia, la conduce a un balcón y ante la multitud proclama "Esta que veis es la virtuosa Atelia; su fuerte brazo ha arrancado el corazón de su opresor. El Todopoderoso la fortaleció para librar al mundo de un criminal" (Torre López y Ruedas 1834: 46). Sus actos no han sido todo lo virtuosos que debieran y el asesinato debe ser pagado, si la novela pretende recobrar la sensación de triunfo del bien y recompensa o castigo a las acciones llevabas a cabo, que se había desvanecido en la narración de los hechos. El cumplimiento de la ley humana y divina debe ser acatado y así lo reconoce la propia protagonista: "La pena que este me ha impuesto, está bien impuesta. El soberano ha visto comprobado el delito, debe castigarle; en fin, retiraos si no. " (Torre López y Ruedas 1834: 57).

No sufren la misma suerte, como sabemos, los protagonistas de *Las calaveras o la cueva de Benidoleig*. La única esperanza llega solo a través de Dios, en las últimas palabras de los personajes, recogidas en el manuscrito, justo antes de perecer: "[...] temblando cada uno por sí y lo que más amaba, eleva la consideración al Señor e implora...". El término de la historia disuade cualquier ápice de optimismo; la virtud no es recompensada y solo estas palabras finales del narrador, que recuperan las de la advertencia inicial, aportan cierta satisfacción moral que redime el pasado terrible, los crímenes y el horror:

> El fin lastimoso de los héroes es tanto más sensible, cuanto que tienen derecho al interés que reclama la virtud; pero después de haber triunfado de la malignidad, llegan al colmo de la dicha que apetecen, y la muerte que reciben no es obra de la trama ni la depravación, sino por uno de los innumerables riesgos que continuamente nos cercan y que sirven de instrumento a los inescrutables designios de la Providencia Divina (1832: VII-VIII).

La sensación de horror sin límite que se experimenta al concluir la novela, el desasosiego que queda por el triunfo indiscutible del mal se mitiga gracias a la Providencia, tal y como obliga la fórmula de la novela española, pero no es casual, se justifica en un motivo gótico clásico. El horror, debe permanecer porque es propagandístico y tiene su raíz en la otredad. En esta novela, como en la siguiente, sus autores tratan de enfrentar, por lo general, unos valores culturales, sociales o religiosos pertenecientes a un pueblo, o a una facción de este, a los propios, con la intención de ensalzar estos y desacreditar y censurar aquellos. El origen se encuentra indudablemente en la propia esencia de esta novelística en Inglaterra: lo "otro", lo diferente, lo que resulta desconocido y difícil de comprender, por ello, origina y promueve más fácilmente el horror. Y esto "otro", que ya no puede ser el pueblo mediterráneo, busca la alternativa en otras culturas, en otras realidades, recurrentes a lo largo de nuestra historia de la literatura, como en esta novela es el mundo musulmán o más exóticas como los países asiáticos o africanos. El anónimo autor de *Las calaveras o la cueva de Benidoleig* trata de potenciar el terror reflejando el barbarismo, la tiranía y la falta de humanidad del pueblo islámico y lo enfrente al civismo, el raciocinio y la moralidad del mundo cristiano. La oposición provoca que España aparezca mitificada, se alaban sus costumbres y se ensalzan las virtudes de sus gentes, en un intento de distanciamiento del proceder de la ficción gótica inglesa.

Este mismo motivo justifica la acción y favorece el empleo del horror, de gran parte de las escenas, en la otra de las novelas, *El Subterráneo Habitado o Los Letingbergs o sea Timancio y Adela* de Manuel Benito Aguirre. La superioridad del pueblo español se justifica ya no en la creencia religiosa sino en el nivel de instrucción. Con una clara intención pedagógica, la novela plantea el ya recurrente debate entre civilización y barbarie en clave renovada, es decir, pasado por el filtro de la novela gótica. El escenario se traslada a África, buscando culturas, costumbres y ritos ancestrales que infundan terror, que faciliten la experimentación con el horror y que aporten un amplio abanico de escenas sublimes. El contraste norte/sur se aprecia visiblemente en esta novela, pues el autor se recrea en el paisaje del sur como escenario exótico, aunque su función no solamente se centra en el rol mismo de describir un paisaje que ofrezca nuevas emociones a los lectores de una época en la que el viaje era cuestión de unos pocos, sino que sirve para remarcar las diferencias entre lo nacional y lo extranjero, en lo atávico y espeluznante de sus prácticas, más allá incluso del clásico conflicto norte/sur que en la novela gótica inglesa se establece entre los países anglosajones y su sociedad ilustrada y las costumbres supersticiosas y el peso de la Iglesia de los españoles. Si lo que se pretende es infundir terror en el lector, una de las opciones será acudir a otros mundos exóticos para nuestra cultura; y aunque puedan reconocerse en alguna medida ciertos lugares, paisajes y escenarios descritos, estos supondrán lo diferente, por lo que amenazarán al lector y provocarán una constante sensación de inquietud, de desasosiego, de horror.

Timancio, el desdichado protagonista y víctima de continuas situaciones desgraciadas desde su mismo nacimiento, huye a África y su barco naufraga en una isla. La isla africana es el punto de partida para establecer la otredad, una sociedad primitiva que aparece observada desde la superioridad: "Estos salvajes nos tienen por unos seres superiores a ellos y no osarán acercase donde nos encontramos" (Aguirre 1830: 114). La supremacía se pone de relieve además al comunicar a sus compañeros los planes que se propone llevar a cabo con ellos: "poner ley y hacerme respetar de todos ellos" (Aguirre 1830: 136). Sin embargo, no por esto la situación deja de intimidar a los personajes. Así nos lo refiere el propio Timancio: "Al oír yo pronunciar su nombre (caribes) me horrorizaba de nuevo, pues había oído hablar algo en la ciudad acerca de las costumbres de estos salvajes y de las atrocidades que cometen cuando llegan a apoderarse de un europeo" (Aguirre 1830: 100-102). Esta nueva situación en la que se ve inmerso el personaje facilitará la superposición de imágenes espantosas y aterradoras a la hora de describir las prácticas de estos hombres. Una de las mismas tiene lugar al adentrarse los tres náufragos en las habitaciones de "aquellos salvajes", en busca de víveres para subsistir en aquella isla perdida de la civilización; Timancio presencia un espectáculo que le sobrecoge y le horroriza al mismo tiempo y que le "obliga" a entrar en acción, como puede percibirse a través de sus impresiones, pero, al mismo tiempo del grabado que acompaña a la escena:

> [...] tratando de observarla por dentro, retrocedí con espanto... El espectáculo más horrible se presentó a mi vista... vi desde luego una cabeza de hombre, que sobre las brasas de una hoguera estaba asándose, sin duda para que sirviese después de pasto a aquellos salvajes. También en el suelo había despojos de miembros humanos y huesos roídos con mucho esmero; no puedo explicar el terror que me inspiró

esta horrible perspectiva...creía caer desmayado en el instante que llegase a descubrir alguno de los caribes, autores de aquel sangriento destrozo (Aguirre 1830: 111).

Continúa con la disertación que confirma la oposición tajante que pretende establecer entre civilización y barbarie:

> ¡Cuánto más feliz es el hombre, decía yo, constituido en sociedad, que caminando por el sendero que le marcan las leyes naturales y divinas, puede respirar el aire libre de su patria, seguro de que cualquiera de sus semejantes que trate de perturbar el sosiego de su casa o usurpar algunas de sus propiedades será castigado por la justicia con la más severa rectitud ¡qué feliz es el hombre que alienta al abrigo de unas leyes sabias!
> ¡Nunca con más razón puede llamarse dichoso (Aguirre 1830: 112-113).

Ahora ya no es únicamente el horror del espectáculo el que perturba la razón del protagonista, sino el horror por la contemplación de una sociedad primitiva en la que no existe atisbo de orden, moralidad o justicia. En contraposición, la patria del Timancio, que aun tratándose de Alemania evidencia un claro trasunto de España, sale reforzada y se presenta como un país instruido y civilizado; asistimos, en realidad, a una defensa de su sistema educativo y de sus principios neoclásicos y, en definitiva, a un intento de ensalzar el modelo de estado del reinado de Fernando VII. Resaltar y acentuar el contraste entre el mundo civilizado y un mundo salvaje y de barbarie enlaza con el propósito primero de la novela, que como nos adelantan los primeros capítulos, no es otro sino las ventajas de una buena educación que corrija los vicios, controle las pasiones insanas y desbordadas, y potencie la virtud.

Esta novela esconde una especie de tratado educativo pedagógico. En la buena educación, como instrumento que genera virtud y expulsa y contiene el vicio y en la que el narrador insiste constantemente, se fundamenta el devenir de la historia. Una educación que abarca junto a lo pedagógico de la enseñanza, el decoro, las buenas costumbres, y los principios cívicos. Timancio expone al comienzo de la obra estos preceptos; sus desgracias e infortunios, sus tormentos y martirios son la reacción directa de una educación dañina y frustrada:

> Cuando mi naturaleza tenía algún vigor y mis órganos intelectuales podían ejercer sus funciones raciocinando, ya que no con la madurez debida para premeditar acerca del modo de precaver los riesgos que me amenazaban [...] expuesto a cuantas desgracias puede sufrir un mortal y a caer en cuantos escollos prepara el mundo a un joven que en su infancia carece de unos directores tan interesados en su bien, cual sus propios padres (Aguirre 1830: 4-3).

Relata los cuidados y la formación que le brindaron sus padres, basados en los preceptos de la moralidad cristiana y de la ilustración neoclásica: "Uno de sus primeros cuidados, cuando mi edad lo permitía, fue instruirme en los dogmas morales, e imprimir en mi corazón aquellos sentimientos de humanidad tan necesarios, y sin los cuales el hombre se asemeja a los brutos" (Aguirre 1830: 11). Estas atenciones son las responsables primeras de sus convicciones morales y su predisposición futura al bien: "Todas estas lecciones que yo escuchaba con mucho gusto y atención, produjeron desde luego el efecto más laudable". (Aguirre 1830: 11). Su educación primera contrasta, sin embargo, con la descripción que se hace del nuevo educador que llega al pueblo y sus dotes pedagógicas: "¡Qué diferencia tan notable se echaba de ver en el proceder de Policeno y en el de don Juan! La afabilidad de éste era un imán que me arrebataba mis potencias de estudio. Su modestia, su virtud, su prudencia y fina educación me servían de un modelo" (Aguirre 1830: 49). Esta crítica esconde realmente una censura a las estructuras de la época que no observan el bien moral y la instrucción. Es el caso de la crítica al maestro que sale de la boca de Timancio: "¿Y podrá esto llamarse desear el bien a sus discípulos y el proporcionar a la sociedad sabios que la ilustren con el tiempo?" (Aguirre 1830: 30).

Presenta una especie de teoría de la estructuración de la sociedad vinculada a la instrucción como motor fundamental para que una civilización prospere. La educación aparece como un motivo determinante en estas nuevas propiedades que la ficción gótica adquiere en nuestro país, de acuerdo con la tendencia observada; justifica ciertas actitudes y desacredita otras, abriendo la novela a un mundo donde la maldad del ser humano, los actos atroces y todo aquello que trasciende los límites de lo prohibido, adquiere una explicación que consigue salvar su carácter subversivo. Los motivos que esconde el horror difieren de los del origen, pero el punto de llegada es indudablemente el mismo: la búsqueda del nuevo deleite. En su consecución vuelve los ojos a la estructura sentimental de un héroe en continua desesperación que ha de salvar situaciones límite para lo que se ayuda de todo el artificio de terror heredado. Como las novelas que la preceden, en *El Subterráneo Habitado*, el héroe es separado de su amada; su reencuentro irá precedido de multitud de penalidades, de sucesivas pruebas en las que lo macabro y lo terrorífico, ejemplificados en la muerte violenta, la sangre, la tiranía y el sufrimiento físico y moral serán los puntos destacables. Timancio vive con sus padres en Alemania. El hijo, en primera persona, narra la historia de su desgraciada vida:

> Todos los días oía yo que estos desgraciados mutuamente se manifestaban el temor de que estaban poseídos; conocían lo arriesgado que era en sus circunstancias habitar una quinta aislada y destituida del auxilio de sus convenciones, pues los más cercanos distaban dos leguas de aquel sitio, pero engolfados en los placeres que les proporcionaban sus bienes, y las delicias campestres de sus posesiones, fácilmente se alejaba de su memoria la idea de un fatal acontecimiento, que los repetidos avisos de sus amigos y domésticos les pronosticaban (Aguirre 1830: 6).

Las sospechas no eran precisamente infundadas. Uno de sus criados, el villano de la historia, Jorge Klabell, amotina su quinta y los mata a sangre fría y en presencia del niño. El componente macabro no abandona la descripción de la escena: "¡Un cadáver tendido en tierra que no tardé en conocer por su traje que era mi padre, es el primer objeto que descubro! ¡Sagrados Cielos! ¡Qué horror!, su afable rostro teñido en su propia sangre, estaba desfigurado enteramente" (Aguirre 1830: 16).

Timancio, huérfano, es recogido por su padrino que le lleva a una aldea con su mujer y su hija, Adela de la que, con el paso de los años, se enamora perdidamente. Le encomiendan a un maestro cuya afabilidad primera se tornará en odio más tarde, lo que le empuja a la huida. La atmósfera que se crea a partir de este momento es de maldad absoluta, de miedo amenazador y nos enfrenta a lo oscuro, asociado a lo temible y a lo sublime, pero también a lo macabro y a lo ignoto. Se respira terror, sin que sea necesario introducir agentes sobrenaturales, basta con recurrir a la sugestión. El mundo imaginativo, en el que la acción se produce, es la objetivación del autor, de su sentido imaginativo, de la atmósfera que pretende crear en la historia; es decir, el escenario existe para trasmitir una cierta sensación, de terror ilimitado; sensación que se emplea para fines fundamentalmente psicológicos, acudiendo, según sea la situación, a la crudeza o a la sutileza. Perdido Timancio en el bosque, se encuentra en una situación complicada, turbado y temeroso; el lector se contagia de este miedo que solo se intuye, pero tras el que asiste a un nuevo espectáculo de terror, ahora ya explícito: "un hombre cuyo rostro estaba lleno de heridas es el espectáculo que me asombra... ¡Qué espanto! Sus vestidos empapados en su propia sangre apenas se podía decir de qué color eran y su frío cuerpo yacía en tierra! Me retiré haciéndome mil propósitos de no volver a aquel sitio que no podía mirar sin espanto" (Aguirre 1830: 40). Se aprovecha entonces el terror para estimular la sensibilidad y las emociones de los lectores. El dolor físico, el terror, la violencia, son ideas que juntas provocan el dulce placer del miedo: del terror piadoso, del pavor melodramático; en definitiva, el efecto de lo sublime.

Las situaciones de terror se suceden y se superponen unas a otras creando sensaciones de angustia e inquietud que asfixian al protagonista: muertes, tormentas, naufragios, persecuciones, en una búsqueda incansable del exceso tan del gusto gótico. Los infinitos obstáculos, uno detrás de otro, a los que los personajes han de enfrentarse a través de una lucha agónica por vencer, pero también el fragmentarismo de la acción contribuyen a intensificar esta técnica del exceso. Los discursos moralistas, las reiteradas cartas que se intercalan –de gran peso en nuestra tradición–, las obligadas lecciones pedagógicas en favor del carácter instructivo aumentan la confusión y hacen que el lector hasta pierda, en ocasiones, el hilo argumental de la historia: "Muchas más observaciones me hacía a mí mismo; pero tengo por conveniente omitirlas para no separarme demasiado de la ilación de mi historia" (Aguirre 1830: 31), pero sobre todo insisten en la sensación de terror, que queda en suspenso a la espera de nuevos acontecimientos. En una de estas disertaciones un amigo de confianza de la familia, al comienzo de la novela misma, le entrega al padre de Timancio una carta en la que ya le advierte de la propensión al mal de K Label y de las atrocidades que este es capaz de cometer.

En efecto, tras el maestro, personaje obligado por favorecer las lecciones pedagógicas, el asesino de sus padres pasará a ser el responsable primero de las subsiguientes desgracias del protagonista. Rapta a Adela y la amenaza de muerte, separa a los amantes y precipita los acontecimientos. El villano se describe ya no solo como un ser perverso sino como un hombre que se abandona al vicio y rechaza el camino marcado por la moral y la fe: "Jorge Klabell, hombre de mal corazón, de un genio altivo e incorregible, y que desde la niñez había dado rienda suelta a sus pasiones, cometiendo toda clase de excesos..." (Aguirre 1830: 6). Timancio refiere en términos similares las características del villano; el dibujo insiste además en la descripción física, que en la misma línea que sigue el texto, será retratado con propiedades de salvaje y asimilado al diablo: "[...] el carácter de este hombre me horrorizaba, su barba sin afeitar y de color bermejo le llegaba al medio del pecho. Sus ojos arrojaban miradas centelleantes que me hacían erizar los cabellos; sus cejas arqueadas formaban un ceño horroroso y su traje lleno de andrajos le caracterizaba del monstruo más atroz" (Aguirre 1830: 14-15). Es un ser atormentado y algunas veces lacerado que puede aprehender el bien, que puede recuperar lo perdido, pero que es incapaz de hacerlo; un antihéroe todopoderoso que domina la escena, sus pretensiones están encaminadas a perseguir a Adela y dentro de su aislamiento aumenta su enajenación.

Las peripecias que le acontecen a Timancio y a sus compañeros, antes de naufragar en la isla de los Letingbergs, apuntan a la misma técnica. El asalto de los piratas es descrito también con dosis de gran crueldad y bajo el componente macabro que alcanza, en ocasiones, concreciones profundamente desagradables; cualquier descripción de la muerte vendrá acompañada por toda la parafernalia de elementos escabrosos: "[...] una carnicería a los marineros... pedazos de sus miembros recién cortados brincaban sobre las tablas y la sangre corría para mezclase con las aguas de aquellos mares" (Aguirre, 1830: 127).

El viaje que emprende Timancio a través del mar y que le llevará a la isla de los Letingbergs recupera toda la sublimidad del paisaje a través de una serie de episodios especialmente propicios para tales descripciones. La pretensión de exotismo no le impide, sin embargo, regalarnos una naturaleza tópica, repleta de magnificencia, infinitud y tenebrosidad, que nada tiene que ver con el paisaje real, sino que es el literario, el exigido por la tradición en la que trata de insertar la novela. En su segunda huida, esta vez dejando atrás a los piratas y a la propia Adela, se encuentra, en plena soledad, ante un paisaje plagado de elementos oscuros y funestos, al más puro estilo burkeano. La primera persona (es un hombre, no la heroína desplazada, el que experimenta el sentimiento que provoca la naturaleza, lo que le aparta de la tradición) infunde mayor respeto, la cantidad de adjetivos que emplea en la descripción y que aportan una enorme plasticidad a la escena nos recuerda las pretensiones de crear un efecto terrorífico y subraya la importancia de la escena en el devenir de la historia:

> [...] seguí recorriendo aquellos valles hasta que descubrí un bosque sumamente espeso formado por los árboles dejados al descuido. Allí creí que estaba la perpetua morada de la noche: la cuna de la melancolía: el país del pavor; y en la frase de los poetas el reino de Plutón. Allí no se veían sino fúnebres cipreses, matorrales

espesos, selvas enredadas y una enmarañada breña. Allí se oía el mochuelo gimiendo a compás: el feo murciélago y la nocturna lechuza: gritaban las ranas; silbaban las serpientes y hervían todas las demás sabandijas; y en medio de todos estos horrores mi corazón palpitaba embalsamado en melancolía y no me cabía en el pecho (Aguirre 1830: 131).

La descripción de las tormentas se somete a los mismos cánones. Un escenario sublime y al fondo la ansiedad ante la muerte inminente:

> […] súbitamente a eso de medianoche, al ponerse las playadas, se amontonaron las nubes, soplaron, silbaron y se entrechocaron los vientos, desapareciendo las estrellas, espesándose las tinieblas, y nuestro buque, arrebatado por la corriente, corría a flor de agua ya vencido de un costado, ya de otro. Montes espantosos de agua se levantaban y precipitan sobre nosotros […] Al amanecer creció la tempestad, las olas soberbias jugueteaban con nuestra goleta, remontándola unas veces hasta las nubes, y sumergiéndola otras en los abismos de aquel fluido espantoso […] las furiosas olas espumeaban y chocaban contra un vasto monte de peñas. El horrísono estruendo de estas y el de los vientos: los clamores y gritos de los marineros: el aspecto de un naufragio inevitable y el de la muerte atemorizaba los corazones (Aguirre 1830: 100- 102).

La opresión provoca la huida y esta, a su vez, motiva el viaje; unos viajes que emprenden los protagonistas de estos relatos y que deben ser concebidos asimismo como *viajes iniciáticos*, que, aunque en algunas ocasiones suponen una superación y la apertura a una nueva situación vital de la que salen fortalecidos, muestran en realidad un camino pedregoso, de continuo descenso a los infiernos. Comienzan las novelas en espacios abiertos, un bosque florentino o una quinta de extensas dimensiones; espacios abiertos que poco a poco reducirán sus dimensiones hasta hacerlas mínimas: la soledad, la oscuridad, la opresión; nos hallamos en las mismas puertas del averno, simbolizado en cuevas (Benidoleig), grutas (de los Letingbergs) o subterráneos (en el que apresan a Atelia). Timancio desde el exterior del mar se va adentrando en el bosque y de ahí en una gruta, que será un subterráneo. La reducción del espacio será directamente proporcional al aumento del efecto terrorífico. Timancio lo ratifica al calificar la estancia como de una "infernal caverna" (Aguirre 1830: 133).

Estos personajes, como los siguientes, aprenden pronto que el mal impregna todas y cada una de las instituciones y aspectos de la vida; que la razón no alcanza a gobernar las pasiones, que los principios morales no perduran, que incluso los mejores propósitos se ven anulados por la degradación y la miseria humana, y que el mundo en general está diseñado y dirigido por valores ajenos a cualquier muestra de piedad.

El siguiente grupo de novelas reproduce una estructura semejante a las anteriormente comentadas, pero introduce un nuevo matiz a la persecución, al asedio incansable, al constante sufrimiento: la sensación de horror que suscita la Iglesia católica y una parte de sus mediadores, pero, sobre todo, una de sus instituciones más atroces: la

Inquisición. El tema de la Inquisición y sus depravadas actuaciones habían sido para los góticos ingleses fuente inagotable de lo sublime; en ella se combinaba la admiración por la superstición y la parafernalia católica con una actitud tajante de rechazo y repulsión. Son muchas las novelas góticas inglesas en las que este organismo es un elemento importante y cuya función principal es desencadenar terror. En las más representativas del género, aparece la Inquisición con un gran protagonismo, y los personajes son conducidos a un terrible tribunal donde los instrumentos de tortura esperan en las cámaras subterráneas tanto a los culpables como a los inocentes. Las novelas que incluyo en este grupo *Cornelia Bororquia o la víctima de la Inquisición*, *El ferí de Benastepar o los moros de Sierra Bermeja*, *Viaje al mundo subterráneo o secretos de la Inquisición revelados a los Españoles* y *La bruja o Cuadro de la corte de Roma*[286], vuelven sus ojos, ahora desde dentro, a esta temática, aprovechando toda la riqueza de la fórmula, pero modificando o alterando algunos de sus motivos más fundamentales. Aunque considero que tanto estas novelas, como las anteriores, reflejan el horror irracional que emerge del hombre mismo, he optado por escindir el grupo, por su catalogación errónea (*novelas anticlericales*) y por los parámetros excesivamente limitados y carentes de un sentido, y en busca de una visión global e integradora.

En una España subyugada por el poder absoluto de la Iglesia, ciertos escritores[287], descontentos con la situación imperante y sobre todo con la rigidez de un sistema inmovilista, vislumbran en la novela gótica inglesa, con su carácter profundamente anticlerical y la Inquisición como tema recurrente, un marco perfecto para la difusión de sus ideas y para la censura de este tipo de prácticas[288]. Un grupo de autores que motivados por el odio inquisitorial supieron aprovechar el éxito de la estética gótica y adaptarlo a su temática y a su lucha y solapar el tema bajo los motivos góticos. La novela gótica habría estimulado el interés de nuestros novelistas por la enorme potencialidad de los materiales católicos como instrumento de denuncia y habría suministrado, al propio tiempo, un ímpetu especulativo por lo sublime de la Iglesia de Roma. La crítica ha dejado a un lado

---

286 No solo *Cornelia Bororquia*, todas estas novelas sufrieron una fuerte censura, como *La bruja o Cuadro de la corte de Roma*, de Vicente Salvá, cuya intención anticlerical le valió la censura mucho tiempo después de su primera edición, en 1846 como "libro escrito con la intención de desacreditar a la Santa Sede". Además los autores de este tipo de obras estaban en el punto de mira de la Inquisición, por su declarada actitud anticatólica. Se trataba de eclesiásticos que habían renegado de la institución a la que pertenecían, como Joaquín de Clararrosa.

287 Tal y como sostiene Molina (1998: 35), la proliferación de esta temática no supone que el siglo deba ser calificado de anticlerical. Estas novelas, junto a otras tantas traducciones son una opción literaria e ideológica que no supone una generalización: "No vamos a caer en la ingenuidad de calificar el siglo XIX de anticlerical, sino al revés: por ser un siglo religioso se plantean situaciones anticlericales, casi simplemente por definición del mismo hecho. Tampoco creemos que la novela anticlerical, ni siquiera la escrita por sacerdotes, que en el fondo tienden a moralizar, haya sido determinante en el cambio social. No es pues una novela con intenciones morales, sino que solo pretende «mostrar lo que ha constituido la leyenda negra de la Iglesia»".

288 Leonardo Romero Tobar (1994: 482) comenta esta creciente importancia de la novela que ahonda en el tema anti-inquisitorial y sostiene que sus motivaciones deben buscarse en la propia realidad histórica: "A medida que el Santo Oficio pierde importancia en la vida cotidiana, los textos acentúan sus rasgos más siniestros; es decir, que la realidad histórica e invención literaria, en el caso del mito de la Inquisición hispana, se manifiestan históricamente como fenómenos inversamente proporcionales".

la fidelidad a la fórmula gótica, sin embargo, y ha tratado de justificar los textos basándose en las divergencias temáticas y argumentativas y apoyándose en la estructuración externa, que se aparta del proceder clásico de aquellas ficciones, pero sin adscribirlos a un género limitado y autónomo, para hablar simplemente de novela anticlerical[289]. En realidad, las novelas se alejan de la estructura gótica tópica en determinados aspectos, sobre todo externos, que ya se apuntaban en etapas y novelas anteriores y que simplemente justifican la trasferencia sufrida por el género en la adaptación a nuestras letras.

Cornelia Bororquia se presenta como una colección de 34 cartas, que desde un 24 de febrero al 9 de junio del año siguiente, se intercambian once personajes. La estructura epistolar, aunque presente en abundancia en muchas novelas góticas inglesas o francesas, y necesaria incluso por contribuir a la confusión y por favorecer la tendencia al exceso, no se emplea, por lo general, como único medio de expresión, sobre todo si se tiene en cuenta la trascendencia de la figura del narrador de los hechos en este tipo de ficciones. Por otra parte, y dejando a un lado sus virtudes en la utilización de los recursos estilísticos del género epistolar, busca más la historicidad[290], de acuerdo con la tendencia realista que impera en nuestro país, pero la esencia de la novela y el eje que la estructura se asientan sobre la fórmula de la novela gótica clásica irracional[291].[292]

En *El ferí de Benastepar o los moros de Sierra Bermeja*, de José Miguel Hué y Camacho la novela, con más puntos en común con la novela histórica y de un marcado corte morisco y orientalista (Muñoz de Morales Galiana y l Muñoz Sempere 2023), se emplaza en un pasado legendario en Jerez y Sevilla. Al héroe, el ferí, lo desplaza por mo-

---

289 Juan Ignacio Ferreras (1973: 248-249) es uno de esos teóricos que no alcanza a entender la universalidad de la novela gótica y considera que estos relatos solo se sirvieron de su estética y nada tienen de góticos: "También se puede suponer que la novela anticlerical, que no tiene nada de novela de terror, supo aprovechar para sus fines una parte de este paisaje de este tema que tan bien se avenía a ciertas situaciones; cárceles de la inquisición, tormentos, en una palabra, espacio oscuro. No sucedió así sino al contrario".

290 En el prólogo inicial, Luis Gutiérrez insiste en la veracidad de su historia, aunque esta aparezca novelizada: "Quien haya leído con atención la historia conoce bien a Bororquia, sabe sus virtudes, está enterado de sus penas y sufrimientos y no puede menos de aborrecer a sus implacables perseguidores. El fin trágico de esta noble doncella es un hecho cierto e incontrastable, acaecido en los siglos de la barbarie e ignorancia […] Y yo sé por qué se ha tenido por una negra inventiva este negro acontecimiento, cuando es sabido que ha habido un tiempo en que el tribunal del Santo Oficio ha cometido libremente toda suerte de excesos y atrocidades. Vendría bien una invectiva a falta de hechos; pero cuando estos sobran ¿a qué al caso son aquéllas?" (Gutiérrez 2005: sin paginar).

291 Juan Ignacio Ferreras (1973: 274-275) analiza esta novela precisamente desde un punto de vista reduccionista: "Faltan en la novela todos los fáciles detalles "novelescos" de este género de obras: tormentos, cárceles, verdugos, etc. Ni siquiera existe una descripción "realista" del suplicio de Cornelia y sí, y solamente, una relación reflexiva del mismo. En una palabra, el autor no ha querido hacer una novela "de terror" al estilo inglés del Gothic tale, ni tampoco una vengativa novela anticlerical al estilo francés, parece intentar algo más".

292 En el relato existen abundancia de disertaciones que refieren aspectos de la cultura española, alguna de las veces a modo de información pintoresca (el vino, la siesta, los toros, los gitanos), pero en la mayoría de las ocasiones con el propósito de censurarlas (la abundancia de supersticiones del pueblo, y los milagros impulsados desde la Iglesia, la mayoría falsos, como demuestra el texto: la cruz de Cimarrata o la santidad del propio Arzobispo). Un auténtico libro de viajes documentado de primera mano.

mentos la figura de un auténtico antagonista gótico, el fraile Silvestre, que se convertirá en el principal obstáculo a la relación entre los enamorados, Abenamet y Elvira.

En *Viaje al mundo subterráneo*, Clararrosa se sirve del modelo de viaje ilustrado como vehículo formal, pero no para educar al público en un sentido estricto, sino más bien para participar en esa guerra abierta contra la Inquisición y el Antiguo Régimen. Sin protagonistas ni peripecia, el texto se reduce a la exposición de los horrores de este tribunal, a los padecimientos de los personajes anónimos y a las detalladas descripciones de los escenarios y las torturas.

Vicente Salvá, por su parte, en su novela *La bruja o cuadro de la corte de Roma* se apoya en la figura de un hombre, a quien invita a aventurarse, guiado por un personaje terrorífico, una bruja, el único ser verdaderamente sobrenatural que encuentro en estas novelas, a través de un mundo de difuntos y recuerdos de tiempos pasados y oscuros en los que la Inquisición era un poder abrumador e inquietante. Sin embargo, es cierto que el peso político es fuerte, reflejado a través de las numerosas y soporíferas disertaciones de los diferentes papas que van interviniendo y que llegan a resultar demasiado pesadas, ralentizando el ritmo de la narración y, sobre todo, desdibujando parte de la atmósfera de horror; mas el fondo de la novela no es sino mostrar la perversidad de la corte de Roma, vinculada siempre al proceder de la Santa Sede[293].

Estas novelas suponen en realidad una nueva superación del género y una evolución interna del mismo. Estas obras de impulso "anticlerical", responden al mismo espíritu que alentara a las novelas góticas inglesas en el origen y son concebidas como fruto del debate social que se establece entre la razón y la emoción, derivado del debate aún mayor entre el Antiguo y el Nuevo Régimen, aunque con una problemática adaptada a nuestra realidad y un cambio evidente en la presentación y planteamiento de la narración. Son un ejemplo perfecto de la novela gótica anticatólica, donde la religión no es solo un confinamiento mental, sino que supone también un elemento político patente y al mismo tiempo filosófico. Si el catolicismo en la cultura inglesa rezumaba horror frente a la práctica protestante, desde dentro, el horror resulta más evidente, respondiendo también a motivos políticos. El material anticatólico incrementa el aura siniestra y melodramática de la novela cuando esta mira hacia adentro. Si los escritores góticos ingleses pretendían usar el catolicismo, lejos de comprenderlo o al menos intentarlo, como un legado histórico y cultural para sus fines góticos, estas novelas españolas van más lejos, pues se plantean como una crítica directa a las estructuras, pretendiendo una reforma de las mismas, no solo una muestra de sus atrocidades.

Además el marcado historicismo permite la identificación más directa con los problemas, pues al eliminar parte del terror que venía de las apariciones fantasmagóricas, solo queda el terror real, que para resultar más sublime exige una mayor determinación

---

293 El marcado anticatolicismo de su obra puede seguirse a través de su devenir vital y profesional. Sacerdote católico, renegó del catolicismo en su exilio y se convirtió al anglicanismo. En su obra *Practical and Internal Evidence against Catholicism* (1826) ridiculizó a los católicos españoles por la simplicidad de su credulidad.

del tiempo. Se emplean o fechas especialmente significativas en relación con la crueldad de la Inquisición o determinados acontecimientos terroríficos de más actualidad que la acerque más al presente que a aquel remoto pasado ancestral. Se mantiene así la oscuridad, pero ya no solo en la Edad Media (*Cornelia Bororquia* y *El ferí de Benastepar*), sino en el presente del escritor (*Viaje al mundo subterráneo* o *La bruja*), también en parte por el compromiso con la contemporaneidad y la necesidad de pintar los usos y costumbres de los españoles. Dependiendo del grado de terror que pretendan reflejar, se emplazaran en un momento histórico pasado y oscuro, para ahondar en las épocas terribles del Tribunal y sus torturas, o en el presente, más apoyado en el terror psicológico de la desesperación humana, un entorno reciente igualmente plagado de pánico y desesperación. La finalidad no es otra sino ahondar en esa idea de realismo y verosimilitud para acercar al lector la experiencia vital del texto. Los acontecimientos próximos a la realidad del lector, y de una enorme brutalidad, aseguraban las dosis necesarias de terror que precisa una novela para calificarse de gótica. Es una proyección de la realidad, con los mismos elementos terroríficos de la novela gótica. Así se distancian más del pasado idealizado, servil y heroico de las novelas góticas inglesas y dejan paso a un mundo más pragmático, pero al mismo tiempo más cruel. La época remota e imprecisa deja de ser imprescindible en la evolución interna que sufre el género y el cronotopo inicial de Bajtín (castillo y pasado indeterminado) se quiebra, aún más en su trasferencia genérica. Por encima del cronotopo, la sensación de horror en un tiempo especialmente terrorífico supone un paso más en la configuración del género dentro de nuestras fronteras. La realidad estaba ahí, producía dolor, era cercana, no tenía el exotismo deseado, pero jugaba con el terror de lo que nos acecha incansable.

Buscan un cambio, amparados en una intención propagandística de raíz diferente al origen[294]. Los elementos formales del género gótico se adaptan en nuestro país, a las necesidades que implican unos presupuestos ideológicos mucho más definidos y menos eclécticos.

Por encima de la estructura que difiere considerablemente de la de la novela gótica y de la nueva intencionalidad, lo que la aproxima al género es la temática del terror. Por ello, no pueden ser calificados como relatos meramente políticos, aunque su importancia sea manifiesta, como parte de la crítica los ha interpretado, por su carácter marcadamente anticlerical; la disposición a reflejar los males, las injusticias y crueldades del Santo Oficio los predisponen a contar con toda la parafernalia de lo macabro y lo lúgubre que, amparada en la estética de lo sublime se convierte en el medio de expresión idóneo para reflejar las tramas y presentar las críticas políticas y culturales. Tratan el tema inquisitorial, es cierto, pero como si de una reliquia gótica se tratara (Muñoz Sempere 2008: 127) y aunque manifiesten un tono declamatorio y melodramático, es-

---

294 Álvarez Barrientos (1991: 321) ha apreciado esta tesis en la novela de Luis Gutiérrez: "Su autor pretende mostrar al lector los males que ocasiona la intransigencia, representada por la Inquisición, pues en realidad, el ataque de Gutiérrez no se dirige contra ella, sino contra una actitud que informa la vida social española".

condan una reivindicación política y se atisbe una intencionalidad educativa acorde con las exigencias estéticas de la época, prevalece el propósito ficcional y la recreación de toda la mitología gótica. En efecto, "Lejos de tratarse de textos políticos, se trata de novelas góticas, de carácter sentimental que defienden unos ideales religiosos y humanos de tolerancia y pluralidad" (Muñoz Sempere 2002: 81)[295]. El discurso descriptivo, aunque no el argumentativo de estas obras, que es donde se produce la adaptación, responde fielmente a la estética de la novela gótica, de la novela gótica española en concreto, en la que la sublimidad del mal se mezcla con un alto componente macabro, de tal manera que las imágenes son especialmente espeluznantes y diabólicas, llegando a superar, incluso, la crueldad descriptiva de la ficción gótica inglesa. Así, del mismo modo que la estructura de terror basada en la posible presencia del elemento sobrenatural se aprovechó como lección pedagógica y tratado contra las creencias supersticiosas, la temática anticlerical, como recreación en el horror y en las maldades sin límite del ser humano de la novela gótica irracional, sirvió para dar cauce a una realidad que estaba en las calles y que se manifestaba, de manera abierta, en contra de unos preceptos establecidos desde hacía siglos.

Considero, de nuevo, que no se puede hablar de manera simplista de novelas anticlericales; la novela gótica encontró en el argumento anticlerical, a medida que el género evolucionaba y abría horizontes a otras realidades literarias, una fuente de expresión nueva que enriqueció su fija estructura formulaica. No se trataba solo de poner en tela de juicio una institución ambivalente, de carácter político y religioso a un tiempo, ni de presentarnos una institución absolutamente carente de humanidad. El trasfondo aterrador y la falta de límites en la presentación de la crueldad del ser humano revelan la intención de los autores de jugar con el terror sublime. La realidad aparece desvirtuada al servicio de la ficción literaria, del entretenimiento del público, aunque los personajes fueran tomados de la realidad o basados en ella, como el caso de Cornelia Bororquia. Con motivos tales como el llanto fácil, la perversa tiranía de los representantes de la Iglesia, el hondo sufrimiento moral que padecen los personajes, héroes o villanos, y la inevitable fijación con el espacio físico cerrado y opresor del subterráneo o calabozo, la línea que separa la novela gótica de la denominada en España anticlerical se vuelve difusa, vaga e inexistente. Lejos de una ideología liberal, de una decidida pretensión histórica y de un marcado carácter político y declamatorio, se insertan en la teoría burkeana del terror sublime y, en definitiva, en la estética de lo gótico. En estas novelas se rastrea fácilmente todo el ambiente anti- inquisitorial que iniciara *El Monje* y culminara *Melmoth el errabundo*. La imagen de la España ancestral, supersticiosa, pero también oscura, tétrica, injusta y opresiva que reflejaba aquella novela gótica será la misma de estas narraciones españolas. Los rasgos góticos, sin embargo, trascenderán el ambiente opresivo y asfi-

---

295 Russell P. Sebold (2002: 57) constata esta idea al señalar que la novela *Cornelia Bororquia* es una síntesis de mensaje moral y novela gótica: " […] dos modelos muy sugerentes, aún por sus fechas de primera edición, son la novela gótica inglesa *The Monk* (1796) […] y una pareja de novelas entrelazadas del marqués de Sade, *Justine ou les malheurs de la vertu* (1791), *Juliette ou les prospérités du vice* (1796) y la forma definitiva de ambas reunidas, la novela *Justine ou les malheurs de la vertu, suivie de l'histoire de Juliette, sa sœur* (1797)".

xiante que presentan estos textos, en la cercanía con la realidad, en los personajes, en la crueldad de las descripciones, en la maldad del ser humano, en la crudeza de un mundo sin esperanza, todos rasgos destinados al objetivo primero de infundir aquel "delicioso horror" en el lector[296].

Comienzo por la novela de Vicente Salvá en la que, además de compartir con las restantes los rasgos góticos que he enumerado, encuentro el único caso de presencia de un ser sobrenatural que aparece en estas ficciones, transgrediendo los límites de la realidad y con el único objetivo de infundir terror[297]. El elemento sobrenatural juega un papel primordial en esta novela, porque desencadena los acontecimientos y muestra al protagonista y al lector el horror de la institución. Un ser extraño irrumpe de la nada en la estancia del personaje, ante la sorpresa, la consternación y el espanto del mismo, que no es capaz de distinguir de quién o qué se trata:

> [...] sin pasarme esquela de aviso ni hacer diligencia ninguna previa [...] se puso delante de mí un espantajo, que a mí me pareció la vieja que decían en mi pueblo haber engañado a san Antón. Si he de decir la verdad, me sobresalté, y algo más, porque se me pusieron los pelos tan altos. [...] ¿Quién eres le pregunté despavorido? Y ¿qué aires te traen por aquí entre gallos y media noche? [...] ¿Eres mujer o demonio? (Salvá 1830: 30-31).

La extraña aparición resulta ser una bruja que aparece como motivo que provoca la transgresión y responde a uno de los personajes prototípicos de las novelas góticas. La brujería es una más de aquellas preocupaciones góticas iniciales, una más de aquellas supersticiones que oscurecían la luz ya de por sí no demasiado brillante y un elemento vinculado al alma de los países mediterráneos y a su ingenuidad e ignorancia. Su sola mención remitía en su época y, en aquella España aún oprimida por el yugo de la superstición, sobre todo religiosa, a un mundo infecto y prohibido. Su contacto directo con el mal, su relación con el diablo, incluso la superposición de este en la figura de las brujas, como se pregunta el propio personaje, se convertían en motivo constante de terror. Vicente Salvá, sin embargo, pretende conseguir el efecto contrario, e invierte el tópico o al menos lo reelabora en su pretensión de mostrar un terror más insoportable que el que pueda provenir de un ser sobrenatural, el terror real, tangible, ese que ha existido y que existe siempre y que supera indudablemente a aquel. El sentimiento aterrador no viene en este caso únicamente de la bruja, que, a pesar del efecto que provoca en el protagonista, parece no tener propósitos siniestros; ella misma es quien refiere al personaje su condición: no es una sierva del maligno sino "una mujer honrada... [...] y bien vista de toda la villa" que vuela "a donde le envía su junta, que no es sino a servir a los prójimos

---

296 Muñoz Sampere (2002: 83) destaca asimismo en estas novelas cuatro aspectos fundamentales que las aproximan a la ficción gótica "la demonización de los inquisidores, el contraste entre espacios interiores y exteriores y el sufrimiento de las mujeres como víctimas frente a la crueldad inquisitorial, (así como) [...] el lenguaje lúgubre".

297 José Luis Molina Martínez (1998: 144) apunta esta tendencia, aunque no salve el relato: "la novela, gracias a su artificio, presenta semejanzas con la estructura del cuento maravilloso; se puede leer, aunque resulta muy aburrida la enumeración de las fechorías papales, porque las adorna con citas latinas y erudición pesada".

(Salvá 1830: 33). El mal está en el clero, en el Papado, en concreto, y la bruja no aparece en la novela sino como una víctima de la ignorancia y la superstición, que han promulgado precisamente estas instituciones, para atemorizar al pueblo y dominar sus voluntades; "todas estas tradiciones son efecto de estúpida ignorancia o de ciega superstición" (Salvá 1830: 37). Su papel se centra, según se confirma, en descubrir al protagonista las maldades cometidas por la Santa Sede a lo largo de los siglos. Él será el enviado, el elegido para realizar un viaje iniciático que le mostrará la corte de Roma al descubierto.

Sin embargo, la aceptación de lo que le propone, no deja de remitir a los pactos con el diablo, un motivo temático recurrente desde Maturin, por lo que el personaje no parece haberse equivocado demasiado en su cuestión inicial. Esta le ofrece la posibilidad no solo de presenciar la realidad que esconde la historia, sino que le brinda un mundo de poder y posibilidades; a través de un bálsamo, "podrás correr siglos y miles de leguas y andar por los aires [...] y meterte por entre las gentes donde quieras, sin que nadie te vea el pelo" (Salvá 1830: 32). De hecho, estas palabras del protagonista ya sitúan la línea que va a seguir la narración, de asimilación de la fórmula gótica. La bruja reaparece al final, y el autor se dirige a ella como demonio "¿por dónde has venido, gran demonio?" (Salvá 1830: 148); desaparece y vuelve a la realidad "y me hallé otra vez sentado en mi casa como si tal cosa.

¡A ver si os atrevéis, parlanchines incrédulos, a decir que no hay brujas!" (Salvá 1830: 148). La mujer como un siervo del diablo, la mujer perversa que tienta al hombre y que le conduce al mal, en este caso el terror del conocimiento, de la verdad tras la historia.

Aceptado el "pacto", el personaje principal comienza de la mano de la bruja, primero, de un "mancebo" más tarde y de una corte de ángeles, por último, su viaje iniciático a la "corte de Roma", donde descubrirá "el horror, el derramamiento de sangre, [...] los abusos y las abominaciones" (Salvá 1830: 61) que provocara a la largo de su historia esta institución. Un museo de los horrores, de la intolerancia y la persecución religiosa. El viaje se inicia en la cuna de la curia y los diferentes episodios que presenciará el protagonista van acompañados de sus respectivas dosis de terror; San Pedro de Roma, "un soberbio edificio teñido de sangre y cubierto de instrumentos bélicos" (Salvá 1830: 119), todo lujo y boato, se describe con la intención de mostrar cómo se ha financiado esa ostentación de arte y poder. Después pasa a hacer un recorrido por los sepulcros de los diferentes papas que existen en la iglesia sede de la corte romana; el personaje principal, incrédulo, pregunta a la bruja "¿Hemos de estar todo el año registrando sepulcros? ¿No he de ver yo lo que deseo sobre épocas señaladas de Roma?".

Dicho esto, desaparece como por ensalmo la gente que había en el templo y, en su lugar, la escena se cubre de oscuridad, de espectros, "comienza a entrar como una procesión de personajes difuntos", los papas de Roma, y el terror aumenta en el protagonista: "[...] se me pusieron dos estantiguas, que me causaron más pavor que la bruja, se abrió el muro de la iglesia y por la gran hendidura todos ellos identificados por el narrador como papas"[298]: "A ninguno de ellos conocí, pero los espectros, mis asistentes, me iban dando sus nombres" (Salvá 1830: 60). Y aunque la sucesión de elementos fantásticos que se introducen en la narración de los hechos es continua y provoca un estado constante de excitación y conmoción en el protagonista: –"llenáronme de asombro cuatro espadas centelleantes que entraron como volando, una tras otra, por aquella abertura. Tuve que desviarme porque no me rebanasen al pasar" (Salvá 1830: 63)–, el mayor horror proviene de la crueldad de los hombres de Iglesia. De cada uno de estos papas que desfilan ante el narrador se examina su lado más oscuro, los abusos o excesos que los diversos Pontífices habían hecho a lo largo de su pontificado. Se proyecta pues una historia negra del Papado y de la Iglesia de Roma. La desconfianza y el pavor aumentan, hasta tal punto en el protagonista, con la llegada de los ministros de la Inquisición, que desaparece y se transforma en un peregrino. Aunque ni siquiera esta nueva condición le tranquiliza y, ante el inminente peligro, tras enfrentarse directamente a los representantes de la Iglesia y reprocharles sus atrocidades, teme por su propia vida y opta por hacerse invisible y regresar a su estancia.

La Santa Sede como institución amenazante es en esta novela y en las siguientes la primera generadora del terror. Por encima de los ejemplos concretos, se insiste continuamente en la sensación de intranquilidad, en la inquietud que produce entre el pueblo su presencia. La novela se tiñe de terror, desde el comienzo, con el pueblo enfervorizado por la ruptura de la tregua, hasta el final, que recupera el mismo episodio, pasando por las diferentes aventuras de la galería de actores que recorre el relato; todos los actos de estos personajes están determinados por las consecuencias que estos podrían tener si fueran descubiertos por el tribunal. Esta sensación constante de peligro se justifica y rememora, pensando en lectores del XIX que desconocieran estas prácticas, en la alusión continua a otros tiempos en los que las mismas aún no habían pasado por el filtro de la Ilustración y resultaban más crueles, arbitrarias y despóticas. De hecho, el capítulo 39º, dedicado a la prisión inquisitorial, se abre con una referencia a la Crónica de los Reyes católicos en la que se insiste en el pesar de los parientes de los condenados. Se presenta como una clara demostración de intenciones de esta facción de afrancesados y liberales que manifestaban una oposición a las prácticas de la institución.

Sin embargo, para acercar el terror, no basta con intuir la presencia de la institución, sentir su asedio o recordar tiempos remotos de mayor oscuridad y hermetismo, es preciso manifestar el horror de manera directa, ya sea personalizado en nombres concretos o a través de una descripción somera de sus protocolos de actuación y sus prácticas abominables. En efecto, abandonada el aura sobrenatural, ya no hay espacio alguno para fantasías de conspiraciones satánicas ni clubes infernales, ahora las conspiraciones las realiza la Iglesia y las figuras representantes del mal son los propios inquisidores, en los que se emplean a fondo los autores, convirtiéndolos en los verdaderos protagonistas de

---

298 Esta escena es la que recoge el único grabado de la edición en castellano, claramente fantástico, en el que se ven las figuras papales como espectros y el pavor del personaje ante la contemplación de dicha escena.

sus novelas, más allá de lo que sugiera el título, "El ferí" o "Cornelia", y a pesar de la importancia que puedan tener estos otros personajes en el desarrollo de la peripecia.

El inquisidor asume el papel de héroe-villano gótico, en toda su complejidad, con todas sus contradicciones y desprovisto de cualquier atisbo de humanidad. Aunque la corriente anticlerical se percibiera en la literatura de épocas anteriores, la figura del clérigo-demonio, no se desarrolla en nuestro país hasta la irrupción de la ficción gótica, gracias a las obras de Lewis, *El monje*, en primera instancia, pero especialmente se debe a *El Duque de Viseo* y al abad de Ireland o al sacerdote de Radcliffe. Frente a la antaño imagen negativa del clérigo, con características como el arcaísmo, la ignorancia, la vida disoluta, la gula o la codicia (imagen popular y folklórica que se encuentra igualmente recreada en palabras de Blanco White en diferentes personajes como Maese Roca o el Padre Lorenzo); el nuevo sacerdote del siglo XVIII y XIX, pasado por el filtro de la novela gótica, ya no produce risa, reprobación o escándalo, sino opresión y sufrimiento, pánico y horror; horror en el que se encuentra el vínculo fundamental, el enlace y la dependencia de la novela gótica. Los hombres de Iglesia, miembros de la Inquisición que encontramos en estas obras, no son ya personajes ridículos sino seres terribles y crueles. Clararrosa presenta a los inquisidores como auténticos demonios que provocan miedo y consternación, capaces de convertir el recinto inquisitorial en un verdadero infierno en la tierra. Se trata de personajes herederos del monje Ambrosio, "eclesiásticos corrompidos, desnaturalizados, sin caridad, sin humanidad, sin compasión, sin sentimientos" (Clararrosa 2003: 120), no solo por su condición de hombres de Iglesia y por la perversidad de sus actos, sino por el juego que, a través de ellos, establece el autor y que acaba por hacer tambalear los presupuestos establecidos y asumidos sin reservas por la sociedad del período de entresiglos.

La irrupción de Fray Silvestre en la novela queda manifestada como la propia de un verdadero villano gótico, desde la ruptura de los valores morales preestablecidos, sin atisbarse una entidad cambiante y ambigua, que crea en el arrepentimiento, ni superación del conflicto ética estética. Es un ser grotesco, cruel y lujurioso, un hombre que abandona la verdadera doctrina de Dios y sigue los designios del maligno. Javier Muñoz de Morales Galiana y Daniel Muñoz Sempere (2023) remarcan los vínculos que existen con las figuras religiosas del Marqués de Sade, sin ninguna motivación cristiana, ni mucho menos católica, con un nulo respeto por la temeridad de Dios "Nada temo cuando se trata de satisfacer mis caprichos" (Hué y Camacho, 2023: 70). Así describe el narrador de *El ferí* la primera aparición del fraile en la novela:

> Fray Silvestre había militado, y cuando frisaba en los cincuenta de la edad, cambió la espada por el traje de fraile dominico para eterna vergüenza de su orden; lujurioso, hipócrita y azumbrándose al menos una vez al día, solo lo iguala en tan depravados vicios su ama Leonarda. Fray Silvestre era un hombre grueso y aparramado, cara amoretada, ojos rojizos y de continuo lagrimosos, nariz aguileña, barba

> puntiaguda, modales desagradables cuando libremente se entregaba a sus excesos,
> sino adulador y de flexible carácter cual mañoso gato (Hué y Camacho, 2023: 70).

Debo precisar que, aunque la comparación y la asociación con el diablo sea constante en las novelas, el diablo mismo, Satán, el ángel caído, está ausente, a diferencia de lo que sucedía en *El Monje*, que se encontraba personificado en la figura de Matilde, detrás de sus actos, y era el responsable primero y último de su desvío del bien y de Dios. Aquí su presencia ya no se deja ver tras las acciones de los villanos, pero demuestra algo más inquietante y amenazador, como sostuviera Rosemary Jackson (1986: 106), que "lo demoníaco se origina en el yo", lo que sugiere que la perversidad se encuentra dentro de nosotros, de cada uno de nosotros, latente, esperando salir, encontrar el momento idóneo que desate a la bestia. No son tentados por el diablo, no firman un pacto infernal, pero sus comportamientos son igualmente diabólicos. Los apelativos que emplean estos autores en la descripción de los personajes masculinos, clérigos, frailes y comisarios de la Inquisición, "siervos de una organización sádica y criminal" (Muñoz Sempere 2002: 85), confirman este carácter malvado y abominable del antihéroe gótico. Se trata, en definitiva, de seres "bárbaros", "inhumanos", "infernales", "sanguinarios" (Clararrosa 2003). Pero su perversidad, entonces, no solo es equiparable a la de los villanos góticos clásicos, sino que la superan en sus actos, sin la ayuda del maligno y, con la etiqueta de la veracidad, nos dejan ante un mundo sin esperanzas en el que reina el horror y la muerte.

Como buen villano gótico, y de acuerdo con la fórmula, deja al descubierto toda esta maldad que se esconde tras la apariencia, con un acontecimiento que abre la caja de los males y despierta a la bestia dormida: el deseo y la necesidad de posesión de una mujer: Elvira. El narrador de *El ferí* describe el primer encuentro en Elvira y Fray Silvestre, marcado por la depravación del supuesto religioso:

> —Como la tarde está tan cruda, puede entrar viento por allí y haceros daño, y
> bien sabe Dios —y acercaba una silla a doña Elvira— no quisiera sucediese el menor
> desmán a tan preciosa criatura; en efecto, señora, la hermosura es la imagen de Dios;
> ¡y ya veis, doña Elvira, si debemos adorar a Dios! Además, amigo, no sea más que
> por complacerlo, es obligación nuestra amarnos mutuamente todos los cristianos,
> ¿no es verdad?
> —¿Quién duda semejante cosa?
> —¡Ya! Sí, pero diferente debe ser este amor según las circunstancias y las personas. Otros más austeros que yo reprueban el mutuo cariño de las de distinto sexo;
> mas yo considero que, elevando nuestras almas hacia el Ser Supremo, y siendo para
> buen fin, podemos entregarnos… (Hué y Camacho, 2023: 70).

El deseo desembocará en un manifiesto ímpetu carnal. Crueldad y lascivia aparecen siempre unidas en la descripción del villano. Como no podía ser de otro modo, el sexo, tabú en la Inglaterra de aquellos tiempos, pero también en España, azuza conciencias y escandaliza a los lectores. La cara oculta del arzobispo deja, al propio tiempo, al descubierto no ya solo un carácter marcadamente malvado sino unos impulsos sexuales difícilmente reprimibles, que se hacen más evidentes en la novela de Luis Gutiérrez[299]:

> Por lo que respecta al Arzobispo. ¡Qué monstruo! No puedo soportar su vista. Me horrorizo solamente al mirarle. Entra con la piel de oveja, me halaga, me habla con dulzura, y hallándome cada vez más empedernida, se sale de aquí furioso, al modo que un lobo voraz que habiendo sido echado de un aprisco, va con la lengua colgando o lamiéndose los labios ensangrentados a ocultar en los bosques la vergüenza y furor, pero siempre alampándose por carne y sangre, a pesar de que lleva aún palpitando en sus ijares las víctimas que ha devorado (Gutiérrez 2005: 88-90).

Los personajes femeninos, como víctimas, descubren la realidad que se esconde tras la coraza de esta falsa religión que profesan, de unos principios cristianos, que aunque parezcan defender violan impunemente; son los primeros que no alcanzan a creer una perversidad tan plausible que manifiesta un evidente cambio de papeles. Un clérigo que somete y tortura sin contemplaciones a una mujer lo aparta no ya de su profesión sino de su condición de hombre:

> Ah! No, no es posible. En todos los tiempos y en todas las Naciones siempre se ha tenido un respeto por el bello sexo: por crueles que sean los inquisidores, ¿dejarán de acordarse alguna vez que son hombres?, ¿podría haberlos denegado la naturaleza un solo grano de aquella sensibilidad que nos es natural a todos?, ¿cómo podrán desentenderse de una calidad innata a nuestro ser, sin dejar de ser hombres? (Gutiérrez 2005: 126).

Este conflicto entre lo supuesto y lo verdadero deja al descubierto un individualismo que distingue a las novelas góticas. El individualismo que encontramos en estos textos provoca conflictos de mayor envergadura, al oponer los deseos naturales, no ya solo a los deberes sociales sino a los deberes cristianos. Ello acarreará consecuencias perceptibles en las relaciones entre los personajes, siguiendo la dicotomía simplista buenos-malos: la figura del clérigo, que se aprovecha de su condición y busca satisfacer sus deseos a costa de la mujer. En este sentido, nos encontramos ante un villano gótico a quien el desmedido egoísmo, retratado con una crueldad que roza el sadismo más absoluto, le convierte, no en un salvador, sino en un enemigo declarado de la sociedad. Al mundo de la devoción, de la piedad, de la castidad –"el yo social", la apariencia, lo esperable, lo asumible–, se superpone un mundo de pasiones descarnadas que se materializan en intentos de violación, continuas vejaciones, abusos o torturas –"el yo individual", lo oculto, lo infecto, lo reprobable–.

---

299 Sebold en su artículo "Sadismo y sensualidad en *Cornelia Bororquia o la víctima de la Inquisición*" (2002: 55-70) apunta que *El Monje* comparte algunas de estas características, no solo en el tema –el religioso que secuestra a una joven inocente con un móvil sexual– sino también en el uso de cierta simbología y vocabulario específico como el empleo de la palabra monstruo para designar al aparato religioso represivo que funciona como antagonista y se interpone entre los amantes.

El juego del terror se apoya en la maldad de un personaje que debe representar al bien y reconfortar, en lugar de provocar pánico y atemorizar a sus fieles, sobre todo en una España en la que las bondades de la Iglesia eran incuestionables. La complejidad de este anti-héroe se manifiesta entonces en el hecho de que se trata de un personaje que es doble y la perversidad se hace más evidente, pues es la otra cara de un hombre aparentemente honrado, sabio y cercano a la divinidad. El motivo del doble, que iniciaran aquellas novelas del gótico irracional, se alza como un rasgo definitorio del carácter de estos personajes, y de hecho se insiste constantemente en ello. Es una evidencia social y se hace más incuestionable a medida que avanzan los acontecimientos y se va desvelando el verdadero carácter del monstruo. El resto de personajes permanecerá en la ignorancia hasta que la realidad quede más que evidenciada. La Cornelia de Luis Gutiérrez debe convencer a su padre de la realidad del Arzobispo, del otro yo, del "yo individual", que nada tiene que ver con la afabilidad y la bondad del religioso amigo de la familia. Son los restantes personajes los que revelan esa dualidad. La descripción extensa y detallada que Cornelia refiere a su padre, el Gobernador de Valencia, en la celda en la que se halla presa, así lo demuestra. Su objetivo es abrir los ojos a la evidencia:

> ¡Ah, qué horror, qué monstruosidad! Aquel personaje que tanto fingía amaros, aquel, aquel hombre que tiene tanta fama de honradez en todo el reino, aquel sabio varón, cuya santidad aneja a su ministerio es tan altamente proclamada y creída por el mundo, aquel orador que tan a menudo recomienda en el púlpito la decencia de las doncellas, la fidelidad de las casadas, la castidad de las viudas, el Arzobispo de Sevilla, en fin, él mismo, él mismo ha sido el que después de haberme armado en secreto de piedad mil enredos lazos, el que después de haber tentado en vano todos los medios para seducirme, tomó el expediente de arrebatarme de vuestro cariñoso seno del modo más infame, sobornando a vuestro criado, el sencillo Perico, y comprando cuatro hombres viles para que ejecutaran con feliz éxito su inicuo proyecto. [...] ¡Oh cuánto, cuánto tuve que sufrir a mi llegada! Promesas, ruegos, caricias, protestas, juramentos, violencias [...] el abandono de este hombre, su maldad, su grosería, su barbarie, sus modales inocentes, sus ojos llenos de fuego indigno, su semblante halagüeño en apariencia pálido, y colérico en realidad, su postura indecorosa y liviana [...] ¿Quién no mirará a un hombre semejante como un horrible y evitable monstruo, más digno de habitar en los áridos desiertos de la Arabia, que regir y gobernar en los cultos países de la cristiandad? Por lo que a mí me toca, le detesto y abomino mortalmente (Gutiérrez 2005: 88-90).

Fray Silvestre, sin embargo, y de acuerdo con su comportamiento completamente indecoroso y sin atisbo de arrepentimiento en ninguno de sus actos malvados, aparece provisto de mayores dosis de crueldad[300]. No son solo los impulsos sexuales, siempre intuidos nunca manifestados abiertamente -lo que conduce a dudar, en ocasiones, de su

---

[300] Muñoz de Morales Galiana y Muñoz Sempere (2023: 25) constatan esta misma idea al compararlo con novelas de Sade como *Justine y Juliette*: "Ocurre, así, lo mismo que en novelas como *Justine y Juliette*; esto es, que la orden sacerdotal no implica en modo alguno una fe de ningún tipo, sino que el antagonista parte de un completo materialismo que le mueve a utilizar la religión y sus instituciones como medio para alcanzar una satisfacción sexual.".

veracidad-, los que le predisponen al mal; desde su nacimiento, incluso, se evidencia una inteligencia perversa y maquiavélica, que aprovecha para alentar su espíritu maligno. La dualidad de este personaje es en realidad un juego; sabe que escondido tras la máscara de la religión podrá mantener ocultas todas sus perversidades y dar rienda suelta a sus planes perversos, sin alentar sospecha alguna. Sus planes son diabólicos y sus actos del todo punto monstruosos. Ya no es el deseo el que lo perturba y lo conduce a la enajenación más absoluta, de terribles consecuencias, es, sobre todo, la imposibilidad de ejecutar y llevar a término estos planes, los planes de un villano predispuesto al mal. Destaca todo el detalle que impregna las escenas en las que el hilo argumental es la amenaza constante a la dama:

> Levantose la superiora, llegó al locutorio, y allí encuentra a un fraile dominico acompañado del regidor bizco.
>
> —Madre —dijo con campanuda voz el religioso—; os mando de orden de la santa inquisición, de quien soy pesquisidor, aunque indigno, que me entreguéis al instante a vuestra parienta doña Elvira de Castro.
>
> El más horrible rayo que hubiera estallado sobre su cabeza no le causara tan profunda impresión como estas palabras a la desgraciada monja; dio un terrible grito y cayó en el suelo agitada de violentas convulsiones; a este estrépito acudieran las monjas más vecinas; comunicose la alarma al convento; en vano el fraile las mandaba callar amenazándolas con horribles anatemas; las infelices, trémulas y espantadas, rodeaban a su Abadesa, semejantes a las tímidas ovejas, cuando a la vista del sanguinario lobo se apiñan en derredor del asustado pastor; en tanto llega doña Elvira, y enterada de la orden superior manda abrir la puerta, y se entrega con la mayor serenidad en manos del pesquisidor; colocáronla en una litera forrada de negro, y la llevaron hasta la puerta de su misma casa, y sin permitirla ni aún subir a abrazar a sus padres como encarecidamente pidió; la hicieron bajar por la oscura escalera que coincidía a los Baños de Galiana; en una de las más profundas salas estaba un mal jergón, una mesa de pino y una opaca lámpara, y allí le dijeron que era su habitación, y se retiraron.
>
> Apenas quedó sola, dejose caer la infeliz sobre la dura cama, anegado el pecho en un mar de confusiones sin poder atinar la causa de su prisión. A las ocho de la mañana trajéronle un regular almuerzo, y aunque quiso preguntar alguna cosa, su carcelero parecía más frío y mudo que una estatua, así pasó el día entre dolorosas angustias, pero al acercarse la noche le dijo su guardián:
>
> —Seguidme.
>
> Hízolo así doña Elvira, hasta que llegaron a otra de las salas, donde había una mesa cubierta con paño negro, un crucifijo y dos velas encendidas; detrás de ella estaba un largo escaño donde veíase a un fraile dominico; hizo señas con la mano a doña Elvira para que también se sentase en uno de los poyos que revestían aquellas paredes, y retirose el carcelero; guardaron los dos un profundo silencio hasta que, al cabo de algunos minutos, dijo el fraile, bajándose la capilla que le ocultaba el rostro:
>
> —Doña Elvira, ¿me conocéis?
>
> —¡Ay…! ¡Dios mío! ¡Fray Silvestre!

—Sí, fray Silvestre, no ya aquel desgraciado lego a quien amenazaba de muerte el puñal de un moro asesino; entonces yo era la víctima, y vos mandabais, y ahora, por el contrario, yo mando, y vos sois la víctima.

—Tenéis razón, bastante grande es mi desventura, pues tengo que sufrir vuestros denuestos y provocaciones, y en mi propia casa; mas decidme, y seréis siquiera una vez indulgente y bueno; ¿por qué estoy presa?

—Porque yo lo he querido.

—¿Y quién os ha hecho dueño de mi persona y de mi libertad?

—Os lo diré: las malas leyes, que ahora son para mí excelentes, pues me acomodan.

—¿Mas por qué?

—Me precisa hablaros con alguna intención; debéis acordaros de lo que pasó en Benameda, fundamento de todo lo que vais a oír. ¿No hacéis memoria de lo que allí os dije?

—¡Ojalá os hubiese tragado antes la tierra que pronunciar tan osadas palabras!

—¡Me deseáis buena cosa! (Hué y Camacho, 2023: 255-256).

Su maldad resulta más impactante; es verbal, totalmente descriptiva, más que física, y con evidencias de ser arbitraria. Elvira se presenta ante el lector más indefensa que la dama de Luis Gutiérrez y abandonada a las depravaciones del fraile, que evoluciona a lo largo de la narración, de cruel villano al propio Satanás hecho hombre: un Satán más agresivo y más terrible que el sátiro o diablillo de la lujuria y de la perversión sexual, presente en la composición del arzobispo de Luis Gutiérrez.

Ningún atisbo de arrepentimiento, ninguna imploración a Dios. De hecho, es el único personaje que no recurre a la divinidad en los momentos de sufrimiento, que parecen más de rabia y odio que de desesperación, de dudas o tormentos. El menor titanismo que caracteriza el retrato de este personaje tiene su justificación en el hecho de que sus actuaciones se mueven únicamente por impulsos sexuales, por un deseo irrefrenable hacia las desamparadas damas; por ello, son los encuentros más explícitos y el deseo traspasa lo verbal y llega a rozar lo físico. La obra de Gutiérrez plantea otra realidad diferente a la de *El farí*. La crítica a las instituciones inquisitoriales no busca una censura generalizada, como la obra de José Miguel Hué y Camacho, que arremete contra la religión católica desde su nueva perspectiva al situar como héroe a un morisco con complejidad psicológica y con una relación con la fe que no se mantiene constante y sufre continuas crisis en el transcurrir de la historia; *Cornelia Bororquia* se inserta dentro de un contexto cristiano, que busca una lección moral en el cultivo de los vicios, en el abandono de la virtud, en el arrepentimiento de los pecados. Es decir, esta novela, aunque se sitúe en el plano de la inversión y subversión de modelos, persigue, en última instancia de acuerdo con el ideal neoclásico imperante, la reproducción hacia el horizonte de la virtud y la prevención de los males que acechan al ser humano.

El dualismo del arzobispo de Gutiérrez no es entonces exclusivamente social. La lección moral exige que el conflicto sea, además de exterior, interno. El propio personaje se ve a sí mismo atrapado entre dos fuerzas opuestas que no puede controlar; no reconocen sus actitudes, su manera de proceder, sus atrocidades: el control de los instintos y sus ansias de libertad, el comportamiento como ser humano y su deber como hombre de Iglesia. Debido al juego de la pasión y al reconocimiento de la culpa, experimenta un castigo infernal anterior a la condena por sus actos. Este Arzobispo de Sevilla, como en las novelas inglesas, está presentado como un ser complejo al que le asaltan sufrimientos internos debido al mal que causa. No es enteramente negativo en términos morales, sino que lo caracteriza una personalidad ambigua, escindida e internamente conflictiva, en especial en el terreno amoroso, al que su sensibilidad y pasión lo arrastra irremisiblemente; le persigue un destino fatal, del que es víctima él mismo tanto como quienes lo rodean, especialmente las mujeres; se siente aislado y marginado de sus semejantes al ser consciente de su falta de asentimiento a las leyes morales o de su culpa al haberlas quebrantado, y ese aislamiento le provoca una fuerte inestabilidad emocional, fuente de todos los trastornos lindantes con la locura.

El vínculo con su otro yo origina un complejo nudo de represión y culpa que a lo largo de la novela tratará de deshacer, sin alcanzar el éxito en su empresa, y que culminará solo con el final de la misma. Arrepentido, antes de morir a manos de su víctima implora perdón y vuelve la mirada a la Divinidad:

> La eternidad que me aguarda, el respeto debido a vuestra virtud, el brazo de un Dios vengador levantado para castigar mi horroroso crimen, todo, todo, ¡ay de mí! me inspira terror y me consterna. Yo os he sacado, pobre inocente, de la casa paterna; yo he causado la muerte de vuestro padre; yo os he hecho gemir injustamente en este lóbrego calabozo… yo he sido un monstruo de crueldad, de libertinaje y de ingratitud, que no merezco. ¡Ah! sí ahora que no hay remedio, es cuando conozco sobradamente mis maldades. ¿Y a quién debo echar la culpa de ellas? ¿Quién me ha hecho cometer tantos crímenes? ¡Gran Dios! ¿Es posible que el hombre formado por tu misma mano sea tan frágil? Cuando compareciere en el juicio de la majestad terrible, tú, joven infortunada, tú estarás allí para condenarme; tú dirás al tremendo juez que eras dichosa hasta que yo te vi, que eras pura y sin mancha hasta que yo tuve la desgracia de solicitarte. Tú vendrás allí con esos ojos lacrimosos, con esas socavadas y pálidas mejillas, con esas manos levantadas tímidamente hacia el cielo, como me las tendías a mí cuando implorabas la piedad que yo no he tenido contigo. Mi pérdida en aquel instante será, ¡ay de mí! cierta y segura. Entonces se me presentará también allí el espectro de tu amable padre, él mismo me arrancará y me precipitará a los profundos abismos, entregándome por siempre a las llamas. ¿Y tú me acusarás? ¿Y tú querrás mi condenación eterna?... Perdonadme, hija mía, perdonadme, no queráis privarme de este consuelo en este horrible lance. Yo… yo… ¡desventurado!...
> (Gutiérrez 2005: 161).

El retrato de este personaje villano es el de un ser desesperado, que sin descanso teje y desteje contradicciones jamás resueltas, abatido por la reiterada inconstancia de sus efímeros equilibrios y víctima de un destino ominoso que le veda la satisfacción, la convicción y la fortaleza, y lo conduce a la ruina moral y a la muerte. El arrepentimiento que acabamos de ver, desazonándolo antes de culminar sus propósitos por la fuerza, y manifestado abiertamente una vez que la venda que cubría sus ojos se desvanece, lo sume en la más profunda amargura.

Este comportamiento provoca que nos cuestionemos si este personaje es realmente un ser de maldad intrínseca o una víctima de un sistema en el que no hay escapatoria alguna. Su desgracia es no ser enteramente malvado, pero tampoco responda a los preceptos de la moralidad católica; no obtiene placer, ni paz, ni en la renuncia, ni en el goce obtenido por la fuerza, ni en la coacción a la que somete a Cornelia. La frustración de no ser capaz de sujetar la pasión y subordinarla a las nobles inclinaciones que lo atacan como un espejismo periódico, y al mismo tiempo la de no poder satisfacerla, son tan insoportables que desembocan, más allá de la locura, en el arrepentimiento, en la búsqueda de Dios, en su perdón, que pasa por el de la propia Cornelia.

Frente al Inquisidor, personalizado o no en figuras concretas y fiel representante del villano gótico, encontramos a la heroína, Cornelia o Elvira; damas que experimentan en primera instancia las atrocidades y que sufren los mayores padecimientos comparte características con sus análogas góticas inglesas: la falta de una figura materna de referencia, la rigidez paternal, junto a la bondad, la hermosura así como el amor puro y constante que siente hacia el héroe y que la mantiene firme en su resistencia y en la preservación de la virtud. Los personajes femeninos ultrajados se presentan como víctimas físicas a la par que vencedores morales de sus captores. Así, en el diálogo establecido, podemos observar la búsqueda del mismo efecto presente en la literatura gótica inglesa: la dama encuentra la expresión más lúcida y heroica de sus ideas en el momento en el que el villano trata de someterla a sus deseos y su declaración es siempre una victoria dialéctica individual frente a este. La Cornelia de Blanco White se dirige a su opresor en los siguientes términos, una vez que la ha encerrado en el recinto que será su morada si no cede a sus oscuras pretensiones:

> —Ese consuelo, os repito, se os quitará pronto; desengañaos, doña Elvira; estáis en mis manos entregada; si yo quiero, os salvaréis, y si no, moriréis afrentosamente, y vuestra familia quedará infamada hasta la consumación de los siglos.
> —¿Y no hay más que morir?
> —Al menos sufriréis por toda la vida un encierro perpetuo, porque el Santo Tribunal más quiere castigar diez inocentes que dejar impune un solo culpado.
> —¡Horrible máxima!
> —Será así, pero ahora, como me acomoda, me parece santa y buenísima. Ya veis, señora, si os hablo claro; con todo, aún en vuestra mano está libraros de tan fatal destino; hablad, hablad una sola palabra, y os pongo al instante
> en libertad.

—Más bien quiero morir, fray Silvestre, que consentir en vuestros infames deseos.

—Además, para que confeséis y declaréis, vuestros cómplices os harán

sufrir los más acerbos tormentos. Mirad aquel rincón; allí está un potro para estirar vuestros huesos y clavaros luego en la carne ásperos y durísimos cordeles, y, si esto no basta, se os hará beber a la fuerza dos o tres cántaros de agua, y otras friolerillas así parecidas que no os refiero por ser ya tarde.

—¿Y queréis, aunque me asesinen mil veces, diga lo que no he hecho, ni pensado hacer?

—Pues no hay otro camino; si calláis, tormento, y más tormento si mentís diciendo que habéis pensado dejar la religión cristiana; entonces, sambenito público e infamia perpetua, y eso por la parte más corta.

—¿Y si hablo claro? ¿Y si digo y revelo vuestra infernal lujuria?

—¡Lujuria un religioso! No os creerán, y agraviaréis más vuestras culpas.

—¿Y si en público os impelo a que en nombre de Dios declaréis mi inocencia?

—Diré que sois culpable.

—¿Y no sabéis lo contrario?

—Sí, pero este es secreto para los dos.

—¿No teméis la cólera celeste?

—Nada temo cuando se trata de satisfacer mis caprichos; no hay remedio, doña Elvira; escuchad mi última palabra; morir, o ser mía.

—Pues moriré —exclamó con viveza la hija de don Felipe levantándose de su asiento.

—Morir o ser mía —repitió otras dos veces el fraile, y otras dos escuchara igual respuesta. (Hué y Camacho, 2023: 258-259).

En sus reacciones se vislumbran sobre todo los rasgos adquiridos en la trasferencia genérica y que tienen que ver con su vinculación con el melodrama; por encima del excesivo sentimentalismo gótico, la herencia del melodrama, de la comedia lacrimógena, se muestra en la intensa amargura, tristeza, inquietud, miedo y desesperación de los personajes, especialmente los femeninos. Estas mujeres exhalan abundantes suspiros y derraman lágrimas, les invaden temblores convulsivos y fríos sudores, caen desmayadas; se arrancan el cabello, rasgan sus vestidos, gritan despavoridas; corren enajenadas; el terror las deja mudas y en sus sentencias abundan las frases entrecortadas, las exclamaciones angustiosas y las preguntas continuadas[301]: Se trata de un lenguaje sentimental y lacrimógeno que trasciende el de los personajes femeninos y alcanza al reo sin nombre de *Viaje*

---

301 Ha manifestado Iris Zavala (1995: 117) que esta tendencia es lugar común en la narrativa de terror de nuestro país: "El grito de la mujer despavorida en la página en blanco son solo onomatopeyas que en la escritura inscriben la gestualidad; al igual que los puntos suspensivos y las exclamaciones, son todos tropos y marcadores gramaticales privilegiados por la literatura fantástica y las así llamadas novelas de terror".
Gies (1988) y Caldera (1991) van más lejos aún en su argumentación y consideran que el hilo central proviene precisamente de la exaltación de las pasiones, manifestado en la delirante expresión verbal de su conmoción emotiva, claves del lenguaje gótico, y en las manifestaciones psicosomáticas de las mismas: su expresión verbal pero también gestual.

al mundo subterráneo o a otros personajes masculinos, como el ferí, Meneses o el propio Arzobispo. Sus intervenciones se caracterizan por las exclamaciones, las comparaciones hiperbólicas, y sobre todo por la presencia constante de lágrimas. El llanto está presente a lo largo de todo el texto y el recurso al sollozo o la lamentación suele ser el colofón de muchas de las experiencias narradas.

Este comportamiento puede observarse en *Cornelia Bororquia* de Luis Gutiérrez, estudiado por Russell Sebold (2002: 64-65), a través de varios ejemplos que pretenden demostrar estos vínculos con la comedia lacrimosa. La protagonista se dirige a su padre o a Vargas en estos términos:

> Cornelia a su padre: «Si estuviera en una prisión civil, entonces podríais a lo menos venir a verme, sollozar, suspirar a mi lado, llorar conmigo, enjugar mis lágrimas y yo las vuestras» (Gutiérrez 2005: 85).
> Cornelia a Vargas: «Recibo, querido Vargas, tu estimable carta en el momento mismo en que, deshecha en lágrimas, me pensaba ya olvidada de todos los seres del universo (Gutiérrez 2005: 131).

Esta estética de lo lacrimógeno, lo exaltado a través de la voz de un héroe o heroína oprimido, es característica de la novela gótica en su dependencia de la novela sentimental, aunque también de la comedia lacrimosa, pero se justifica por encima de las mismas en la necesidad de intensificar los padecimientos de estos personajes.

Este comportamiento resulta fundamental para infundir el horror a un público acostumbrado a las exageraciones, a los diálogos imposibles, a las situaciones más delirantes. El autor, a través de la heroína, necesitaba acudir a todo el abanico de posibilidades que le brindaba la novela sentimental y el melodrama, para posibilitar el deleite, para aumentar el efecto de terror, que sigue siendo la pretensión última de las novelas. Si algo resalta en estas narraciones, es la exposición directa al dolor, porque, por encima de la figura del inquisidor y toda la maldad que de este emana, el miedo se manifiesta en sus actuaciones. La víctima será la encargada de relatar en primera persona las torturas físicas, pero sobre todo psicológicas a las que es sometida por no subyugarse a las exigencias depravadas del inquisidor o por caer, sea inocente o culpable, en los terribles calabozos del Santo Tribunal.

El horror es inquebrantable, asolador, asfixiante, domina toda la escena: un horror intenso, que provoca pavor y que por momentos hasta dificulta la continuación de la lectura y un horror que sugiere la percepción de algo moralmente repugnante que llega incluso a impedir, en determinadas ocasiones, la captación de lo sublime. La consecución de este horrible sentimiento se basa en un juego de los autores quienes, desde la perspectiva del conocimiento y la experimentación directa, eran conscientes de que únicamente una galería de torturas físicas no favorecería demasiado la identificación con el lector, que, a su vez, era conocedor de los entresijos del tribunal y de la evolución de sus prácticas.

La Inquisición ya no es, mirada desde dentro, un tema folklórico y exótico, sino una realidad cotidiana, una institución amenazante, un tema del que se habla y se comenta. Por ello, el horror en estas obras no estará únicamente en lo explícito del objeto presentado, apenas empleado y más relacionado con la violencia y lo macabro, sino en la sugerencia, en el desgaste moral al que someten a las víctimas: encerradas, en soledad, sometidas al tormento de sus pensamientos[302]. El horror se percibe, se hace manifiesto, pero sobre todo se insinúa para que sea en la mente del lector donde se desarrolle en toda su potencialidad y adquiera cotas impensables. El horror es mirado a través de nuestra propia mirada, filtrado por la misma, y los escritores, conscientes de ello, explotan al máximo este recurso. Se trata de inspirar lástima, pero, sobre todo, tras la lástima, se esconde la censura, la crítica, la repugnancia y especialmente el terror. Asistimos a una simbiosis de sensaciones y el lector se sitúa en un espacio nuevo, en un territorio hasta entonces vedado, allí donde el miedo y la lástima se mezclan con la repugnancia y el horror. Con este objetivo en mente, consiguen purgar sus miedos más inconfesables y sus emociones más insanas, depravadas y, por ello, ocultas y ocultadas.

Los inquisidores protagonistas de estos relatos, fieles reflejos de los que existían en sus respectivas épocas de referencia, saben que no pueden recurrir a las torturas físicas, que de ninguna manera pueden explicitarse en los textos, pero conocen también que existen "nuevos medios todavía más crueles que la tortura antigua sin que merezcan este nombre" (Clararrosa 2003: 127)[303]. Clararrosa describe el horror que asola al preso, en el aislamiento de su prisión, sin orientación, sin posibilidad de defenderse, a expensas de un futuro incierto, demostrando una vez más aquel efecto que supieron explotar los primeros góticos.

---

302 Las torturas físicas habían caído en desuso a mediados del siglo XVIII para ser finalmente prohibidas en 1816 en todos los tribunales dependientes de la Santa Sede. Las referencias a estas serán siempre sugeridas en el escenario en palabras de los inquisidores, pero nunca aparecerán detalladas en el plano directo, en escena. Cuando aparecen, siempre aludidas, no son apreciables por su anacronismo sino porque son recuperadas por los escritores como motivo que infunde horror y magnifica su crueldad.

303 La detallada descripción de las "nuevas torturas" a las que son sometidas estas víctimas del Santo Oficio, para que confiesen una serie de delitos que no cometieron, son descritas con detalle y no ausentes de literariedad en diferentes fases: "Tales son: primera, el alimento ordinario reduciéndolos a pan y agua. Segundo, negándoles todo agrado, tratándoles con aspereza, grosería y desprecio. Tercero, conduciéndolos a un calabozo subterráneo o insano, o amarrándolos a una gruesa cadena de fierro como podían amarrar a un oso o a un tigre. Si a estas crueldades continuadas por mucho tiempo en diversos intervalos no cede el reo, aplican por último recurso otro más exquisito, terrible, vergonzoso y horroroso de cuantos podía inventar el tirano más ingenioso. Consiste este en conducir al reo negativo a la sala de audiencia para oír su acusación fiscal. Este acto es el más terrible después de los autos de fe, es una de aquellas invenciones infernales a que ordinariamente ceden los más rebeldes y obstinados [...] la acrimonia de las palabras, el fuego de las expresiones, el espíritu criminal, doloroso y malicioso con que está regida esta acusación, lo constituyen en la clase de libelos más fulminantes que inventó la crueldad para aterrar y sumergir a sus semejantes en el abismo de la confusión y vergüenza. [...] es tan grande el terror que conciben en este acto, que ellos mismos por sí solicitan y procuran audiencias para hacer cuanto antes su confesión y retractación. (Pero) si algún reo por fuerza de genio pudo no rendirse a la confesión [...] usa el tribunal de otra estratagema [...] un salón o almacén, en cuyas paredes están colgadas todas las insignias de penitencia, castigo, infamia y horror y algunos instrumentos de tortura (Clararrosa 2003: 127-131).

Viaje al mundo subterráneo pretende ser una descripción lo más fiel posible de la realidad de los procedimientos seguidos por el tribunal en pleno siglo XVIII y XIX. El autor manifiesta una pretendida voluntad de verosimilitud, que intenta no caer en la exageración. En el prólogo se declara testigo directo de un hecho que le permite sostener esta verosimilitud textual e intensificar los efectos terroríficos. Describe los tormentos que sufren los reos, unos tormentos más psicológicos que físicos, de manera detallada, especialmente en dos capítulos: el capítulo "De la captura, prisión y tratamiento de los reos en las cárceles del Santo Oficio" y en el titulado "De otras raras y exquisitas cruel-dades que se practican en los Tribunales de Inquisición con los inconfesos, enfermos, desesperados y con los mismos muertos", en el que se interna en las profundidades de un calabozo inquisitorial y a falta de torturas físicas, enumera todos los padecimientos de un personaje, sin identificar, un condenado que puede ser cada uno de nosotros, desde el punto de vista del reo que los sufre no de los ojos que lo observan. La identificación es más profunda y el terror más intenso, por la mayor cercanía y por penetrar en el plano de los sentimientos:

> El horror de esta situación y la distancia en que se considera de todo viviente
> por lo mucho que había andado desde la primera antesala excitan en su imaginación
> las ideas más tristes y espantosas; y cuando el testimonio de su conciencia trata de
> aliviar su aflicción, la incerteza del éxito y la absoluta ignorancia de lo futuro ponen
> en nueva tortura su afligido corazón (Clararrosa 2003: 121).

A este desamparo, a esta incerteza que aumenta por momentos, se añade el esta-tismo, la falta de referentes en el mundo real. Los días avanzan, se superponen, y cons-tata, para su desgracia, siempre la misma rutina y siempre una idéntica y sola realidad:

> A medio día en punto, precedido el mismo ruido, siente abrir otra vez los
> postigos para servirle dos platos de comida con cierta cantidad de pan; y a las siete
> de la noche es otra vez servido con un plato de cena, nueva ración de pan y una luz
> que le acompaña muy pocos minutos; y acabada esta última visita, queda encerrado
> del mismo modo que la noche anterior, la cual si le pareció terrible por la incerteza
> de su destino y por el horror de la situación, esta segunda refina más sus incomodos
> por la nueva confusión en que le metieron las palabras misteriosas de los alcaides
> (Clararrosa 2003: 123).

Son constantes las escenas en las que el narrador continúa insistiendo en los ho-rrores del dolor moral más pesado que el físico, una crueldad que supera a las viejas e infinitas sesiones de torturas que terminaban en la muerte. La soledad se suma como uno más de estos tormentos. La descripción del prisionero a solas en la oscuridad de la celda no remite a un vocabulario romántico[304], entronca con la línea gótica más clásica, que apunta al melodrama:

---

304 Indica Muñoz Sempere (2002: 81), por el contrario, cómo los términos oscuridad, silencio, incertidumbre o angustia pertenecen a un vocabulario heredado de las *Noches lúgubres* de Cadalso y que están relacionados directamente
con el fastidio universal, como uno más de los motivos románticos.

Cansado de pensar, meditar, combinar y deducir consecuencias y nada adelanta en sus discursos, trata de acostarse, para ver si el sueño pone fin a su tormento; y en el momento que cierra los ojos es nuevamente asaltado por funestas ilusiones. Levantándose despavorido, torna a acostarse para volver a levantarse, pasea, suspira, gime y si algún ligero movimiento le parece más moderado que otro, es aquel, en que derramando torrentes de lágrimas llora su impensada desgracia (Clararrosa 2003: 122).

Junto a la soledad, la indeterminación o la horrible sensación de una repetición infinita de actos, se encuentra el mayor de todos los sufrimientos para una víctima inocente de aquel lejano mundo decimonónico: la deshonra. El horror que padece el prisionero, cuando es llevado ante el tribunal para ser juzgado, supera al de la muerte misma: "de seis a ocho mil personas, revestido de insignias de horror, cubierto de rubor y vergüenza tal, que antes querría ser muerto violentamente que sufrir aquella ignominia" (Clararrosa 2003: 142).

No obstante, a pesar de ahondar en el mundo de los sentimientos, su versión de estos será mucho menos fantasiosa que en *Cornelia Bororquia* o *el ferí*, donde la descripción de las torturas trasciende la realidad y se adentra por completo en el plano de la ficción, aun sin perder de vista la pretensión de verosimilitud. Es precisamente este motivo literario de la deshonra, sobre el que debaten todos los personajes y que proporciona los momentos más sublimes, el que más perturba la mente de la indefensa Cornelia de Luis Gutiérrez. Las normas morales al uso no deben quebrantarse nunca, sobre todo el tan perseguido honor a la española. El tema del honor, heredero de toda una tradición anterior, se inserta igualmente en estas novelas como un motivo más que puede infundir terror. Su salvaguarda es el principal objetivo de los protagonistas y su pérdida acarrea el juicio común.

Así le dice el Gobernador a su consejero Meneses al descubrir el verdadero raptor de su hija: "Procurad pues buscar a este malvado que según todas las apariencias debe hallarse en esta ciudad, arrancad de sus brazos a mi querida Cornelia y vengad su honor y el mío" (Gutiérrez 2005: 82). Será la propia Cornelia la que azote su conciencia con reiteradas alusiones a su estado virtuoso que ha sido quebrantado por el capricho de un villano:

¡Oh virtud sublime que haces a los humanos semejantes a la divinidad! ¡Virtud la más noble de todas, tan útil como la beneficencia, tan tierna como la piedad, y que reúnes en ti misma el último grado de perfección de la moralidad, de la perfectibilidad humana, tú eres después del amor el ídolo de mi corazón! (Gutiérrez 2005: 153).

Los sufrimientos del alma son mayores y más pesados que los del cuerpo para Cornelia que no puede soportar el falso juicio, la calumnia y la infamia a la que va a ser sometida, sufrimientos vinculados a este motivo recurrente de la virtud. Son horrores y tormentos recreados por una imaginación delirante que se convierte en eje temático de la extensa carta XXXII de "Cornelia Bororquia a Vargas":

> ¿Cómo es posible que ningún objeto de la tierra alivie, en los cortos momentos que me quedan de vida, mi corazón penetrado de la triste idea de la infamia? […] No temo la muerte, ella es el término de todos los males y accidentes de la vida. Pero, ¿quién, sin haber cometido el crimen, podrá soportar con faz serena la deshonra e ignominia que le es ajena? (Gutiérrez 2005: 186).

A este padecimiento se añaden los determinados por la condición de preso. El silencio, la angustia, la soledad, la incomprensión son rasgos que definen el estado del prisionero y, basándose en su condición, el autor explota dos efectos; el terror sublime aparece provocado por la intersección de valores como el silencio, la oscuridad, el vacío y la soledad, ya apuntados en las novelas anteriores. Lo horroroso, en cambio, va más lejos de lo visual, para adentrarse en el terreno de las emociones más sobrecogedoras: la incertidumbre, la consternación, la vergüenza, el abandono:

> La oscuridad, la humillación, el silencio, las angustias de una prisión en donde no se me deja otra señal de vida más que la respiración, me sugieren a pesar mío reflexiones tristes y sombrías. Sin correspondencia, sin compañía, sin la menor noticia de mi suerte, sin el más leve conocimiento de lo venidero (Gutiérrez 2005: 105).

Semejante tortura asola a Elvira. Es amenazada, ultrajada e incluso sobre ella se cierne la imagen inquietante de determinados artilugios de tortura, especialmente célebres por su crueldad, que suponen tan solo una coacción verbal para que la víctima sucumba a sus depravadas pretensiones. No hay violencia física manifiesta, esta ya solo se emplea a modo de intimidación, como último recurso:

> —Llevad esta señora a su prisión, póngasela a pan y agua, y atadla a unas cadenas como han mandado sus jueces; está —prosiguió, suavizando la voz— inflexible en su maldad; ojalá que el rey de los reyes la ilumine y traiga a verdadero conocimiento. (Hué y Camacho, 2023: 260).

De acuerdo al proceder general de la novela, será el propio narrador el que nos confirme las intenciones verdaderas del fraile. Estas revelan la realidad del momento histórico del autor, frente a la del período acotado en la novela, en el que la tortura física era un método comúnmente empleado por los inquisidores. Ya no solo la víctima, abandonada a su suerte en un calabozo donde sufre en silencio y en extrema soledad por su situación, ultrajada y condenada a dar a luz a su hijo entre aquellas lúgubres cuatro paredes, sino que todos los personajes de la novela, asolados o no por el temor que origina el tribunal, se ven asediados por similares tormentos que perturban sus conciencias y acaban por dominar sus voluntades, hasta el extremo de producir en ellos cambios físicos o provocarles la muerte.

Todo el elenco de temas tabú, para un lector de aquel período de entresiglos, se reproduce o se sugiere en la novela, a modo de aglutinación de tópicos góticos, azuzando espíritus y removiendo terrores ocultos; el acto de traición al Santo Oficio. El narrador detalla el sufrimiento de la prisionera y el acatamiento de la condena por parte de los familiares:

> El arzobispo [...] vio con satánica alegría todo el dolor que podía infligir con su poder. El espíritu demoníaco agudiza el intelecto y embota los sentimientos; el alma del prelado descubrió con deleite el instrumento de tortura que el demonio le tendía, y se apresuró a usarlo de inmediato. Sumergido otra vez en su silla, dijo en un tono apagado de voz: "Sí, el marqués de Bohorquia tiene una hija en efecto, y también un hijo". Imposible fuera figurarse el inmenso pesar que reinaba en la casa de doña Elvira desde su prisión; el misterio profundo con que el tribunal inquisitorial encubría siempre sus procedimientos aumentaba el temor y el desconsuelo, no solo en los deudos de la inocente doncella, sino aún en las personas más indiferentes; 'si un sujeto tan honrado y virtuoso se halla en tal conflicto', decían unos, '¿quién estará seguro y libre?'. 'Lástima es', exclamaban otros, 'que le suceda el menor desmán a tan linda señora'; 'pero cuando la inquisición la ha preso', contestaban algunos: 'sus razones tendrá, y al buen callar llaman Sancho'; así todos, ya por preocupación, ya por miedo, acataban silenciosos los decretos del Santo Oficio; ¡cuán digno entre todos era de lástima el desgraciado don Felipe, que más que nadie adoraba a su hija! Varias veces quiso verla, pero, rechazado cruelmente por los esbirros que guardaban la entrada del subterráneo, retirábase taciturno a llorar a solas; una fiebre violenta se apoderó dél, y estaba ya en los últimos trances de su vida, cuando llegó don Tello de su viaje. ¿Podrá haber pluma, por expresiva que fuese, que pinte la desesperación de este amoroso tío? Mucho hubiera tenido que hablar; pero venció la prudencia a la indignación, y cuanto más furor se reconcentraba en su pecho, más tranquilo parecía; así, algunas veces las olas del océano están como dormidas, mientras ya el aire se oscurece, caen gruesas gotas de agua, y empieza a hervir en su seno la terrible tempestad. Los consuelos del padre Vicente, y la mejoría notable que tuvo el enfermo al otro día restituyeron algún alivio al pesar de aquella familia (Hué y Camacho, 2023: 261-262).

El dolor moral extremo trastorna la mente, pero también el aspecto físico, hasta el punto de conducirles a la muerte más violenta, como ya he señalado. En realidad, estos sufrimientos internos llegan a producir una real transformación física en los que los padecen, hasta volverlos irreconocibles; en el contacto con la parcela más irracional del hombre, los personajes que sufren las atrocidades, pero también los que las cometen pierden sus rasgos humanos, y se convierten en una especie de monstruos, exterior e interiormente[305]. Se aprecia esta transformación en el todopoderoso villano Arzobispo, cruel desde su infancia, inmune a todo tipo de emoción o sentimiento que dé visos de humanidad, y sin apreciarse en él el menor atisbo de arrepentimiento, sufre en su persona un horror agudo, inimaginable desde su condición y desde su altanería, más aterrador

---

305 Se sigue la línea marcada por los escritores góticos como Lewis, Ireland o Maturin.

que cualquier tortura física, más espeluznante que la recreación de su propia muerte: el menosprecio, la difamación, la indiferencia, la negación.

Se trata de una verdadera exacerbación de la violencia[306], la sublimidad del dolor más profundo. Si la búsqueda del exceso no la observamos en la arquitectura, como veremos a continuación, sí puede apreciarse en esta serie de torturas interminables que sufren los personajes. El detalle en la descripción manifiesta además una recreación en la monstruosidad y una potenciación del elemento macabro como motivo estético que infunda terror. Aunque las torturas físicas no se manifiesten, sigue existiendo la manifestación directa de la violencia. Una recreación en episodios macabros en la misma línea del gusto español, se explicita en el episodio en que Cornelia, desesperada ante el enésimo intento del Arzobispo de obligarla a acceder a sus caprichos, lo hiere de muerte en una escena alentada por toda la morbosidad gótica española:

> […] viéndose ya en fin en un extremo peligro, agarró el cuchillo […] y envistiendo con él al prelado por varias veces, se lo clava en el pecho y le hiere mortalmente. Este, en fuerza de los agudos dolores que sufría, comienza a lanzar vivos ayes y clamores. […] y viendo que el Arzobispo yacía en el suelo cosido de puñaladas en el lago que formaba en su misma sangre, se deshacen en gritos y en gemidos tan tristes y penetrantes que alborotaron a toda la vecindad. […] el carcelero a la vista del horrible y sangriento espectáculo que se ofreció a sus ojos, se estremece y se queda un breve rato inmóvil como una estatua, sin acertar a proferir una sola palabra. (Gutiérrez 2005: 104-105).

La descripción de los últimos instantes de la vida de Cornelia en la plaza pública ante el horror de los cientos de personas que se congregaban para observar el terrible espectáculo, recupera este motivo[307]. El sufrimiento moral de la protagonista culmina definitivamente con el fuego de la hoguera, una escena terrible en la que los jueces de la Inquisición vuelven a ser descritos como verdaderos monstruos, como auténticas figuras satánicas, una condición que queda demostrada por la crueldad manifiesta de sus actos:

> En la plaza había un magnífico tablado donde estaban sentados con la mayor pompa y majestad los horribles monstruos de la Inquisición, la inocente víctima fue presentada a estos crueles tigres, quienes después de mil ridículas y pesadas ceremonias, la hicieron varias preguntas […] (Gutiérrez 2005: 196).

---

306 Rubio Cremades (1997: 617) confirma que, en estas novelas, "el lector se enfrenta a un mundo de ficción en el que las escenas truculentas y macabras están descritas con gran crudeza y precisión. El autor mostrará gran interés por el detalle macabro, por la sangre; sin embargo, nunca logrará sugerir la clásica irracionalidad que caracterizaba a los ingleses".

307 Esta brutal escena de la muerte de la protagonista ante la presencia de una multitud fanatizada y enloquecida mientras observa atenta el devenir de este acontecimiento remite claramente al final de *Melmoth el errabundo* pero también recuerda en la crueldad descriptiva y en la recreación en el detalle de la morbosidad a ciertas escenas de *El Monje*, sobre todo, las que se desarrollan entre Ambrosio y Antonia.

Sin embargo, el momento mismo en el que Cornelia, en el cadalso, arde, refleja con extremada crueldad el suplicio de la acusada. Los padecimientos psíquicos se aúnan a los físicos y se tornan tan insoportables que Cornelia pierde sus rasgos humanos.

> Los ojos desencajados, los cabellos dispersos, el rostro extremadamente desfigurado, lanzando sordos gemidos, mal articuladas palabras que nada tenían de humano acento. Las manos y los pies, todo el cuerpo, lo agitaba un horrible temblor [...] Ya el humo comienza a vaguear por el aire, ya las voraces llamas calientan y alumbran a los que rodean el cadalso, ya la inocente víctima... después de un largo rato de angustias, ansias y sufrimiento, el espíritu de Cornelia voló en fin al seno del Eterno (Gutiérrez 2005: 196).

La quema de mujeres inocentes en la hoguera aparece aquí como una de las mayores degeneraciones de la que es capaz esta institución que cree hablar y actuar en nombre de Dios. Su exposición directa, que contrasta con el proceder general de nuestra novelística, responde más a la búsqueda del elemento más macabro, que no solo lo entronque con la tradición gótica, sino que deje al descubierto la maldad humana, presentándonos a un conjunto de personajes mezquinos, –hombres que someten, torturan y al final acaban por quemar a una pobre mujer indefensa–, con el fin de presentar aquella pretendida lección moral, que busca en la pintura más viva del vicio, la mayor de las lecciones a aprender.

En la representación de la galería de actos a que sometieron y fueron sometidos unos miembros de la Iglesia por otros, que encontramos en *La bruja* de Vicente Salvá, se representa otra de las escasas torturas físicas explícitas que se manifiestan en estas novelas, detallada desde la morbosidad y vinculada, de nuevo, a la búsqueda de lo macabro, aunque, a diferencia de lo anteriormente señalado en la muerte de Cornelia, sin una pretensión didáctica tan evidente. Es el horror por el horror, sin salvedades. El protagonista es guiado a las puertas de la ciudad de Roma donde asiste a un nuevo espectáculo "[...] a Juan XVII, [...] le han cortado las narices y un pedazo de la lengua; y por fin de gesta nuestro santísimo padre Gregorio V le manda pasear por las calles con las vestiduras rasgadas, montado en un asno con la cabeza vuelta hacia la cola (Salvá 1830: 76-77).

Y ya por último menciono la influencia que en los padecimientos descritos o sugeridos ejerce el espacio físico. El escenario, es cierto, deja de ser protagonista indiscutible, pero su papel resulta igualmente fundamental, aunque se reduzca, como era esperable, a acrecentar las emociones y los tormentos de los personajes. Es decir, los sufrimientos que padecen los protagonistas, abandonados en las celdas de los tribunales de la Inquisición, derivan también, en gran parte, de la arquitectura del terror. Estas prisiones se convierten en el marco perfecto para reflejar aquellos conflictos morales y para experimentar con las pasiones humanas más bajas, por un lado, y más angustiosas, por otro[308].

---

308 Leonardo Romero Tobar (1994: 489) estudia estas estancias y sostiene semejante argumento: "[...] prisiones de la Inquisición, celdas de frailes, camarillas de escolares son, en estas novelas, tres variantes de lugares fraguados en torno al miedo y al dolor de los sentidos".

Atrás quedaron los castillos medievales, las mansiones vetustas apartadas del mundo, emplazadas en terrenos inhóspitos y descritas con todo lujo de detalles, desde la melancolía de la pérdida a la ruina y desde el terror de lo desconocido, solitario e inquietante. En estas novelas se insiste, al igual que en la ficción gótica inglesa irracional en el aspecto más externo de un único edificio, representante máximo del horror y antaño hogar de acogida y protección: la sede inquisitorial, lugar de referencia del tribunal, es descrito con la sublimidad de los castillos góticos. La mayor relevancia la adquiere el interior de este, resumiendo toda la complejidad institucional de la Inquisición a las profundidades del recinto carcelario. La celda, la cámara de tortura, la sala de audiencias, son espacios que forman parte de este submundo literario que demuestra los vínculos con la corriente gótica. Es decir, las prisiones que nos describen estas novelas son una muestra más de la aproximación a la corriente gótica y del empleo de sus tópicos para censurar a esta institución y para ensalzar sus prácticas atroces e inhumanas.

Estos emplazamientos[309], en realidad y por lo común, solían ser piezas altas, sobre bóvedas, con luz abundante y amplias en espacio; sin embargo, son descritos como subterráneos o calabozos profundos, húmedos e inmundos, mucho más cercanos a las galerías y pasadizos que albergaban los castillos en ruinas de las novelas góticas inglesas que a cualquier prisión inquisitorial del siglo XVIII, e incluso del XVII. No son sino la fusión de aquellos castillos, mansiones y fortalezas góticas, de toda su arquitectura del terror, de toda su galería de tópicos literarios convertidos en fórmula y asociados, desde entonces, a la ficción gótica. José Joaquín de Clararrosa aun a pesar de su continuada insistencia en la veracidad histórica de lo narrado o descrito[310], acaba por reflejar esta dualidad, la literaria y la histórica. El título de su obra, *Viaje al mundo subterráneo*, es un indicio claro del camino que seguirá; su pretensión de horrorizar con las barbaridades de la institución le hace caer continuamente en los motivos literarios que exportaran las novelas góticas inglesas; los espacios inquisitoriales son descritos en términos de la ficción gótica:

> Cada uno de los tribunales tiene multitud de cárceles, algunos calabozos subterráneos con gruesas cadenas de fierro, aseguradas por un extremo de la muralla que los circunda. Las cárceles ordinarias están colocadas en grandes patios rodeados de muros inaccesibles; cada una se reduce a un cuadrado de nueve o diez pies con una pequeña fresca o claraboya que colocada en la eminencia del techo apenas deja penetrar algunos rayos de luz para poder percibir los tristes objetos de que están ocupadas. Cada una de estas habitaciones tiene dos puertas a su entrada y ambas tienen un postigo por donde se suministra a los reos el triste alimento a horas determinadas, con tales cautelas y prevenciones que a cada uno de los presos le parece ser único

---

309 De hecho el propio R. Sebold ya apuntó que la ambientación en lugares oscuros y subterráneos que emplea Luis Gutiérrez en *Cornelia Bororquia* encuentra su fuente en la novela gótica y en concreto en *El Monje* de Lewis y en el Marqués de Sade.

310 Clararrosa (2003: 102) en su prólogo a la novela confirma su pretensión de realismo y fidelidad histórica: "Mas pretendo que el discurso que me propongo publicar, intitulado *Historia de los viajes al mundo subterráneo, y secretos del Tribunal de la Inquisición revelados a los españoles*, sea la prueba demás demostrativa y conveniente de un sistema sagaz, misterioso, dirigido a perturbar la ignorancia por el terror y por la fuerza".

habitante en aquella región de sombras, estando tal vez las cárceles todas ocupadas (Clararrosa 2003: 114).

Los vínculos con la ficción gótica se aprecian hasta en el tratamiento de la luz, que es fundamental y siempre aparece vinculada a la teoría de lo sublime. Estas estancias aparecen decoradas de acuerdo con la estética burkeana y los juegos del claroscuro. El uso de velas o la tenue luz que entra desde una rendija se emplean para intensificar el sufrimiento de los personajes. En la presentación de las estancias de la Inquisición, en las salas de interrogación y ante la atenta y siempre acechante mirada de los inquisidores, el efecto del claroscuro adquiere su momento más dramático.

En *Cornelia Bororquia* la protagonista se refiere a su celda[311], en varias ocasiones, en este mismo sentido: "[...] no satisfecho con haberme hecho sufrir toda clase de humillaciones, ha llevado su odiosa e injusta venganza hasta el extremo de privarme cruelmente de la luz del día, haciéndome parar en el más lóbrego calabozo del *Santo Oficio*, para *ablandar mi empedernido corazón*" (Gutiérrez 2005: 90); e incluso su enamorado Vargas, a pesar de no haberse hallado preso, se lamenta de la posición de su amada: "¿Cómo es posible dejar de detestarte, viendo a la más amable e inocente de las mujeres reducida por tu abominable venganza a gemir amargamente en un obscuro subterráneo?" (Gutiérrez 2005: 147). Un espacio que ya no solo coacciona la libertad de la protagonista, más allá de ser aquel apacible escenario de la protección que defendieran muchos góticos ingleses e, incluso, españoles, sino que es pintado como un espacio ilusorio, deshumanizado, perverso, como un lugar de tormento continuo, como un auténtico infierno en la tierra; de ahí también la asociación con los subterráneos, por la condición oculta y profunda de este:

> [...] ¡Qué espantoso terror que ha producido en mi espíritu mi afrentosa e injusta prisión. [...] Ah si las cavernas, si las cuevas, si los calabozos del infierno son más tristes, más inhabitables, más espantosos que los de esta cárcel, entonces Dios, en vez de ser el padre de los hombre, es su más cruel e inhumano verdugo (Gutiérrez 2005: 90-91).

El ambiente terrorífico es una extensión del espacio confinado de la celda, lúgubre, tétrico, la misma boca del averno. Si el villano inquisidor adquiere rasgos satánicos, los recintos inquisitoriales son retratados, en las palabras de los protagonistas, como la antesala del propio infierno, "un infierno de condenados, sintiendo entre otros tormentos el fuego abrasador de una imaginación exaltada y sublimada" (Clararrosa 2003: 115); un fuego amenazante que al arzobispo, en *Vargas*, le recuerda a la indefensa Cornelia, como último recurso a su mente degenerada: "Hay llamas para los heréticos, hija,

---

311 Bien es cierto que Leonardo Romero Tobar (1992: 485-486) comenta, en alusión a *Cornelia Bororquia* que "La ficción epistolar española desarrolla el panorama de torturantes espacios (aunque) el novelista español cuidó más la retórica del discurso moral que la descripción pormenorizada de las cárceles tenebrosas [...] la representación de la mazmorra inquisitorial en la que es encerrada la protagonista de la novela solo tiene tratamiento descriptivo a partir de la enumeración nominal o las fórmulas de calificación retórica".

corazas y sambenitos" (Blanco White 1995: 254). Incluso sus ceremonias, los juicios inquisitoriales, aparecen descritos con tintes de celebraciones satánicas, pues los hombres de la iglesia van vestidos con "túnicas negras con grandes inscripciones, llamas de fuego, serpientes, corazas, sambenitos y otros adornos" (Clararrosa 2003: 131).

Y de hecho las diferentes etapas y estancias que atraviesan los reos hasta que son recluidos en sus celdas, se plantean como un descenso a los infiernos. Todas estas novelas, siguiendo la estructura de M. G. Lewis, descubren un viaje iniciático de los protagonistas; un viaje hacia dentro y hacia abajo, desde la libertad y luz del exterior, pasando por salas y salas que se adentran más en la oscuridad y que recrean con mayor efectismo la crueldad de la institución hasta llegar a la estancia de interrogación, antesala del infierno, que estará, a su vez, representada por la propia celda de reclusión y, en un paso más, por la muerte, si esta se produce. La estructura organizativa del viaje iniciático del protagonista de gran parte de estas novelas góticas se trasforma, en los calabozos de la Inquisición, en un viaje sin límite ni fin en el que el horror es el único compañero de estas víctimas, inocentes o culpables. A medida que Cornelia va precipitándose a su destino final, su voluntad se va quebrantando: "y su estridente grito se esfumó poco a poco a medida que descendía a las regiones infernales de la Inquisición" de allí, en un nivel inferior, es arrastrada por la fuerza a las estancias de tortura. La sala aparece dibujada con todas las fórmulas que exigía la mitología popular.

La valentía y la disposición de Meneses la salvan de un infierno simbólico, el de las llamas, con las que había sido amenazada en un principio, pero a las que su homóloga no puede escapar, como queda demostrado. El infierno supondrá en realidad la muerte de los protagonistas, como no podía ser de otra manera, en medio de las llamas, su símbolo más efectista, plástico y literaturizado.

Clararrosa sigue fielmente este ritual; aunque su descripción es mucho más pormenorizada, recordemos, una vez más, que su novela se ha planteado como un "viaje" hacia un mundo oscuro de crueldad. El camino que recorren los reos hasta la confesión definitiva es detallado también y en consonancia con el espacio físico, bajo las coordenadas de descenso a los infiernos, aunque he señalado al propio tiempo que disminuye el efectismo exterior y se maximiza el terror psicológico al que son sometidos estos personajes anónimos. Esta obsesión por lo infernal es sintomática de la deformación de los habitantes del mundo subterráneo, que va más allá de lo anticlerical, para adentrarse definitivamente en los terrenos de la literatura de reminiscencia gótica: cámara tras cámara, estancia tras estancia, en una sucesión de espacios de terror que acrecientan sus efectos a medida que se avanza hacia el final del camino.

El horror que infunde el escenario gótico ya no proviene entonces en estas novelas de la arquitectura recargada y excesiva que presentaban los ancestrales castillos o las celdas de los subterráneos, adornadas con todo el consabido repertorio de huesos y cadáveres putrefactos, ni tan siquiera de la descripción pormenorizada de artilugios de tortura. El terror sigue siendo mental, recreado por los personajes y fomentado por un *recinto vacío*: la celda en la que es depositado el reo a la espera del juicio final y de la muerte, una prisión en la que la soledad es absoluta y su opresión asfixiante. Nos adentramos ahora en el espacio del silencio, mortífero, aniquilador, penetrante:

> Todos estos lugares […] son inaccesibles a todo viviente que no sea inquisidor, secretario interior, o alcaide. […] Hay ocasiones que, estando ocupadas todas las cárceles y calabozos, no se advierte interrumpido por el horroroso silencio de aquel lugar, sino por los gritos feroces de algún desesperado, o por los clamores de algún furioso o maníaco […] La tristeza, el silencio, la melancolía, la soledad, la miseria y la necesidad acompañan día y noche a los infelices moradores de esta clausura […] respira por la luz del día, sin saber que los rayos de luz son inaccesibles a aquel lugar; aplica de cuando en cuando el oído para examinar un ruido que le figura su imaginación exaltada, y cada vez experimenta más funesto el silencio que preside (Clararrosa 2003: 114-122).

La desolación y el vacío que siente la protagonista se convierte ahora en el verdadero espacio del terror. Un espacio vacío, casi "inexistente" cuya función es reflejar las maldades y, al mismo tiempo, el sufrimiento humano. El terror se encuentra ahora en el hombre, en su condición perversa, al que el escenario vacío traslada su protagonismo en un intento más de potenciar la maldad sin límites del ser humano. Cornelia, en la más horrible de las soledades sufre en cuerpo, pero sobre todo en alma:

> […] aquí no se permite entrar a alma nacida, […] aquí es menester sufrir en silencio y sin abrir la boca para quejarse… Aquí… ¡Qué horror! La obscuridad, la humillación, el silencio, las angustias de una prisión en donde no se me da otra señal de vida más que la respiración, me sugieren a pesar mío, reflexiones tristes y sombrías. Sin correspondencia, sin compañía, sin la menor noticia de mi suerte, sin el más leve conocimiento de lo venidero… ¡Qué existencia tan horrible! ¡Ah, cuánto más valiera de una vez morir en el cadalso! (Gutiérrez 2005: 104-105).

La oscuridad, la humillación, el sometimiento lo sufre igualmente el reo sin nombre de *Viaje al mundo subterráneo*: "abandonado a la soledad, al silencio y a la obscuridad" (Clararrosa 2003: 121); una condición que puede derivar en delirio, en la locura pues se ve continuamente "asaltado por funestas ilusiones" (Clararrosa 2003: 122). El horror de estos habitáculos es, entonces, la proyección del dolor de los personajes. Un espacio "de los más inquietantes en sus implicaciones psíquicas sobre la zona sombría de la irracionalidad" (Romero Tobar 1994: 482).

En definitiva, estas novelas nos presentan, dejando a un lado el terror que proviene de aquello desconocido y extraño, la parte maldita de la mente humana, la malevolencia del hombre. Buscan, para ello, un final, ya fuera por la presión de la censura o por la censura de los propios autores, que reafirme la fe en un orden benevolente y equilibrado, pero les falta convicción porque a pesar de las indicaciones preliminares, de la constante moralidad que por momentos asfixia el texto, el lector no hace sino percibir que la maquinaria de destrucción sigue incólume, que la depravación del ser humano avanza por doquier y que los conflictos no se resuelven a no ser que se eliminen las causas que los propiciaron, es decir, a no ser que se acabe con el origen del mal, que no es sino la reencarnación del villano que oprime a todos sus súbditos o que somete a unos condenados inocentes.

El horror triunfa sobre el pasado y se convierte en real. Cada época, cada pueblo, tiene un "diablo". Lo evocan, lo sienten, lo reviven, y lo vuelven a matar, pero siempre permanece porque es propio de la condición humana. Para nuestros novelistas góticos el mayor "diablo" era la terrible maldad del ser humano. Muestran un universo de monstruos, deformado y terrible, casi imposible de describir. Es la exaltación de lo monstruoso que alcanza la categoría de sublime en nuestras letras, porque ¿para que inventar tantas cosas terribles, tantos acontecimientos sobrenaturales que infundan miedo cuando hay tantos y tan abominables en la vida real? Si pretendían hurgar en la conciencia humana y experimentar con sus terrores más inconfesables lo preferible era acudir a los más cotidianos, que para el caso de los españoles tenían que ver con el despotismo de reyes, pero también de padres, con la crueldad de las torturas inquisitoriales, con las venganzas salvajes. A través de las páginas de estas novelas se aprecia el profundo peso de la maldad en nuestras vidas, una maldad que exige su derecho a existir. Por detrás de la lección moral y de la búsqueda de un final reconfortante, su empeño es mostrar al mundo tal y como es: monstruoso.

IV.

CATÁLOGO ACTUALIZADO DE NOVELAS GÓTICAS ESPAÑOLAS[312]

1.
NOVELAS CON MOTIVOS GÓTICOS

ATANASIO CÉSPEDES Y MONROY (PABLO DE OLAVIDE)

1798-1799. *El evangelio en triunfo o historia de un filósofo desengañado*, Madrid: José Doblado, 4 v.

1799-1801. *Lecturas útiles y entretenidas*, Madrid: José Doblado, 1 v. 4º. JUAN IDARROC.

1798. *La noche entretenida*, Madrid: imprenta de Viuda e hijo de Marín.

FRANCISCO VICENTE MARTÍNEZ COLOMER

1784. Los trabajos de Narciso y Filomen (inédita)[313].

---

312 En la elaboración de este listado he tenido presentes los catálogos del Boletín Bibliográfico español y extranjero (1850), Hidalgo (1862-1881), Ferguson (1916), Schneider (1927), Englekirk (1934), Olives (1946), Palau (1948-1977), Brown (1953), Montesinos (1973), Demerson (1976), Ferreras (1979), Vanchelle-Haquet (1985), Alonso Seoane (1995) y Roas (2006). A lo que debo añadir la búsqueda directa en catálogos de bibliotecas públicas y privadas. Asimismo, las referencias se completan con las aportaciones de Javier Muñoz Morales de Galiana, que ha centrado sus esfuerzos investigadores en los últimos años en la catalogación de novelas de este periodo localizando y editando algunas novelas góticas que permanecían inéditas.

313 Muñoz de Morales Galiana, Javier (2021), "Molde barroco y sensibilidad dieciochesca: la novela Los trabajos de Narciso y Filomela (1784), de Vicente Martínez Colomer", *Cuadernos dieciochistas*, 22, 385-408.

1792. *El Valdemaro*, Valencia: José Ferrer de Orga. 1804. *Novelas morales*, Valencia: Monfort.

Jerónimo Martín De Bernardo

1805. *El emprendedor, o, Aventuras de un español en el Asia*, Madrid: Imprenta de Vega y Cía.

Pedro De Montengón

1793. *El Rodrigo: Romance* épico, Madrid: Imprenta de Sancha.

Andrés Merino De Jesucristo

1786. La mujer feliz, dependiente del mundo y de la fortuna[314].

Alejandro Moya

1772-1774. *El café*, Madrid: González, 2 v.

Antonio Valladares De Sotomayor

1797. *La Leandra. Novela moral que comprende muchas otras*, Madrid: Oficina de Antonio Ulloa.

Gaspar Zavala Y Zamora

1805. *La Eumenia o la Madrileña*, Madrid: Imprenta Viuda de Vallín.

2.

NOVELAS GÓTICAS ADAPTADAS

Anónimos o publicadas bajo pseudónimo

El castillo de Nebelstein

1843. *El castillo de Nebelstein*, cuento, trad. de Teodoro Guerrero, Madrid: Unión Comercial, "Biblioteca Continua", 96 págs., 16º.

El desván de los duendes, o breve y escogida colección de cuentos de espíritus, aparecidos, duendes, fantasmas, vampiros y demonios.

1833. Cuentos y episodios de obras góticas traducción de una obra francesa de Estaquio de Villaseñor y Acuña.

El sepulcro o el subterráneo

1829. *El sepulcro o el subterráneo. Historia de la Duquesa de C***, escrita por ella misma en el idioma italiano: traducida en francés y de este al castellano*, Barceolana: Impr. de Saurí y Compañía (Quizás original española).

1830. *El sepulcro*, trad. de Rafael Oscariz, Madrid: Impr. de Bueno, 2 vols., 16º.

1834. *El sepulcro o el subterráneo. Historia de la Duquesa de C***, escrita por ella misma en el idioma italiano: traducida en francés y de este al castellano*, Madrid: Impr. de R. M. Indar.

1889. *El sepulcro o el subterráneo. Historia de la Duquesa de C***, escrita por ella misma en el idioma italiano: traducida en francés y de este al castellano*, Madrid: Impr. de la Viuda e Hijos de Madrigal.

El sepulcro

1825. *El sepulcro, novela escrita en inglés por Ana Radcliffe*, París: Impr. de J. Smith, 16° (puede que sea obra de Hector Chaussier, traductor de sus obras al francés).

1794. *The Cavern of Death, a Moral Tale*

1826. *La caverna de la muerte*, París: Impr. de J. Smith. 1830. *La caverna de la muerte*, Madrid: Impr. de Bueno.

Pierre Blanchard

1794. *Félix et Pauline ou le tombeau au pied du Mont-Jura.*

1800. *El fruto de la ambición*, adaptación de Pablo de Olavide en *Lecturas útiles y entretenidas*, Madrid: Impr. de Doblado.

1805. *El sepulcro en el monte*, adaptación de Vicente Rodríguez de Arellano en el tomo III de su obra *El decamerón español o colección de varios hechos históricos raros y divertidos*, Madrid: Fuentenebro y Cía., 3 vols.

1806. *Félix y Paulina o El sepulcro al pie del Monte Jura*, puesto en español por P.D.V.A., Madrid: Imprenta de Villalpando, 2 tomos, 8°.

1820. *Félix y Paulina o El sepulcro al pie del Monte Jura*, impresa en Madrid y reimpreso en Barcelona: Impr. de José Rubio.

1836. *Félix y Paulina o El sepulcro al pie del Monte Jura*, puesto en castellano por P.D.V.A., Barcelona: Impr. Saurí.

1836. *Félix y Paulina o El sepulcro al pie del Monte Jura*, puesto en castellano por P.D.V.A., Barcelona: Oliva.

Caroline-Stephanie-Felicite Du Crest, Condesa De Genlis

1782. *Adèle et Théodore, ou Lettres sur l'education.*

1785. *Adela y Teodoro o Cartas sobre la educación*, trad. de Bernardo María de la Calzada, Madrid: Ibarra, 3 vols., 8°.

1787. *Adela y Teodoro o Cartas sobre la educación*, trad. de Bernardo María de la Calzada, Madrid: Ibarra, 3 vols., 8°.

1792. *Adela y Teodoro o Cartas sobre la educación*, Madrid: Imprenta Real, 3 vols., 8°.

1864. *Adela y Teodoro o Cartas sobre la educación*, Madrid: Establ. Tipog. de F. de P. Mellado, 3 tomos, 16°.

1864. *Adela y Teodoro o Cartas sobre la educación*, Madrid: Tipog. de Joaquín Bernat, 3 vol.

1782. *Les veillées du châteaux, ou cours morale à l'usage des enfants.*

1788. *Las veladas de la quinta o novelas e historias sumamente útiles para que las madres de familia... puedan instruir a sus hijas, juntando la doctrina con el recreo*, trad. de Fernando Gilman, Madrid: González.

1791. *Las veladas de la quinta*, traducidas al castellano por don Fernando de Guilleman, Madrid: Impr. de la Viuda de Marin.

1804. *Las veladas de la quinta*, trad. de Gilman, Madrid: Collado, 3ª ed., 3 vols., 8º mayor. 1829. *Las veladas de la quinta*, trad. de Gilman, París: Cosson, 6 vols., 18º.

1830. *Las veladas de la quinta o novelas e historias sumamente útiles para que las madres de familia... puedan instruir a sus hijas, juntando la doctrina con el recreo*, Madrid: Impr. Martín de los Heros.

1842. *Las veladas de la quinta o novelas e historietas dedicadas a las madres de familia*, Barcelona: Impr. de Manuel Saurí.

1842. *Las veladas de la quinta*, trad. de Gilman, Barcelona, 2 vols., 8º.

1863. *Las veladas de la quinta*, Madrid: Establ. Tipog. de F. de P. Mellado, 2 tomos, 16º. 1867. *Las veladas de la quinta*, Barcelona: Impr. de Luis Tasso.

1877. *Las veladas de la quinta o Cuentos e historias morales sumamente útiles para la instrucción de los jóvenes, aumentadas con El Palacio de la verdad*, trad. por D.F. de Gilman, París: Librería de Garnier Hermanos.

1883. *Las veladas de la quinta*, Coruña: Establecimiento tipográfico de Vicente Abad, 2 vols.

1806. *Alfhonsine ou la tendresse maternelle.*

1832. *Alfonso o el hijo natural*, puesta en español por Don Pedro Higinio Barrinaga, Valencia: Impr. de Cabrerizo, 2 vols., 16º.

1862. *Alfonso o el hijo natural*, Cádiz: Jesús Gracia.

P. Cuisin

1820. *Les Ombres sanglantes. Galarie funèbre de prodiges...*

1830. *La poderosa Themis o los remordimientos de los malvados*, obra escrita por Monseur David; y traducida y aumentada por Basilio S. Castellanos y Julián Anento, Madrid: Impr. de Ramón Verges, 4 vols., 8º.

1831. *Galería fúnebre de espectros y sombras ensangrentadas: ó sea el historiador trágico de las catástrofes del linage humano*, D. Agustín Pérez Zaragoza (Publícala una sociedad de amigos), Madrid: Impr. de D. J. Palacios, 12 vols.

1821. *Las fantômes nocturnes, ou les terreurs des oculpables.*

1830. *La poderosa Themis o los remordimientos de los malvados*, obra escrita por Monseur David; y traducida y aumentada por Basilio S. Castellanos y Julián Anento, Madrid: Impr. de Ramón Verges, 4 vols., 8º.

Catherine Cuthberson

1803. *The romance of the Pyrenees.*

1828. *Las visiones del castillo de los Pirineos*, París: Impr. de J. Smith, 10 vols., 16º.

1839. *Las visiones del castillo de los Pirineos*, El Puerto de Santa María: Impr. de B. Núñez, 5 tomos, 16º.

Ducray-Duminil, François

1790. *Alexix ou la Maisonnete dans les bois.*

1798. *Alexo u La casita en los bosques, manuscrito encontrado junto a las orillas del rio Isera*, traducido por don I. y don T.M.L., por Cano ..., Madrid,12º, 4 vols.

1804. *Alexo u La casita en los bosques : manuscrito encontrado junto a las orillas del río Isera*, traducido por J. y T.M.L., Madrid: Gómez Fuentenebro y Compañía, 1804, 4 vols.

1819. *Alejo, o, La casita en los bosques : manuscrito encontrado junto a las orillas del rio Isera*, traducido por don J. y don T. M.L, Madrid: Imprenta de Brusi, 4 vols.

1820. *Alejo u La casita en los bosques : manuscrito encontrado junto a las orillas del rio Isera*, traducido por don J. y don T. M. L, Gerona: Imprenta de Olíva, 4 vols.

1821. *Alejo, o, La casita en los bosques : manuscrito encontrado junto a las orillas del rio Isera*, traducido por don J. y don T. M.L, París: Pillet.

1821. *Alejo, o, La casita en los bosques : manuscrito encontrado junto a las orillas del rio Isera*, traducido por don J. y don T. M.L, Barcelona: Imprenta de J. Torner, 4 vols.

1822. *Alejo u La casita en los bosques : manuscrito encontrado junto a las orillas del rio Isera*, traducido por don J. y don T. M.L., Barcelona: Imprenta de Juan Francisco Piferrer.

1831. *Alejo u La casita en los bosques : manuscrito encontrado junto á las orillas del rio Isera*, traducido por J. y T. M., Madrid: Imprenta de M. Heras. 1845. *Alejo u La casita en los bosques : manuscrito encontrado junto a las orillas del rio Isera* , traducido por J. y T. M. L., Barcelona: Imprenta de J. Matas y A. Berdeguer, 4 vols.

1796. *Victor, ou l'Enfant de la forêt.*

1867. *La expiación [sic] de un padre o la Fuente de Santa Catalina y el niño del* bosque, texto castellano refundido por Enrique Villalpando de Cárdenas, Espasa Hermanos, Barcelona.

1877-1897. *La Expiación de un padre y El niño del* bosque, texto castellano refundido por Enrique Villalpando de Cárdenas, Espasa y Compañía, Barcelona.

Mme. Guenard, Baronne De Mere

1801. *Capuchines ou le Secret du Cabinet noir.*

1837. *Los capuchinos o El secreto del gabinete oscuro*, traducido del francés por D***.

1884. *Los capuchinos o El secreto del gabinete oscuro*, traducido por F. Orfila, Editorial de J. Mirret.

CHARLES ANTOINE GUILLAUME PIGAULT-LEBRUN

1802. *Les barons de Felaheim.*

1823. *Los barones de Felsheim, historia alemana que no es sacada del alemán*, Madrid: Impr. de Sancha, 4 vols.

1824. *Los barones de Felsheim, historia alemana que no es sacada del alemán*, París: Smith, 4 vols., 16°.

1838. *Los barones de Felsheim, historia alemana que no es sacada del alemán*, Barcelona: Impr. de Manuel Saurí, 2 vols., 8°.

1876-1877. *Los barones de Felsheim*, Madrid: Impr. de Eduardo Martínez, 2 vols.

MRS. HARLEY

1788. *The Castle of Mowbray.*

1830. *El castillo misterioso o El huérfano heredero. Novela histórica inglesa*, traducida libremente del francés al castellano por Juan Manuel González Dávila, Madrid: Impr. de I. Sancha.

1830. *El castillo misterioso o El huérfano heredero. Novela histórica inglesa*, traducida libremente del francés al castellano por Juan Manuel González Dávila, Madrid: Impr. de Pedro Sanz.

1850. *Historia del castillo misterioso o sea El huérfano heredero de Roberto de Mowbray*, Valladolid: Impr. de Dámaso Snataren.

ZSCHOKKE HEINRICH

1794. *Aböllino, der grosse Bandit.*

1800. *Abelino, o El gran bandido: drama trágico en cinco actos*, por D.I. de O, Barcelona: Impr. de Agustín Roca, a costa de los libreros asociados.

1802. *Abelino, o El gran bandido: drama trágico en cinco actos*, vertido al francés por Lamarteliere; y de este al castellano por D.I. de O, Madrid: Impr. de la Administración del Real Arbitrio de Beneficiencia.

ELISABETH HELME

1787. *Louise or The Cottage on the Moor.*

1797. *Luisa o la cabaña en el valle*, trad. por D.G.A.J.C.F., Salamanca: Toxar, 2 vols., 8°.

1803. *Luisa o la cabaña en el valle*, trad. por D.G.A.J.C.F., Salamanca: Toxar, 2ª ed., 2 vols., 12°. 1810. *Luisa o la cabaña en el valle*, traducida al castellano por D.G.A.J.C.F., Barcelona: Brusi y Ferrer, 2 vols.

1819. *Luisa o la cabaña en el valle*, traducida al castellano por D.G.A.J.C.F., Barcelona: Impr. de Juan Francisco Piferrer, 2 vols., 8°.

1823. *Luisa o la cabaña en el valle*, París: Smith, 18°.

1827. *Luisa o la cabaña en el valle*, París: Smith, 2ª ed. revisada y corregida, 18°. 1831. *Luisa o la cabaña en el valle*, Madrid: Libr. De Munaiz y Millana.

1831. *Luisa o la cabaña en el valle de Stanmore*, Reus: Francisco Sánchez.

1842. *Luisa o la cabaña en el valle*, trad. por D.G.A.J.C.F., Barcelona: Albert, 2 vols., 8°.

1799. *Albert o the Wilds of Strathnavern.*

1807. *Alberto o el desierto de Strathnavern*, trad. por D.E.A.P., Madrid: Impr. Calle de la Grada, 3 vols., 12º.

1834. *Alberto o el desierto de Strathnavern*, París: Pillet, 4 vols., 18º.

1803. *St. Clair of the Isles.*

1804. *Saint-Clair de las Islas o los desterrados a la Isla de Barra. Novela histórica*, tradición escocesa, cuatro tomos, 12º.

1807. *Saint-Clair de las Islas o los desterrados a la Isla de Barra. Novela histórica*, en "Biblioteca Británica", Impr. de Vega y Compañía, 2 vols.

1828. *Saint-Clair de las Islas o los desterrados a la Isla de Barra. Novela histórica*, traducida libremente del francés por J. Mh., Barcelona: Impr. de la Viuda e Hijos de Gorchs, 3 vols., 16º.

1838. *Saint-Clair de las Islas o los desterrados a la Isla de Barra. Novela histórica*, Barcelona: Impr. de Tomás Gorchs.

1857. *Saint-Clair de las Islas o los desterrados a la Isla de Barra. Novela histórica*, Barcelona: Impr. de Joaquín Bosch.

1858. *Saint-Clair de las Islas o los desterrados a la Isla de Barra. Novela histórica*, Barcelona: Impr. de Joaquín Bosch.

1805. *The Pilgrims of the Cross.*

1832. *El Peregrino o Cristabela de Mowbray. Novela inglesa*, traducida del francés por Ramón de Ugena, Madrid, 8º.

1832. *El Peregrino o Cristabela de Mowbray. Novela inglesa*, traducida del francés por Ramón de Ugena, Madrid: Libr. de Razola, 2 vols.

T. J. Horsley

1799. *Ethelwina or the House of Fitz-Auburne.*

1806. *Etelvina o Historia de la baronesa de Castle Acre*, Repullés, "Colección de novelas interesantes y divertidas", Madrid.

1842. *Etelvina o Historia de la baronesa de Castle Acre*, Madrid: Impr. de O.R.M. Indar.

1843. *Etelvina o Historia de la baronesa de Castle Acre*, Barcelona: Impr. de Manuel Saurí, 2 vols., 8º.

W.H. Ireland

1799. *The Abbess*

1822. *La abadesa*, París (Madrid): Chez Rosa, 2 vols., 12º.

1836. *La abadesa o las intrigas inquisitoriales*, Barcelona: Impr. de Oliva, en Platería (Nueva colección de novelas escogidas).

1837. *La abadesa o las intrigas inquisitoriales*, Barcelona: Impr. Librería de Manuel Saurí. 1838. *La abadesa o las intrigas inquisitoriales*, Barcelona: Impr. Librería de Manuel Saurí.

1848. *La abadesa o los procedimientos inquisitoriales*, Barcelona: Impr. de Estevan Pujal y Hermanos.

1854. *La priora de Santa María Nova*, Madrid: González, 4º.

Harriet Lee

1797-1805. *The Canterbury Tales ("The German's Tales")*.

1835. *El asesinato*, París: Pillet aîné, 3 vols., 12º.

Sophia Lee

1785. *The Recess; or, A Tale of Other Times*.

1795. *El subterráneo o la Matilde*, Madrid: Impr. de Viuda e Hijo de Marín, 3 vols., 8º. 1817. *El subterráneo o las dos hermanas Matilde y Leonor*, Barcelona, 3 vols., 12º.

Mathew Gregory Lewis

1796. *The Monk*.

1822. *El fraile o la historia del padre Ambrosio y de la bella Antonia*, París (Madrid): Impr. Smith.

¿1869? *El fraile*, versión castellana de León Compte, Barcelona, 4º.

1870. *El fraile*, Barcelona, versión castellana de León Compte, Barcelona: Juan Pons editor, "Biblioteca Ilustrada de Ambos Mundos", con 8 láminas de Eusebio Planas.

Jean-Baptiste Louvet De Couvray

1790. *Les amours du Chevalier de Faublas*.

1799. *Memorias del caballero Louzinski. Historia de Polonia hasta su descubrimiento*. Obra traducida libremente del francés e ilustrada por el licenciado D. Benito Redondo de Toledo, abogado de los reales consejos, Madrid: Impr. Villalpando, 32º.

1820. *Aventuras del baroncito de Fablas*, traducida libremente por Eugenio Santos Gutiérrez, secretario de D.J.A. Llorente, París: Rosa, 4 vols., 8º.

1822. *Aventuras del baroncito de Fablas*, Impr. de Alban y Compañía. 1836. *Aventuras del baroncito de Fablas*, Sevilla, 4 vols., 16º.

1837. *Aventuras del baroncito de Fablas*, Nueva traducción, Librería Americana, París: Impr. de Moquet, 4 vols., 16º.

1838. *Aventuras del baroncito de Fablas*, Sevilla: Impr. Nacional.

1838. *Aventuras del baroncito de Fablas*, Barcelona: Impr. de Gaspar y Roig, 4 vols., 8º mayor. 1876. *Aventuras del baroncito de Fablas*, Impr. de la Norte-Americana.

George Moore

1797. *Grasville abbey*.

1828. *La abadía de Grasvila, novela escrita por Ana Radcliffe*, París: Impr. de J. Smith, 16º.

CHRISTIANE BEBEDICTE NAUBERT

1788. *Hermann von Unna, eine Geschichte aus der Zeit der Vehmergerichte.*

1808. *Herman de Unna, rasgo historial de Alemaniak*, trasladado por Bernardo Mª de la Calzada, Madrid: Imprenta Real, 2 vols., 8º mayor.

ANNE JEANNE FELICITE D´ORMOY, MARQUESA DE ORTINMAR MERARD DE SAINT-JUST

1789. *Le château noir, ou les souffrances de la jeune Ophelle.*

1804. *El castillo negro o los trabajos de la joven Ofelia*, Impr. Francisco de Toxar, Salamanca. 1827. *El castillo negro o los trabajos de la joven Ofelia* (*Le château noir, ou les souffrances de la jeune Ophelle*, París, año VII / 1799), Madrid, 8º.

1828. *El castillo negro o los trabajos de la joven Ofelia*, Impr. de Decourchant, París.

1829. *El castillo negro o los trabajos de la joven Ofelia*, Librería Americana, París, 2 vols., 12º. 1842. *El castillo negro o los trabajos de la joven Ofelia*, trad. de D.J.J., Impr. de Manuel Saurí, Barcelona, 3ª ed., 8º.

PIGAULT-MAUBAILLARCQ

1809. *La Famille Wieland*

1818. *La familia de Vieland o los prodijios*, puesta en español por Luis Monfort, Valencia: Impr. de Estévan, 4 vols., 16º.

1826. *La familia de Vieland o los prodijios*, puesta en español por Luis Monfort, Valencia: Impr. de Gimeno, 4 vols., 16º.

1830. *La familia de Vieland o los prodijios*, puesta en español por Luis Monfort, Valencia: Impr. de Cabrerizo, 4 vols., 16º.

1839. *La familia de Vieland o los prodijios*, puesta en español por Luis Monfort, Valencia: Impr. de Cabrerizo, 4 vols., 16º.

CHARLES-VICTOR PREVOST, VIZCONDE D´ARLINCOURT

1821. *Le solitaire.*

1823. *El solitario*, París: Impr. de Smith, 2 vols., 18º. 235 1830. *El solitario del monte salvaje*, Valencia: Cabrerizo. 1836. *El solitario*, París: Pillet, 2 vols., 18º.

1836. *El solitario*, trad. por A. de Covert Spring, Barcelona: Impr. de Agustín Gaspar y Compañía.

1836. *El solitario*, trad. por el Dr. F. P., Piferrer, Barcelona, 2 vols., 12º.

1840. *El solitario*, Barcelona: Oliva, "nueva colección de novelas escogidas", 2ª ed., 2 vols., 16º.

1842. *El solitario*, trad. por A. de Covert Spring, Impr. De José Tauló, Barcelona, 2 vols., 16º. 1849. *El solitario*, Barcelona: Taller de Encuadernaciones de E. Pujal, 2 vols.

1853. *Carlos el temerario o el solitario del monte salvaje*, trad. J. Alegret de Mesa, Madrid: Vicente, 4º.

1825. *L´étrangère.*

1825. *La estranjera o la mujer misteriosa*, Valencia: Cabrerizo, 2 vols., 16º. 1830. *La estranjera o la mujer misteriosa*, Valencia: Cabrerizo, 2 vols., 16º.

1836. *La estranjera o la mujer misteriosa*, Barcelona: Gaspar y Compañía, 2 vols., 16º. 1836. *La estranjera o la mujer misteriosa*, trad. Dr. F. P. Piferrer, Barcelona, 2 vols., 12º. 1836. *La estranjera*, Barcelona: Oliva, 2 vols., 16º.

1836. *La estranjera*, París: Pillet, 2 vols., 16º.

1843. *La estranjera*, 2ª ed., Barcelona: Oliva, 2 vols., 16º. 1847. *La estranjera*, Valencia: Cabrerizo, 2 vols., 16º.

1834. *Le brasseur roi.*

1834. *El cervecero rey, crónica flamenca del siglo XIV*, traducida libremente del francés al español por José March, Barcelona: Impr. de Ramón M. Indar.

1842. *El cervecero rey, crónica flamenca del siglo XIV*, traducida libremente del francés al español por José March, Barcelona: Impr. de Ramón M. Indar.

ANN RADCLIFFE

1790. *A Sicilian Romance.*

1818. *Julia o los subterráneos del castillo de Mazzini*, traducida del francés por J.M.P., Valencia: Cabrerizo.

1819. *Julia o los subterráneos del castillo de Mazzini*, traducida del francés por J.M.P., Valencia: Cabrerizo, 2 vols., 16º.

1822. *Julia o los subterráneos del castillo de Mazzini*, trad. por J.M.P., Valencia: Oliveres, 2 vols., 12º.

1829. *Julia o los subterráneos del castillo de Mazzini*, París: Impr. de J. Smith, 4 vols., 16º.

1837. *Una aventura en Sicilia*, en la colección *Mañanas de primavera. Colección de las novelas de los más célebres autores extranjeros que nunca han sido traducidas al castellano*, Madrid: Impr. de T. Jordán.

1840. *Julia o los subterráneos del castillo de Mazzini*, trad., del francés al castellano por J.M.P., Valencia: Cabrerizo, "Colección de Novelas", 2 vols., 16º.

1797. *The Italian.*

1821. *El confesonario de los penitentes negros*, trad. del francés por Morellet, y en castellano por T.H. & M.S., Madrid: Tipog. Brugada, 2 vols., 8º.

1832. *El italiano o El confesonario de los penitentes negros*, París: Pillet, 7 vols., 16º.

1835. *El confesonario de los penitentes negros*, traducida del francés por D.E.H. y D.M.S. (según noticia del *Eco del Comercio* de ese año).

1836. *El italiano o El confesonario de los penitentes negros*, Impr. F. Garriga, Barcelona: librería de Manuel Saurí.

1838. *El italiano o El confesonario de los penitentes negros*, Barcelona: Impr. de Manuel Saurí, 3ª ed., 3 vols., 16º.

1843. *El confesonario de los penitentes negros*, Barcelona: Impr. de Manuel Saurí, 3ª ed., 3 vols., 12º.

1856. *El confesonario de los penitentes negros*, "traducida libremente", Madrid: Impr. a cargo de J. Fernández, 4º.

1861. *El confesonario de los penitentes negros*, Sevilla: Impr. de "El porvenir de Sevilla" a cargo de Francisco de Paula González.

1791. *The Romance of the Forest.*

1830. *Adelina o la abadía de la selva. Novela histórica*, trad, de Santiago de Alvarado y de la Peña, Madrid: Impr. de L. Sancha, 4 vols., 12º.

1833. *La selva o la abadía de Santa Clara*, París: Impr. de Pillet, 6 vols., 16º.

1794. *The mysteries of Udolpho.*

1832. *Los misterios de Udolfo*, París: Impr. de Pillet, 10 vols., 12º.

1854. *Los misterios de Udolfo*, Madrid: Impr. de *Semanario Pintoresco* y de la *Ilustración* a cargo de D.G. Alhambra, "Eco de los folletines. Archivo escogido y económico de obras amenas e instructivas de todos los tiempos y países", tomo I, 24 grabados.

Clara Reeve

1777. *The Champion of Virtue, A Gothic Story*, **retitulada en su segunda edición como** *The Old English Baron.*

1854. *El campeón de la virtud o el Barón Inglés*, Valladolid: Impr. de Juan de la Cuesta y cía., 8º.

Jean Joseph Regnalt-Warin

1789. *La caverne da Strozzi.*

1826. *La caverna de Strozzi*, París: Smith, 16º. 1830. *La caverna de Strozzi*, Madrid: Bueno, 16º.

Regina Maria Roche

1789. *The Children of the Abbey.*

1808. *Los niños de la Abadía*, Madrid: Vega, "Biblioteca Británica".

1818. *Oscar y Amanda o Los descendientes de la Abadía*, trad. de Carlos José Melcior, Barcelona: Juan Dorca, 6 vols., 8º.

1828. *Oscar y Amanda o Los descendientes de la Abadía*, traducido libremente por Carlos José Melcior, Barcelona: Impr. de Manuel Saurí y Compañía, 2ª ed., 3 vols., 8º.

1832. *Oscar y Amanda o los descendientes de la Abadía*, México: Impr. de Galván a cargo de Mariano Arévalo.

1837. *Oscar y Amanda o Los descendientes de la Abadía*, traducido libremente por Carlos José Melcior, Barcelona: Impr. de Ramón M. Indar, 3ª ed., 4 vols., 12º.

1859. *¡Una mujer sin igual!*, novela escrita en inglés por Miss Regina-Maria Roche; refundida por Manuel Ibo Alfaro, Madrid: Impr. a cargo de Manuel Gómez.

1868. *Oscar y Amanda. Amor y virtud triunfantes*, verdadera y única refundición castellana por Enrique Villalpando de Cárdenas, Barcelona: Espasa Hermanos, "Biblioteca Ilustrada de Espasa Hermanos. Sección moral-recreativa", 2 vols., 4º.

1872. *Oscar y Amanda. Amor y virtud triunfantes*, trad. por Enrique Villalpando de Cárdenas, Barcelona: Espasa Hermanos, 2 vols., 4º.

1880. *Oscar y Amanda. Amor y virtud triunfantes*, verdadera y única refundición castellana por Enrique Villalpando de Cárdenas, Barcelona: Espasa Hermanos, "Biblioteca Ilustrada de Espasa Hermanos. Sección moral-recreativa", 2 vols., 13º.

1882. *Oscar y Amanda*, París: Garnier Hermanos, 2 vols., 8º. 1889. *Oscar y Amanda*, París: Garnier Hermanos, 2 vols., 8º.

1789. *Clermont.*

1831. *Clermont*, trad. de Francisco de Paula Mellado, Madrid: Impr. que fue de Fuentenebro, 2 vols., 8º.

1813. *The Monastery of St. Columb.*

1839. *El monasterio de San Colimban o El caballero de las rmas rojas*, París.

Condesa De Roualt De La Haye (también llamada Condesa de Nardouet)

1818. *Barbarin-ki ou les brigadas du château de Wissegrade.*

1831. *Barbarinski o los bandoleros del castillo de Wisegrado, escrita por Ann Radcliffe*, París, Pillet Ainé, 2 vols., 16º.

1833. *Sobremar o los fantasmas*, París: Pillet, 2 vols., 18º.

Cajetan Tschink

1795. *The victim of magical delusion or the mystery of the revolution.*

1806. *La víctima de la magia o los misterios de la Revolución de P... (novela mágico-política, fundada en hechos históricos)*, aparecieron extractados dos fragmentos en el *Memorial Literario*, 30 de abril, pp. 129-143, y 10 de mayo, pp. 150-160.

3
NOVELAS GÓTICAS ESPAÑOLAS

Manuel Benito Aguirre

1830. *El Subterráneo habitado o Los Letingbergs o sea Timancio y Adela*, Madrid: Oficina de Moreno.

José Joaquín Clararrosa (Juan Antonio Olavarrieta)

1820. *Viaje al mundo subterráneo y secretos de la Inquisición revelados a los españoles*, Cádiz: Imprenta de Roquero.

Luis Gutiérrez

1800. *Cornelia Bororquia o la Víctima de la Inquisición*, París, 12º.

JOSÉ MIGUEL HOÚE Y CAMACHO

1834.   *La catedral de Sevilla.* Imprenta de Repullés.

RAMÓN LÓPEZ SOLER

1834.   *El ferí de Benastepar o los moros de Sierra Bermeja.*
1836.   *El hombre de Tempul.*
1836.   *Ajejo y Guiomar.*

PASCUAL PÉREZ Y RODRÍGUEZ

1831.   *La torre gótica o El espectro de Limberg: novela histórica del siglo XIV, original española*, Valencia: López, 2 vol.15º.
1833.   *El hombre invisible o Las ruinas de Munsterhall: novela histórica original del tiempo de las Cruzadas*, Valencia: Imprenta de Cabrerizo.
1834.   *La urna sangrienta, o El panteón de Scianella: novela original*, Valencia: Imprenta de Cabrerizo.

NARCISO TORRE LÓPEZ Y RUEDAS

1834.   *Virtud, constancia, amor y desinterés aparece en el bello sexo: novela trágica original*, Madrid: Imprenta que fue de Fuentenebro, 8º.

BASILIO SEBASTIÁN CASTELLANOS DE LOSADA

1829.   *Carlota Creyston o sea la víctima de su virtud*, Madrid: Imprenta de don Eusebio Álvarez.

VICENTE SALVÁ

1830.   *La bruja o cuadro de la Corte de Roma*, París: Librería Hispano-Americana.

V.

BIBLIOGRAFÍA

FUENTES CLÁSICAS

Aguirre, Manuel Benito (1831): *La mujer sensible: novela original*, Madrid: Imprenta de Victoriano Hernando.

Amar y Borbón, Josefa (1790): *Discurso Sobre la educación física y moral de las mujeres*, Madrid: Imprenta Benito Cano en edición de Sullivan, C. (1995), Madrid: Siglo XXI.

Cabrerizo, Mariano José de (1827): *Economía literaria: catálogo de libros destinados a la suscripción de lectura, establecida en la misma librería de Cabrerizo*, Valencia: Imprenta de Cabrerizo.

Cabrerizo, Mariano José de (1850): *Prospecto de una colección de novelas inglesas, alemanas y francesas, traducidas al castellano, que publica Mariano de Cabrerizo, comerciante de libros en Valencia*, Valencia: Imprenta de Cabrerizo.

Castor de Caunedo, N. (1848): *Biografía de D. Basilio Sebastián Castellano de Losada*, Madrid: Don Baltasar González.

Gil de Zárate, Antonio (1855): *De la instrucción pública en España*, Madrid: Colegio de sordomudos.

Hidalgo, Félix María (1833): *Discurso sobre la unión que entre sí tienen la razón y el buen gusto*, Sevilla: Imp. De Mariano Caro.

Jovellanos, Gaspar Melchor de (1830-1832): *Lecciones de Retórica y Poética, en colección de varias obras*, con adiciones de R. M. Cañedo, VI, Madrid: Imp. De León Anguita.

Jovellanos, Gaspar Melchor de (1836): *Las grutas de Lindental y el castillo de Torberg: novela histórica del siglo XIII*, traducido por José María del Río (oficial de hacienda), Valencia: Imprenta de Chaves y Castillo.

Lista y Aragón, Alberto (1844): *Ensayos literarios y críticos por D. Alberto Lista y Aragón con un prólogo de D. José Joaquín de Mora*, Sevilla: Calvo Rubio y Cía.

Lista y Aragón, Alberto (1836): *Lecciones de Literatura española, explicadas en el Ateneo Científico, Literario y Artístico por D. Alberto Lista y Aragón*, Madrid: Imp. Nicolás Arias.

Luzán, Ignacio de (1977*): Poética*, Barcelona: Labor.

Martín Reguart, F. (1834): *Un Testamento parcial y una muerte supuesta, o, La religiosa*, Barcelona: Impr. de Ramón M. Indar.

Millás, Joaquín (1786): *Del único principio que despierta la razón, el buen gusto y la virtud en la educación literaria*. Primera parte, Mantua.

Minerva: Biblioteca británica o colección extractada de obras inglesas, de los periódicos, de las memorias y transacciones de las sociedades y Academias... comprendiendo principalmente la historia, la geografía, las novelas y ficciones agradables..., Madrid: Vega.

Pérez y Rodríguez, Pascual (1833): *La amnistía cristina o El solitario del Pirineo*, Valencia: Imprenta de Cabrerizo.

Pérez y Rodríguez, Pascual (1869): *Obras en prosa y verso de P. Pascual Pérez y Rodríguez*, Valencia: Imprenta de los Dos Reinos.

Pérez Zaragoza Godínez, Agustín (1831): *Prospecto a la obra singular titulada Galería Fúnebre de Espectros y Sombras ensangrentadas o sea el historiador trágico de las catástrofes del linaje humano*, Madrid: Imprenta J. Palacios.

Quérard, Joseph Marie (1829): *Le France littéraire ou dictionnaire bibliographique des savants, historiens et gens de lettres de la France, ainsi que des littérateurs étrangers qui ont écrit en Français, plus particulièrement pendant les XVIIIe et XIXe siècles*, Chez Firmin Didot.

Reinoso, Félix José (1816): *Sobre la influencia de las Bellas Letras en la mejora del entendimiento y rectificación de las pasiones*, Sevilla: Aragón y Cía.

Sempere y Guarinos, Juan (1782): *Reflexiones sobre el Buen Gusto en las Ciencias, y en las Artes. Traducción libre de las que escribió en italiano Luis Antonio Muratori, con un Discurso sobre el Gusto actual de los españoles en la literatura*, Madrid: Imp. Alonso de Sancha.

Sempere y Guarinos, Juan (1997): *Ensayo de una biblioteca española de los mejores escritores del reinado de Carlos III, Valladolid: Junta de Castilla y León*, Conserjería de educación.

FUENTES CONTEMPORÁNEAS

Abrams, Meyer Howard (1975): *El espejo y la lámpara. Teoría romántica y tradición crítica*, Barcelona: Barral.

Aldana Reyes, Xavier. (2017): *Spanish Gothic: National Identity, Collaboration and Cultural Adaptation*. Springer.

Aguilar Piñal, Francisco (1981-1995): *Bibliografía de autores españoles del siglo XVIII*, Madrid: CSIC.

Aguirre, Manuel (1990): *The Closed Space: Horror Literature and Western Symbolism*. Manchester: Manchester: University Press.

Allegra, Giovani (1980): *La viña y los surcos. Las ideas literarias en España del siglo XVIII y XIX*, Sevilla: Universidad de Sevilla.

Almela y Vives, Francisco (1949): *El editor don Mariano de Cabrerizo*, Madrid: Consejo superior de Investigaciones Científicas, Instituto Nicolás Antonio.

Alonso Palomar, Pilar (1994): *De un universo encantado a un universo reencantado*, Valladolid: Grammalea.

Alonso Palomar, Pilar (1999): "El mundo mágico del padre Feijoo", en *Brujas, demonios y fantasmas en la literatura fantástica hispánica*, Lleida: Universitat de Lleida, pp. 127-131.

Alonso Seoane, María José (1984): "La obra narrativa de Olavide: nuevo planteamiento para su estudio", en *Axerquia*, pp. 11-49.

Alonso Seoane, María José (1985): "Los autores de tres novelas de Olavide", en AAVV., *IV Jornadas de Andalucía y América*, II, Sevilla: Escuela de Estudios Hispanoamericanos, pp. 1-22.

Alonso Seoane, María José (1986): "Algunos aspectos de las ideas de Olavide", en las Lecturas útiles y entretenidas", *Alfinge*, 4, pp. 215-228.

Alonso Seoane, María José (1987): "Traducción y adaptación en el siglo XVIII español: una versión desconocida de la novela de Blanchard, *Félix et Pauline ou le tombeau au pied du Mont-Jura*", en *VI Simposio de la sociedad Española de Literatura General y Comparada*, Granada: Universidad, pp. 231-237.

Alonso Seoane, María José (1987): *Historia del periodismo en España. II. El siglo XIX*, Madrid: Alianza Ed.

Alonso Seoane, María José (1988): "Una adaptación española de Blanchard: *El sepulcro en el monte* de Vicente Rodríguez de Arellano", *Crisol*, 8, pp. 5-19.

Alonso Seoane, María José (1991): "Adaptaciones narrativas en el siglo XVIII español: el amor desinteresado de Pablo Olavide", en *Traducción y adaptación cultural: España-Francia*, Universidad de Oviedo: Servicio de Publicaciones, pp. 199-210.

Alonso Seoane, María José (1995): "Infelices extremos de sensibilidad en las lectura de Olavide", en *Anales de la literatura Española*, nº 11, pp. 45-64.

Alonso Seoane, María José (1997): "La época de la Ilustración", en *Movimientos literarios y periodismo en España*, Madrid: Editorial Síntesis.

Alonso Seoane, María José (1999): "Traducciones de obras narrativas en el Diario de Madrid, 1814-1820", en *La traducción en España (1759-1830)*, Lleida: Edicions de la Universitat de Lleida, pp. 363-373.

Alonso Seoane, María José (2002a): *Narrativa de ficción y público en España: los anuncios en la "Gaceta" y el "Diario de Madrid" (1808-1819)*, Madrid: Universitas.

Alonso Seoane, María José (2002b): "Traducciones de relatos de ficción en La Gaceta y el diario de Madrid, 1823-1830", en *Neoclásicos y románticos ante la traducción*, Universidad de Murcia: Servicio de Publicaciones, pp. 19-33.

Alonso Seoane, María José (2007): "La Poderosa Themis y la Galería fúnebre: una polémica en prensa en el contexto de la traducción de colecciones de relatos en España (1830-831)", en *Anales de Filología Francesa*, n° 15, pp. 5-16.

Álvarez, Román (1984): "El elemento histórico en la novela gótica", en *Actas del IV Congreso AEDEAN*, Publicaciones Universidad de Salamanca, pp. 209-216.

Álvarez, Román (1998): "De la novela gótica a la novela histórica", en *Historia crítica de la novela inglesa*, Salamanca: Ediciones Colegio de España, pp. 65-106.

Álvarez Barrientos, Joaquín (1983): "Algunas ideas sobre teoría de la novela en el siglo XVIII en Inglaterra y Francia", en Anales de literatura española, n° 2, pp. 5-24.

Álvarez Barrientos, Joaquín (1985): "Algunas ideas sobre teoría de la novela en el siglo XVIII en Inglaterra y España", en *Anales de la Literatura Española*, n°. 4, pp. 5-23.

Álvarez Barrientos, Joaquín (1990a): "El hombre de letras español en el siglo XVIII", en *Actas del Congreso Internacional sobre Carlos III y la Ilustración*, III, Madrid, Ministerio de cultura, pp. 417-426.

Álvarez Barrientos, Joaquín (1990b): "Del pasado al presente: sobre el cambio del concepto de imitación en el siglo XVIII español", en *Nueva revista de filología hispánica*, tomo 38, n° 1, pp. 219-246.

Álvarez Barrientos, Joaquín (1991): *La novela del siglo XVIII*, Madrid: Júcar.

Álvarez Barrientos, Joaquín (1992b): "Introducción al siglo XVIII, de Francisco Aguilar Piñal", en Ínsula: Revista de *letras y ciencias humanas*, n° 547-548, pp. 7-8.

Álvarez Barrientos, Joaquín (1992a): "¿Por qué se dijo que en el siglo XVIII no hubo novela?", en Ínsula: Revista de *letras y ciencias humanas*, n° 546, pp. 11-13.

Álvarez Barrientos, Joaquín (1994): "La comedia de magia del siglo XVIII como literatura fantástica", en *Anthropos. Boletín de información y documentación*, n° 154-155, pp. 99-103.

Álvarez Barrientos, Joaquín (1995): "Los hombre de las letras", en *La República de las letras en la España del siglo XVIII*, Madrid: CSIC, pp. 19-61.

Álvarez Barrientos, Joaquín (1995): "El modelo femenino en la novela española del siglo XVIII", en *Hispanic review*, n° 1, pp. 1-8.

Álvarez Barrientos, Joaquín (1995): "Formas populares y de consumo", en *Historia de la literatura española. Siglo XVIII*, Madrid: Espasa-Calpe, pp. 347-372.

Álvarez Barrientos, Joaquín (1998): "Traducción y novela en la España del siglo XVIII: una aproximación", en *Actas del I Congreso Internacional sobre Novela del Siglo XVIII*: Almería, 1998, pp. 9-22.

Álvarez Barrientos, Joaquín (2004a): "Cultura y política entre siglos", en *Se hicieron literatos para ser políticos. Cultura y política en la España de Carlos IV y Fernando VII*, Cádiz: Biblioteca Nueva, pp. 11-24.

Álvarez Barrientos, Joaquín (2004b): "Novela, Historia y Política en el cambio de siglo", en *Se hicieron literatos para ser políticos. Cultura y política en la España de Carlos IV y Fernando VII*, Cádiz: Biblioteca Nueva, pp. 243-270.

Álvarez Barrientos, Joaquín (2004c): "El café, de Alejandro Moya", en *Dieciocho. Homenaje a René Andioc*, 27.1, pp. 59-74.

Álvarez Méndez, Natalia (2002): *Espacios narrativos*, León: Universidad de León.

Álvarez Méndez, Natalia (2003): "Hacia una teoría del signo espacial en la ficción narrativa contemporánea", en *Signa. Revista de la Asociación Española de Semiótica* 12, pp. 549-570.

Álvarez Villar, Alfonso (1971): "Análisis temático de la literatura terrorífica", en *Arbor. Revista General de Investigación y Cultura*, nº 78, Madrid, pp. 331-342.

Amicola, José (2003): *La batalla de los géneros: novela gótica versus novela de educación*, Rosario: Beatriz Viterbo Editora.

Amell, Alma. (1990): *La preocupación por España de Larra*, Madrid: Pliegos.

Andioc René (1976): *Teatro y sociedad en el Madrid del siglo XVIII*, Madrid: Castalia.

Angenot, Marc (1975): "La littérature populaire français au dix-neuvième siècle", en Le Roman populaire. Recherches en paralittérature, Montréal: Presses de l'Université du Québec, pp. 307-333.

Aragón Fernández, María Aurora (1992): *Traducciones de obras francesas en la Gaceta de Madrid en la década revolucionaria (1790-1799)*, Oviedo: Universidad de Oviedo.

Arán, Pampa Olga (2001): *Apuntes sobre géneros literarios*, Córdoba, Argentina: Epoké (colección Breviarios teóricos).

Araque, B. M. (1881): Biografía de don Wenceslao Ayguals de Izco, Madrid: Imprenta de la Sociedad Literaria.

Arce, Joaquín, Glendinning, Nigel y Depuis, Lucien (1968): *La literatura española del siglo XVIII y sus fuentes extranjeras: conferencias pronunciadas en la primera Reunión de Lengua y Literatura española del siglo XVIII*, Oviedo: Universidad de Oviedo.

Arco, Ricardo del (1947): "Ideario estético de José Mor de Fuentes", en *Revista de Ideas Estéticas*, V, nº 20, pp. 395-435.

Arnaud, Pierre (1976): *Ann Radcliffe et le fantastique*, Paris: Publications de l'Université de Paris-X Nanterre.

Asenjo, Antonio (1933): *Catálogo de publicaciones periódicas madrileñas existentes en la Hemeroteca Municipal de Madrid* (1661-1930), Madrid: Artes Gráficas Municipales.

Asenjo, Antonio (1933): *La prensa madrileña a través de los siglos. (Apuntes para una historia desde el año 1961 al de 1925)*, Madrid: Ayuntamientos de Madrid.

Aymes, Jean René (2002): "Las opiniones acerca de las traducciones en la prensa española de los años 1823-1844", en *Neoclásicos y románticos ante la traducción*, Universidad de Murcia: Servicio de Publicaciones, pp. 35-58.

Bajtin, Mijail (1989): *Teoría y estética de la novela*, Madrid: Taurus.

Barella, Julia (1994): "La literatura fantástica en España", en *Anthropos*, n° 154-155 (Marzo-abril 1994), pp. 11-20.

Barrenechea, Ana María (1985): "La literatura fantástica: función de los códigos socioculturales en la construcción de un género", en *El espacio crítico en el discurso literario*, Buenos Aires: Kapelusz, pp. 44-54.

Barthes, Roland (1970): "El efecto de realidad", en *Lo verosímil*, Buenos Aires. Tiempo Contemporáneo, "Col. Comunicaciones", pp. 95-101.

Baudelaire, Charles (1988): *Edgar Allan Poe*, Madrid: Visor.

Bessière, Irène (1974) : *Le récit fantastique. La poétique de l'incertain*, París: Larousse.

Bellemin-Noël, Jean (2002): "Lo fantástico y el inconsciente", en *Quimera*, 218-219 (Julio-agosto de 2002), pp. 51-56.

Bellemin-Noël, Jean (2002): "Notas sobre lo fantástico. (Textos de Théophile Gautier)", en *Teorías de lo fantástico*, Madrid: Arco libros, pp. 107-140.

Berlin, Isaiah (1992): *El fuste torcido de la humanidad*, Barcelona: Península.

Berlin, Isaiah (1997): *El Mago del Norte. J. G. Hamann y el origen del irracionalismo moderno*, Madrid: Editorial Tecnos.

Berlin, Isaiah (2000): *Las raíces del Romanticismo*, Madrid: Taurus.

Bertsche, Allen (2000): *The Unseen Spectre: The Gothic Mode in Nineteenth-Century Spanish Narrative*, Wisconsin: University of Wisconsin-Madison.

Birkhead, Edith (1921): *The Tale of Terror a Study of the Gothic Romance*, London: Constable.

Blasco, Javier (1994): "Extraordinario" pero no "fantástico". El género de las misceláneas renacentistas", en *Anthropos*, n° 154-155, pp. 118-121.

Botrel, Jean-François (1993): *Libros, prensa y lectura en la España del siglo XIX*, Madrid: Fundación Germán Sánchez Ruipérez.

Botting, Fred (1996): *Gothic*. London & New York: Routledge.

Botting, Fred (1999): *Gothic, the New Critical Idiom*, New York: Routledge.

Botting, Fred (2000): "In Gothic Darrkly: Heterotoropia, History, Culture", en *The Gothic Companion*, Oxford: Blackwell, pp. 3-15.

Bozal, Valeriano (1994): "Goya, imágenes de lo grotesco", en *Art and Literature in Spain: 1600- 1800. Studies in Honour of Niger Glendinning*, Londres & Madrid: Tamesis Books, 1993, pp. 47-54.

Bozzetto, Roger (2002): "El sentimiento de lo fantástico y sus efectos", en *Quimera*, 218-219 (Julio-agosto de 2002), pp. 35-40.

Brix, Michel (2000): "Du château d'Otrante à la forteresse de Silling", en Ô *saisons, ô châteaux. Châteaux et littérature des Lumières* à *l'aube de la Modernité* (1764-1914), Paris: Presses Universitaires Blaise Pascal.

Brown, Reginald F. (1953): *La novela española 1700-1850*, Madrid: Servicio de Publicaciones del Ministerio de Educación Nacional.

Burke, Edmund (2005): *Indagación filosófica sobre el origen de nuestras ideas acerca de lo sublime y lo bello*, Madrid: Alianza Editorial.

Caldera, Ermanno (1991): "Il teatro del pathos e dell'orrore al principio dell'ottocento: fedeltà ai canoni del clasicismo e presentimente romantici", en *Entresiglos*, I, pp. 57-75.

Caldera, Ermanno (2001): "Para una tipología del héroe mágico dieciochesco y decimonónico", en *Sobre literatura fantástica. Homenaxe ó profesor Antón Risco*, Vigo: Universidad de Vigo, pp. 97-104.

Campos, Jorge (1969): *Teatro y sociedad en España 1780-1820*, Madrid: Ed. Moneda y Crédito. Canavaggio, Jean (1995): *Historia de la literatura española. Tomo IV. El siglo XVIII*, Barcelona: Ariel.

Cano, José Luis (1975): *Heterodoxos y prerrománticos*, Madrid, Júcar.

Cantos Casenave, Marieta (2002): "El cuento en el siglo XVIII: una propuesta para el rescate y el estudio de un género olvidado", en *Cuadernos dieciochistas*, n° 3, pp. 113-132.

Capel Martínez, Rosa M.ª (2006): "La mujer española en el siglo XIX: coordenadas históricas", en *Con voz propia. La mujer en la literatura española de los siglos XIX y XX*, Segovia: Instituto Castellano y Leonés de la Lengua, Colección Imagen y Palabra de Mujer, pp. 17-28.

Carnero, Guillermo (1973): "Apariciones, delirios y coincidencias. Actitudes ante lo maravilloso en la novela histórica del segundo tercio del siglo XIX", en Ínsula, n° 318, pp. 14-15.

Carnero, Guillermo (1983): *La cara oscura del Siglo de las Luces*, Madrid: Fundación Juan March/Cátedra.

Carnero, Guillermo (1985): "Introducción a *El Valdemaro*", en *El Valdemaro*. Alicante: Instituto de Estudios "Juan Gil-Albert", pp. 10-46.

Carnero, Guillermo (1988): "Sensibilidad y exotismo en un novelista entre dos siglos: Gaspar Zavala y Zamora", en *Romanticismo 3-4. Atti del IV Congreso sul Romanticismo spagnolo*, Bordighera, 1987, Genova: Universidad, pp. 23-29.

Carnero, Guillermo (1993): "*La holandesa* de Gaspar Zavala y Zamora y la literatura *gótica* del XVIII español", en *Homenaje al profesor José Fradejas Lebrero*, II. Madrid: Universidad Nacional de Educación a Distancia, pp. 517-539.

Carnero, Guillermo (1995): *Historia de la literatura española. Siglo XVIII*, Madrid: Espasa-Calpe.

Carnero, Guillermo (1997): "Introducción a la primera mitad del siglo XIX español", en *Historia de la literatura española. Siglo XIX*, Madrid: Espasa Calpe, pp. xix – c.

Caro Baroja, Julio (1967): *Vidas mágicas e Inquisición*, Madrid: Taurus.

Caro Baroja, Julio (1971): "Prólogo", en *Manuscrito encontrado en Zaragoza*, Madrid: Alianza.

Carrete Parrondo, Juan (1993): "Imágenes y descripciones fantásticas. Imágenes y descripciones de monstruos", en *Art and Literature in Spain: 1600-1800. Studies in Honour of Nigel Glendinning, Londres & Madrid*: Tamesis Books, 1993, pp. 55-67.

Carroll, Noël (2005): *Filosofía del terror o paradojas del corazón*, Madrid: Antonio Machado Libros.

Caso González, José Miguel, est. y ed. (1989): *El Censor. Obra periódica comenzada a publicar en 1781 y terminada en 1787*, Oviedo: Universidad de Oviedo/IEFS XVIII.

Caso González, José Miguel, est. y ed. (1988): "Un caso atípico de literatura clandestina: el periódico "El Censor", en *De la Ilustración al Romanticismo. Cádiz, América y Europa ante la Modernidad, 1750-1850. II Encuentro: Ideas y Movimientos clandestinos*, Cádiz: Universidad de Cádiz, pp. 339-361.

Castellanos, Basilio Sebastián (1837): "El clima y la forma de gobierno influyen extraordinariamente en las Artes", en *Observatorio Pintoresco*, t. II, nº 7, pp. 53-55.

Castle, Terry (1995): *The Female Thermometer. XVIIIth Century and the Invention of the Uncanny*, New York: Oxford University Press.

Castro Morales, Federico (1996): "Sueño, capricho y fantasía en Goya: un saturnino torna los siniestro en gótico", en *De lo grotesco*, Vitoria: Universidad del País Vasco- Diputación Foral de Álava, pp. 107-117.

Cazottes, Gisèle y Rubio Cremades, Enrique (1997): "El auge de la prensa periódica", en *Historia de la literatura española. Siglo XIX*, Madrid: Espasa Calpe, pp. 43-60.

Checa Beltrán, José (1992): "Novela y teoría española dieciochista", en Ínsula 546, pp. 15-17. Checa Beltrán, José (1993): "Las poéticas españolas del período 1790-1810", en *Entresiglos*, II, pp. 87-98.

Checa Beltrán, José (1994): "Verosimilitud y maravilla en la poética española dieciochista", en *Anthropos*, nº 154-155, pp. 32-37.

Checa Beltrán, José (1998): *Razones del Buen Gusto (Poética española del Neoclasicismo)*, Madrid: CSIC.

Checa Beltrán, José (2004): *Pensamiento literario del siglo XVIII español: antología comentada*, Madrid: CSIC.

Clery, Emma (1995): *The rise of supernatural*, Cambridge: Cambridge University Press.

Clery, Emma y Miles, Robert (2000): *Gothic documents. A sourcebook. 1700-1820*, Manchester and New York: Manchester University Press.

Cohen, Olivia Jeanne (2000): "Le château fantasmagorique: "le lieu mêle" chez O. V. de L. Milosz", en *Ô saisons, ô châteaux. Châteaux et littérature des Lumières à l'aube de la Modernité (1764-1914)*, Paris: Presses Universitaires Blaise Pascal.

Conde Guerri, María José (2006): "En prosa de mujer", en *Con voz propia. La mujer en la literatura española de los siglos XIX y XX*, Segovia: Instituto Castellano y Leonés de la Lengua, Colección Imagen y Palabra de Mujer, pp. 61-71.

Correa Ramón, Amelina: "El siglo de las lectoras", en *Con voz propia. La mujer en la literatura española de los siglos XIX y XX, Segovia: Instituto Castellano y Leonés de la Lengua, Colección Imagen y Palabra de Mujer*, pp. 29-39.

Correa Rodenas, José Manuel (2019): "La edición perdida de Vieland en España 1818", Cuadernos De Ilustración Y Romanticismo, (25), 609–628. https://doi.org/10.25267/Cuad_Ilus_romant.2019.i25.29

Courville Nicol, Valérle (2004): *Le soupçon gothique. L'intériorisation de la peur en Occident*, Québec: Les Presses de L'Université Laval.

Cuenca, Luis Alberto (1977): "Prólogo" en *Galería Fúnebre de espectros y sombras ensangrentadas*, Madrid: Editora Nacional, pp. 15-41.

Cuenca, Luis Alberto (1985): "La literatura fantástica española del siglo XVIII", en *Jorge Luis Borges y otros autores. Literatura fantástica*, Madrid: Siruela.

Cuenca, Luis Alberto (1994): "La literatura fantástica española del siglo XVIII", en *Anthropos*, nº 154-155, pp. 38-44.

Cuenca, Luis Alberto (1995): "Los vampiros y el Padre Feijoo", en *Bazar. Estudios literarios*, Zaragoza: Lola Editorial, pp. 95-103.

Cuenca, Luis Alberto (1995): "Fantasmas góticos en la Inglaterra del Siglo de las Luces", en *Bazar. Estudios literarios*, Zaragoza: Lola Editorial, pp. 121-144.

Cuenca, Luis Alberto (1995): "Agustín Pérez de Zaragoza: la herencia gótica en la literatura fernandina", en *Bazar. Estudios literarios*, Zaragoza: Lola Editorial, pp. 145-156.

Cuenca, Luis Alberto (1999): "Agustín Pérez Zaragoza", en *Oscuraturba de los más raros escritores españoles*, pp. 173-184.

Cuenca, Luis Alberto (2005): "Jeroglíficos góticos en la Inglaterra prerromántica", en *Cuentos jeroglíficos de Horace Walpole*, Madrid: Alianza Editorial, pp. 85-115.

Cueto, Roberto (1999): "La visión gótica", en *El sudario de hierro y otros cuentos góticos*, Madrid: Celeste Ediciones, pp. 7-27.

Davenport-Hines, Richard (1998): *Gothic. Four Hundred Years of Excess, Horror, Evil and Ruins*, New York: North Point Press.

Davis, Lennard (1983): *Factual Fictions: The Origins of the English Novel*, New York: University of Pennsylvania Press.

Defourneaux, Marlelin (1973): *Inquisición y censura de libros en la España del siglo XVIII*, Madrid: Taurus.

Demerson, Paula (1976): *Esbozo de biblioteca de la juventud ilustrada (1740-1808)*, Oviedo: Universidad de Oviedo.

Denger, R. (1999): "Actitudes ante la traducción en el primer tercio del siglo XIX", en *La traducción en España (1750-1830). Lengua, literatura, cultura*, Lleida: Universidad de Lleida, pp. 67-78.

Depuis, L. (1968): "Francia y lo francés en la prensa periódica española durante la Revolución Francesa", en *La Literatura española del siglo XVIII y sus fuentes extranjeras, Cuadernos de la Cátedra Feijoo*, nº 20, Universidad de Oviedo, Oviedo.

Dever, Aileen (2007): "La novela gótica y paralelos en *Nada* de Carmen Laforet", en *The South Carolina Modern Language Review*, 6, nº 1, pp. 59-75.

Díaz, Joaquín (2004): "Literatura de cordel: pliegos, aleluyas", en *Se hicieron literatos para ser políticos. Cultura y política en la España de Carlos IV y Fernando VII*, Biblioteca Nueva- Servicio de Publicaciones de la Universidad de Cádiz.

Domínguez Ortiz, Antonio (1972): *Sociedad y Estado en el siglo XVIII español*, Madrid: Ariel Historia.

Dowling, John (1985): "Las Noches lúgubres de Cadalso y la juventud romántica del Ochocientos", Alicante: Biblioteca Virtual Miguel de Cervantes, 2002, Edición digital a partir de *Coloquio Internacional sobre José Cadalso*, Bolonia 26-29 de octubre de 1982, Abano Terme, Piovan, pp. 105-124.

Drummond, Andrew (1950): *The Churches in English Fiction*, Rochester, NJ: Backus.

Dufour, Gérard (2005): "Introducción" en *Cornelia Bororquia o La víctima de la Inquisición*, Madrid, Cátedra, pp. 9-63.

Duperray, Max (2000): *Le roman noir anglais dit "gothique"*, Paris: Ellipses.

Durán López, Fernando (2016): Algo más sobre la infundada atribución a Blanco White de La novela «Vargas», de Alexander Dallas, con unas páginas inéditas de Vicente Llorens. *Cuadernos de Ilustración y Romanticismo*, [S. l.], n. 22, p. 483–489, 2016. DOI: 10.25267/Cuad_Ilus_Romant.2016.i22.20

Durant, David (1982): "Ann Radcliffe and the Conservative Gothic", en *Studies in English Literature, XXII*, pp. 519-530.

Ellis, Kate Ferguson (2000): *The Contested Castle: Gothic Novels and the Subversion of Domestic Ideology*, Urbana: University of Illinois Press.

Ellis, Markman (2003): *The History of Gothic Fiction*, Edinburgh: Edinburgh University Press.

Enciso Recio, Luis Miguel (2002): *Barroco e Ilustración en las bibliotecas privadas españolas del siglo XVIII, Discurso de reopción de la Real Academia de Historia*, Madrid: Real Academia de Historia.

Espinós i Quero, Antoni (2005): "La colección de novelas del editor Cabrerizo (I)", en *Hibris: Revista de bibliofilia*, Nº 25, pp. 30-39.

Espinós i Quero, Antoni (2005): "La colección de novelas del editor Cabrerizo (y II)", en *Hibris: Revista de bibliofilia*, Nº 26, pp. 27-39.

Estébanez Calderón, Serafín (1832): "Sobre clásicos y románticos", en *Cartas Españolas,* t. IV, cuaderno 25.

Estruch Tobella, Joan (1994): "Trasgresión y fantasía en las leyendas de Bécquer", en *Anthropos*, n° 154-155, pp. 95-98.

Estruch, Joan (1982): *Literatura fantástica y de terror del siglo XVIII*, Barcelona: Fontamara. Etienvre, Françoise (1996): "Le gallicisme en Espagne au XVIIIe siècle: modalités d'un rejet", en *L'image de la France en Espagne pendant la seconde moitié du XVIIIe siècle*, Paris-Alicante : Presses de la Sorbonne Nouvelle- Instituto Juan Gil-Albert, pp. 99-112.

Evans, Bertrand (1947): *Gothic Drama from Walpole to Shelley, Berkeley and Los Angeles*: University of California Press.

Feijoo, Benito Jerónimo (1779): "Uso de la mágica" (discurso V, I, 2), en *Teatro critico universal o discursos varios en todo género de materias, para desengaño de errores comunes: O discursos varios en todo género de materias, para desengaño de errores comunes*. Impresor de Cámara de S. M. A costa de la Real Compañía de Impresores, y Libreros.

Ferment, C. (1957) : "Goya et la fantasmagorie", *Gazette des Beaux Arts*, vol. LIX, April, pp. 223-226.

Fernández, Luis Miguel (2006): *Tecnología, espectáculo, literatura. Dispositivos ópticos en las letras españolas en los siglos XVIII y XIX, Santiago de Comp*ostela: Servizo de Publicacións e Intercambio Científico da Universidade de Santiago de Compostela.

Fernández, Pura (2006): "Prólogo" *Galería Fúnebre de Espectros y sombras ensangrentadas*, Madrid: Rizoma, pp. 11-25.

Fernández, Pura (2018): "Construyendo a la lectora moderna: lecturas emocionales para nuevas comunidades interpretativas. La Galería fúnebre (1831) de Agustín Pérez Zaragoz", en *La cultura de las emociones y las emociones en la cultura española contemporánea (siglos XVIII-XXI), L. E. Delgado, P. Fernández y J. Labanyi (eds.)*, 75-98. Madrid: Cátedra.

Fernández Díaz, María del Carmen (1989): "Antonio de Capmany y el problema de la traducción y del aprendizaje del francés en la España del siglo XVIII", en *FIDUS interpres. Actas de las Primeras Jornadas nacionales de historia de la traducción*, II, León, Universidad de León, pp. 112-121.

Fernández Gómez, Juan y Nieto Pernández, Natividad (1991): "Tendencias de la traducción de obras francesas en el siglo XVIII", en Traducción y adaptación cultural: España-Francia, Oviedo: Universidad de Oviedo, pp. 579-591.

Ferraz, Antonio (1997): "Traducciones de textos narrativos durante el Romanticismo", en *Historia de la literatura española. Siglo XIX*, Madrid: Espasa Calpe, pp. 603-610.

Ferreras, Juan Ignacio (1973): *Los orígenes de la novela decimonónica 1800-1830*. Madrid: Taurus Ediciones.

Ferreras, Juan Ignacio (1978): *La novela española en el siglo XIX (hasta 1868),* Madrid, Taurus. Ferreras, Juan Ignacio (1979): *Catálogo de novelas y novelistas españoles del siglo XIX*, Madrid: Cátedra.

Ferreras, Juan Ignacio (1987): *La novela española en el siglo XVIII*, Madrid: Taurus.

Ferreras, Juan Ignacio (1991): "La novela de terror en la España del XIX", en *El relato fantástico en España e Hispanoamérica, Madrid: Sociedad Estatal Quinto Centenario*, Colección Encuentros, Ediciones Siruela, pp. 189-196.

Flitter, Derek (1995): *Teoría y crítica del romanticismo español*, Cambridge University Press. Frank, Frederick S. (1984): *Guide to the Gothic: An Annotated Bibliography of Criticism*, Metuchen: Scarecrow Press.

Frank, Frederick S. (1984): *Guide to the Gothic: An Annotated Bibliography of Criticism*, Metuchen, NJ: Scarecrow Press.

Frank, Frederick S. (1987): *The First Gothic's: A Critical Guide to the English Gothic Novel, Nueva York*: Garland Publishing.

Frank, Frederick S., Crawford, G. W. & Fisher, B. F. IV (1980): *The 1979 Bibliography of Gothic Studies*, Baton Rouge, L.A.: Gothic.

Frye, Northrop (1968): *A study of English Romanticism*, New York: Random House. Frye, Northrop (1957): *Anatomía de la crítica*, Caracas: Princeton University Press.

Freud, Sigmund (1988): "Lo ominoso", en *Obras completas. Vol. XVII: De la historia de una neurosis infantil y otras obras (1017-1919)*, Buenos Aires: Amorrortu Editores, pp. 224-241.

Fuentes, Juan Francisco (1991): "El Censor y el público", en *Trienio. Ilustración y Liberalismo*, n°. 17, pp. 81-97.

Gallaher, Clark (1949): "The predecessors of Bécquer in the Fantastic Tale", en *College Bulletin Southeastern Louisiana College*, VI, N° 2.

García Gutiérrez, Sandra (Sandra): "Las princesas de Agustín Pérez Zaragoza: un acto de autoría rebelde". Desde el siglo XIX: reescrituras, traducciones, transmedialidad. Madrid: Colección Biblioteca Litterae, Calambur Editorial.

García Iborra, Juan (2007): *La representación cultural del sur en la novela gótica inglesa (1764-1820): otredad política y religiosa*, Tesis doctoral, Universidad Autónoma de Barcelona.

García Sáez, Santiago (1974): *Montengón, un prerromántico de la ilustración*, Alicante: Caja de Ahorros Provincial.

García Tejera, Mª del Carmen (1989): *Conceptos y teorías literarias españolas del siglo XIX: Alberto Lista*, Cádiz, Universidad de Cádiz.

Garrido Palazón, Manuel (1992): *La filosofía de las Bellas Letras y la historia literaria en España (1777-1844)*, Almería: Universidad de Almería-Instituto de Estudios Almerienses.

Geary, Robert F. (1992): *The Supernatural in Gothic Fiction: Horror, Belief and Literary Change*, Lewiston: Edwin Mellen Press.

Gies, David T. (1988): "Larra, La Galería fúnebre y el gusto por lo gótico", en Atti IV Congreso sul Romanticismo Spagnolo e Ispanoamericano. Genova: Universidad, pp. 60- 68.

Giné, Marta y Palacios, Concepción (2005): *Traducciones españolas de relatos fantásticos franceses, de Cazotte a Maupassant*, Barcelona: PPU.

Glendinning, Nigel (1968): "Influencia de la literatura inglesa en España en el siglo XVIII", en *La Literatura española del siglo XVIII y sus fuentes extranjeras, Cuadernos de la Cátedra Feijoo*, n° 20, Universidad de Oviedo: Oviedo.

Glendinning, Nigel (1983): *Historia de la literatura española, 4. El siglo XVIII*, Barcelona: Editorial Ariel.

Glendinning, Nigel (1984): "Cambios en el concepto de opinión pública a fines del siglo XVIII", en *Nueva revista de Filología Hispánica*, XXXIII, pp. 157-164.

Glendinning, Nigel (1986): "Tendencias liberales a fines del siglo XVIII en la literatura española", en *Dieciocho. Homenaje a I. L. McClelland*, 9, pp. 157-164.

Glendinning, Nigel (1991): "Actitudes frente al crimen y al castigo", en *Spanien und Europa im Zeichen der Auklärung*, Frankfurt-Bern-New York-Paris: Peter Lang, pp. 80-94.

Glendinning, Nigel (1994): "Lo gótico, lo funeral y lo macabro en la cultura española y europea del siglo XVIII", Alicante: Biblioteca Virtual Miguel de Cervantes, 2006. *Anales de Literatura Española*, N° 10, Alicante: Universidad, Departamento de Literatura Española, pp. 101-115.

Glendinning, Nigel (2000): "Estudio preliminar" en *Cartas Marruecas y Noches Lúgubres*, Barcelona: Editorial Crítica, pp. ix-xxvii.

Gómez Aparicio, Pedro (1967): Historia del periodismo español. Desde la "Gaceta de Madrid" (1661) hasta el destronamiento de Isabel II, Madrid, Editora Nacional.

Gonzalez Herrán, José Manuel y Penas Varela, Ermitas (1992): *Cronología De la literatura española. Siglos XVIII y XIX*, Madrid: Ediciones Cátedra.

González Palencia, Ángel (1935): *Estudio histórico de la censura Gubernativa en España (1800- 1833)*, Madrid: Tipografía de Archivos.

Goodrich, Norma (1970): "Gothic Castles in Surrealist Fiction", en *Proceedings of the Comparative Literature Symposium. Vol. III: From Surrealism to the Absurd*, Lubbock: Texas Technical University Press, pp. 143-162.

Guillén Buzarán, Juan (1844): "Sobre las novelas de España", en *Semanario Pintoresco Español*, Nº 43, pp. 338-340.

Hafter, Monroe Z. (1975): "Ambigüedad de la palabra público en el siglo XVIII", en *Nueva Revista de Filología Hispánica*, XXIV, pp. 46-63.

Haggerty, George (1989): *Gothic Fiction/Gothic Form*, University Park: The Pennsylvania: State UP.

Haidt, Rebecca (2003): "How Gothic Is It? The *Galería fúnebre*, Panoramic Seeing, and Enlightenment Visuality", en *Dieciocho*, 26.1 (Spring 2003), pp. 115-129.

Haidt, Rebecca (2004): "Gothic Larra", en *Decimonónica: Revista de producción cultural hispánica decimonónica*, vol. 1, n°. 1, pp. 52-66.

Hallie, Philip (1969): *Paradox of Cruelty, Middletown*, CT.: Wesleyan University Press. Harwell, Thomas Meade (1986): *The English Gothic Novel: A Miscellany in Four Volumes*, Salzburg: Universitat Salzburg.

Heine, Maurice (1930) : "Le Marquis de Sade et le roman noir", en *Le Marquis de Sade*, Paris: Gallimard.

Heine, Maurice (1934): "Promenade à travers le roman noir", en *Minotaure*, 5, pp.1-4. Helman, Edith (1970): *Jovellanos y Goya*, Madrid: Taurus.

Helman, Edith (1971): *Los caprichos de Goya*, Salvat Editores-Alianza Editorial. Helman, Edith (1986): *Trasmundo de Goya*, Madrid: Alianza.

Henessy, Brendan (1978): *The Gothic Novel*, London: Logman Group.

Herrero, Javier (1988): "Terror y literatura: Ilustración, revolución y los orígenes del movimiento romántico", en *La literatura española de la Ilustración: Homenaje a Carlos III*, Madrid: Universidad Complutense de Madrid, pp. 131-153.

Herrero, Javier (1988): *Los orígenes del pensamiento reaccionario español*, Madrid: Alianza Universidad.

Howard, Josh (1994): *Reading Gothic Fiction: A Bakhtinian Approach*, Oxford: Clarendon Press. Hume, Robert D. (1969): "Gothic versus Romantic: A Revaluation of the Gothic Novel", en *PMLA*, 84, pp. 282-290.

Hurwood, Bernhardt J. (1974): *Pasaporte para lo sobrenatural. Relatos de vampiros, brujas, demonios y fantasmas*, Madrid: Alianza.

Ilarraz, Aurora Virginia (1990): *La prensa española antes el Romanticismo europeo: resistencia y recepción (1780-1836)*, Ann Arbor: UMI.

Inman Fox, Edward (1985): "Una teoría de la moderna imaginación literaria española", en *Homenaje a José Antonio Maravall*, Madrid: CISC, pp. 341-350.

Izquierdo, Agustín (1993): "Prólogo" en *Tres piezas góticas*, Madrid: Valdemar, pp. 9-13.
James, M. R. (1924): "Introducción" en *Ghosts and Marvels*, London: Oxford.

Juretschke, Hans (1990): "Extensión, carácter y significación de las traducciones españolas del francés durante el siglo XIX", en *II Encuentros complutenses en torno a la traducción (Madrid, diciembre de 1988)*, Madrid: UCM-Instituto Universitario de Lenguas Modernas y Traductores, pp. 261-269.

Kant, Edmund (1984): *Lo bello y lo sublime: ensayo moral y estético*, Madrid: Austral.

Kaufman, Pamela (1972): "Burke, Freud and the Gothic", en *Studies in Burke and His Time*, 13, pp. 2178-2192.

Kayser, Wolfgang (1964): *Lo grotesco. Su configuración en pintura y literatura*. Buenos Aires: Nova.

Kievitt, Frank David (1975): *Attitudes toward Roman Catholicism in the Later Eighteenth Century English Novel. Dissertation Abstracts International*, 36. 1481a-1482a, New York: Columbia University.

Kilgour, Maggie (1995): *The rise of the Gothic novel*, London: Routledge.

Killen, Alice M. (1967): *Le roman "terrifiant" ou roman "noir" du Walpole à Anne Radcliffe et son influence sur la littérature française jusqu'en 1840*, Paris: Champion.

Kristeva, Julia (1980): *Pouvoirs de l'horreur: essais sur l'objection*, Paris: Fayard.

Lafarga, Francisco (1988): "Sobre recepción de la narrativa francesa del siglo XVIII en España: los intermediarios", en *Narrativa francesa del siglo XVIII*, Madrid: U.N.E.D, pp. 429-438.

Lafarga, Francisco (1991): "¿Adaptación o reconstrucción? Sobre Beaumarchais traducido por Bretón de los Herreros", en *Traducción y adaptación cultural: España-Francia*, Oviedo: Universidad de Oviedo, pp. 159-166.

Lanero, Juan José, Santoyo, Julio César y Villoria, S. (1993): "50 años de traductores, críticos e imitadores de Edgar Allan Poe (1857-1913)", en *Livius*, nº 3, pp. 159-184.

Lara Alberola, Eva, (2010): Hechiceras y brujas en la literatura española de los siglos de oro. Valencia: Publicaciones de la Universidad de Valencia.

Lara Alberola, Eva, (2017): "Canidia, esposa del Orco, de Las lágrimas de Angélica, y Orcavella, de La silva curiosa, ¿hechiceras, ogresas o... brujas?" en *Revista de literatura*, Tomo 79, Nº 157, pp. 41-65.

Lara Alberola, Eva, (2022): "Relatos terroríficos de raíz mágica en el Barroco español", en *Revista de estudios hispánicos*, Vol. 56, Nº 3, 2022, pp. 369-395.

Larra, Mariano José de (1984): "¿Quién es el público y dónde se encuentra?", en *Artículos*, Madrid: Cátedra, Letras Hispánicas, pp. 127-138.

Lévy, Maurice (1968): *Le roman gothique anglais*, Toulouse: Faculté de Lettres de Toulouse.
Lida de Malkiel, María Rosa (1983): "La visión del Trasmundo en las literaturas

hispánicas", en *El otro mundo en la literatura medieval*, México: Fondo de Cultura Económica, pp. 371- 449.

Litman, Théodore A. (1971): *Le sublime en France* (1600-1714), Paris: Nizet.

Llopis, Rafael (1972): *Esbozo de una Historia natural de los cuentos de miedo*, Madrid: Ediciones Júcar. La vela latina.

Llopis, Rafael (1985): "Los cuentos de terror", en *Antología de cuentos de terror. 1*. Madrid: Alianza, pp. 9-14.

Llorente, Juan Antonio (1836): *Historia crítica de la Inquisición en España*, Barcelona: Oliva.

Lloréns Castillo, Vicente (2006): *Liberales y románticos. Una emigración española en Inglaterra (1823-1834)*, Madrid: Castalia.

Lloréns Castillo, Vicente (1971): *José María Banco White, Antología*, Barcelona: Labor.

López, François (1995): "El libro y su mundo", en *La República de las letras en la España del siglo XVIII*, Madrid: CSIC, pp. 63-124.

López-Cordón Cortezo, María Victoria (1987): "La situación de la mujer a finales del Antiguo Régimen (1760-1860)", en *Mujer y sociedad en España (1700-1975)*, Madrid Ministerio de Cultura, pp. 47-109.

López Navia, Santiago Alfonso (1998): "Agustín Pérez de Zaragoza y Gustavo Adolfo Bécquer, dos miradas a la «hora fatal del crimen y del silencio»" en *Estudios de literatura española de los siglos XIX y XX: homenaje a Juan María Díez Taboada*, pp. 68-75.

López Santos, Miriam (2008): "Teoría de la novela gótica", en *Estudios humanísticos. Filología*, n° 30, pp. 187-210.

López Santos, Miriam (2009a): "La novela gótica: ¿Génesis de la literatura fantástica? *Arena Romanística*. 5: 98-116. 2009.

López Santos, Miriam (2009b): "Hacia la configuración de un género: lo terrorífico arquitectónico de la novela gótica española", *Problemas de la Romanística*, Voronez, Rusia.

López Santos, Miriam (2010a): "Los viejos fantasmas vuelven al presente: lo gótico en la literatura española actual". *Estudios Humanísticos. Filología*. 31: 321-334, 2009.

López Santos, Miriam (2010b): "Ampliación de los horizontes cronotópicos de la novela gótica", en *SIGNA*. 18: 273-293. 2010.

López Santos, Miriam (2010c): "La oscuridad que regresa: la fascinación por la muerte en la novela gótica española", *Necrofilia y necrofobia: representaciones de la muerte en la cultura hispánica*, Valladolid: Cultura Iberoamericana, 30, pp. 229-246.

López Santos, Miriam (2010d): "De la oscuridad gótica a la claridad negra: antecedente genérico de la ficción criminal" en *Justicia y Castigo*, León.

López Santos, Miriam (2010e): "Introducción", en *La urna sangrienta o el panteón de Scianella* de Pascual Pérez y Rodríguez, Madrid: Editorial Siruela, Colección Libros del tiempo, pp. 13-30.

López Santos, Miriam (2010f): "Mijail Bajtín, la teoría del cronotopo y la novela gótica española" (en prensa).

López Santos, Miriam (2015): "Prólogo", en *La Torre gótica o el espectro de Limberg* de Pascual Pérez y Rodríguez, Madrid: Ártica editorial, pp. 7-30.

López Santos, Miriam (2020): *Las claves para el castillo. Claves interpretativas de la gótica.* Berlín: Peter Lang.

Lovecraft, Howard Phillips (1984*): El horror en la literatura*, Madrid: Alianza.

Lucendo Lacal, Santiago (2005): "Algunos lugares del mal en la cultura moderna: la geografía del vampiro", en Imágenes de la violencia en el arte contemporáneo, Madrid: Visor, pp. 177-198.

Lucendo Lacal, Santiago (2008): *Ciencia, terror y cultura gótica: La creación de la imagen del vampiro*, Madrid: Universidad Complutense de Madrid.

Luis, Leopoldo de (1972): "La oda «Al panteón del Escorial», de Quintana", en *Revista de Occidente*, n° 17, pp. 363-377.

Macías-Fernández, Paz (1997): "Horror at Home: The transgressions of the Body Politic in Agustín Pérez Zaragoza's Galería fúnebre", en La Chispa '97: Selected Proceedings; *Eighteenth Louisiana Conference on Hispanic Languages and Literature*, New Orleans: Tulane University, pp. 265-77.

Marchán Fiz, Simón (1985): "La poética de las ruinas, un capítulo casi olvidado en la historia del gusto", en *Fragmentos*, n°. 6, pp. 5-15.

Marco, Joaquín (1966): "Notas a una estética de la novela española (1975-1842)", en *Boletín de la Real Academia Española, XLVI*, pp. 113-124.

Marco, Joaquín (1979): *Literatura popular en España en los siglos XVIII y XIX*, Madrid: Taurus. Márquez, Antonio (1980): *Literatura e Inquisición en España (1478-1834)*, Madrid: Taurus.

Martínez Martín, Jesús A. (2001): "La circulación de los libros y la socialización de la lectura. Nuevos públicos y nuevas prácticas", en *Historia de la edición en España (1839-1936)*, pp. 465.

Martínez Martín, Jesús A. (2001): "La edición artesanal y la construcción del mercado", en *Historia de la edición en España (1839-1936)*, pp. 66

Martínez Torrón, Diego (1993): *El alba del Romanticismo español*, Sevilla, Alfar/Universidad de Córdoba.

Martínez Torrón, Diego (1839): "La novela", en *Semanario Pintoresco Español*, n° 32, pp. 253- 255.

McCarthy, Michael (1987): *The Origins of the Gothic Revival*, New Haven-London: Yale UP. McClelland, Ivy (1975): *The origins of the Romantic Movement in Spain*, New York: Barnes and Noble.

Mesonero Romanos, Ramón (1837): "El Romanticismo y los románticos", en *Semanario Pintoresco Español*, n° 76, pp. 281-285.

Miles, Robert (1993): *Gothic writing. 1750-1820. A Genealogy.* London y Nueva York: Routledge.

Miles, Robert (1995): *Ann Radcliffe: The Great Enchantress*, Manchester: Manchester University Press/ Nueva York: St. Martin's Press.

Mishra, Vijay (1994): *The Gothic Sublime*, Albany: SUNY P.

Molina Foix, Antonio (2003): "Ensayo introductorio" en *El Monje*, Madrid: Cátedra.

Molina Martínez, José Luis (1998): *Anticlericalismo y literatura en el siglo XIX*, Murcia: Universidad.

Montesinos, José F. (1970a): "Cadalso o la noche cerrada", en *Ensayos y estudios de literatura española*, Madrid: Revista de Occidente, pp. 167-183.

Montesinos, José F. (1970b): "Acerca de un libro sobre una emigración española en Inglaterra", en *Ensayos y estudios de literatura española*, Madrid: Revista de Occidente, pp. 195-210.

Montesinos, José F. (1987): *Introducción a una historia de la novela en España en el siglo XIX. Seguida del Esbozo de una bibliografía española de traducción de novelas (1800-1850)*, Madrid: Castalia.

Morillas Ventura, Enriqueta (1991): *El relato fantástico en España e Hispanoamérica*, Madrid: Quinto Centenario.

Muñoz Sempere, Daniel (2002): "Represión política y literatura inquisitorial", en *Cuadernos de Ilustración y Romanticismo*: Revista del Grupo de Estudios del siglo XVIII, Nº 10, pp. 77-87.

Muñoz de Morales Galiana (2023): "Molde barroco y sensibilidad dieciochesca: la novela Los trabajos de Narciso y Filomela (1784), de Vicente Martínez Colomer". *Cuadernos Dieciochistas*, vol. 22, 2021, pp. 385-408, https://doi.org/10.14201/CUADIE-CI202122385408.

Muñoz de Morales Galiana (2021): *El condestable don Álvaro de Luna*. Introducción, edición y notas. Sevilla: Renacimiento.

Muñoz de Morales Galiana y Sempere, Daniel (2021): *El ferí de Benastepar, o los moros de Sierra Bermeja*. Támesis (Boydell and Brewer).

Muñoz Sempere, Daniel (2002): "Represión política y literatura inquisitorial", en *Cuadernos de Ilustración y Romanticismo*: Revista del Grupo de Estudios del siglo XVIII, Nº 10, pp. 77-87.

Muñoz Sempere, Daniel (2003): "Introducción" en *Viaje al mundo subterráneo y secretos de la Inquisición revelados a los españoles*, Salamanca: Grupo de Estudios del siglo XVIII. Universidad de Salamanca y Universidad de Cádiz.

Muñoz Sempere, Daniel (2005): "Góticos, traductores y exiliados: la literatura sobre la Inquisición española en Inglaterra (1811-1827)", en *Cuadernos de Ilustración y Romanticismo*, Nº 13, pp. 141-169.

Muñoz Sempere, Daniel (2008): *La Inquisición española como tema literario: política, historia y ficción en la crisis del antiguo régimen*, Woodbridge: Tamesis Books.

Muriel Tarr, Mary (1956): *Catholicism in Gothic fiction*, Washington: The Catholic University of America.

Navarro, Antonio José (2008): "En los orígenes de la literatura gótica", en *El castillo de Otranto*, Madrid: El club Diógenes, Valdemar.

Navas Ruiz, Ricardo (1982): *El Romanticismo español*, Madrid: Cátedra. Negroni, María (1999): *Museo Negro*, Buenos Aires: Grupo Editorial Norma.

Palacios Fernández, Emilio (2002): *La mujer y las Letras en la España del siglo XVIII*, Ediciones del Laberinto: Arcadia de las Letras. Madrid.

Pédeflous, Justine (2013): *Manual de literatura española. Siglo XVIII*, Pamplona: Cénit Ediciones. "El pudor me obliga a callar". De la bienséance dans la traduction d'une histoire tragique de Belleforest par Agustín Pérez Zaragoza dans la Galería Fúnebre (1831), en *Cuadernos de investigación filológica*, T. 39, pp. 129-144.

Pedraza, Felipe B. (1981): *Manual de literatura española. Siglo XVIII*, Pamplona: Cénit Ediciones.

Pedraza, Felipe B. (1981b): "El siglo XVIII. La literatura española en su contexto", en Manual de literatura española Época romántica, Pamplona: Cénit Ediciones PEERS, E. A. (1967): Historia del movimiento romántico español, Madrid, Gredos.

Penzoldt, Peter (1952): *The Supernatural in Fiction*, London: Meter Nevill.

Perez Gil, Violeta (1993): *El relato fantástico desde el romanticismo al realismo. Estudio comparado de textos alemanes y franceses, tesis doctoral*, Madrid: Universidad Complutense de Madrid.

Perucho, Juan (1990): *Detrás del espejo*, Madrid: Mondadori España (Rectángulo). Praz, Mario (1960): *The Romantic Agory*. London: Oxford.

Praz, Mario (1968): "Introductory Essay", en *Three Gothic Novels*, Harmondsworth: Penguin Books.

Praz, Mario (1971): *Matthew Gregory Lewis's "Gothic Novel", The Monk*, Paris: Didier. Praz, Mario (1973): *The Flaming Heart*, Nueva York: Norton.

Préstamo Landín, María Teresa (2019): "El castillo de Juan-sin-Alma: La influencia de la novela gótica en Fernández y González", en *Diablotexto Digital*, 5, pp. 42-55.

Prungnaud, Joëlle (1992): "Du terrifiant au burlesque: le château dans les parodies du roman gothique", en Ô *saisons, ô châteaux. Châteaux et littérature des Lumières à l'aube de la Modernité (1764-1914)*, Paris: Presses Universitaires Blaise Pascal.

Punter, David (1980): *The literature of terror*, London: Longman.

Punter, David (1996): *The literature of terror. A history of Gothic fictions from 1765 to the present day*, New York: Longman.

Punter, David (2015): *A New Companion to the Gothic.* John Wiley & Sons.

Railo, Eino (1927): *The Haunted Castle: A Study of the Elements of English Romanticism*, Nueva York: Humanities Press.

Ramírez Aledón, Germán (2005): "Ensayo introductorio" en *La bruja o cuadro de la corte de Roma*, Valencia, Societat Bibliogràfica Valenciana Jorònima Galés, pp. 7-148.

Ramos Gómez, María Teresa (1988): *Ficción y fascinación: literatura fantástica prerromántica francesa*, Valladolid: Universidad, Secretariado de publicaciones, D.L.

Risco, Antonio (1987): *Literatura fantástica de lengua española*, Madrid: Taurus.

Roas, David (1997): "La crítica y el relato fantástico en la primera mitad del siglo", en *Lucanor: creaciones e investigación*, nº 14, pp. 79-112.

Roas, David (1999): *Voces del otro lado: el fantasma en la narrativa fantástica en brujas, demonios y fantasmas en la literatura fantástica hispánica*, Lleida: Universidad de Lleida, pp. 93-110.

Roas, David (2001): *La recepción de la literatura fantástica en la España del siglo XIX*, tesis doctoral, Bellaterra: Publicacions de la Universitat Autònoma de Barcelona.

Roas, David (2002a): *El castillo del espectro. Antología de relatos fantásticos españoles del siglo XIX*, Barcelona: Círculo de Lectores.

Roas, David (2002b): "El género fantástico y el miedo" en *Quimera*, nº 218-219, pp. 41-45.

Roas, David (2006): *De la maravilla al horror. Los inicios de lo fantástico en la cultura española (1750-1860)*, Pontevedra: Mirabel Editorial.

Rodríguez Casado, Vicente (1951): "La revolución burguesa del XVIII español", en *Arbor*, XVIII, nº 61, pp. 5-29.

Romero Tobar, Leonardo (1968): "El siglo, revista de los años románticos (1934)", en *Revista de Literatura*, XXXIV, nº 67-68, pp. 15-29.

Romero Tobar, Leonardo (1976): *La novela popular española del siglo XIX*, Barcelona: Fundación Juan March. Ariel.

Romero Tobar, Leonardo (1979): "Tres notas sobre aplicación del método de recepción en historia de la literatura española", en *1616*, nº II, pp. 25-32.

Romero Tobar, Leonardo (1986): "Sobre fantasía e imaginación en los primeros románticos españoles", en *Homenaje a Pedro Sainz Rodríguez, T. II Estudios de la Lengua y la Literatura*, Madrid: Fundación Universitaria española, pp. 581-594.

Romero Tobar, Leonardo (1994a): *Panorama crítico del Romanticismo español*, Madrid: Castalia. Romero Tobar, Leonardo (1994b): "Viajes imaginarios y cárceles de invención", en *Actas del IX Simposio de la Sociedad Española de Literatura General y Comparada*, Zaragoza: Universidad de Zaragoza, T. II, pp. 479-492.

Romero Tobar, Leonardo (1995a): "Sobre la acogida del relato fantástico en la España romántica", en *Teoría e interpretación del cuento, Perspectivas Hispánicas*, pp. 223-237.

Romero Tobar, Leonardo (1995b): "Larra ante el paisaje sublime (comentario de un texto desconocido)", en *Letras de la España Contemporánea: Homenaje a José Luis Valera, Alcalá de Henares: Centro de Estudios Cervantinos*, pp. 297-307.

Romero Tobar, Leonardo (1996): "Algunas consideraciones del canon literario durante el siglo XIX", en Ínsula, nº 600, pp. 14-16.

Romero Tobar, Leonardo (2001): "Fantasía e imaginación en los textos goyescos", en *Sobre literatura fantástica. Homenaxe ó profesor Antón Risco*, Vigo: Universidad de Vigo, pp. 105- 116.

Rodríguez de la Flor, Fernando (1999): "La Ilustración «mágica»: hermetismo, demonología y nigromancia paródica", en *Brujas, demonios y fantasmas en la literatura hispánica*, Lérida: Universidad de Lérida.

Román Gutiérrez, Isabel (1988): *Persona y forma: una historia interna de la novela española del siglo XIX*, Sevilla: Alfar.

Rubio Cremades, Enrique (1982): "Novela histórica y de folletín", en *Anales de literatura española*, nº 1, pp. 269-282.

Rubio Cremades, Enrique (1997): "Recepción de la novela gótica y sentimental europea", en *Historia de la literatura española. Siglo XIX*, Madrid: Espasa Calpe, pp. 614-618.

Rubio Cremades, Enrique (2002): "La función del prólogo en la novela histórica en *La elaboración del canon en la literatura española del siglo XIX*, Barcelona: Promociones y publicaciones universitarias, pp. 393-398

Sage, Víctor (1988): *Horror fiction in the protestant tradition*, Basingstoke, GB: Macmillan Sage, Víctor (1990): *The Gothic Novel: A Casebook*, London: Macmillan.

Sage, Víctor (1996): *Modern Gothic. A Reader*, Manchester: Manchester University Press.

Sage, Víctor (1998): "Gothic Novel", en *The Handbook to Gothic Literature*, Nueva York: New York University Press.

Sáiz, María Dolores (1987): *Historia del periodismo en España. I. Los orígenes. El siglo XVIII*, Madrid: Alianza.

Sánchez Álvarez-Insúa, Alberto (2004): "El horror de Mesonero Romanos: La Galería Fúnebre, de Agustín Pérez de Zaragoza", en *Ciclo de Conferencias: Don Ramón de Mesonero Romanos y su tiempo*, Madrid: Instituto de Estudios Madrileños y CSIC.

Sánchez Blanco, Francisco (1991): *Europa y el pensamiento español del siglo XVIII*, Madrid: Alianza.

Sánchez Llama, Íñigo (2000): *Galería de escritoras isabelinas*. Madrid: Cátedra.

Sarrailh, Jean (1974): *La España ilustrada de la segunda mitad del siglo XVIII*, Madrid: Fondo de Cultura Económica.

Scott, Walter (1827): "On the Supernatural in Fictions Composition, and particular on the Works of Ernest Theodore William Hoffmann", en *Foreign Quarterly Review*, vol I, pp. 60- 98.

Scott, Walter (1830): "Ensayo sobre lo maravilloso en las novelas o romances", en *Nueva colección de novelas de Sir Walter Scott*, tomo III, Madrid: Jordán, pp. 1-48.

Sebold, Russell (1982): "Alcalá Galiano y la literatura dieciochesca: paradoja histórica y "visión filosófica", en *Homenaje a Juan López Morillas*, Madrid: Castalia, pp. 390-404.

Sebold, Russell (1983): *Trayectoria del Romanticismo español*, Barcelona: Crítica.

Sebold, Russell (1989): El rapto de la mente: Poética y poesía dieciochescas, Barcelona: Anthropos.

Sebold, Russell (2002): "Sadismo y sensualidad en *Cornelia Bororquia o la víctima de la Inquisición*", en *La novela romántica en España. Entre el libro de caballerías y la novela moderna*, Salamanca: Ediciones Universidad Salamanca, pp. 55-70.

Sebold, Russell (2002): "Introducción: la novela romántica. Su nombre y su poética", en *La novela romántica en España. Entre el libro de caballerías y la novela moderna*, Salamanca: Ediciones Universidad Salamanca, pp. 15-54.

Sedgwick, Eve K. (1980): *The Coherence of Gothic Conventions*, New York: Arno Press.

Serés, Guillermo (1994): "El concepto de Fantasía, desde la estética clásica a la dieciochesca", en *Anales de Literatura Española*, nº 10, pp. 207-236.

Sieber, Tohin (1983): *Lo fantástico romántico*, México: FCE.

Subirats, Eduardo (1981): *La ilustración insuficiente*, Madrid: Taurus. Summers, Montague (1938): *The Gothic Quest*, London: The Fortune Press.

Summers, Montague (1941): *A Gothic Bibliography*, London: The Fortune Press.

Summers, Montague (1964): *The Gothic Quest: a History of the Gothic Novel*, London: Fortune Press.

Tarr, Mary M. (1946): *Catholicism in Gothic Fiction: A Study of the Nature and Function of Catholic Materials in Gothic fiction in England (1762-1820)*, Washington, D. C.: The Catholic University of America Press.

Tolivar Alas, Ana Cristina (1988): "Traducciones y adaptaciones españolas de Raciones en el siglo XVIII", *Investigación Franco-Española. Estudios*, 1, pp. 177-190.

Tompkins, J. M. S. (1969): *The Popular Novel in England*, 1770-1800, Londres: Constable.

Torrecilla, Jesús (1996*): El tiempo y los márgenes. Europa como utopía y como amenaza en la literatura española*, North Carolina: Chapel Hill, North Carolina Studies in the Romance Languages and Literatures.

Trancón Lagunas, María Montserrat (2000): *La literatura fantástica en la prensa del Romanticismo*, Valencia: Institució Alfons el Margnànim.

Urzainqui, Inmaculada. (1986): "Anuncios y reseñas de traducciones de obras inglesas en la prensa española del siglo XVIII", en *Scripta in memoriam José-Benito Álvarez-Buylla Álvarez (1916-1981)*, Oviedo: Universidad de Oviedo, pp. 313-332.

Urzainqui, Inmaculada. (1991): "Hacia una tipología de la traducción en el siglo XVII: los horizontes del traductor", en *Traducción y adaptación cultural España-Francia*, Oviedo: Universidad, pp. 623-638.

Vallesi, G. (1995): "Presenza di Ann Radcliffe nella Galería fúnebre di Agustín Pérez Zaragoza Godínez", *Quaderni di Filologia e Lingue Romaze 10*, 213-235.

Valls, Josep Francesc (1988): *Prensa y burguesía en el siglo XIX español*, Barcelona: Anthropos. Van Tieghem, Paul (1973): *Le Préromantisme.* Études *d'histoire littéraire européenne*, Genève: Slatkine Reprints.

Varey, John Earl (1995): *Cartelera de títeres y otras diversiones populares de Madrid. 1758-1840. Estudio y documentos*, Madrid: Tamesis.

Vauchelle-Haquet, Aline. (1985): *Les ouvrages en langue espagnole publiés en France entre 1814 et 1833*, Aix-en-Provence: Université.

Vega Rodríguez, Pilar (2006): "Visiones del trasmundo en los cuentos españoles del siglo XIX", en *Lo fantástico en el espejo*, México: Ediciones de los Coloquios Internacionales de literatura fantástica, pp. 81-108.

Vicente Galán, María Luisa (2003): *Las ilustraciones románticas literarias de las revistas de las y novelas publicadas en Madrid (1830-1850)*, Tesis doctoral, Madrid: Universidad Complutense de Madrid.

Virolle, Roland (1972): "Vie et survie du roman noir", en *Manuel d'historie littéraire de la France. Tome IV*, Paris: Messidor/ Éditions Sociales, pp. 138-147.

Varma, Devandra P. (1957): *The Gothic Flame*, New York: Russell & Russell.

Viatte, Auguste (1965): *Les sources occultes du romantisme français*, 1770-1820, París: Champion.

Virolle, Roland (1984): "Madame de Genlis, Mercier de Compiègne: gothique anglais ou gothique allemand?", en *Europe*, n° 659, pp. 29-38.

Voller, Jack G. (1994): *The Supernatural Sublime. The Metaphysics of Terror in Anglo-American Romanticism*, Illinois: Northern Illinois University Press.

Zavala, Iris (1971): *Ideología y política en la novela española*, Salamanca: Anaya.

Zavala, Iris (1972): *Románticos y socialistas: prensa española del siglo XIX*, Madrid: Siglo XXI.
Zavala, Iris (1978): *Clandestinidad y libertinaje erudito en los albores del siglo XVIII*, Barcelona: Ariel.

Zavala, Iris (1983): "Inquisición, erotismo, pornografía y normas literarias en el siglo XVIII", en *Anales de literatura española*, n° 2, pp. 509-530.

Zavala, Iris (1984): "Viaje a la cara oculta del setecientos", en *Nueva revista de filología hispánica*, Tomo 33, n° 1, pp. 4-33.

Zavala, Iris (1987): "La censura de la semiología del silencio: siglos XVIII y XIX", en *Diálogos hispánicos de Amsterdam*, n° 5, pp. 147-158.

Zavala, Iris (1995): "Erotismo y terror; el fantasma del texto o cuando los espejos tienen manchas", en *España Contemporánea: Revista de Literatura y Cultura*, Tomo 8, N° 2, pp. 117- 128.

Zavala, Iris (1996): "De la razón didáctica a la pasión desbordante", en *Breve historia feminista de la literatura española (en lengua castellana)*, vol. 3, pp. 11-30.

Zavala, Iris (1996): "Los reformadores y la Inquisición", en *Boletín de la Real Sociedad Vascongada de Amigos del País*, Vol. 25, n° 1, pp. 243-253.